浙江省社科规划课题成果（17NDJC015Z）

从天人两分到良知宇宙

王阳明天人思想的历史演变与实践

贾庆军 著

首都经济贸易大学出版社
Capital University of Economics and Business Press
·北京·

图书在版编目（CIP）数据

从天人两分到良知宇宙：王阳明天人思想的历史演变与实践/贾庆军著. -- 北京：首都经济贸易大学出版社，2020.6

ISBN 978-7-5638-3086-2

Ⅰ.①从… Ⅱ.①贾… Ⅲ.①王守仁（1472-1528）-哲学思想-研究 Ⅳ.①B248.25

中国版本图书馆 CIP 数据核字（2020）第 092151 号

从天人两分到良知宇宙：王阳明天人思想的历史演变与实践
CONG TIANREN LIANGFEN DAO LIANGZHI YUZHOU：
WANGYANGMING TIANREN SIXIANG DE LISHI YANBIAN YU SHIJIAN
贾庆军 著

责任编辑	胡 兰
封面设计	徐道会
出版发行	首都经济贸易大学出版社
地　　址	北京市朝阳区红庙（邮编 100026）
电　　话	（010）65976483　65065761　65071505（传真）
网　　址	http：//www.sjmcb.com
E- mail	publish@cueb.edu.cn
经　　销	全国新华书店
照　　排	北京砚祥志远激光照排技术有限公司
印　　刷	北京九州迅驰传媒文化有限公司
开　　本	710 毫米×1000 毫米　1/16
字　　数	334 千字
印　　张	19
版　　次	2020 年 6 月第 1 版　2020 年 6 月第 1 次印刷
书　　号	ISBN 978-7-5638-3086-2
定　　价	65.00 元

图书印装若有质量问题，本社负责调换
版权所有　侵权必究

前　　言

　　学界关于王阳明的著述已很宏富，如牟宗三的《从陆象山到刘蕺山》、秦家懿的《王阳明》、陈来的《有无之境——王阳明哲学的精神》、蔡仁厚的《王阳明哲学》、杨国荣的《心学之思：王阳明哲学的阐释》、吴光的《阳明学综论》、钱明的《阳明学的形成与发展》、董平的《王阳明的生活世界》、朱晓鹏的《王阳明与道家道教》等。但是，很少有学者从天人的角度来系统地阐释阳明的思想。而天人关系是传统思想的核心问题，每个传统思想家可以说都是在探讨如何处理天人关系，进而在这一基础上形成自己的本体论、宇宙观和道德观。阳明也不例外，作为传统思想的集大成者，其思想的形成和发展一直是围绕着天人关系展开的。将阳明的思想在天人关系这一基本线索下进行探究，会促进我们对他思想的深入理解，本书就是在这一方面的尝试。

　　据笔者考察，王阳明思想经历了天人两分、天人合一与良知宇宙三个阶段。

　　第一阶段是前期阶段，其天人思想停留在传统天人两分、以人合天的状态观中。在1508年龙场悟道之前，阳明思想中的天人是分离的，具体表现就是他对程朱理学的试练、对佛老的沉迷和对古儒礼制的尊崇。

　　第二阶段是中期阶段，他体悟到天人合一、万物一体、心外无理、心外无义、心外无物、心外无事、知行合一之旨，建立了自己圆融的天人合一思想。1508—1520年，阳明开始尝试打通天人之间的关系，使其融合无间，破除朱子之学带来的支离和逐外状况。最终他通过心学的建立实现了这一目标。

　　第三阶段即后期阶段，他提出良知说，确立了良知宇宙观。自1520年开始，阳明开始用"良知"一语来概括其成熟的天人思想。在良知这一宇宙本体中，天道与人道、天理和人心交融在了一起。宇宙论、道德论合二为一，良知既是宇宙论意义上的，也是道德论意义上的。心学各宗旨也在良知学中得到了系统的阐发。这标志着阳明天人思想最终形成。他融合了儒释道思想的精华，将传统宇宙观和天人思想推向了顶峰。

　　本书在对王阳明三个阶段的天人思想进行探讨的同时,也对其相应的实践进行了论述。这将会使我们更加深入理解阳明的思想和行动,也在一定程度上弥补了阳明研究的空白。

目 录

第一部分　王阳明前期的天人思想与实践

第一章　天人两分下的佛老思想 ··· 5
- 第一节　徘徊于佛老 ··· 6
- 第二节　从佛老向儒家过渡 ··· 11

第二章　天人两分下的儒家思想 ····································· 25
- 第一节　程朱理学影响下的未发已发思想 ················· 26
- 第二节　天人两分下的天人感应思想 ·························· 27
- 第三节　天人两分下的科举思想 ································· 34
- 第四节　天人两分下的孝道思想 ································· 41
- 第五节　天人两分下的礼学、礼治（政）思想 ········· 43
- 第六节　天人两分下的古儒学思想 ····························· 51
- 第七节　天人两分下的文学思想 ································· 69

第三章　王阳明前期天人思想的实践 ····························· 73
- 第一节　儒家道德操守的实践 ····································· 74
- 第二节　儒家思想乃天下至道之观念的现实维护 ······ 84

第二部分　王阳明中期的天人思想与实践

第四章　天人合一：心的新发现和心学的建立 ········· 107
　　第一节　心的新发现 ··· 108
　　第二节　心学的建立 ··· 113

第五章　天人合一：天理人欲、未发已发、体用、本体工夫之辨 ········· 133
　　第一节　天理人欲之辨 ······································ 134
　　第二节　未发已发、体用、本体工夫之辨 ············· 140

第六章　天人合一：知行合一 ·································· 153

第七章　天人合一心学的实践 ·································· 161
　　第一节　王阳明心学在行政治理上的实践 ············· 162
　　第二节　王阳明心学在军事上的实践 ···················· 180

第三部分　王阳明后期的天人思想与实践

第八章　良知宇宙的形成与良知宇宙下的知行合一 ········· 221
　　第一节　良知宇宙的形成 ··································· 222
　　第二节　良知宇宙下的知行合一 ··························· 228

第九章　良知宇宙下的大人万物一体之学与四句教 ········· 241
　　第一节　大人万物一体之学 ································ 242
　　第二节　良知宇宙下的四句教 ····························· 273

第十章　良知思想的实践 ················· 277
　　第一节　处置思田事件 ················· 278
　　第二节　良知思想在教育上的实践 ··········· 280

参考文献 ························· 291

后记 ··························· 295

第一部分

王阳明前期的天人思想与实践

王阳明前期天人思想的基本特点是：天人两分、心物分离。这种天人思想的具体表现有两种：一种是佛老的清修避世，一种是儒家的道德、功业、气节。这两种天人关系中的天的内涵不一样。佛老倾向于自然之天，儒家倾向于道德之天。当然佛老也不是不讲道德，只不过它们把道德当作自然宇宙问题解决了，即将道德视为自然天地之秉性，所以佛老的道德崇尚自然。由于对自然的体悟没有尽头，这一自然道德因此是开放性的、没有固定答案的。然而对自然的崇拜导致了佛老对人类社会的逃离和向自然山林的隐逸。儒家则将自然天地想象为含纳尊卑的道德秩序，并将之用于人类社会。虽然都是向自然宇宙学习，但佛老对自然的学习模仿是开放性的，而儒家是将人为的设想投射到自然宇宙上，再转而借助自然宇宙来为人为的道德辩护。所以佛老需要特定的自然环境来修炼，而儒家倾向于在人类社会中建立自己偏爱的道德秩序。但无论哪一种，都是在天人分离的意义上展开的。这种分离的结果就是自然和道德的分离。一个以脱离人类社会的自然天地为目标，一个将一种主观道德化的天地秩序强加于人类社会；一个以自然天地为偶像，一个以道德之天为偶像。这样的天又都在人之外。这两种倾向都是天人两分的结果：一个与自然之天分离，一个与道德之天分离。

这种天人两分落实在人身上，就是不同的修身养性。佛老讲究的修身是自然物质意义上的，强调人要顺应自然，对于人为的欲望和情感要尽量摒弃，越清爽简单的人越接近自然。人与人之间的关系也如自然一样，素朴简单。儒家的修身更倾向于社会道德方面，即要学习和修炼的是如何处理人与人之间的关系。这种关系也被冠以"天道"的名号，但比起佛老的自然、简约和开放，儒家的天道更自信和确定，这一关系被固定为一种答案，即三纲五常。在崇尚天道和禁止人为的欲望上，佛道儒是一致的，但在禁止的内容和程度上，却有很大不同。佛老在所有事情上，包括肉体和精神上，都提倡清心寡欲；其禁欲的广度比儒家要深多了，尤其佛教的禁欲更加彻底。佛老的修身养性只涉及自身，不会强加给他人，这就决定了它们对强制改变他人的政治权力的反感。如果需要政权的话，这个政权也只能是无为而治的。如此，人的生存目的就剩下了修身养性，以便与天地一样长久。儒家的禁欲主要是在物质上，在精神上则无限制，这一精神的追求表现在政治、社会和文化的方方面面，尤其是借助政治的力量将儒家道德推行到各个领域。儒家所强调的建功立业、治国平天下，也就是将儒家道德推广到整个天下。儒家的主动治世就带有明显的强制色彩。

虽然佛老禁欲的范围较广，由于其对自然的定义具有开放性，反而使其容易突破各种人为的规范，形成一种逍遥随性的生活方式。无为而又无所不为，不刻意、不执着、过而不留、舍得无意是佛老行为的典型特点。而且，当佛老还未修炼到本源境界时，它是接受现实有形世界的自然表现的，如性欲等。儒家禁欲的范围虽然较小，但儒家道德的固定化，使其形成了固定的礼仪规范，比较容易教条化和强制化，反而不如佛老灵活自在。刻板、僵化、执着、主动是儒家行为的典型特点。

在融通天人之前，阳明基本在这两种倾向中徘徊。

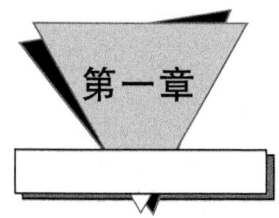

第一章

天人两分下的佛老思想

第一节　徘徊于佛老

看阳明年谱，他对佛老思想的沉迷一直持续到1502年。在此之前，他多次在文章中流露出对佛老思想和境界的向往。

1499年，王阳明与几个学子一起游大伾山，写下了《游大伾山赋》。在文中，我们可以清晰地感受到他思想中的道家色彩。

当看到大自然的壮美时，青年学子们感叹人生短暂易朽而山河永存。阳明说：

嘻！二三子尚未喻于向之与尔感叹而吊悲者乎！当鲁卫会于兹也，车马玉帛之繁，衣冠文物之盛，其独百倍于吾侪之聚于斯而已耶？而其圈于麋鹿，宅于狐狸也，既已不待今日而知矣，是故盛衰之必然。尔尚未睹夫长河之决龙门，下砥柱，以放于兹乎！吞山吐壑，奔涛万里，固千古之经渎也。而且平为禾黍之野，筑为邑井之墟，吁嗟乎！流者而有湮，峙者其能无夷，则斯山之不荡为沙尘而化为烟雾者几稀矣！况吾与子集露草而随风叶，曾木石之不可期，奈何志其飘忽之质而欲较久暂于锱铢者哉！吾姑与子达观于宇宙，可乎？①

看到年轻学子的惆怅，阳明却说他们还不够深刻。当年鲁、卫两国国公在这里约会，那是何等的盛况。但盛况很快就消失了，这里转眼就成了麋鹿、狐狸的家园。就连千里奔腾的大河，也不会万古常在，有朝一日，它的河道也会变成一马平川的田野，上面会长满庄稼，坐落着市井人家。滚滚的长河能变成桑田，高峻的山峰也会夷为平地。学子们所看到的大伾山，最终也会化为尘沙随风飘散。更何况我们这些人的人生，像露草和风中的落叶一样短暂，连木石的长久都达不到，谈论人的生命的长久和短暂就像是个笑话。

与山河相比就令人们够惆怅的了，而在阳明看来，连山河都要消失，这是不是更加令人绝望。那么人生的价值又在哪里呢？阳明说，我们可以用一种更豁达的宇宙观来战胜我们的绝望。阳明接着说：

山河之在天地也，不犹毛发之在吾躯乎？千载之于一元也，不犹一日之于须臾乎？然则久暂奚容于定执，而小大未可以一隅也。而吾与子固将齐千载于喘息，等

---

① 束景南，查明昊. 王阳明全集补编［M］. 上海：上海古籍出版社，2016：86-87.

山河于一芥，遂游八极之表，而往来造物之外，彼人事之倏然，又乌足为吾人之芥蒂者乎？①

把山河放到天地范围里来观察，它就像人身上的毛发那样微不足道。一千年相对于一元之十二万九千六百年，就像一瞬。当我们站在宇宙的角度来看，就可以将一千年等同于一次呼吸，把山河看成一棵小草。当我们和宇宙站在一起，就可以遨游八极之上、万物之外，人在世间不过是一刹那，它就不会成为我们所介意的对象，生命的短暂问题也就不会困扰我们。

可以看到，这基本是道家思想的体现。只有道家特别强调人生的价值在于长生。而长生的终极境界就是回到万物本源，与整体宇宙合而为一。只有在道家整体宇宙的视角下，人类的功业和山河大地的沉浮才会被视为草芥。也只有道家这一视角，才能使人心胸无比豁达，超脱俗世的烦恼。阳明此时明显被道家超拔脱俗的境界所吸引，所以才能有这一番表达。然而，这也是天人两分思想的体现，即将自然宇宙和人类社会区分开来，以自然之不朽来对抗人世的短暂。要达到此不朽，人要么归隐山林，在自然中向那些留存长久的事物学习长生之道；要么独立修炼到和宇宙本源合而为一的境界。这两种状态都有天人分离的倾向。其所设想的是，在人之外总有一个高级的存在或境界为人所追求。而在修炼的过程中，人还需要借助外物如药石之类来提升自身的功力。只有到了宋代，才出现了所谓内丹的修炼，不需要借助外物。这时才有一点天人合一的色彩。道家虽然预设了人心与宇宙的合一，但却从未明确论述过，例如只是承认过人与道、天、地的同等地位，"故道大，天大，地大，人亦大。域中有四大，而人居其一焉。人法地，地法天，天法道，道法自然"（《道德经》第25章）。这里所表述的更像是四种并立的存在，而不是合一之存在。

1502年，阳明游齐山并撰《游齐山赋并序》，在文中，他再次以道家的视角对雄奇的宇宙发出感叹。但是，他对道家宇宙观和价值观的态度开始悄悄发生了转变。其文曰：

齐山在池郡之南五里许，唐齐映尝刺池，亟游其间，后人因以映姓名也。继又以杜牧之诗，遂显名于海内。弘治壬戌正旦，守仁以公事到池，登兹山，以吊二贤

---

① 束景南，查明昊. 王阳明全集补编［M］. 上海：上海古籍出版社，2016：87.

之遗迹，则既荒于草莽矣。感慨之余，因拂崖石而纪岁月云。

适公事之甫暇，乘案牍之余晖。岁亦徂而更始，巾余车其东归。循池阳而延望，见齐山之崔嵬。寒阳惨而尚湿，结浮霭于山扉。振长飙而舒啸，靡彩现于虹霓。千岩豁其开朗，扫群林之霏霏。羲和闯危巅而出候，倒回景于苍矶。蹑晴霞而直上，陵华盖之葳蕤。俯长江之无极，天风飒其飘衣。穷岩洞之幽邃，坐孤亭于翠微。寻遗躅于烟芥，哀蛩悄而泉悲。感昔人之安在，菊屡秋而春霏。鸟相呼而出谷，雁流声而北飞。叹人事之倏忽，晞草露于须斯。际遥瞩于云表，见九华之参差。忽黄鹄之孤举，动陵阳之遐思。顾泥土之涸浊，困盐车于枥马。敬长生之可期，吾视弃富贵如砾瓦。吾将旷八极以遨游，登九天而视下。餐朝露而饮沆瀣，攀子明之逸驾。岂尘网之误羁，叹仙质之未化。

乱曰：旷视宇宙，漠以广兮。仰瞻却顾，终焉仿兮。吾不能局促以自污兮，复虑其谬以妄兮。已矣乎，君亲不可忘兮，吾安能长驾而独往兮？①

文章的大部分都是通过描述大自然的瑰丽雄奇来赞叹宇宙的广大和神秘。形成对比的是人事的短暂，曾经到过这里的齐映、杜牧早就不在了，甚至连他们的遗迹也已经荒废了，这不免令人伤感，"感昔人之安在，菊屡秋而春霏""叹人事之倏忽，晞草露于须斯"。这让人有一种与宇宙合而为一的冲动，万事万物虽生生灭灭，但宇宙总体常在。如果能够得道成仙，与宇宙本源一起长生不老，那该是多么惬意的事情。如果长生成仙，那么富贵再也不会放在眼里，可遨游八极、登临九天，享受终极的自由和超越，"敬长生之可期，吾视弃富贵如砾瓦。吾将旷八极以遨游，登九天而视下。餐朝露而饮沆瀣，攀子明之逸驾"。这是多么美好的前景！所以，要有信心，不要因为误落俗世之网，就哀叹自己无法成仙，"岂尘网之误羁，叹仙质之未化"。

文章前面一直在强调对长生、成仙的向往，到了结尾却话锋一转，开始质疑道家的价值观。他说，放眼看宇宙，广大而静默，不论是仰观还是回头看，最终感觉到的还是宇宙的隐约和神秘。接下来阳明有些犹豫，自己是否还要坚持成仙的梦想。借助于道家高明的人生境界，阳明看到了俗世人生的短暂和卑微。但在反思俗世人生的无意义时，阳明又感到得道成仙的虚妄。阳明在这两难中徘徊，他真的想坚持

---

① 束景南，查明昊．王阳明全集补编[M]．上海：上海古籍出版社，2016：94．

第一章 天人两分下的佛老思想

道家的价值观,不能轻易认定它是错误的,不然就太狂妄,"吾不能局促以自污兮,复虑其谬以妄兮"。

但是,在片刻的挣扎后,他最终还是放弃了。一是宇宙境界的遥不可及,二是静默的宇宙本身是否值得作为人生的价值。换句话说,长生是否可以作为人生的唯一和终极的价值目标?如果只是如宇宙一样,获得冷漠无情的长生,人生是否就有意义了?阳明已经隐约感觉到道家的局限。道家号称从宇宙总体出发,要寻找到万物自然之本性。只要万物顺其自然本性,就实现了其价值。道家的最高境界就是如宇宙本源一样生生不息。然而,道家在实践过程中,只看到了物化宇宙的自然,忽视了作为宇宙整体之一部分甚至是最重要的这一部分的人之自然。道家,或者说是被狭隘化的道家,只是强调人要向大自然学习,这体现出道家片面的自然之道,即只是强调物质化宇宙的自然法则。人的自然本性被去除,其特有的社会情感也不被承认,他就成了孤零零的求长生的个体。而阳明此时感到他不能抛弃对父母家人的亲情,人生的价值可能就在这亲情社会中。他觉得独自成仙是对不起家人的,他说:"已矣乎,君亲不可忘兮,吾安能长驾而独往兮?"他的价值观开始调整,人生的价值不应该是长生,而是君亲之情。他开始转向儒家价值观。

阳明对佛老的迷恋,还可在他的诗歌中看出来。阳明有很多诗歌是通过对自然山水的歌咏来抒发自己的情感的。不过,阳明的诗歌和他的思想发展一样是有变化的。当他迷恋佛老之时,其诗歌多隐逸、脱俗之意;而当他悟道之后,则返璞归真,无处不自然,处处有生意。

1504年,他写了《登泰山五首》,虽然此时他已经对佛老有所怀疑,但看到自然的壮观时,他又开始忘我了,从中可以看出其慕仙远俗的意趣。他写道:

晓登泰山道,行行入烟霏。阳光散岩壑,秋容淡相辉。云梯挂青壁,仰见蛛丝微。长风吹海色,飘遥送天衣。峰顶动笙乐,青童两相依。振衣将往从,凌云忽高飞。挥手若相待,丹霞闪余晖。凡躯无健羽,怅望未能归。

天门何崔嵬,下见青云浮。泱漭绝人世,迥豁高天秋。暝色从地起,夜宿天上楼。天鸡鸣半夜,日出东海头。隐约蓬壶树,缥缈扶桑洲。浩歌落青冥,遗响入沧流。唐虞变楚汉,灭没如风沤。藐矣鹤山仙,秦皇岂堪求?金砂费日月,颜颜竟难留。吾意在庞古,泠然驭凉飕。相期广成子,太虚恣遨游。枯槁向岩谷,黄绮不足俦。

穷崖不可极，飞步凌烟虹。危泉泻石道，空影垂云松。千峰互攒簇，掩映青芙蓉。高台倚巉削，倾侧临崆峒。失足堕烟雾，碎骨颠崖中。下愚竟难晓，摧折纷相从。吾方坐日观，披云笑天风。赤水问轩后，苍梧叫重瞳。隐隐落天语，阊阖开玲珑。去去勿复道，浊世将焉穷。

尘网苦羁縻，富贵真露草。不如骑白鹿，东游入蓬岛。朝登太山望，洪涛隔缥缈。阳辉出海云，来作天门晓。遥见碧霞君，翩翩起员峤。玉女紫鸾笙，双吹入晴昊。举首望不及，下拜风浩浩。掷我《玉虚篇》，读之殊未了；傍有长眉翁，一一能指道。从此炼金砂，人间迹如扫。

我才不救时，匡扶志空大。置我有无间，缓急非所赖。孤坐万峰颠，嗒然遗下块。已矣复何求？至精谅斯在。淡泊非虚杳，洒脱无蒂芥。世人闻予言，不笑即吁怪；吾亦不强语，惟复笑相待。鲁叟不可作，此意聊自快。①

这时的阳明刚入仕途，还没有摆脱对佛老思想的迷恋。很明显，这些诗几乎每一首都有远俗慕仙的味道，其中典型的句子如"凡躯无健羽，怅望未能归""相期广成子，太虚显遨游""去去勿复道，浊世将焉穷""尘网苦羁縻，富贵真露草""不如骑白鹿，东游入蓬岛""从此炼金砂，人间迹如扫""淡泊非虚杳，洒脱无蒂芥"等。

这时阳明眼中的自然山水是仙和神的居所或者象征，人在其面前是渺小和陋俗的，人只能寄托于神圣的山水，让其洗涤和陶冶自己。

当他的儒家立场愈加坚定时，对社会和人的精神的强调就越来越明显，自然山水则在他的心中逐渐退却。这时的山水诗，就是另外一种味道了。如他在1507年写的《杂诗三首》：

危栈断我前，猛虎尾我后。倒崖落我左，绝壑临我右。我足复荆榛，雨雪更纷骤。邈然思古人，无闷聊自有。无闷虽足珍，警惕忘尔守。君观真宰意，匪薄亦良厚。

青山清我目，流水静我耳。琴瑟在我御，经书满我几。措足践坦道，悦心有妙理。顽冥非所惩，贤达何靡靡。乾乾怀往训，敢忘惜分晷？悠哉天地内，不知老

---

① 王守仁. 王阳明全集：上 [M]. 吴光，钱明，董平，等编校. 上海：上海古籍出版社，1992：669-670.

第一章 天人两分下的佛老思想

将至。

　　羊肠亦坦道,太虚何阴晴？灯窗玩古《易》,欣然获我情。起舞还再拜,圣训垂明明。拜舞讵逾节,顿忘乐所形。敛衽复端坐,玄思窥沉溟。寒根固生意,息灰抱阳精。冲漠际无极,列宿罗青冥。夜深向晦息,始闻风雨声。①

　　当阳明悟透"吾心自足",即万物一体而万物皆备于我心时,人和自然的关系就变了。这时的自然山水不再是超人的存在,反而成了人的附庸。人成了天地间最灵明的存在,人及其精神的自信溢于言表。在《杂诗三首》第一首中,无论自然的环境多么恶劣,当我和古人的精神相接时,就成了最强大的存在。人及其精神才是宇宙的主宰,"君观真宰意,匪薄亦良厚"。即使人的精神是浅陋的,也依然是宇宙间最灵明的存在。在第二首中,万物已经成为我的奴仆,为我服务。我最心仪的已经不是仙山神境了,而是宇宙的真道妙理。这存于人心的妙理令人如此心醉神迷,甚至遗忘了世界的存在和时间的存在,"悠哉天地内,不知老将至"。第三首更是写出了悟道的境界。世间的自然环境已经无法影响到我对道的追求,"羊肠亦坦道,太虚何阴晴？"。悟道的喜乐使人忘乎所以,"顿忘乐所形"。不知不觉已经到了深夜,将要休息的时候才发觉外面下雨了,"夜深向晦息,始闻风雨声"。悟道的乐趣已经使人忘记了自然万物,人及其精神这时成了阳明生活的全部。

第二节　从佛老向儒家过渡

　　王阳明在龙场悟道之前,曾经沉迷于佛老之学,后才转入儒学。这一转向的代表作品就是1503年的《四皓论》。但是佛老的思想也影响了他后来的儒家思想,这可在他对隐士的评论中看出来。隐士代表了佛老清修避世的倾向。在阳明天人思想未成熟之前,天人两分的佛老思想也是阳明推崇的目标。这种天人两分是自然之大与人的分离。人需要在自然天地中修行,以配天地。这种天人两分导致了两种分离:一种是人与自然天地的分离,另一种是与人类社会的分离。在佛老看来,人类的道德社会背离了自然天地之道,是扭曲、世俗、污浊的存在,所以要远离之。真正的智慧和完美在自然世界。在阳明对隐士的评论中,我们会看出这两种分离。商山四

---

① 王守仁. 王阳明全集：上 [M]. 吴光, 钱明, 董平, 等编校. 上海：上海古籍出版社, 1992：686.

皓是道家思想的代表,我们以他对四皓的评论为个案进行分析。

在《四皓论》中,阳明写道:

果于隐者,必不出;谓隐而出焉,必其非隐者也。夫隐者为高,则茫然其不返,避世之士,岂屑屑于辞礼之殷勤哉?且知远辱以终身,则必待道而后出,出者既轻,成者又小,举其生平而尽弃之,明哲之士,殆不如此。况斯世君臣之间,一以巧诈相御,子房之计,能保其信然乎?四皓之来,能知其非子房之所为乎?羽翼太子,真四皓也,亦乌足为四皓哉!

昔百里奚有自鬻之诬,而其事无可辨者,故孟子以去虞之智辨之。今四皓羽翼之事,而其迹无可稽者,独不可以去汉之智辨之乎?夫汉高草昧之初,群英立功之日也。富贵功名之士,皆忘其洗足踞项之辱,犬豕依人,资其餔啜之余,不计其叱咤之声也。然众人皆愚,而四皓独智;众人皆污,而四皓独清。鹰隼高飞于云汉,虎豹长啸于山林,其颉颃飞腾之气,岂人之所能近哉!智者立身,心保终始;节者自守,死当益锐。四皓世事功名谢之久矣,岂有智于前,而愚于后,决于中年知几之日,而昧于老成练达之时乎?

且夫隐见不同,二道而已,固持者则轻瓢洗耳之巢、由,达时者则莘野南阳之贤士。四皓之隐,其为巢、由乎?抑为伊、葛乎?将为巢、由乎,必终身不出矣;将为伊、葛乎,必三聘而后起矣。一使之呼,承命不暇,上不足以拟莘野之重,中不能为巢、由之高,而下为希利无耻之行。以四皓而为今日之为,则必无前日之智;有前日之智,则必无今日之为。

况辞礼之使,主之者吕氏淫后,使之者吕氏奸人,特假太子虚名以致之,此尤其汗颜不屑者也。其言曰:"陛下轻士嫚骂,臣等义不辱。今太子仁孝爱士,天下莫不愿为太子死。"斯言诚出四皓之口,则善骂之君犹存也,四皓胡为而来也哉?若果为太子仁孝而出,则必事之终身也,四皓胡为而去也哉?夫山林之乐,四皓固甘心快意傲尘俗之奔走,笑斯人之自贱矣,乃肯以白首残年驱趋道路,为人定一传位之子,而身履乎已甚之恶者乎?鲁有两生,商山有四皓,同世同志者也,两生不行,吾意四皓亦不出也。盖实大者,声必宏;守大者,用必远。两生之不仕汉,其志盖不在小;四皓以四十年遁世之人,一旦欣然听命,则天下亦相与骇异,期有非常之事业矣,以一定太子而出,以一定太子而归,寂寂乎何以答天下之望,绝史传之诬议邪?

第一章 天人两分下的佛老思想

然则四皓果不至乎？羽翼果何人乎？曰：有之，而恐其非真四皓也，乃子房为之也。夫四皓遁世已久，形容状貌，人皆不识之矣，故子房于吕泽劫计之时，阴与筹度，取他人之须眉皓白者，伟其衣冠，以诳乎高帝，此又不可知也。良、平之属，平昔所携以事君者，何莫而非奇功巧计，彼岂顾其欺君之罪哉？况是时高帝之惑已深，吕氏之情又急，何以明其计之不出此也？天下之事，成于宽裕者常公，出于锐计者常诈，用诈而为之劫者，此又子房用计之挟也。其曰："天下莫不愿为太子死。"是良以挟高帝者也。其即偶语之时，挟以谋反之言之意乎？大抵四皓与汉本无休戚，谚曰："绮季皓首以逃嬴。"则是自秦时已遁去，其名固未尝入汉家之版籍也。视太子之易否，越人之肥瘠也，亦何恩何德而听命之不暇也？且商山既为遁世之地，其去中国甚远也；一使才遣，四皓即至，未必如此往来之速；况建本之谋，固非远人所主之议，而趋出之后，又无拂袂归山之迹乎？噫！以四皓之智，则必不至；以子房之计，又未信然也。

但斯说虽先儒已言，而逆诈非君子之事，自汉至此，千四百年，作汉史者已不能为之别白，则后生小子安敢造此事端乎？昔曹操将死，言及分香卖履之微，独不及禅后之事，而司马公有以识其贻罪于子之言于千载之下，则事固有惑于一时之见，而不足以逃万世之推测者矣。是斯说也，亦未必无取也。否则，四皓之不屈者，亦终与无耻诸人一律耳，天下尚何足高，后世尚何足取哉？[1]

阳明开宗明义，果真是隐士的话，就不会出山；而出山的话，就不是真隐士。对阳明来说，隐士的高明清奇，使他根本不想返回俗世，也就不屑于接受尘世殷勤的言辞和礼节邀请。明哲之士是知晓洁身自好并远离俗世所带来的耻辱的，他即使要出山，也要待天下有道时。如果天下无道，自身得不到重视而轻易出山，就意味着自我轻贱，其结果也不会好，建立不了什么功业。前功尽弃、得不偿失、自取其辱，是明哲之士要尽量避免的事情。

再说，以当时的君臣关系来看，基本上是机巧奸诈。张良关于四皓的计谋，能保证这四皓是真实可信的吗？四皓下山这件事，难道不可能是张良所做的手脚吗？如果下山辅佐太子的真是四皓，那么这样的四皓也就不足为四皓了，即不是真正的隐士了。

---

[1] 束景南，查明昊. 王阳明全集补编 [M]. 上海：上海古籍出版社，2016：96-98.

出于对真正的隐士的推崇和向往，阳明决定为四皓辩护，就如同孟子为百里奚辩护一样。既然孟子可以通过否定虞国人的说法来为百里奚辩护，那么我们为何不能通过否定汉代人的说法来为四皓辩护呢？"昔百里奚有自鬻之诬，而其事无可辨者，故孟子以去虞之智辨之。今四皓羽翼之事，而其迹无可稽者，独不可以去汉之智辨之乎？"阳明效仿孟子，试图从贤能或隐士的智慧和品德这一角度，来推翻当时人们的误解或诬传。

阳明从四个角度来论证张良所请的四皓为假。

首先，四皓的智慧和清高气节，使其不可能出山。为了衬托四皓的清高和智慧，阳明将汉代君臣描绘得粗俗不堪。刘邦君臣就如小人得志，前一秒还在做牛做马、屡受鞭笞，下一刻就开始登上高位、耀武扬威了，"富贵功名之士，皆忘其洗足骑项之辱，犬豕依人，资其铺啜之余，不计其叱咤之声也"。无论他们是做主人还是奴才，都摆脱不了其小人本质，即都是沉迷于功名利禄的愚蠢庸俗之人。在庸俗小人的世界，无论是治人者还是被治者，都没有多高的境界。被治者也并没有更高明的活法以突破主奴的轮回，其聊以慰藉的只能是爬上统治者的高位，将自己以前奴隶的命运转嫁给其他人而已。四皓则试图突破这一庸俗的轮回，不再同流合污，要做云端的鹰隼、山林的虎豹，"然众人皆愚，而四皓独智；众人皆污，而四皓独清。鹰隼高飞于云汉，虎豹长啸于山林。其颉顽飞腾之气，岂人之所能近哉！"。这种飞腾啸傲之气节，岂是一般人所能亲近的？

所以，以四皓的智慧和清高气节，是不会出山的，"智者立身，心保终始；节者自守，死当益锐"。智者最知如何立身，其心志坚定，一定会坚守始终；有气节者也会至死不渝，死后其气节反而更加显扬。四皓对世事功名早就不放在心上，以前智慧如此，后来怎会变得愚蠢。他们中年时洞晓神几，到老愈加老成练达时，反而会愚昧昏聩吗？这是阳明为四皓辩护的第一个理由。

其次，明哲之士即使有可能会出山，其出山的姿态和作为以及邀请人的德行一定是高规格的。但四皓出山的不雅姿态、低劣作为以及吕后与太子的低级品德，根本与四皓的身份不相配。

阳明说，高明之士可用两种方式保全自己的智慧和节操：一种是如巢父、许由一样做隐士，拒绝一切尘世的诱惑，甚至是尧许诺的王位；一种是如伊尹、诸葛亮一样接受贤王的邀请，将自己的智慧和品德借王权付诸实践。但是，汉代所传的四

第一章 天人两分下的佛老思想

皓在这两种方式中都是失败的。若论归隐，他们不如巢父、许由的坚守；若论出山，又没有伊尹、诸葛亮的地位和功绩。诸葛亮等都是被君王一再聘请才出山的，而四皓只被请一次就忙不迭地出山了。这样的出山，一没有诸葛亮那样的隆重，二没有巢父、许由一样的清高，其显示出来的唯有下等的趋利和无耻姿态。四皓这样的行为，根本配不上他们传说中的智慧；而他们若真有智慧，也就不会有这样的行为。

吕后和太子的德行根本不足以使四皓为其驱使。按照阳明的说法，幕后主使人吕后乃是"淫后"，其指使的邀请人张良等亦是"奸人"，而假托的太子仁德之名更是不靠谱。下山后的四皓为自己做的辩护更是漏洞百出，他们说，之前拒绝刘邦的邀请是因为他不尊重士人，所以他们"义不受辱"；而现在接受太子的邀请，是因为太子"仁孝爱士，天下莫不愿为太子死"，所以四皓也就甘受驱使。那么问题来了，"轻士嫚骂"的刘邦还在，他们还毅然下山参与刘邦家事，不是自取其辱吗？既然说太子仁孝爱士，那么又为何不辅助太子终生，而只是昙花一现呢？四皓本来在山林里潇洒快活，高傲地俯视着红尘中逐利奔走、自轻自贱的人们，奈何又在满头白发之际，为一个人间所定的太子而奔走效劳，成为自己所深恶痛绝的人呢？

阳明推断，这些行为根本配不上四皓之名。四皓应该与不响应叔孙通征招的鲁地两个儒生一样，不到俗世自取其辱。因为他们若真正有实力，其声名会比在俗世建功立业流播得更宏远；他们所坚守的智慧和气节越大，其效用比为一朝一代做贡献更长远。如史书所载，四皓在遁世四十年之后，为一个俗世指定的太子而下山，而且下山后并没有做出与其声名相匹配的功业，然后又遁隐而去。如此，他们怎么来回应世人的期望，怎么应对史传对他们的非议呢？因此，下山的四皓有问题。

再次，既然史载的四皓之所为与其声名不相配，那么人们所见的四皓很可能是假的，也即张良安排人假扮的。最终迫使刘邦承认太子的，并不是四皓，而是张良的要挟。

根据前面的考察，阳明推论，出山辅佐太子的四皓"恐其非真四皓也，乃子房为之也"。阳明总结了张良造假的几个条件：①四皓遁世已久，无人认识其容貌形状，所以张良和吕后的哥哥吕泽就可私下制定阴谋，让须眉皆白的人来假扮四皓，以此来骗过刘邦。那么，张良不怕犯下欺君之罪吗？这就牵涉第二个条件了。②张良、陈平等皆是以诈计奇功来侍奉皇帝的，所以欺君之罪在他们这里算不了什么。

况且当时刘邦已经比较糊涂了，而吕后又催得很急，迫不得已出此诡计也是合情合理的。

阳明的推测可谓深刻而缜密。我们似乎可以得出结论，载于史书的出山的四皓很可能就是假四皓了。

但阳明并不止步于此，而是将推测朝着更深的层次推进。人们可能会问，这假扮的四皓真的能骗过和说服刘邦吗？阳明认为也不好说。在阳明看来，恐怕连张良对此都无信心。但是，张良却可以假借此事对刘邦进行要挟。张良想向刘邦传递的信息是"天下莫不愿为太子死"，这就让刘邦不敢轻废太子。四皓只是为这一信息的传递增加了一点筹码，所以，四皓的真假其实并不重要了。没有四皓，张良也完全可以用其他方式传递这一信息。由此我们更容易推测出，这四皓就是假的。不管四皓是真是假，张良传递的要挟信息却是真实的，所以刘邦也无意追究四皓的真假，君臣心照不宣，互相给台阶下。阳明如此通透的剖析，更加强了四皓为假的论证。

最后，从四皓与汉的关系来看，他们出山的可能性很小。

阳明说，四皓从秦时就遁去，其名也没有记入汉籍。可以说他们与汉朝没有任何关系，而太子的存废，对他们来说也无关痛痒，"视太子之易否，越人之肥瘠也"。可以说，汉廷没有什么恩德可以驱使四皓。

况且商山离中原很远，不会一请辄至，且如此迅速地往来。此外，如四皓这种远来的外人，是不适合参与建立根基的谋略的。四皓出山之后，是否还想再次遁隐呢？所以，综合以上因素，以四皓的智慧，必然不会出山。而以我们对张良的了解，他所策划的四皓之计，并不能保证这四皓的真实性。

关于出山四皓为假的观点，在阳明之前就有人提出过，如东晋的桓玄、北宋的司马光、元末的杨维桢和明初的胡俨。他们的观点阳明应该看过，阳明的论述是将所有人的观点融合在了一起。但绝大多数人依然追随《史记》《汉书》的记载，相信张良所请四皓为真。① 阳明对此进行解释说，绝大部分史家都是君子，他们不愿事先就怀疑历史人物在进行欺诈，"逆诈非君子之事"。如此，司马迁和班固就宁可相信四皓为真，而不愿在没有证据的前提下猜测张良在欺诈。在经历了千百年之后，

---

① 任文利. 王阳明史论佚文《四皓论》考 [J]. 湖南科技学院学报，2007（3）：63-65.

第一章　天人两分下的佛老思想

就更无法在事实层面来对此进行辩驳了，"作汉史者已不能为之别白"。后世小子又岂敢多事，故意挑拨事端呢？

但是，阳明又指出，虽然在事实层面无法再进行考辨，但是在逻辑和事理层面我们依然可以对其进行辩驳。以曹操的遗言为例，在遗言中，他只谈到了分香卖履的琐事，而不言权力继承的大事。若不考虑其奸诈的底色，人们一般会认为曹操可能老糊涂了，或者会赞颂其人文情怀。但司马光慧眼独具，他联想曹操一贯奸诈的性格，透过这琐碎的假象推测出了曹操的真意，即他不想背负篡汉的骂名，而是将这一罪责推到了子孙身上。阳明说，一件事的真相固然会因为一时的见解而被遮蔽，但却逃不脱万世的推测。这种在事理上的推测可能比单纯的事实证据更具有合理性。

同理，关于张良可能制造假四皓的推测，也是有其可取之处的。否则，坚贞不屈的四皓，也就和无耻小人没有区别了。如此，天下崇尚什么才算是高明的呢？后世崇尚什么才是值得的呢？

纵观阳明整篇文章，我们可以看到阳明此时的思想状况，即他正处于从佛老思想向儒家思想转变和融通的过程中。

根据年谱，从1502年开始，阳明就已经对佛老有所怀疑，"是年先生渐悟仙、释二氏之非"[①]。但怀疑归怀疑，阳明对佛老的洁身自好、与世隔绝、流连自然的清高境界还是尊敬和向往的。在他看来，这代表着人类生活的一种目标。与此相对应的则是人世间的庸俗、功利和狡诈。阳明对汉代君臣间尔虞我诈的关系的描述，应该是代表了当时他对人类政治和社会生活的真实态度。在他看来，与大自然的单纯、清净相比，人世间的生活是污浊、庸俗和造作的。阳明向往的是前者，而前者正是佛老的境界和宗旨。如前所述，这一佛老境界代表着两种天人两分：自然之天与人类世界的分离，自然之天与人的分离。前一种分离对佛老来说是绝对的，两者势同水火，人类社会是应该逃离的陷阱；后一种分离是相对的，自然之天是人们追求的目标，最终要在这一领域实现天人合一。

对于在自然世界中的天人合一，阳明是没有意见的，但他逐渐对佛老自然之天与人类社会的隔绝有了不同看法。

---

① 王守仁. 王阳明全集：下 [M]. 吴光，钱明，董平，等编校. 上海：上海古籍出版社，1992：1225.

1502年，阳明对道家独自修身成仙和佛家的离世修禅感到厌倦，如年谱中所言：

遂告病归越，筑室阳明洞中，行导引术。久之，遂先知。一日坐洞中，友人王思舆等四人来访，方出五云门，先生即命仆迎之，且历语其来迹。仆遇诸途，与语良合。众惊异，以为得道。久之悟曰："此簸弄精神，非道也。"又屏去。已而静久，思离世远去，惟祖母岑与龙山公在念，因循未决。久之，又忽悟曰："此念生于孩提。此念可去，是断灭种性矣。"明年遂移疾钱塘西湖，复思用世。往来南屏、虎跑诸刹，有禅僧坐关三年，不语不视，先生喝之曰："这和尚终日口巴巴说甚么！终日眼睁睁看甚么！"僧惊起，即开视对语。先生问其家。对曰："有母在。"曰："起念否？"对曰："不能不起。"先生即指爱亲本性谕之，僧涕泣谢。明日问之，僧已去矣。①

这里出现了三个例子。第一个例子讲的是阳明对道家修身成仙的厌倦。阳明身体不好，希望通过道家导引术来强身健体、延年益寿。他也取得了一些效果，甚至具有了未卜先知的能力，这里当然有后人夸张和神化的成分。不过不久阳明就对道家神仙术有所抵触了。用呼吸、吐纳来导引和修炼身体，其价值有多大，令人怀疑。即使这样成仙了，又能怎样呢？反复折腾，最后也不过是对一个肉身的摆布，对于人之为人有多大意义呢？这是否是人的正道呢？这样的折腾肉身，不仅不关注人的精神，反而是对人精神的一种忽视和摧残，不是人之正道，"此簸弄精神，非道也"。这样，阳明对道家的修身和对自然之天的推崇就产生了怀疑。另外两个例子则是对佛老不问亲情、离世独修的批判。阳明从难以割舍的亲情体悟到，亲情可能就是人的自然本性，本就不该割舍，而佛老刻意的远离和割舍反而不自然了，是在断灭人的自然种性。阳明说，这种生于孩提时代的亲情不该弃去，"此念生于孩提。此念可去，是断灭种性矣"。悟到此后，他对佛老的诱惑就更具抵抗力了，甚至还劝诫修行僧人回家侍奉父母。

从佛老物理意义上的自然转移到人类情感和道德的自然，无疑是阳明思想的一大进步。佛老所追求的是将个体从各种关系中摆拔出来，然后让其面对整体宇宙来思考人生的意义。最终，其意义设定在了最高处，即宇宙本源那里。在道家为道，

---

① 王守仁. 王阳明全集：下［M］. 吴光，钱明，董平，等编校. 上海：上海古籍出版社，1992：1225-1226.

在佛家为佛。道和佛都具有本源意义,是最高的存在。每个人的生存都是朝着这一终极目标前进的。在前进过程中,个人要不断抛弃自己在世界中的种种限制,包括亲情、宗族、国家等,最后甚至是有形的肉身也要抛弃,直接遁入无形的本源。佛家的空和道家的无就体现了这种终极的境界。老子所说的天下就是每个人都是能够与道融通的自足的个体,他们不需要他人的救助和保护,"天地不仁,以万物为刍狗。圣人不仁,以百姓为刍狗"(《道德经》第五章)。天地和万物皆从道来,道及其自然法则已经化入天地万物中。万物只要保持其自然本然状态,自然无事;而万物不守自然之道,就会产生祸乱灾害。道或天地不会再跳出来去照顾哪一个,合道则生,不道早已。人类也是一样,人自身也在道中,遵守自然即为善,善则生;不守自然即为恶,不道早已。圣人也不会再出来特别关照和救赎哪一个。每个人都无所不能,就不再依赖亲情、族情的庇护,所以庄子说,"相濡以沫,不如相忘于江湖"(《庄子·大宗师》)。

这看起来似乎和现代的自由主义或个人主义有相似之处,有些学者确实从中找到了某种联系,笔者稍后会谈及。这种终极的自由与逍遥确实具有吸引力,甫一接触,难以抵抗。在儒家的家族社会负累和法家的不择手段中,人们很容易逃避到佛老这里享受安宁,连阳明这样智慧的人也不例外。

佛老所追求的这种绝对自由、逍遥会带来两个问题:一是被人类各种社会关系和琐碎事情所羁绊;二是对他人和社会造成某种颠覆或破坏。也就是说,只要佛道修行者还在人类社会中,就会存在妨碍,不是别人妨碍他,就是他妨碍别人。于是其出路只有一条——隐居山林,在社会的边缘存在。虽然佛老并没有明确主张要隐居,但其学说决定了其必然边缘化。也只有在自然这一大环境中,他们才能找到互不干扰的场地,才可以自由释放自己的所有性情,才能满足其修仙得道、与天地同久的追求。

既然阳明已然悟到了佛老的某些不妥,他为何还要极力挽救四皓的声誉呢?这是因为尽管佛老有出世的缺陷,但其对人类社会的庸俗名利、贪婪欲望以及各种繁琐人际关系的负累的批判是深刻的。佛老主张的自然、真诚、简单、纯洁的生活方式还是具有优越性的。这和原始儒家强调精神而贬低物质的思想也有相近之处。在没有其他更好的榜样的前提下,佛老的某些高妙境界依然可以成为人们追求的目标。

鉴于佛老的主要缺陷是与世隔绝,所以,只要克服这一缺陷,积极入世,那么佛老的某些思想主张完全是可以用于人类社会的，比如其对于气节、真诚、贤良、仁德等德性的提倡。因此，只要某些统治者渴望一种仁德、清明的统治，这些隐士们完全可以出山辅佐，这就是阳明所说的"则必待道而后出"。天下有道无道，在前现代取决于统治者对道的尊奉与否，出现这些贤明的统治者时，就是隐士们出山的时候了。

所以，阳明在《四皓论》中所展示的是佛老思想与儒家思想的某种结合。儒家可以引用佛老的某些价值观来将俗世经营得更好些。阳明所期待的道就是儒家入世仁德与道家真诚、简单、纯洁的价值观的结合。

我们看到，阳明心目中隐士有两种出路：一种是无论俗世有道无道，皆无意出山；一种是在有道时出山建功立业。无论哪一种选择，都可谓真隐士。当然，第一种更纯粹，后一种出路则是佛老思想和儒家思想的结合。这两种出路，都能展现出隐士高明的智慧和高尚的气节。阳明列举了两种出路的代表，前一种出路的代表是巢父、许由，后一种出路的代表是伊尹、诸葛亮。史书中所记载的四皓却无法满足这两种出路的条件。如果他们真是传说中高明的四皓，那么就不会进入俗世；如果他们进入俗世，一定要有高规格的待遇和要争取显赫的功业。但这些都没有，说明史书中所载的四皓很可能是张良使人假扮的。这样，阳明就保全了四皓的声名及其地位。世俗之人需要这样智慧而高明的榜样来指引，以便使自己的人生和这个世界更加有价值和意义。

如此，我们看到了此时阳明思想的特点。无论是佛老还是佛老与儒家的融合，都依然有天人两分的痕迹。佛老有两种天人两分：自然之天与人类社会之分，人与自然之天的两分。儒家的天人两分则是人的道德与天地大德的区分。无论哪一种，都需要在自身之外设立一个高远全能的目标，向着那个目标不断前进。这也是阳明一定要保全四皓高大形象的重要原因。四皓在这里代表着某种高层次的境界，是人们可以效仿的榜样。

有的学者以阳明《四皓论》中所展现的隐士进退思想，来解释他之后仕途的进退有据。[①] 但显然这时阳明的思想还不是那么圆融，这时的阳明仍然具有天人两分的立场，庙堂和江湖鲜明对立，让他的进退有着明显的刀削斧凿的痕迹。在完成良

---

① 任文利. 王阳明史论佚文《四皓论》考 [J]. 湖南科技学院学报, 2007 (3): 63-65.

第一章　天人两分下的佛老思想

知心学之后，阳明进退就有了很大的改观。那时的他已经没有庙堂和江湖之分，也就无所谓出和入，进退一随自然，无非是道。

1508 年，阳明在贵州龙场。虽然他已经转向儒家，对天人之学有新的体悟，但还是没有脱离《易经》天人两分的思想。在有人向他请教神仙问题时，从他的回复依然可以看到天人两分的影子，而且，其神仙思想中还保有佛老的一丝色彩。在《答人问神仙》中，他写道：

询及神仙有无，兼请其事，三至而不答，非不欲答也，无可答耳。昨令弟来，必欲得之。仆诚生八岁而即好其说，今已余三十年矣，齿渐摇动，发已有一二茎变化成白，目光仅盈尺，声闻函丈之外，又常经月卧病不出，药量骤进，此殆其效也。而相知者犹妄谓之能得其道，足下又妄听之而以见询。不得已，姑为足下妄言之。

古有至人，淳德凝道，和于阴阳，调于四时，去世离俗，积精全神；游行天地之间，视听八远之外，若广成子之千五百岁而不衰，李伯阳历商、周之代，西度函谷，亦尝有之。若是而谓之曰无，疑于欺子矣。然则呼吸动静，与道为体，精骨完久，禀于受气之始，此殆天之所成，非人力可强也。若后世拔宅飞升，点化投夺之类，谲怪奇骇，是乃秘术曲技，尹文子所谓"幻"，释氏谓之"外道"者也。若是谓之曰有，亦疑于欺子矣。夫有无之间，非言语可况。存久而明，养深而自得之，未至而强喻，信亦未必能及也。盖吾儒亦自有神仙之道，颜子三十二而卒，至今未亡也。足下能信之乎？后世上阳子之流，盖方外技术之士，未可以为道。若达磨、慧能之徒，则庶几近之矣，然而未易言也。足下欲闻其说，须退处山林三十年，全耳目，一心志，胸中洒洒不挂一尘，而后可以言此，今去仙道尚远也。妄言不罪。①

在这里，阳明表达了对技术性的养生、成仙得道的怀疑。这也是他自己亲身体会的总结。他习练道家养生之术三十多年，身体没有变好，反而有变更差的趋势。这使他在对养生之术怀疑的同时，对道家、佛家思想都有了怀疑。因此，在身体或物理意义上的天人合一、人与天地同久的观念，这时就有点动摇了。阳明由此将天人又分隔开来，认为天为和人力是不同的，人和人也是不同的。他不否认有的人天赋极高，可以获得长生；但若天赋不高的话，无论怎样努力也是无济于事的，"然

---

① 王守仁. 王阳明全集：上 [M]. 吴光，钱明，董平，等编校. 上海：上海古籍出版社，1992：805-806.

则呼吸动静，与道为体，精骨完久，禀于受气之始，此殆天之所成，非人力可强也"。这里显示的是明显的天人两分思想。阳明基本上否定了绝大多数人在物理意义上与天地同存的可能性。

但是，对物理意义上的长生的否定并不代表阳明放弃了长生的想法。他重新转回儒家，很大程度上是因为他看到儒家提供了另一种不朽的途径，即精神气节的不朽。颜回就是这一方面的典范。虽然颜回肉身已经消亡，但其贤名却获得了不朽。但无论阳明追求物理肉身还是精神的长存，将天人割裂来看的倾向还是明显的。天地宇宙一直是一个永久的存在，而人则用各种方法来模仿和追赶这一境界。

最后，阳明给问询神仙之道的友人的答复是，归隐山林修行悟道。这说明阳明依然对道家、佛家养生求仙之道残存一丝希望。这还是在天人两分的前提下鼓励人向着天之境界努力的体现。

1508 年，阳明感觉自己已经无力践行臣子的职责，再加上有病在身，有了退隐的打算。但他退隐的理由并不是以佛老思想为依据的，而是以儒家思想为依凭的。这体现在《龙场生问答》中。阳明认为，君子出仕为官是去行道的，若不能行道，就是偷盗行为，即空享俸禄。他觉得自己已经不胜职责，无法行道了，"君子之仕也以行道。不以道而仕者，窃也。今吾不得为行道矣"。他在龙场的门生认为，侍奉君主就和孝顺父母一样，不能说走就走，如果不履行君主赋予的职责，是否与不听命父母一样，是不恭敬呢？"子于父母，惟命是从；臣之于君，同也。不曰事之如一，而可以拂之，无乃为不恭乎？"阳明认为不能愚忠愚孝，如果不以适当的方法去尽忠孝，只是惟命是从，就是妾妇之顺从，这不是合乎道义的做法，反而是不恭敬。所以，既然自己无法胜任，就不用强求尽责了，"不得其职而去，非以谴也。君犹父母，事之如一，固也。不曰就养有方乎？惟命之从而不以道，是妾妇之顺，非所以为恭也"。龙场门生又说，圣人要忧心天下，贤人都辞官不做，君主依靠谁来管理国家呢？"圣人不敢忘天下，贤者而皆去，君谁与为国矣！"阳明则隐晦地说，虽然圣贤不忘天下，但天下也应该有让贤人发挥的空间。当天下形势滔滔，任何人都不免被淹没时，圣贤也是有心无力。这是阳明对其所处当下遭遇和政治形势的感悟，他认为自己可能无力在当时情形下胜任职责了，再愚守下去恐怕也会被淹没，"贤者则忘天下乎？夫出溺于波涛者，没人之能也；陆者冒焉，而胥溺矣。吾惧于胥溺也"。然后阳明也认为自己不是圣贤，不可能无所不能，"且吾闻之，人各

有能有不能，惟圣人而后无不能也。吾犹未得为贤也，而子责我以圣人之事，固非其拟矣"①。自己再勉强坚持下去，就是错误地被使用，如同将阶前的兰蕙用来覆盖墙。

在这里，我们看到，阳明对君王和父母已经不是愚昧地惟命是从，而是一切以道或义为标准。他所用的论据都是儒家的，其君子出仕的观点与孔子所说的一样，"以道事君，不可则止"（《论语·先进》），"邦有道，则仕；邦无道，则可卷而怀之"（《论语·卫灵公》）。道的至高地位虽然确定了，但君子和道的关系还是两分的，道仍然在君子之外。

---

① 王守仁. 王阳明全集：上 [M]. 吴光，钱明，董平，等编校. 上海：上海古籍出版社，1992：912-913.

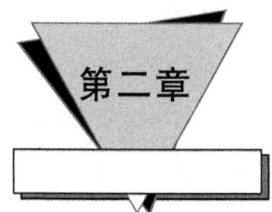

第二章

天人两分下的儒家思想

第一节　程朱理学影响下的未发已发思想

1498年，阳明作《"喜怒哀乐之未发谓之中，发而皆中节谓之和"论》，其中的观点基本延续了程朱的未发已发、性情之论，天人两分、心物两分的痕迹很明显。其文曰：

《中庸》明"道不可离"之意，有自其性之德而言者，有自其情之正而言者。盖情之未发，性也，故谓之中；发而不失其性情之正也，故谓之和。《中庸》明"道不可离"之意如此，其旨深矣！请申论之。

性原于天而道不外乎性，心统乎性而性不离乎情，心有所好恶而喜怒形焉！喜怒，情也，心有所欣戚而哀乐形焉，哀乐亦情也。方其未感于物之时，外内不接，人己不交，不见可好而何有于喜也，不见可恶而何有于怒也，不见可欣戚而何有于哀乐也，此即所谓"人生而静，天之性也"。而何以谓之"中"？盖浑然在中，一是性之全体，初无倚著一偏之患；寂然不动，一吾性之本然，未有陷于一偏之失，是故谓之中。所以状性之德而形道之体也。及其有感于物之际，人己相形，外内相对，喜必其可好者，不于其所喜而辟焉！怒必其所恶者，不于其所怒而辟焉！哀乐必其所欣戚者，不于其所哀乐而辟焉！此即所谓"感物而动，性之欲也"。而何以谓之"和"？盖发之各中其节，而非任情以徇外，于吾性乎何乖；应之各得其道，而非恣情以纵欲，于是性乎何戾，是故谓之"和"。所以著情之正而显道之用也。论至于是，则知道之体用不出乎性情，而人之性情皆具于一心，有是人则有是心，有是心则有是性情也。道其可以须臾离哉！①

阳明以未发已发来理解《中庸》"道不可离"之意。未发为性，已发为情。性之本然、全体无偏为中，合乎性之情为和。性即天道，是本体，而情则是道体之用。因此，性和情、已发和未发，也就是体用的关系。而性和情都统一在心这里。那么这是否就是天人合一、心物一体了呢？看上去似乎是，但仔细分析则不尽然。

这里的天是分裂的，心也是分裂的。这都源自未发（体）和已发（用）的分

---

① 杨正显. 王阳明佚诗文辑释：附徐爱、钱德洪佚诗文辑录 [J]. 中国文哲研究通讯，2011，21（4）：159.

第二章 天人两分下的儒家思想

裂。阳明和程朱一样,将未发之天道视为一个存在,将已发之万物视为另一个存在,然后再强调道和万物的统一,也就是体用合一。但这样的体和用本身就是分离的,是相互独立的存在。其合一不是真正的浑然一体,而是两种分离的存在的黏合。

在人身上也是一样,未发之性是人心中的一种存在,而已发之情是由身外万物引发的存在。性和情也是分裂的。未发已发的两分就导致了内外、人己、心物、性情、体用等一系列的两分。

如此,无论是天道和万物,还是人的性与情,都是分裂的。这样的天人特征似乎是一致的,有了天人合一的样子,但细究一下,天人依然是分裂的。因为天道和万物本就是分裂的,而作为已发万物中的一种,人和道也就是分离的。所以,此时的天和人、天道和万物、性和情、心和物就都是分离的。所谓的"道不可离",也只是将道作为一种自身之外的独立存在而不断去追求而已。程朱的未发已发说所导致的问题只能等待阳明心学成熟后才能解决。

第二节 天人两分下的天人感应思想

天人感应思想自汉代产生就一直延续下来,表面上看是天人合一,其实是天人分离的。天人之间那种神秘的联系到了宋明逐渐消失了,但天人道德上的联系反而加强了。阳明也有这种思想。

1500年,阳明作《时雨赋》,主要记录了二泉先生与乐山子之间的对话,反映了阳明当时的思想状态。两人的对话清晰地展示了天人关系,而这一关系显然是分裂的。天人的关系和谐与否,就看人的德行,这和汉代出现的天人感应思想有点接近,但是去除了其谶纬迷信的成分。

二泉先生展示的是天人两分的情形,他说:"昔孔子太和元气,过化存神,不言而喻,固有所谓时雨化之者矣,而予岂其人哉?且子知时雨之功,而曾未睹其患也。乃若大火西流,东作于休。农人相告,谓将有秋,须坚须实,以获以收。尔乃庭商鼓舞,江鹤飞翔;重阴密雾,连月弥茫;凄风苦雨,朝夕淋浪。禾头升耳,黍目就盲。江河溢而泛滥,草木泄而衰黄。功垂成而复败,变丰稔为凶荒。泪泥涂以何救,疚体足其曷防?空呼号于漏室,徒咨怨于颓墙。吁嗟乎,今之以为凶,非昔之以为功者耶?乌乎物理之迥绝,而人情之顿异者耶?是知长以风雨,敛以霜雪,有阴必阳,无寒不热；化不自兴，及时而盛，教无定美，过时必病。故先王之爱民，必仁育而义正，吾诚不敢忘子时雨之规，且虑其过而为霆以生患也。"① 天的运转并不会按照人的意志，就需要人把握时机，相机而动，而时机把握得当的即为仁义的统治者。这样的统治者就像及时雨，他会恰到好处地利用天地的运行为百姓带来福祉，而把握不当将会带来祸患。

乐山子强调天人关系的协调，这一协调的关键在于人的修养。"今夫先生之于西江之士也，不亦其然哉！原体则涵泳诸子，灌注百氏，渟滀仁义，郁蒸经史；言用则应物而动，与时操纵，神变化于晦明，状江河之汹涌，发为文词，雾瀹霞摘，赫其声光，雷电翕张。仰之岳立，风云是出；即之川腾，旱暵攸凭。偃风声于万里，望云霓于九天。叹尔来之冥后，怨何地之独先。则夫西江之士，岂必渐渍沐沃，澡涤沉潜，历以寒暑，积之岁年，固将得微涓而已颖发，沾余滴而遂勃然。咏菁莪之化育，乐丰芑之生全，扬惊澜于洙泗，起暴涨于伊濂。信斯雨之及时，将与先生比德而丽贤也夫！"② 人只要体用功夫做得好，就会与天地合拍，甚至操纵天地的运化，造福百姓。体的功夫是涵容诸子百家、积蓄仁义道德；用的功夫是去处理各种事物，其主要表现就是顺应甚至操纵天地万物的运转，"言用则应物而动，与时操纵，神变化于晦明，状江河之汹涌"。人就是通过这样的体用功夫来参与天地的运化。这体现的是天人关系的和谐与统一。

但是，无论是天人关系的和谐统一还是分裂，这里的天人显然是分立的。人的心就像一个白板，他需要不断地学习来处理其与万物的关系。在这里，我们还看到了阳明对华丽辞藻的青睐。

1503年，阳明写了《答佟太守求雨》一文，其中也出现了一种天人感应式的关系，但阳明的感应更加高级。不过，无论怎么高级，也依然是天人两分的。其文如下：

昨杨、李二丞来，备传尊教，且询致雨之术，不胜惭悚！今早谌节推辱临，复申前请，尤为恳至，令人益增惶惧。天道幽远，岂凡庸所能测识？然执事忧勤为民之意真切如是，仆亦何可以无一言之复！

---

① 束景南，查明昊. 王阳明全集补编 [M]. 上海：上海古籍出版社，2016：91.
② 束景南，查明昊. 王阳明全集补编 [M]. 上海：上海古籍出版社，2016：90.

第二章 天人两分下的儒家思想

孔子云:"丘之祷久矣。"盖君子之祷不在于对越祈祝之际,而在于日用操存之先。执事之治吾越,几年于此矣。凡所以为民祛患除弊兴利而致福者,何莫而非先事之祷,而何俟于今日?然而暑旱尚存而雨泽未应者,岂别有所以致此者欤?古者岁旱,则为之主者减膳撤乐,省狱薄赋,修祀典,问疾苦,引咎赈乏,为民遍请于山川社稷,故有叩天求雨之祭,有省咎自责之文,有归诚请改之祷。盖《史记》所载汤以六事自责,《礼》谓"大雩,帝用盛乐",《春秋》书"秋九月,大雩",皆此类也。仆之所闻于古如是,未闻有所谓书符咒水而可以得雨者也。唯后世方术之士或时有之。然彼皆有高洁不污之操,特立坚忍之心。虽其所为不必合于中道,而亦有以异于寻常,是以或能致此。然皆出小说而不见于经传,君子犹以为附会之谈;又况如今之方士之流,曾不少殊于市井嚚顽,而欲望之以挥斥雷电,呼吸风雨之事,岂不难哉!仆谓执事且宜出斋于厅事,罢不急之务,开省过之门,洗简冤滞,禁抑奢繁,淬诚涤虑,痛自悔责,以为八邑之民请于山川社稷。而彼方士之祈请者,听民间从便得自为之,但弗之禁而不专倚以为重轻。

夫以执事平日之所操存,苟诚无愧于神明,而又临事省惕,躬帅僚属致恳乞诚,虽天道亢旱,亦自有数。使人事良修,旬日之内,自宜有应。仆虽不肖,无以自别于凡民,使可以诚有致雨之术,亦安忍坐视民患而恬不知顾,乃劳执事之仆,仆岂无人之心者耶?一二日内,仆亦将祷于南镇,以助执事之诚。执事其但为民悉心以请,毋惑于邪说,毋急于近名。天道虽远,至诚而不动者,未之有也![1]

我们在文中看到了阳明天人两分的思想。当佟太守向阳明询问求雨之术时,阳明说:"天道幽远,岂凡庸所能测识?"这里将天道与人明显分割开来,而且这一天道主要是指自然物质性的天。人们对这一天道的知识微乎其微,其技术性知识并不是人能够测知的。如何对待这一神秘天道呢?真能够用祷告来感动和驾驭天吗?

阳明所举的孔子的例子,就是孔子如何对待自然技术性天道的典范。阳明认为孔子的祈祷并不是要通过某种祷告技术来感动或驾驭天,而是另有所指。阳明说,孔子的祷告就是君子的祈祷。这种君子的祈祷并不是面对一个超越的、神秘的天的祈祷,从而期望它按照自己的心愿做什么;而是要在日常做事过程中预先有所准备

---

[1] 王守仁. 王阳明全集: 上 [M]. 吴光, 钱明, 董平, 等编校. 上海: 上海古籍出版社, 1992: 800-801.

和安排,"盖君子之祷不在于对越祈祝之际,而在于日用操存之先"。如果事先做好了祛患、除弊、兴利的准备,怎么会沦落到求雨这种临时抱佛脚的境地呢?"凡所以为民祛患除弊兴利而致福者,何莫而非先事之祷,而何俟于今日?"

在阳明看来,即使做出了一些仪式性的求雨、祭祀、祈祷等活动,也只是管理者或统治者的一种自责的表达,并不是他们真正相信这样能解决现实问题。能解决问题的只有预先准备和安排。那些认为能够求雨并就此发展出各种求雨之术的人,不过是自欺欺人、招摇撞骗而已。真正的祈祷不是各种仪式和玄幻技术,而是做好人类力所能及的预防措施。

从阳明这里,我们还可以归纳出两种不同的天道以及相应的两种对待天道的态度,这就是道德意义上的天道和自然技术意义上的天道。这两种天道都是和人割裂的。对于技术上的天,人类需要以技术安排来应对而不能用通灵玄幻之术,这种天道人是无法测知的,声称有这种技术的人基本是骗子。人以他能做的日常事务来预防就行了。这是人对自然技术性的天道所能做的恰当反应。所以,真正的求雨就是事先做好预防干旱的措施,而不是以各种玄幻技术祈雨。

另一层天道则是道德意义上的,即将整个宇宙理解为一种秩序或规律的有机整体,如同一个人一样。这种秩序和规律就成了日常的道德。儒家道德就是对宇宙秩序和规律的感应和遵行。这一秩序和规律落实到人类社会,就是儒家所说的尊卑等级秩序。按照天道道德秩序处理好人类的事务,就是对道德性天道的最好尊奉和践行,官员尊奉神明、克己守责也就是对道德天道的遵守。只要弄清楚道德性天道和自然技术性天道的区别,然后以相应的方式去应对,就是恰当的了。

阳明最后所说的,就是人对两种天道的感应和应对方法。他说,只要太守遵守道德性天道的要义,尊奉神明,尽职尽责,同时又做好各种人事准备,以应对自然天道的各种挑战,那么,自然会有好的结果。"夫以执事平日之所操存,苟诚无愧于神明,而又临事省惕,躬帅僚属致恳乞诚,虽天道亢旱,亦自有数。使人事良修,旬日之内,自宜有应。"这个好的结果并不是祈祷的结果,而是人努力的结果,但我们也可以将其看作是天道的报答。

可见在此时,王阳明的天道(无论道德意义上的还是自然意义上的)和人道还是分离的,但这种天人思想已经很高明了。无论是哪一种天道和人道的关系,都不再是汉代的天人感应。王阳明已经抛弃了宋之前的神秘谶纬式的天人感应思想,代之以比较理性的道德性和技术性的天人关系。

1508年,阳明为怀柔伯的《七十二候图》作序,即《气候图序》,序中也体现了其天人两分的思想。其文曰:

> 天地一元之运为十二万九千六百年,分而为十二会;会分而为三十运,运分而为十二世,世分而为三十年,年分而为十二月,月分而为二气,气分而为三候,候分为五日,日分为十二时,积四千三百二十时三百六十日而为七十二候。会者,元之候也;世者,运之候也;月者,岁之候也;候者,月之候也。天地之运,日月之明,寒暑之代谢,气化人物之生息终始,尽于此矣。月,证于月者也;气,证于气者也;候,证于物者也。若孟春之月,其气为立春,为雨水;其候为东风解冻,为蛰虫始振,为鱼负冰,獭祭鱼之类,《月令》诸书可考也。气候之运行,虽出于天时,而实有关于人事。是以古之君臣,必谨修其政令,以奉若夫天道;致察乎气运,以警惕夫人为。故至治之世,天无疾风盲雨之愆,而地无昆虫草木之孽。孔子之作《春秋》也,大雨、震电、大雨雪则书,大水则书,无冰则书,无麦苗则书,多麋则书,螟螽雨、蜮螽生则书,六鹢退飞则书,陨霜不杀草、李梅实则书,春无水则书,鹳鹆来巢则书。凡以见气候之愆变失常,而世道之兴衰治乱,人事之污隆得失,皆于是乎有证焉:所以示世之君臣者恐惧修省之道也。
>
> 大总兵怀柔伯施公命绘工为《七十二候图》,遣使以币走龙场,属守仁叙一言于其间。守仁谓使者曰:"此公临政之本也,善端之发也,戒心之萌也。"使者曰:"何以知之?"守仁曰:"人之情必有所不敢忽也,而后著于其念;必有所不敢忘也,而后存于其心。著于其念,存于其心,而后见之于颜色言论,志之于弓矢几杖盘盂剑席,绘之于图书,而日省之其心。是故思驰骋者,爱观夫射猎游田之物;甘逸乐者,喜亲夫博局燕饮之具。公之见于图绘者,不于彼而于此,吾是以知其为善端之发也,吾是以知其为戒心之萌也。其殆警惕夫人为,而谨修其政令也欤!其殆致察乎气运,而奉若夫天道也欤!夫警惕者,万善之本,而众美之基也。公克念于是,其可以为贤乎!由是因人事以达于天道,因一月之候以观夫世运会元,以探万物之幽赜,而穷天地之始终,皆于是乎始。吾是以喜闻而乐道之,为之叙而不辞也。①

这里的天地气候之运,无论从哪方面看,都是独立于人心之外的。从大的方面

---

① 王守仁. 王阳明全集: 上 [M]. 吴光, 钱明, 董平, 等编校. 上海: 上海古籍出版社, 1992: 871-872.

看，似乎天人属于一个整体。阳明将整个宇宙看成是一个有固定运转周期的客观世界，从中可区分出元、会、运、世、年、月、气、候、日、时等从大到小的运转周期。整个世界可说是一气生成的，人也属于这个世界，天人是一体的，"气化人物之生息终始，尽于此矣"。然而，天地的运转又是不以人的意志为转移的，相反，人要依靠对气候的观测来矫正自己的行为，如阳明所说："气候之运行，虽出于天时，而实有关于人事。是以古之君臣，必谨修其政令，以奉若夫天道；致察乎气运，以警惕夫人为。"对阳明来说，气候的运行，昭示出来的就是天道。人作为天地的一部分，必然也属于此天道，所以，天道是关乎人事的。但是，天道和人事的运行又似乎是分离的，如果一切听由天道运转，那么人就不用有什么作为了。阳明建议人要观察天道，并按照天道来主动矫正人为。这说明人不能完全听由天道自己运转而无所作为。在这个意义上，天地的运转和人的活动就区分开来了。可见，从前提上，阳明和阴阳家一样，都能够从天人合一、天人一体这个基础出发；在天人关系的具体运作上，却出现了天人分离的表现。这就是阳明天人合一思想还未成熟的体现，其合一的愿望与他在现实中对天人关系的具体理解和践行产生了偏差。

此时的阳明所理解的天人关系依然是天人感应式的神秘关系。在这个关系中，前提肯定是天人合一的，合一的基础基本上是气一元论；在具体的处理天人关系时，却又给人一种天人分离的印象。天人感应是以某种神秘的方式将天地运转、天象变化、气候变迁等自然现象与人的行为联系起来的思维方式。这样，天人就不是无关的存在，而是人参照自然的提示来修正自己的行为。但这种感应关系的运作模式却制造了天人分离，在感应中，天道依然是人之外的一个参照对象，人则依照各种神秘的术数去认知这个天道。天与人的联合机制及其运行方式还没有一个融通的解释。人心与自然现象的关系及其相互作用的详细原理也没有得到阐述。而心和物的分离及其映照关系，也是天人感应下的天人两分关系的结果。阳明依然没有解决心和物如何为一体的问题。在《气候图序》中，阳明所展示出的天人感应思想，还不如他五年前《答佟太守求雨》中所展示的天人思想高明，至少在后者，人试图抛开客观天地的消极影响，积极通过自己的努力来产生一种以人为核心的天人合一，人不再迷信神秘的与天沟通的术数，而是依靠自己的主动作为去影响甚至创造天道。在《气候图序》中，人反而成了一个消极的存在，人被动地被天地异象所左右，整天忧心忡忡地自我审判和惩罚，失去了在天道面前的自信。

第二章 天人两分下的儒家思想

正是在这种心态影响下,阳明列举了诸多《春秋》中的天人感应案例,来表达天人之间的关系。人要对天道有所敬畏,时刻"恐惧修省"。这份警惕之心就是天人之间的桥梁,"夫警惕者,万善之本,而众美之基也"。人正是通过此警惕之心才会体会到天人之间的感应关系,从而勤修政令,务求合于天道,这就是人与天道合一的方式,"由是因人事以达于天道,因一月之候以观夫世运会元,以探万物之幽赜,而穷天地之始终,皆于是乎始"。在这里,阳明比以阴阳术数来测知和影响天道的做法又高明了些,但这里的人依然是消极的存在。不过,阳明注意到了人心与天地沟通的关键作用,这为他日后发展心学无疑有所帮助。

阳明从总兵送来的《七十二候图》中,看到了其警惕之心,而此心正可使人事通达于天道。阳明提出了一种高明的思维方法,即将人事追溯到心。"人之情必有所不敢忽也,而后著于其念;必有所不敢忘也,而后存于其心。著于其念,存于其心,而后见之于颜色言论。"总兵送来《七十二候图》的行为显示出其有一颗警惕之心,此心将助其勤修政令,通于天道。

关于"情—念—心—物"的思维方式,已经接近后来的心学路线了,粗显了阳明打通心物的系统化思考。我们模糊看到,阳明开始将心的内涵细化,情、念其实都起于心,但是这并不是心的全部。心是一切内涵和工夫展开的场所,而心中所存有或产生的情、念等,与其外在的形质化行为(颜色言论)息息相关。阳明将人的所有活动与心联系了起来,将人事追溯到心的方法,为他日后找到天人合一的关窍并创立心学奠定了基础。

1508年,阳明还写了《玩易窝记》,天人感应的方式转变为认知方式,但其中天人两分、心物未通的迹象还是明显的。其言曰:

夫《易》,三才之道备焉。古之君子,居则观其象而玩其辞,动则观其变而玩其占。观象玩辞,三才之体立矣;观变玩占,三才之用行矣。体立,故存而神;用行,故动而化。神,故知周万物而无方;化,故范围天地而无迹。无方,则象辞基焉;无迹,则变占生焉。是故君子洗心而退藏于密,斋戒以神明其德也。盖昔者夫子尝韦编三绝焉。呜呼!假我数十年以学《易》,其亦可以无大过已夫!①

在《玩易窝记》中,阳明开始重新体悟天地人的关系,也即天人关系。天地间

---

① 王守仁. 王阳明全集:上 [M]. 吴光,钱明,董平,等编校. 上海:上海古籍出版社,1992:898.

的奥秘需要从其象上来体察。这样看来，天地还是人之外的天地，这是明显的天人两分。天地和人发生关系的方式就是人的观象占卜。阳明还得出了观象的体用思想：观象所得的爻辞为其体，而占卦所得即为其用。这里的体和用都是外在的，都是心去认知的对象。天和人、心和物、心和理都没有打通。

但是，阳明将体用都追溯到了无形无迹的地步，这就使他有可能超越有形的束缚，突破传统儒家有形世界的界限，找到新的本源。他也谈到了对本体的知的最高境界，"知周万物而无方"，只不过这一知还是主客体形式的。但阳明此时已经注意到心的作用，心是可以知本体的奥秘的，"君子洗心而退藏于密，斋戒以神明其德也"。这离自足之良知还有一步之遥。

第三节　天人两分下的科举思想

在科举思想中，可以看到王阳明天人两分的思想。

1504年，王阳明在山东乡试中任考试官，在他所写的《山东乡试录序》中，我们可以看到当时他对科举和人才的态度。这一态度体现了他天人两分的思想。他写道：

山东，古齐、鲁、宋、卫之地，而吾夫子之乡也。尝读夫子《家语》，其门人高弟，大抵皆出于齐、鲁、宋、卫之叶，固愿一至其地，以观其山川之灵秀奇特，将必有如古人者生其间，而吾无从得之也。今年为弘治甲子，天下当复大比。山东巡按监察御史陆俌辈以礼与币来请守仁为考试官。故事，司考校者惟务得人，初不限以职任。其后三四十年来，始皆一用学职，遂致应名取具，事归外帘，而糊名易书之意微。自顷言者颇以为不便，大臣上其议。天子曰："然，其如故事。"于是聘礼考校，尽如国初之旧，而守仁得以部属来典试事于兹土，虽非其人，宁不自庆其遭际！又况夫子之乡，固其平日所愿一至焉者，而乃得以尽观其所谓贤士者之文而考校之，岂非平生之大幸欤！虽然，亦窃有大惧焉。夫委重于考校，将以求才也。求才而心有不尽，是不忠也。心之尽矣，而真才之弗得，是弗明也。不忠之责，吾知尽吾心尔矣；不明之罪，吾终且奈何哉！盖昔者夫子之时，及门之士尝三千矣，身通六艺者七十余人。其尤卓然而显者，德行言语则有颜、闵、予、赐之徒，政事文学则有由、求、游、夏之属。今所取士，其始拔自提学副使陈某者盖三千有奇，

第二章 天人两分下的儒家思想

而得千有四百,既而试之,得七十有五人焉。呜呼!是三千有奇者,皆其夫子乡人之后进而获游于门墙者乎?是七十有五人者,其皆身通六艺者乎?夫今之山东,犹古之山东也,虽今之不逮于古,顾亦宁无一二人如昔贤者?而今之所取苟不与焉,岂非司考校者不明之罪欤?虽然,某于诸士亦愿有言者。夫有其人而弗取,是诚司考校者不明之罪矣。司考校者以是求之,以是取之,而诸士之中苟无其人焉以应其求,以不负其所取,是亦诸士者之耻也。虽然,予岂敢谓果无其人哉!夫子尝曰:"鲁无君子者,斯焉取斯!"颜渊曰:"舜何?人也;予何?人也;有为者亦若是。"夫为夫子之乡人,苟未能如昔人焉,而不耻不若,又不知所以自勉,是自暴自弃也,其名曰不肖。夫不肖之与不明,其相去何远乎,然则司考校者之与诸士,亦均有责焉耳矣。嗟夫!司考校者之责,自今不能以无惧,而不可以有为矣。若夫诸士之责,其不听者犹可以自勉,而又惧其或以自画也。诸士无亦曰吾其勖哉,无使司考校者终不免于不明也。斯无愧于是举,无愧于夫子之乡人也矣。

是举也,某某同事于考校,而御史偕实司监临,某某司提调,某某司监试,某某某又相与翊赞防范于外,皆与有劳焉,不可以不书。自余百执事,则已具列于录矣。①

在这里,我们看到了阳明当时关于人才的标准。他认为,人才就是通六艺之人。在孔子的三千弟子中,成才的有七十多人,这些人都通晓六艺,"盖昔者夫子之时,及门之士尝三千矣,身通六艺者七十余人"。在这七十多人中,更为优秀的是颜回、子夏等人,他们或者在德行言语,或者在政事文学等领域有优异的表现,"其尤卓然而显者,德行言语则有颜、闵、予、赐之徒,政事文学则有由、求、游、夏之属"。

我们来看这一人才标准的性质。阳明这时所说的六艺,基本还停留在天人两分、道心两分的阶段。也就是说,这六艺就是在我们身心之外的某种技艺,我们通过学习这一技艺,才成为有用之才。这和道的存在一样。同样,阳明所提到的德行言语、政事文学等才能也都是要通过向外求学才能获得的。这种思维路径仍是朱子理学的绪余。所以,阳明此时对孔子及其门徒的理解,也是在天人两分的前提下进行的。

---

① 王守仁. 王阳明全集:上 [M]. 吴光,钱明,董平,等编校. 上海:上海古籍出版社,1992:839-841.

如此，科举就成了求学、成才的唯一途径和标准。将六艺视为一种外在的目标的话，那么能够将此目标量化的就是科举。而且在量化方面，科举还可能是可操作的、最公正的选才模式。所以，将六艺外在化就意味着对科举的承认和推崇。

阳明为了提高此次乡试的地位，不惜拿它和孔子的人才培养相比。孔子有三千门徒，最后成才的有七十多。此次乡试的初选也是三千多人，最后录取的是七十五人。阳明希望这七十五人都能像孔子的七十二贤徒一样，代表当时山东人才的最高水平。

最后，阳明表达了对乡试的重视和用心。他认为，尽心求才要避免两种情况，即不忠和不明。不忠就是求才不尽心，这主要是指考官一方的；不明则指向考官和考生双方。若所有优秀的考生都参加了，而考官未尽心，没有将有才能的人遴选出来，是考官的不明。但若考官尽心尽力了，而有才能的人没有参加考试，则是考生的不明。阳明将科举看成是追求进步的唯一途径，所以他谴责优秀人才逃避科举的行为，认为他们对不起先贤的榜样，如子夏对君子目标的追求、颜回对舜的敬仰和学习。这些先贤都在追求进步，而不是归隐山林。在阳明看来，当前实现人生价值的途径（无论是做学问还是求事功）就是参加科举。对科举的推崇是阳明此时天人两分、道心两分思维的特定结果。

还要注意的是，阳明对科举的态度是有个转变的。在《年谱一》中可以看到，阳明年少时对举业评价不高。阳明十一岁时（1482）曾经问私塾的老师："何为第一等事？"老师回答说："惟读书登第耳。"阳明对此有所怀疑，直言："登第恐未为第一等事，或读书学圣贤耳。"① 可见，在当时阳明眼中，无论是人生还是事业，科举都不是最高的。

阳明二十五岁（1496）参加会试不中，同考考生因为不中而感到羞耻。阳明安慰他说："世以不得第为耻，吾以不得第动心为耻。"② 人们皆以不登第为耻，阳明认为，因为不登第这件事而忧惧动心，才是羞耻。认识阳明的人都为其强大的内心折服。由此可见阳明对科举的态度，它在阳明心中并不是什么重大的事。

这和阳明天生的心性有关，即他对规矩的、制度化的形式不感兴趣，内心向往

---

① 王守仁. 王阳明全集：下 [M]. 吴光，钱明，董平，等编校. 上海：上海古籍出版社，1992：1221.
② 王守仁. 王阳明全集：下 [M]. 吴光，钱明，董平，等编校. 上海：上海古籍出版社，1992：1223-1224.

第二章 天人两分下的儒家思想

更高的、活泼的存在。这与他后来沉溺于佛老也有关系。他对科举的态度基本上是消极的乃至批判的。但是，当他对佛老的思想产生怀疑时，就又开始重新思考儒家思想的价值，对科举的态度就开始转变了。山东乡试就是这种转变的体现，他对科举的认同感明显增加了。

有学者认为，在山东乡试中，阳明的文章可能只限于这篇序，至于后序和策问部分则非其所为，① 所以，这里主要从这篇序来进行分析。在这篇序中可以看到，阳明开始重新认识到儒家思想的价值，成功的标准和敬仰的榜样也都成了儒家圣贤。阳明对佛老出世的兴趣明显减弱，甚至开始批判佛老之说。虽然试题不是出自阳明之手，但作为主考官，肯定会在试题中带有自己的印记。鉴于阳明这种明显的学问旨趣转型，那道关于"佛老害道"的策问很有可能是他建议的。②

1507年，阳明写了《示徐曰仁应试》一文，给徐爱传授参加科举应试的心得。阳明已经开始重回儒家思想，肯定了科举的必要性。但他又对当时科举的浮华功利之风不满，所以有时借佛老的思想来矫正儒家。在此文中，阳明就有将佛老修心养性的工夫与儒家修身工夫结合起来的倾向。不过，尽管阳明的涵养工夫很高明，但其天人两分的思想痕迹还是有的。其文曰：

> 君子穷达，一听于天，但既业举子，便须入场，亦人事宜尔。若期在必得，以自窘辱，则大惑矣。入场之日，切勿以得失横在胸中，令人气馁志分，非徒无益，而又害之。场中作文，先须大开心目，见得题意大概了了，即放胆下笔；纵昧出处，词气亦条畅。今人入场，有志气局促不舒展者，是得失之念为之病也。夫心无二用，一念在得，一念在失，一念在文字，是三用矣，所事宁有成耶？只此便是执事不敬，便是人事有未尽处，虽或幸成，君子有所不贵也。将进场十日前，便须练习调养。盖寻常不曾起早得惯，忽然当之，其日必精神恍惚，作文岂有佳思？须每日鸡初鸣即起，盥栉整衣端坐，抖擞精神，勿使昏惰。日日习之，临期不自觉辛苦矣。今之调养者，多是厚食浓味，剧酣谑浪，或竟日偃卧。如此，是挠气昏神，长傲而召疾也，岂摄养精神之谓哉！务须绝饮食，薄滋味，则气自清；寡思虑，屏嗜欲，则精自明；定心气，少眠睡，则神自澄。君子未有不如此而能致力于学问者，兹特以科

---

① 彭鹏.《山东乡试录》非出于王阳明之手辨 [J]. 孔子研究, 2015 (4)：145-151.
② 彭鹏.《山东乡试录》非出于王阳明之手辨 [J]. 孔子研究, 2015 (4)：150-151.

场一事而言之耳。每日或倦甚思休,少偃即起,勿使昏睡;既晚即睡,勿使久坐。进场前两日,即不得翻阅书史,杂乱心目;每日止可看文字一篇以自娱。若心劳气耗,莫如勿看,务在怡神适趣。忽充然滚滚,若有所得,勿便气轻意满,益加含蓄酝酿,若江河之浸,泓衍泛滥,骤然决之,一泻千里矣。每日闲坐时,众方嚣然,我独渊默;中心融融,自有真乐,盖出乎尘垢之外而与造物者游。非吾子概尝闻之,宜未足以与此也。①

一开始阳明就肯定了科举的正当性,这是俗世中人不能逃避的责任,"既业举子,便须入场,亦人事宜尔"。同时他也强调,做事在人,成事在天,"君子穷达,一听于天""若期在必得,以自窘辱,则大惑矣"。天命和人事看上去就是两分的,人只能是尽人事,成功与否还要看天命。

在尽人事方面,阳明可说是达到极致了。以应试来说,阳明强调考试时一定不要有得失功利之心,否则会阻塞志气的通畅,从而影响作文的质量,"场中作文,先须大开心目,见得题意大概了了,即放胆下笔;纵昧出处,词气亦条畅。今人入场,有志气局促不舒展者,是得失之念为之病也"。作文重在心无旁骛、一气呵成,总是患得患失,就会阻塞心目,难成好文。而心不专,就不算尽人事,自然事无所成。在心不专一的情况下,即使偶然能成事,君子也不应以此为荣,"夫心无二用,一念在得,一念在失,一念在文字,是三用矣,所事宁有成耶?只此便是执事不敬,便是人事有未尽处,虽或幸成,君子有所不贵也"。在考场上,专心才是对事物的尊敬,也是对天命的敬畏,如此也才能够尽人事;不专一或随便应付的态度是无法尽人事的,自然也就不被天命眷顾。这是在天人两分下,阳明对尽人事的一次细致阐发。此前他对尽人事的描述只停留在人的具体作为上,如在《答佟太守求雨》中对政事的强调。这次他是从做事前的心境或心态说起,就更具有本源性。

接着阳明谈起考试前的准备措施,如怎样调整作息以适应考试的节奏、怎样保持好的精神状态等。在这些细节中,除了儒家的规范之外,他还引入了佛老的修养方法。例如,他在如何通过调整饮食和精神状态来修养身心时说:"务须绝饮食,薄滋味,则气自清;寡思虑,屏嗜欲,则精自明;定心气,少眠睡,则神自澄。"

---

① 王守仁. 王阳明全集:上 [M]. 吴光,钱明,董平,等编校. 上海:上海古籍出版社,1992:911.

第二章 天人两分下的儒家思想

这都是接近佛老的修养方法,这样才能达至专一的状态,这种专一的状态并不是执着僵化,而是自然恬适、充沛活泼,"若心劳气耗,莫如勿看,务在怡神适趣。忽充然滚滚,若有所得,勿便气轻意满,益加含蓄酝酿,若江河之浸,泓衍泛滥,骤然决之,一泻千里矣。每日闲坐时,众方嚣然,我独渊默;中心融融,自有真乐,盖出乎尘垢之外而与造物者游"。这其实已经有天人合一、自性充沛的倾向了。这里显然是借用了道家的与造物主合一的思想,虽然人可以强大到与造物主同游,但造物主似乎依然在人心之外。阳明还没有足够的自信,宣称天命或天道就在人心。不过,阳明这种尽人事听天命的思想,已经是天人两分思想的极致了。

1508年,阳明写了《重刊文章轨范序》,为科举辩护。这也表明了他此时的儒家立场。其文曰:

宋谢枋得氏取古文之有资于场屋者,自汉迄宋,凡六十有九篇,标揭其篇章句字之法,名之曰《文章轨范》。盖古文之奥不止于是,是独为举业者设耳。世之学者传习已久,而贵阳之士独未之多见。侍御王君汝楫于按历之暇,手录其所记忆,求善本而校是之;谋诸方伯郭公辈,相与捐俸廪之资,镂之梓,将以嘉惠贵阳之士。曰:"枋得为宋忠臣,固以举业进者,是吾微有训焉。"属守仁叙一言于简首。

夫自百家之言兴,而后有"六经";自举业之习起,而后有所谓古文。古文之去"六经"远矣;由古文而举业,又加远焉。士君子有志圣贤之学,而专求之于举业,何啻千里!然中世以是取士,士虽有圣贤之学,尧舜其君之志,不以是进,终不大行于天下。盖士之始相见也必以赞,故举业者,士君子求见于君之羔雉耳。羔雉之弗饰,是谓无礼;无礼,无所庸于交际矣。故夫求工于举业而不事于古,作弗可工也;弗工于举业而求于幸进,是伪饰羔雉以罔其君也。虽然,羔雉饰矣,而无恭敬之实焉,其如羔雉何哉!是故饰羔雉者,非以求媚于主,致吾诚焉耳;工举业者,非以要利于君,致吾诚焉耳。世徒见夫由科第而进者,类多徇私媒利,无事君之实,而遂归咎于举业。不知方其业举之时,惟欲钓声利,弋身家之腴,以苟一旦之得,而初未尝有其诚也。邹孟氏曰:"恭敬者,币之未将者也。"伊川曰:"自洒扫应对,可以至圣人。"夫知恭敬之实在于饰羔雉之前,则知尧舜其君之心,不在于习举业之后矣;知洒扫应对之可以进于圣人,则知举业之可以达于伊、傅、周、召矣。吾惧贵阳之士谓二公之为是举,徒以资其希宠禄之筌蹄也,则二公之志荒矣,于是乎言。①

可以看到,在序中,阳明承认了科举的必要性,认为科举是实践圣学的必要手段。阳明甚至还为举业辩护,认为官场腐败不是源自举业,而是官员本身的修养问题。

他说,作为圣贤之学的"六经",在百家之言兴起后出现,而古文在科举后出现。古文相对于"六经"差远了;而用古文来举业,这就更差了。若想通过举业来求圣贤之学,无疑是错误的。但是自中世以来,朝廷就以举业取士。士人即使有圣贤之学,并且有使君王成为尧舜的志向,但若不通过科举进入朝廷的话,其圣学和志向就根本不可能在天下推行。所以,科举是士人见君王的见面礼,如羔雉一样,"故举业者,士君子求见于君之羔雉耳"。这一见面礼只有做得足够好,才能有效。举业要做好,必须向古圣学习,举业做不好而希望获得升迁,就是伪造的见面礼,有欺君之嫌。而准备见面礼的心不诚,其价值也是大打折扣的。举业这一见面礼并不是要谄媚君王,也不是给君王带来什么利益,只是来表达士人的诚心。人们只见到因科举做官升迁的人,多数徇私牟利,根本没有服务君主的实际作为,于是就将这一过失归咎于科举;但是他们不知道的是,这些徇私舞弊之人在参加科举时就没有诚心,他们一心想的就是沽名钓誉、徇私牟利。

如果士人在举业之前就有诚心,那么他使君王成为尧舜之志,就不会待举业之后才产生,正如孟子所说,恭敬之心,应该是在送出礼物之前就有的。这就是说,如果有诚心,举业与否对人的影响是不大的。举业不过是有诚心的士人将自己的抱负付诸实践的手段而已。没有诚心的人,即使通过举业获得高位,也仍然是腐败之人。因此,科举不是贪官产生的原因。科举并不能消灭腐败,但却能够为诚心辅助君王的士人提供机会。

阳明还借伊川的话说,即使是日常洒扫应对,也能使人成为圣人。举业这种日常行为,会使人成为像伊尹、傅说、周公、召公一样的圣人。所以,对待举业的心态不同,就会导致不同的结果。如果只希望通过科举来寻求功名利禄,那么就是误用了科举。

---

① 王守仁. 王阳明全集:上 [M]. 吴光, 钱明, 董平, 等编校. 上海:上海古籍出版社, 1992:874-875.

由此可见，阳明认识到了举业的必要性，它是实现圣学的必要手段。只要事先有志于圣学，心有恭敬忠诚，通过举业而辅助君王成就尧舜事业，就善莫大焉。那些埋怨举业造就贪官的人，主要是他们没有看透那些贪官本身就是没有诚心的伪士人。所以，只要是诚心圣学的人，阳明皆劝他们举业，因为只要心诚，举业的黑暗面会消失，并成为实践圣学的必要手段。

在这里，科举依然有着外在目标的特征，说明阳明此时天人、心物还没打通。但是，他引入了诚心这一关键性的环节，并使其成为所有事物包括科举的基础。阳明的心学呼之欲出了，欠缺的只是此心与天道的贯通。这里的心仍然是程朱理学意义上的心。阳明注意到心在万事万物中的基础作用，这比程朱只是催促着心从外物上寻求理从而将心变成外物的附属的做法，更加具有说服力。他突入心学是早晚之事。

第四节　天人两分下的孝道思想

在孝道思想中可以看到阳明天人两分的倾向。

1508年，阳明作《恩寿双庆诗后序》，在序中他谈到了孝的问题。在这一问题上，我们看到了其天人两分的倾向。其文曰：

正德丙寅，丹徒沙隐王公寿七十，配孺人严六十有九。其年，天子以厥子待御君贵，封公监察御史，配为孺人。在朝之彦，咸为歌诗侈上之德，以祝公寿，美侍御君之贤。又明年，侍御君奉命巡按贵阳，以王事之靡盬，将厥父母之弗逮也，载是册以俱。每陟屺岵，望飞云，徘徊瞻恋，喟然而兴叹，黯然而长思，则取是册而披之，而微讽之，而长歌咏叹之，以舒其怀，见其志。虽身在万里，固若称觞膝下，闻《诗》《礼》而趋于庭也。大夫士之有事于贵阳者，自都宪王公而下，复相与歌而和之，联为巨帙，属守仁叙于其后。

夫孝子之于亲，固有不必捧觞戏彩以为寿，不必柔滑旨甘以为养，不必候起居奔走扶携以为劳者。非子之心谓不必如是也，子之心愿如是，而亲以为不必如是，必如彼而后吾之心始乐也。子必为是不为彼以拂其情，而曰："吾以为孝，其得为养志乎？孝莫大乎养志。"亲之愿于其子者曰："弘乃德，远乃犹。嘻嘻旦夕，孰与名垂简册，以显我于无尽？饮食口体，孰与泽被生民，以张我之能施？服劳奔走，孰与比迹夔、皋,以明我之能教?"非必亲之愿于其子者咸若是也,亲以是愿其子,而子弗能焉,弗可得而愿也。子能之,而亲弗以愿其子焉,弗可得而能也。以是愿其子者,贤父母也;以是承于其父母者,贤子也;二者恒百不一遇焉,其庸可冀乎?侍御君之在朝,则忠爱达于上;其巡按于兹也,则德威敷于下。凡其宣布恩惠,摩赤子,起其疾而乳哺之者,孰非公与孺人之慈!凡其慑大奸使不得肆,祛大弊使不复作,爬梳调服,抚诸夷而纳之夏,以免天子一方之顾虑者,孰非侍御君之孝!而凡若此者,亦孰非侍御君之所以寿于公与孺人之寿哉!公孺人之贤,靳太史之《序》详矣。其所以修其身,教其家,诚可谓有是父有是子。是诗之作,不为虚与谀,故为序之云尔。①

此序是阳明应当时贵阳巡按御史王济(汝楫)邀请所作。王济忙于公务,在父亲寿诞时也无暇参加,更无法时时尽孝。他将朝廷同事的贺寿诗汇集成册,带在身边时时诵读,以解思亲之苦。

针对这种情况,阳明将孝道进行了独特的阐发和提升,以宽慰王济。当然,这些观点也是阳明所认同的。阳明认为,对父母的孝,不一定是在祝寿时"捧觞戏彩",奉养时锦衣玉食,侍奉时寸步不离。这并不是说子女们不愿意这么殷勤尽孝,而是做父母的认为不必如此。儿女如此殷勤在身边他们反而不会开心。做子女的为了不违背父母心意,可以调整孝的方向,以远大的志向来表达自己的孝心,"孝莫大乎养志"。父母也愿意子女志在四方,他们认为子女要去弘扬其德性,越远大越好。与其天天在近前尽孝,不如留名青史,这样更加使父母有无上的荣光;与其让父母衣食无忧,不如将恩泽施与百姓,这就是代替父母做功德,才是为父母尽孝;在父母跟前奔走效劳,不如像夔和皋陶那样有一番作为,这样更显示父母教育的成功。

然而,这样的孝是有条件的,即父母愿意子女去作为而子女又有能力去作为。这样的父母就是贤明的父母,子女是贤德的子女。父母子女皆如此贤明的,百中无一。阳明认为,王御史及其父母就是这样难遇的匹配。王御史尽孝的方式是为国为民尽忠职守,而父母对他的教育就是如此。这样,即使王御史不能在父母身边尽孝,也是不可否认的孝子。他是以治国平天下的方式来尽孝,这就超越了狭隘的孝道,

---

① 王守仁. 王阳明全集:上 [M]. 吴光,钱明,董平,等编校. 上海:上海古籍出版社,1992:874.

第二章 天人两分下的儒家思想

将孝与国家天下融为一体。

这也是阳明自己心意的抒发。阳明此时也在远离家乡的贵阳谪居，他也不能在父母跟前尽孝。他唯有不断以修身治学、勤勉为政来报答父母的恩情。将孝与国家天下融合起来，可以让他暂时得到安慰。①

虽然阳明将家庭之孝与治国平天下融为一体，家国关系得到了统一，但孝的表达方式还是天人分离的。这种勤政为民作为孝的表达方式，依然是在心之外的一个目标。孝的目标在心之外时，就可以进行区分了。所以，在孝的内涵上，他仍然对在家尽孝与在朝廷尽孝进行了区分。当他真正打通天人分离、心物分离的界限后，就不会刻意区分在家还是在朝廷尽孝了。

1508年，阳明还写了《卧马冢记》，文中提到了心安之说。卧马冢是王都宪父亲的陵墓，所选地风水很好。乡人就认为王都宪选墓地在此，是为了以后升官晋爵和荫蔽后世子孙，这是士人们通行的惯例。王阳明却认为，这并不是王都宪的意思。为父亲选好的墓地，不过是尽孝道而已，只有如此才会心安，并不是考虑那些功利的问题，"公其慎厥终，惟安亲是图，以庶几无憾焉耳已，岂以徼福于躬，利其嗣人也哉？虽然，仁人孝子，则天无弗比，无弗佑，匪自外得也。亲安而诚信竭，心斯安矣。心安则气和，和气致祥，其多受祉福以流衍于无尽，固理也哉"②！这种惟求心安不求功利的孝心，反而会受到天的眷顾，必会给其带来无尽的福祉。这似乎又是一种天人感应。但和前面不同的是，此时的天更多地代表天道或天理。心安就是因为觉得这样做是天经地义，是符合天道的。合乎天道，天道自然会有回馈，"固理也哉"！这就不是神秘的天人感应了。天道和人心在心这里逐渐汇合，使阳明天人合一的思想往前更近了一步。当然，天人还有分离的痕迹，但阳明已经开始从心来感悟和践行天道了。

第五节 天人两分下的礼学、礼治（政）思想

在王阳明儒家礼学和礼治思想中，也表现出天人两分的倾向。

---

① 赵志浩."仁"与"孝"的矛盾与超越[J].河北青年管理干部学院学报，2019（1）：107.
② 王守仁.王阳明全集：上[M].吴光，钱明，董平，等编校.上海：上海古籍出版社，1992：895.

1508年，在《重修月潭寺建公馆记》中，阳明提到了对政事的看法，主要谈到官民关系和管理的问题。他说："予惟君子之政，不必专于法，要在宜于人；君子之教，不必泥于古，要在人于善。是举也，盖得之矣。况当法纲严密之时，众方喘息忧危，动虞牵触，而乃能从容于山水泉石之好，行其心之所不愧者，而无求免于俗焉。斯其非见外之轻而中有定者，能若是乎？"① 这也延续了阳明对繁琐法令的反感。他认为君子主政，不要过度依赖法令，而是要根据人的要求来进行。君子之教化，也不一定要拘泥于古训，其关键是进于善。朱宪副修月潭寺、建公馆之举，就是为了顺应民众的需求，而这就是善，"顺其心而趋之善"②。这样的善举并不是根据什么法令或古训才去做的，只要君子把握住善政的本质，随时随地皆可做出善举。阳明赞同朱宪副的作为，这也是阳明一贯追求灵活而高明境界的体现。他善于抓住事物的本质直奔主题，而不是拘泥于定法或定规教条去解决问题。他认为不顾惜百姓的需求，一味地强调法纲严密，会使民众窒息，反而产生不了善政。法纲越严密，俗世就越繁难，人也就越不能享受超凡脱俗的山水之乐。能够适应酷法又可以免俗的人，一定是内心坚定而又不注重外在的，"见外之轻而中有定者"，但这样的人太少了，以此为施政标准，并不适合多数民众。阳明强调，施政不要专于法而要宜于人。

在这里，阳明提出了很高明的观点，即施政为民。施政时根据人而不是法令，是儒家民本思想的体现。但是，阳明这里的官民关系并没有在天人关系下展开，官民是一体关系还是分离关系并没有讲清楚。君子之政也依然是根据儒家的标准来展开的，这一标准有外在的痕迹。

1508年，阳明写了一篇辩论性的文章《论元年春王正月》，展示了其高明的辨析力和理解力。他从文献和义理的双重角度，驳斥了当时流行的对"元年春王正月"的解释。通过对"元年春王正月"的理解，阳明展示了对《春秋》大义的深刻领悟，这也是阳明回归儒学后的最新成果。

《春秋》大义是儒家政治设计的理论基础，阳明对此很清楚，他就是从《春秋》大义的特性出发来批驳当时的流行观点的。他认为，将"元年春王正月"理解为行夏时是错误的，因为孔子是坚决的崇周者，断然不会更改周的正朔。儒家既然已经

---

① 王守仁. 王阳明全集：上 [M]. 吴光, 钱明, 董平, 等编校. 上海：上海古籍出版社, 1992：897.
② 王守仁. 王阳明全集：上 [M]. 吴光, 钱明, 董平, 等编校. 上海：上海古籍出版社, 1992：896.

认定了等级王制就是最好的统治方式,就会把它视为万世之典范,不会更易,任何变动都会有损其权威性。孔子则是维护这一权威制度的代表。在孔子看来,周制就是儒家王制的典范,可为万世所依据,所以孔子说:"吾从周。"出于对周制的尊崇,孔子断不敢也没有资格去修正周制,他自己也说:"非天子不议礼,不制度,生乎今之世,反古之道,灾及其身者也。"阳明因此断言,孔子不会更改周之正朔,"仲尼有圣德无其位,而改周之正朔,是议礼制度自己出矣,其得为'从周'乎"?孔子若修改了周时,不仅是身份上的僭越,也是对权威的破坏,更是对自己所提倡的道的背离,"圣人一言,世为天下法,而身自违之,其何以训天下?"① 所以,说孔子行夏时是错误的。

阳明进一步从孔子作《春秋》的本意来说明,他说:"夫子患天下之夷狄横,诸侯强背,不复知有天王也,于是乎作《春秋》以诛僭乱,尊周室,正一王之大法而已。乃首改周之正朔,其何以服乱臣贼子之心?《春秋》之法,变旧章者必诛,若宣公之税亩;紊王制者必诛,若郑庄之归祊,无王命者必诛,若莒人之入向。是三者之有罪,固犹未至于变易天王正朔之甚也。"② 孔子作《春秋》就是要恢复周时的王制。这一王制要内尊王,外攘夷狄。孔子对周制如此推崇,怎会去改周之正朔呢?按照《春秋》之法,修改旧制是要被诛的,如同乱臣贼子一样。

但是,孔子作《春秋》来阐明"天王之法",是否有僭越的嫌疑?按照孔子的说法,礼仪制度的事只能由天子来做。孟子也说《春秋》乃天子之事。阳明就此解释说,孔子最后所说的"罪我者其惟《春秋》"指的就是"僭越"这件事。这反而凸显了孔子立场的一致,他意识到由他来作《春秋》是不合乎道义的。但他又没有别的选择,当时能够保存和显明周代天王之法的只有他,因此他要请罪,"然夫子犹自嫌于侵史之职,明天子之权,而谓天下后世且将以是而罪我"③。孔子的请罪并不是因为时人认为的修改周之正朔,而是作《春秋》一事。

阳明的雄辩令人信服,可以看出阳明对孔子作《春秋》的深刻理解。其体悟可归纳如下:首先是孔子对周制的认可和尊崇。此天王之法成了儒家经典的政治蓝图。

---

① 王守仁. 王阳明全集:上 [M]. 吴光,钱明,董平,等编校. 上海:上海古籍出版社,1992:913.

② 王守仁. 王阳明全集:上 [M]. 吴光,钱明,董平,等编校. 上海:上海古籍出版社,1992:913-914.

③ 王守仁. 王阳明全集:上 [M]. 吴光,钱明,董平,等编校. 上海:上海古籍出版社,1992:914.

王制的主要特点是明确的等级尊卑，在内体现为君臣之尊卑，在外则体现为华夷之尊卑。其次，儒家权威的不可动摇。无论是先王之制还是圣人之言，都不可擅自更改。等级秩序下权威的树立是最为关键的，否则就会秩序大乱。因此权威一旦树立，就要绝对遵从。最后，等级秩序下严格的名分意识。对于稳定的特殊强调必然会导致严格的名分意识。每个人各司其职，不得僭越，所谓"不在其位，不谋其政"。孔子作《春秋》不小心僭越，也要主动请罪。

阳明对儒家基本政治设计的理解无疑是很深刻的，这也是他此时思想的体现。但这样的理解离他的心学还是有一定距离，他并没有从天人融合的角度对其做出阐释。这些制度依然是人心之外的目标。

1502年，阳明为叔父写了《易直先生墓志》，其中体现出对礼学的尊崇。他认为自己的叔父就是践行礼学的榜样，"先生之道，谅易平直。内笃于孝友，外孚于忠实；不戚戚于穷，不欣欣于得。剪彻崖幅，于物无抵；于于施施，率意任真，而亦不干于礼。艺学积行，将施于邦……自先生之没，乡之子弟无所式，为善者无所倚，谈经究道者莫与考论，含章秘迹，林栖而泽遁者，莫与遨游以处"[1]。可见，叔父所具备的品行都是依照礼学而来。自从阳明从佛老重新转回儒家之后，对原始儒家朴素的礼教德行越来越青睐。

1508年，贵州宣慰使安贵荣重修黔西灵博山象祠，请阳明作《象祠记》。其言曰：

灵博之山有象祠焉，其下诸苗夷之居者，咸神而事之。宣慰安君因诸苗夷之请，新其祠屋，而请记于予。予曰："毁之乎？其新之也？"曰："新之。""新之也，何居乎？"曰："斯祠之肇也，盖莫知其原。然吾诸蛮夷之居是者，自吾父吾祖溯曾高而上，皆尊奉而礼祀焉，举之而不敢废也。"予曰："胡然乎？有庳之祠，唐之人盖尝毁之。象之道，以为子则不孝，以为弟则傲。斥于唐而犹存于今，毁于有庳而犹盛于兹土也，胡然乎？我知之矣，君子之爱若人也，推及于其屋之乌，而况于圣人之弟乎哉？然则祀者为舜，非为象也。意象之死，其在干羽既格之后乎？不然，古之骜桀者岂少哉？而象之祠独延于世，吾于是益有以见舜德之至，入人之深，而流泽之远且久也。象之不仁，盖其始焉尔，又乌知其终不见化于舜也？《书》不云乎，

---

[1] 王守仁.王阳明全集：上[M].吴光，钱明，董平，等编校.上海：上海古籍出版社，1992：927.

'克谐以孝，烝烝乂，又不格奸，瞽瞍亦允若'，则已化而为慈父。象犹不弟，不可以为谐。进治于善，则不至于恶；不抵于奸，则必入于善。信乎，象盖已化于舜矣！孟子曰：'天子使吏治其国，象不得以有为也。'斯盖舜爱象之深而虑之详，所以扶持辅导之者之周也。不然，周公之圣，而管、蔡不免焉。斯可以见象之既化于舜，故能任贤使能而安于其位，泽加于其民，既死而人怀之也。诸侯之卿，命于天子，盖周官之制，其殆仿于舜之封象欤？吾于是益有以信人性之善，天下无不可化之人也。然则唐人之毁之也，据象之始也；今之诸夷之奉之也，承象之终也。斯义也，吾将以表于世，使知人之不善，虽若象焉，犹可以改；而君子之修德，及其至也，虽若象之不仁，而犹可以化之也。①

在这里，阳明又展示了高超的分析力。他推测，苗人之所以为不仁（不孝不悌）的象建祠堂，有两个原因：一是爱屋及乌，因为对舜的大德的崇敬，进而也波及对象的善待，"然则祀者为舜，非为象也"。二是苗人有可能是因为象后来改过从善而为其建祠。阳明推测，那些毁坏象祠的地方，如唐人在象的封地有庳就毁坏过象祠，是根据象早期的不仁行为做出的。尊奉象的地方，有可能是根据后来的象的作为。阳明通过考证《尚书》和《孟子》认为，象后来应该是和他的父亲瞽瞍一样，改过从善了。从善后的象任贤使能、恩惠百姓，死后得到尊奉。

无论哪个原因，我们最终感受到的都是舜的大德。舜的仁德如此无私广大，以至连瞽瞍、象这样的不仁之人都能被感化。因此，君子都要向舜学习，以仁德感化天下，如不能感化，只是因为其功力不够，"君子之修德，及其至也，虽若象之不仁，而犹可以化之也"。仁德修得足够，就会无所不化。这就鼓励君子们必须不断地加强修养，天下治与不治，全赖于此。由此可见阳明对仁德之治的推崇。

从象被感化这一现象，除了推出舜的仁德这一命题外，还可推出另一命题，即人性本善。只有承认人性本善，才有可能被感化。如果人性中没有善，那么再怎么感化也无济于事。所以，阳明抛出其著名命题，"吾于是益有以信人性之善，天下无不可化之人也"。正因为人性善，所以人皆可被感化；若不能被感化，只是因为君子修德不到位。

---

① 王守仁. 王阳明全集：上 [M]. 吴光，钱明，董平，等编校. 上海：上海古籍出版社，1992：893-894.

因此，人性善就成为儒家教化天下的基础。阳明在这里重新体悟到了人性之善，这和他日后坚信的"良知"不无关系。只是他的人性善理论还未成体系，还没有到"吾性自足"的地步，它仍然需要他人的教化和指导，需要外在的提醒和规范，这是此时的"人性本善"和"良知"的主要区别。阳明的人性善命题并没有完全体现天人合一，先天的完满和自足还未得到承认。

从这里我们也可以看到，儒家等级仁德统治必然会将教化统治的任务交给精英（君子）来进行。按照阳明的逻辑，虽然人性本善，但通达善的能力是不相同的，能完全感悟和践行善的是圣贤君子们，而大众则需要被感化和被教化。于是，精英们必然会成为最操心的人，因为只要有一人不被教化，都是他们的失责。精英们就成了最关心他人的人，他们在教化人方面将无微不至、无所不在。所谓的私人空间或私人秘密就成了笑话，一切都将在家庭、家族和国家这个集体中公开晾晒。家长和保姆就成了精英们无法推卸的角色。

1508年阳明写的另一篇《远俗亭记》，进一步走出了佛老避世的误区。其文曰：宪副毛公应奎，名其退食之所曰"远俗"。阳明子为之记曰：俗习与古道为消长。尘嚣溷浊之既远，则必高明清旷之是宅矣，此"远俗"之所由名也。然公以提学为职，又兼理夫狱讼军赋，则彼举业辞章，俗儒之学也；簿书期会，俗吏之务也，二者皆公不免焉。舍所事而日"吾以远俗"，俗未远而旷官之责近矣。君子之行也，不远于微近纤曲，而盛德存焉，广业著焉。是故诵其诗，读其书，求古圣贤之心，以蓄其德而达诸用，则不远于举业辞章，而可以得古人之学，是远俗也已。公以处之，明以决之，宽以居之，恕以行之，则不远于簿书期会，而可以得古人之政，是远俗也已。苟其心之凡鄙猥琐，而待闲散疏放之是托，以为"远俗"，其如远俗何哉！昔人有言："事之无害于义者，从俗可也。"君子岂轻于绝俗哉？然必曰无害于义，则其从之也，为不苟矣。是故苟同于俗以为通者，固非君子之行；必远于俗以求异者，尤非君子之心。①

这是阳明为毛宪副的"远俗亭"所作的记。在这里，阳明并不赞同俗，但对待俗的方式明显较凡俗之人高明多了。他认为，所谓远俗，并不是如佛老那样离群索

---

① 王守仁. 王阳明全集：上 [M]. 吴光，钱明，董平，等编校. 上海：上海古籍出版社，1992：892-893.

第二章 天人两分下的儒家思想

居、远离尘嚣。真正的远俗反而是一头扎进俗世,如从事举业辞章等俗儒之学,接受狱讼军赋、簿书期会等俗吏之务等。如果远俗就是远离这些,那就意味着放弃做官的职责,也是放弃作为社会中人的义务,那么他还是否是称职的官员或正常人,就值得怀疑了。君子的行为,不会远离俗世的这些微小切近、纤细杂乱的事务,他盛大的德行和广博的业绩,恰是在俗世中成就的。即使是从事举业辞章之学,只要存求古圣贤之心,就可以得古人之学,内修其德而外达其用,这样在学问上就远俗了。即使是从事簿书期会等俗务,只要坚持古人之政,"公以处之,明以决之,宽以居之,恕以行之",也就是远俗了。

所以,对阳明来说,远不远俗,不在于在不在俗,而在于面对和处理俗务的那颗心。如果心是鄙陋猥琐的,即使是远离尘世,也不可谓远俗。真正的远俗或对待俗世的正确姿态是做事合乎义理,"事之无害于义者,从俗可也",而不是动辄弃绝俗世而去,"君子岂轻于绝俗哉"?

综合以上观点,两种错误对待俗世的态度就是:苟同于俗,同流合污;远离世俗,特立独行。这都不是君子该有的行为和心态。

阳明不再以外在的环境来判断一个人是俗还是圣,而主要根据人的心态、道德修养和行为。这就将自然和社会的界限打通了,不再认为到自然山水间修炼的就是脱俗,在俗世中生活的就是俗人。相对于佛老思想来说,这是个超越。这样,就无所谓入世和出世了,也可以说是无处不入世,无处不出世,出入只看心境而已。将外在的世界打通,就向着天人合一的方向迈进了一步,剩下的是心和物、心和理的打通。

1502年,阳明正处于向儒家思想的转型期,对儒家入世的肯定使他对儒家士人的评价更加积极。在《兴国守胡孟登生像记》中,应兴国士人邀请,阳明为地方官的祀像写记。在记中,阳明称赞了儒家官员为国为民的政绩。其文如下:

弘治十年,胡公孟登以地官副郎谪贰兴国。越三年,擢知州事。公既久于其治,乃奸锄利植而民以大和。又明年壬戌,擢浙江按察司佥事以去。民既留公不可,则相率祀公之像,以报公德。而学宫之左有叠山祠以祀宋臣谢枋得者,旧矣。其士曰:"合祀公像于是。呜呼!吾州违胡元之乱以入于皇朝,虽文风稍振,而陋习未除。士之登名科甲以显于四方者,相望如晨天之星,数不能以一二。盖至于今遂茫然绝响者,凡几科矣。自公之来,斩山斥地以恢学宫,洗垢摩钝以新士习,然后人知敦

礼兴乐,而文采蔚然于湖、湘之间;荐于乡者,一岁而三人。盖夫子之道大明于兴国,实自公始。公之德惠,固无庸言;而化民成俗,于是为大。祀公于此,其宜哉!"民曰:"不可。其为公别立一庙。公之未来也,吾民外苦于盗贼,内残于苛政;滨湖之民,死于鱼课者数千余家。自公之至,而盗不敢履兴国之界,民违猛虎鱼鳖之患,而始释戈而安寝,歌呼相慰,以嬉于里巷。公之惠泽,吾独不能出诸口耳。呜呼!公有大造于吾民,乃不能别立一庙而使并食于谢公,于吾心有未足也。"士曰:"不然。公与谢公皆以迁谪而至吾州。谢公以文章节义为宋忠臣,而公之气概风声实相辉映。祀公于此,所以见公之庇吾民者,不独以其政事;而吾民之所以怀公于不忘者,又有在于长养恩恤之外也。其于尊严崇重,不滋为大乎?"于是其民相顾喜曰:"果如是,我亦无所憾矣!然其谁纪诸石以传之?"士曰:"公之经历四方也久矣,四方之人,其闻公之贤亦既有年矣。然而屡遭谗嫉,而未畅厥猷意,亦知公之深者难也。公尝令于余姚,以吾人之知公,则其人宜于公为悉。"乃走币数千里而来请于某,且告之故。某曰:"是姚人之愿,不独兴国也。"公之去吾姚已二十余年,民之思公如其始去。每有自公而来者,必相与环聚,问公之起居饮食,及其履历之险夷,丰采状貌须发之苍白与否,退则相传告以为欣戚。以吾姚之思公,知兴国之为是举,亦其情之有不得已也。然公之始去吾姚,既尝有去思之碑以纪公德,今不可以重复其说。而兴国之绩,吾虽闻之甚详,然于其民为远,虽极意揄扬之,恐亦未足以当其心也。姑述其请记之辞,而诗以系之。

公讳瀛,河南之罗山人,有文武长才,而方响于用。诗曰:

于维胡公,允毅孔直,惟直不挠,以来兴国。惟此兴国,实荒有年;自公之来,辟为良田。寇乘于垣,死课于泽。公曰吁嗟,兹惟予谴!勤尔桑禾,谨尔室家。岁丰时和,民谣以歌。乃筑泮宫,教以礼让。弦涌《诗书》,溢于里巷。庶民谆谆,庶士彬彬。公亦欣欣,曰惟家人。维公我父,维公我母;自公之去,夺我恃怙。维公之政,不专于宽;旸阳维若,时其燠寒。维公文武,亦周于艺;射御工力,展也不器。我拜公像,从我父兄;率我子弟,集于泮宫。父兄相谓,毋尔敢望。天子用公,训于四方。①

---

① 王守仁. 王阳明全集: 上 [M]. 吴光, 钱明, 董平, 等编校. 上海: 上海古籍出版社, 1992: 886-888.

第二章　天人两分下的儒家思想

可见，阳明对儒家官员的称颂并没有什么新意。这些官员的政绩无非是保境安民、敦兴礼乐、化民成俗等，本来就是他们的职责，只是随着官场的陋习加重，这些职责越来越鲜有人履行。少数尽职的官员就被看成了救星，在偏远动荡地区尤其如此。

阳明此时对儒家的理解依然停留在程朱理学阶段，无非是学习和领悟儒家修齐治平之道，然后将其践行，基本上是原始儒家礼学和程朱理学的混合。原始儒家并没有系统的理论，依循修身齐家治国平天下的教条模式去实践即可。程朱理学则拥有系统的思想体系，这一体系的特点就是先知后行。无论是原始儒家还是程朱理学，都是在天人分离、心物分离的前提下展开的。这种分离的结果就是，先修心以知晓修齐治平之道，然后在现实中去践行，践行的典型表现就是礼治政教事宜。

在这篇记中，阳明除了赞颂礼治政教，未提出什么更新的思想，而且他的赞颂还都是撰述他人之言。可见，他对这些士人的观点并无异议，这也代表了他当时的思想水平。

因此，在思想上，阳明并没有在天人合一、心物一体的前提下对儒家礼治进行阐释。他所述的儒家官员的行为也都是支离的表现：在学问上是心物支离，在实践上是知行分离。

对于儒家官员政绩的赞扬，还表现在他1503年写的《新建预备仓记》中。他称赞绍兴佟太守对于先王仓廪之义的继承和发扬。佟太守未雨绸缪，为了应付凶荒水旱等自然灾害，事先建立预备仓，此举惠民无穷。阳明赞颂佟太守一举而有四善，"夫悯灾而恤患，庇民之仁也；未患而预防，先事之知也；已患而不怠，临事之勇也；创今以图后，敷德之诚也。行一事而四善备焉"①。这仍是原始儒家思想的体现，仁、知、勇、诚都是分开来理解和践行，没有融通。

第六节　天人两分下的古儒学思想

由于对时儒的浮华功利之风不满，阳明频繁向古儒寻求解救之道。这些思想有两分倾向。

---

① 王守仁. 王阳明全集：上 [M]. 吴光，钱明，董平，等编校. 上海：上海古籍出版社，1992：889.

一、回归原始儒家

1508 年,阳明谪居龙场,看到田地荒芜,不宜居住,就建了何陋轩、君子亭、玩易窝等居所。他写了《何陋轩记》《君子亭记》《玩易窝记》等,从这些文章能看出阳明当时的思想状态。

在《何陋轩记》中,我们看到了阳明对于儒学的肯定,但其中浸染了某些佛老的色彩。其文曰:

昔孔子欲居九夷,人以为陋。孔子曰:"君子居之,何陋之有?"守仁以罪谪龙场。龙场,古夷蔡之外,于今为要绥,而习类尚因其故。人皆以予自上国往,将陋其地,弗能居也。而予处之旬月,安而乐之,求其所谓甚陋者而莫得。独其结题鸟言,山栖羝服,无轩裳宫室之观、文仪揖让之缛,然此犹淳庞质素之遗焉。盖古之时,法制未备,则有然矣,不得以为陋也。夫爱憎面背,乱白黝丹,浚奸穷黠,外良而中螫,诸夏盖不免焉。若是而彬郁其容,宋甫鲁掖,折旋矩镬,将无为陋乎?夷之人乃不能此。其好言恶詈,直情率遂,则有矣。世徒以其言辞物采之眇而陋之,吾不谓然也。

始予至,无室以止,居于丛棘之间,则郁也。迁于东峰,就石穴而居之,又阴以湿。龙场之民,老稚日来视,予喜不予陋,益予比。予尝圃于丛棘之右,民谓予之乐之也,相与伐木阁之材,就其地为轩以居予。予因而翳之以桧竹,莳之以卉药;列堂阶,辨室奥;琴编图史,讲诵游适之道略俱。学士之来游者,亦稍稍而集于是。人之及吾轩者,若观于通都焉,而予亦忘予之居夷也。因名之曰"何陋",以信孔子之言。

嗟夫!诸夏之盛,其典章礼乐,历圣修而传之,夷不能有也,则谓之陋固宜。于后蔑道德而专法令,搜抉钩絷之术穷,而狡匿谲诈,无所不至,浑朴尽矣。夷之民方若未琢之璞,未绳之木,虽粗砺顽梗,而椎斧尚有施也,安可以陋之?斯孔子所谓欲居也欤?虽然,典章文物则亦胡可以无讲!今夷之俗,崇巫而事鬼,渎礼而任情,不中不节,卒未免于陋之名,则亦不讲于是耳。然此无损于其质也。诚有君子而居焉,其化之也盖易。而予非其人也,记之以俟来者。①

文章通篇用孔子之言来贯穿,可见阳明对儒学的肯定。但是,从文中可以看出,

---

① 王守仁. 王阳明全集: 上 [M]. 吴光, 钱明, 董平, 等编校. 上海: 上海古籍出版社, 1992: 890-891.

第二章 天人两分下的儒家思想

阳明所向往的儒家精神并不是当时流行的儒家士人中的风气。受佛老返璞归真思想的影响，阳明更希望儒家回到其初心。这也是为何阳明年轻时就不满流行的儒家风气的原因。

在文中，阳明借对少数民族质朴品质的赞扬，对当时流行的儒家华而不实、人面兽心的虚伪风气大加批判。他认为，人们都觉得偏远的少数民族地区粗陋落后，但他并没有这种感觉，反而觉得偏远的居民更加淳朴，"昔孔子欲居九夷，人以为陋。……独其结题鸟言，山栖羝服，无轩裳宫室之观、文仪揖让之缛，然此犹淳庞质素之遗焉。盖古之时，法制未备，则有然矣，不得以为陋也"。这些居民的衣食住行少了儒家文化圈中的华丽装饰和繁文缛节，与其说粗陋，不如说是淳朴。这只能说他们的礼法还不完备，不能说他们粗陋或低人一等。他对于淳朴的喜爱无疑是受到了佛老思想的影响。佛老对自然率真的强调使阳明接触到这些淳朴率性的少数民族居民时，不但不觉得野蛮落后，反而觉得亲切。他希望其向往的儒家思想回归到纯真的层面。

与此相对，阳明对当时流行的儒家风气的虚伪和矫饰极为不满，认为这些造作的儒家士人反而成了一种新的粗陋，"夫爱憎面背，乱白黝丹，浚奸穷黠，外良而中螫，诸夏盖不免焉。若是而彬郁其容，宋甫鲁掖，折旋矩镬，将无为陋乎"？儒家礼制发展的结果，是礼节和规矩泛滥，人心不仅没有随着规矩的增加而变好，反而有堕落的倾向。儒家文化圈出现了一种特别的粗陋现象：人们外表表现得很忠良，举止合乎礼节规矩，也穿着象征着儒家特色的宋代的礼帽和鲁国宽大的衣裳，但实际上却是面善心恶、颠倒黑白、狡猾奸诈。这种带着文明伪装的粗陋，更加不可救药，"于后蔑道德而专法令，搜抉钩繁之术穷，而狡匿谲诈，无所不至，浑朴尽矣"。阳明认为，当时儒家的堕落和伪善是轻视真正的道德而一心强调法令规范的结果。为了培养和招揽人才，人们想尽了一切办法，制定了诸多的制度和法令，其中最具代表性的就是科举。阳明认为，这种八股取士以浮夸的文辞来取代道德修养，而且科举也成了功名的敲门砖。人们汲汲于文辞的穿凿和功名的追逐，完全遗忘了道德本身。于是，华而不实的文风、停留在口头上的学问以及功利的追逐，导致世风日下，人们虽然满口仁义道德，但实际上却日益变得狡诈诡谲、利欲熏心，浑然古朴的品质早就消耗殆尽了。

当时儒家社会风气的堕落，阳明早就有所察觉了。据年谱记载，早在 1498 年，

阳明就觉得"辞章艺能不足以通至道"①,也就是说,阳明认为这些停留在纸张、口头的文章以及外在的技艺都不能对人修身有益处。可见阳明很早关注的就是根本的身心道德修养,这与他十一岁时所说的要做圣贤而不是登第之志向是一致的。他渴求师友告诉他明路,但不可得,内心惶恐不安,"求师友于天下又不数遇,心持惶惑"。当他读到朱熹给宋光宗的上疏时,稍微有了一点感悟,写道:"居敬持志,为读书之本,循序致精,为读书之法。"②朱熹让人回到本心,居敬持志,然后循序渐进学习。这正合阳明之意,回到本心,放弃杂乱庞博的口头上的学问,专心精一之学,"乃悔前日探讨虽博,而未尝循序以致精,宜无所得"。但是,回到本心之后,所思考到的学问事理,似乎又陷入了庞杂支离的境地,对身心的益处似乎不大,"又循其序,思得渐渍洽浃,然物理吾心终若判而为二也。沉郁既久,旧疾复作,益委圣贤有分"。阳明已经发觉朱熹理学支离的毛病,虽然朱子回到了本心,但这个本心又被外在的事物所吸引,陷入逐物寻理的奔忙之中,本心似乎又没有得到修养。一来二去,六年前(1492年)格竹导致的疾病又复发了,但又找不到解决之道。于是阳明再次确认自己资质不够,与圣学和圣贤没有缘分。委身于这些支离浮华的儒学,还不如佛老修身养心来得更直接,"偶闻道士谈养生,遂有遗世入山之意"③。1502年,阳明与京城儒家才子交往,为了往来诗文应酬,他专攻古诗文,"京中旧游俱以才名相驰骋,学古诗文"。不久,他发觉诗文更加虚华无益,"吾焉能以有限精神为无用之虚文也!"于是,他再次告病归越,沉迷于道家养生之术,"筑室阳明洞中,行导引术"④。

可见,阳明到龙场之前,就在理学、辞章、诗文中徘徊逡巡,感觉出这些都华而不实。在试错的过程中,他逐渐摸索到,回归身心的学问才有可能是真正的学问。在传统社会为数不多的选项中,明显反对浮华、回归身心的就是佛老思想,所以,阳明转向佛老就可以理解了。

但是,如前所述,在1502年,阳明就感觉到佛老之学的弊端,佛老是回归本性了,但其回归得太过彻底,要么回到"天地不仁,以万物为刍狗;圣人不仁,以百

---

① 王守仁. 王阳明全集:下[M]. 吴光,钱明,董平,等编校. 上海:上海古籍出版社,1992:1224.
② 王守仁. 王阳明全集:下[M]. 吴光,钱明,董平,等编校. 上海:上海古籍出版社,1992:1224.
③ 王守仁. 王阳明全集:下[M]. 吴光,钱明,董平,等编校. 上海:上海古籍出版社,1992:1224.
④ 王守仁. 王阳明全集:下[M]. 吴光,钱明,董平,等编校. 上海:上海古籍出版社,1992:1225.

第二章 天人两分下的儒家思想

姓为刍狗"的个体自我拯救的自然状态,要么回归到宇宙本源。这都是阳明所不能承受的。他还是选择了回归儒家血缘群体中,将人视为等级关系中的存在,整个社会和谐温馨又有序。同时他又对儒家远离初心的浮华功利不满,这就迫使他重新思考儒家的出路。这篇《何陋轩记》就是他思考的结果。

文章对儒家堕落的批判是他长久以来思考的结果。借助于佛老的眼光,他可以更清楚地看到当下儒家的弊端,但他借佛老来反思时儒并不等于赞同佛老的观点。佛老的初心或自然在此时的他看来,往好了说是淳朴,往坏了说则是野蛮未化。所以,他才认为,少数民族的古朴就是未雕琢的璞玉、未修剪过的树木,有待于文明教化。"夷之民方若未琢之璞,未绳之木,虽粗砺顽梗,而椎斧尚有施也,安可以陋之?""今夷之俗,崇巫而事鬼,渎礼而任情,不中不节,卒未免于陋之名,则亦不讲于是耳。然此无损于其质也。"在这里,阳明似乎互相矛盾了:前一句不承认少数民族的淳朴未化是粗陋,后一句又认为是可以称为粗陋的。

细看会发现,这两种不同的立场是根据不同的参照物建立起来的。不认可这种淳朴为粗陋,是和时下矫揉造作的儒家风气相比。在阳明眼中,过度矫饰和功利化的儒家风气不是文明的象征,而是另一种粗陋,这种过度教化造成的粗陋反而比淳朴未化的状态更加不可救药。少数民族是未雕琢的璞玉,本质是好的,只要稍加教化,就会变得文明;而儒家过度的教化和矫饰已经使其走上了不归路。站在儒家的立场上嘲笑少数民族粗陋,是不自量力。跟时下堕落的儒家相比,少数民族的淳朴也就并不粗陋了。如果说少数民族的淳朴为不及,那么,时下儒家的矫饰就是过度。虽然说过犹不及,但阳明显然认为不及要优于过度。

当阳明说这种淳朴也可以称为粗陋时,是与心目中理想的原始儒家相对比的。阳明有意无意区分了两种儒家。如前所述,时下儒家的过度法令化、规范化导致了浮华的形式主义,理学的支离、科举的僵化与功利化、文辞的过度华丽等就是主要表现。人们遗忘了孔子原始儒家的教诲,原始儒家是要培养和教化道德上完善的君子甚至是圣贤的。现今的形式主义则使人遗忘了道德,逐外遗内,伪善盛行,这种伪善有时还不如淳朴的野蛮。阳明认为当务之急是要恢复孔子那样的原始儒家,回到身心道德上的修养。这种修养不需要过多的法令、规范,只需恰当的"典章礼乐"或"典章文物"就可以了,在没有被典章礼乐教化之前,少数民族的淳朴就可以被称为粗陋。"诸夏之盛,其典章礼乐,历圣修而传之,夷不能有也,则谓之陋

固宜。""夷之民方若未琢之璞,未绳之木,虽粗砺顽梗,而椎斧尚有施也……典章文物则亦胡可以无讲!"华夏文明的标志就是典章礼乐,目的就是建立一个由大大小小的群体组成的具有等级尊卑秩序的社会。夷是处于混乱无秩序的野蛮状态的少数民族,其无序和野蛮主要是没有明确尊卑高下引起的。华夷之辨就是文明和野蛮、理性有礼和淳朴未化之间的分辨。混乱无序的淳朴状态不是阳明的理想,和华夏儒家文明相比,它是粗陋和原始的。

要注意的是,这里所说的典章礼乐的儒家与时下矫揉造作、形式主义的儒家是有区别的。为了摆脱自然状态的混沌和野蛮无序,需要人为的积极努力。原始儒家就是要建立起码的典章制度和礼节,以便使人摆脱淳朴未化的野蛮状态,走向文明。这种文明就是儒家设想的以家庭、宗族、国家为单位的有等级尊卑的有序社会。典章礼节是就最根本的秩序设立的,也是针对人们的基本关系(如五伦)而产生的。在等级秩序建立之后,就是如何体悟和践行这一伦理秩序。修心养性也是要修这个。原始儒家的典章礼乐是针对人的根本问题而产生的必不可少的人为制度,有助于人们走进儒家所谓的文明。后儒在此基础上不断地增加各种法令、规范,逐渐使人们远离最初的问题,成为形式的奴隶。在阳明看来,过度的形式化不仅不会让人文明,反而助长了伪善,造就了另一种粗陋。

最后阳明呼吁,要用孔子时的脚踏实地的典章礼乐来教化淳朴的少数民族,"诚有君子而居焉,其化之也盖易",尽量避免出现时儒华而不实、矫揉造作的问题。

阳明此时的状态,与古学派或者后来的实学派(朱舜水)有点接近。但是,追求完美的阳明对原始儒学此时也有了些不安,因为理学所带来的支离感,逐渐蔓延到了这些简化的典章礼乐儒学中。即使这些典章再简化,也是在人心之外的存在。所以,阳明对儒学的探讨注定不会停歇。无论理学还是原始儒学,都有天人两分、心物两分的特点,如何将它们融合打通是他努力的方向。

二、为己之学

1508年,在《答文鸣提学》中,阳明提到了为己之学,这是对当下浮华的儒家学风反思的结果。其文曰:

书来,非独见故旧之情,又以见文鸣近来有意为己之学,窃深喜望。与文鸣别

第二章 天人两分下的儒家思想

久,论议不入吾耳者三年矣。所以知有意于为己者,三年之间,文鸣于他朋旧书札之问甚简,而仆独三至焉。今又遣人走数百里邀候于途,凡四至矣。所以于四至之书,而知其有为己之心者,盖亦有喻。人有出见其邻之人病,恻焉,煦煦讯其所苦,遵之以求医,诏之以药饵者,入门而忽焉忘之,无他,痛不切于己也。己疾病则呻吟喘息,不能旦夕,求名医,问良药,有能已者,不远秦楚而延之。无他,诚病疾痛切,身欲须臾忘,未能也。是必文鸣有切身之痛,将求医之未得,谓仆盖同患而方求医与药者,故复时时念之,兹非其为己乎?兼来书辞,其意见趋向,亦自与往年不类,是殆克治滋养,既有所得矣。惜乎隔远,无因面见讲究,遂请益耳。夫学而为人,虽日讲于仁义道德,亦为外化物,于身心无与也。苟知为己矣,寝食笑言,焉往而非学?譬如木之植根,水之浚源,其畅茂疏达,当日异而月不同。曾子所谓"诚意",子思所谓"致中和",孟子所谓"求放心",皆此矣。此仆之为文鸣喜而不寐,非为文鸣喜,为吾道喜也。愿亦勉之,使吾侪得有所矜式,幸甚,幸甚!①

　　文鸣即陈凤梧,他显然是个好学友,阳明不断写信与其论学。1508年,两人不约而同走向了为己之学。阳明将为己之学比喻成为自己的病痛寻求的药方。他认为,只有自己有病痛时,才会产生对真正能减少自己病痛的药方的探寻,也才会珍惜这些药方,而为了别人的病痛是感受不到这些的。学问也是如此,若不是为了自己的身心而寻求学问,这样的学问就像别人的药方一样无关紧要。文鸣和阳明一样,若不是对学风有痛切的体会,就不会领悟为己的迫切。当世人以华丽的诗文、科举时文为学问时,为学的根本目的就被遗忘了。这一根本就是自己的身心。阳明和文鸣就是深切感受时下风气不能减轻自己身心的痛苦,才开始转向为己之学的。在阳明等看来,有益于自己身心的学问才是真正的学问,即谓"为己之学",除此之外则是无益的为他之学,即向他人炫耀的专以谋取功名利禄的学问。这样的人,即使满口仁义道德,也不过是一种博学的炫耀,对其身心无益,"夫学而为人,虽日讲于仁义道德,亦为外化物,于身心无与也"。将学问做成外化之物,即使学富五车亦是徒劳。这种"为己之学"显然有了"实学"的味道,也初步具有了知行合一的影子。只要有益于身心实践,任何东西都可以成为实实在在的学问,"苟知为己矣,寝食笑言,焉往而非学"?身心就是一切学问的根基,曾子所谓的"诚意",子思所

---

① 束景南,查明昊. 王阳明全集补编 [M]. 上海:上海古籍出版社,2016:107-108.

谓的"致中和",孟子所谓的"求放心",说的都是为己、身心之学。阳明为找到同道中人庆幸和欣喜,决心将为己之学坚持到底。为己之学为他跨入心学奠定了关键的一步,因为这一为己最终必然会放到心上。

当然,此时的为己还未完全达到天人合一、心外无理的境地,此身心只在人自身,还没有与天理贯通,但已经在门口了。当阳明回到身心这一关键所在,再以此为基点将天理人心的关系贯通,天人合一、心理合一就水到渠成。

1508年,阳明还写了《答懋贞少参》一文,阳明在文中却有点批判为己之学的倾向,并转为二程之学辩护,即圣人乃学而至,正心必须格物,天人、心物之两分仍是很明显的。其文曰:

闻叹近来学术之陋,谓前辈三四公能为伊洛本源之学,然不自花实而专务守其根,不自派别而专务守其源,如和尚专念数珠而欲成佛,恐无其理;又自谓慕古人体用之学,恐终为外物所率,使两途之皆不到,足以知执事之致力于学问思辨,重内轻外,惟日不足,而不堕于空虚渺茫之地无疑矣。生则于此少有所未尽者,非欲有所勖,将以求益耳。夫君子之学,先立乎其大者,而小者不能夺。故子思之论修德凝道,必曰尊德性而道问学。而朱子论之,以为非存心无以致知,而存心者又不可以不致知。执事所谓不自花实派别而专务守其根源,不知彼所守者,果有得于根源否尔,如诚得其根源,则花实派别将自此而出,但不宜块然守此,而不复有事于学问思辨耳。君子之学,有立而后进者,有进而至于立者,二者亦有等级之殊。盖立而后进者,卓立后有所进,所谓三十而立,吾见其进者;进而至于立者,可与适道,而至于可与立者也。盖不能无差等矣。夫子谓子贡曰:"赐也,汝以予为多学而识之者与?"又曰:"盖有不知而作之者,我无是也。""多闻,择其善者而从之,多见而识之,知之次也。"执事之言,殆有惩于世之为禅学而设,夫亦差有未平与。若夫两途之说,则未知执事所指者安在?道一而已矣,宁有两耶?有两之心,是心之不一也,是殆本源之未立与?恐为外物所率,亦以是耳。程子曰:"苟以外物为外牵,已而从之,是以己性为有内外也。"又曰:"自私,则不能以有为为应迹;用智,则不能以明觉为自然。今以恶外物之心而求照无物之地,是反镜而索照也。"又曰:"君子之学,莫若扩然而大公,物来而顺应。"由是言之,心迹之不可判而两之也,明矣。执事挺特沉毅,岂生昧劣所敢望于万一?然乃云尔者,深慕执事乐取诸人之盛心,而自忘其无足取。且公事有暇,无吝一一教示。成之、文鸣如相见,亦乞为致此意也。①

懋贞即林希元，他与陈文鸣、徐成之曾一起与阳明论学。林懋贞对阳明说，他想要回到二程理学的根本处，即道德之心，"能为伊洛本源之学，然不自花实而专务守其根，不自派别而专务守其源"。林懋贞感受到当时学问支离的弊病，这些脱离了根本源头的学问最终成了口头上的喧嚣，于人心道德无益。这就像想要成佛的和尚不修心，而只把数念珠这种外在枝节行为当作根本的成佛之道，显然是荒唐的，"如和尚专念数珠而欲成佛，恐无其理"。林懋贞还说他也渴慕古人的体用合一之学，想将修心和格物结合起来，但总觉得这两种路径无法两全。追逐外物将使人被牵绊，最终外物之知没有获得，心之德性却荒废，可谓两者皆失，"使两途之皆不到"。不如务本守源，修炼自己的心；但这样的话又感到有不足，唯恐自己修心务本之学会"堕于空虚渺茫之地"。因此，他向阳明请教。

阳明认为，懋贞重内轻外，对于革除支离的弊病无疑是有益的，而他又知晓自己轻外恐落入"空虚渺茫之地"，就更加难能可贵了。懋贞能有这样周全的思考，就一定不会"堕于空虚渺茫之地"。不落入空虚境地的关键就是解决懋贞提出的体用两难问题，对此阳明提出了自己的见解。

阳明曾经历过格竹的苦恼，对当时浮华支离之病也是深恶痛绝，为此，他曾在《答文鸣提学》中赞同陈文鸣回到为己之学，即身心之学。这一倾向与林懋贞的重内轻外的路数是接近的。可以看到，阳明与文鸣、懋贞这些先行者都已经走到了回归本源之学这一步。但是，阳明思考得更远。懋贞的担心他同样也有，即担心向内为己之学变成蹈空之学。他想到的办法就是体用兼顾，将懋贞认为的不可能变成可能。

阳明将体用、本末的关系理解为大小的关系，他认为："夫君子之学，先立乎其大者，而小者不能夺。"他承认为学要先立大本，即本心，但小的，即心在具体事物上的应用也不可缺。大小的关系被他比喻为子思所说的尊德性与道问学的关系。他引用朱子的话来解释大小的关系，"非存心无以致知，而存心者又不可以不致知"。不修心是不能去认知外物的，而修心又是必须要去认知外物的。这个大小的关系似乎是以大为主。但阳明认为，这个作为根本的心似乎是空洞的，如果不接触

---

① 束景南，查明昊. 王阳明全集补编［M］. 上海：上海古籍出版社，2016：109-110.

和认知万物，空守一颗与外物绝缘的心，能找到什么本源呢？"执事所谓不自花实派别而专务守其根源，不知彼所守者，果有得于根源否尔。"即使天生聪明，能从空守中找到所谓的根源，但若只是僵化地守着这一固定的根源，不再去接触事物进行学问思辨，根源学问也会耗尽，不再适用于世。如此，阳明对体用、本末、大小关系的理解就清楚了，所谓的体、本、大基本上是空幻的，它必须以用、末、小来体现或实现，也就是说，是后者决定了前者。在尊德性和道问学的关系中也一样，是道问学决定了德性的内容。这种立场确实是程朱的立场。

阳明又引用程子所说的两种成德的途径来展示两种不同的体用关系。这两种途径是"立而后进者"与"进而至于立者"。"立而后进者"展示的是前面所说的以用见体的途径；"进而至于立者"说的是不需要用而直接见体的途径，这就是懋贞所探索的重内轻外的途径。两者相比，后者是高明的。但是，阳明说，前者是绝大多数人包括孔子所采取的路径，而后者几乎是不可操作的，容易堕入禅学的空幻。孔子认为自己是"多学而识之者"，即通过不断地学习以通达道（以用见体）。虽然孔子也承认有"不知而作之者"（直接见体），但他不是这种人。连孔子都认为自己要以用见体，一般人就更不用说了。所以，阳明警告懋贞，他这种从根源着手的途径可能只适用于少数绝顶聪明的人，如禅学修行者，对于绝大多数人来说是不可行的。

可以说，阳明赞同体用合一，且合一的方式是以用见体。这基本上是程朱的老路，经历过格竹煎熬的阳明最终又回到原点。以用见体，体几乎是张白纸，任由事物（用）来填满它。这种体用合一的本质就是以体被用排挤为零的方式实现了统一。作为本体的心几乎是可以忽略不计的。人们除了偶尔想起事物之理是通过心来认知的这一点外，心基本上就是空无一物的白纸。在这里，似乎也实现了心物合一，而这种心物合一也是以心被物吞噬的方式实现的。

阳明以这种体用合一或心物合一来质疑懋贞的体用两分，他认为，道只有一个，心也只有一个，体用合一最终是合于这一道、一心，不是如懋贞所说的将体用两分，如此也就有了两个心、两种道或两种性：一个本体的心、道、性，还有一个从物的心、道、性。如程子所说，性无所谓内外，因为他已经通过以用见体的体用合一方式将内外、心物打通了，所以他认为不存在心为物牵、性有内外的问题了，"苟以外物为外牵，已而从之，是以己性为有内外也"。当一片空白的心被物吞噬之后，心之体才真正实现,这个体是完全来自用的。若如懋贞那样将心、物分离,认为心有个独立于物的本体或性,并由此讨厌去接触物,害怕被物所牵累,于是就只反观这一个独立的心,结果将会一无所得,"今以恶外物之心而求照无物之地,是反镜而索照也"。程子无疑在说,离开万物的心就是一张白纸,此时的阳明也是这个立场。

可以看到,1508年是阳明思想上备受煎熬的一年,一会儿他要回归本心、摆脱支离外物的牵绊,一会儿他又担忧离开事物的本心走向空寂。如何在这两者中找到融通之路,是他面对的主要问题。

《答懋贞少参》一文的价值在于,它让人看到了阳明在体用合一、心物合一上所做的努力。多年来,阳明看到了程朱理学的支离之病,他和学友们不约而同地以为己之学、根源之学来修正之。但是,他又察觉到这样有可能会矫枉过正,难免走向佛老的遁世空寂,或者儒家的空谈心性之学。无论哪一种,都是体用分离。这就迫使他重新思考体用合一、心物合一的问题,也即天人合一的问题。在探索过程中,他重新发现了程朱体用合一的价值,尽管其是以用见体的方式,也不失为一种解决方案。

在继续思考的过程中,阳明再次感觉到这种体用合一的难堪:将心挤压到没有空间的合一,将是另一种形式的心物分离或天人分离,即只见物不见人的异化存在。程朱理学将心看作一张白纸,这种前提下的心物合一将不会给心留下空间。这种后天的体用合一、心物合一并不能掩盖其先天的分离。因此,程朱理学在先天的意义上就是天人两分的(即理气之分),这就不可能妥善解决好心物、天人的关系。这只能期待阳明心学来解决它。

三、君子之道

1508年,阳明写了《君子亭记》。在文中,阳明把竹子比喻为君子,并赋予其君子四道:君子之德、君子之操、君子之时、君子之容。王阳明门人说,阳明所说的君子之道是对自己的描述,他完全配得上这四道。而阳明却指出门人不妥之处,即有过有不及。过度的是对阳明的赞誉,阳明认为自己还没有达到君子之道的高度,"夫是四者何有于我哉?抑学而未能,则可云尔耳"。阳明很谦虚,认为他的君子之道只停留在口说的层面,还没有修炼到身上。门人的不及之处在于没有区分清楚君子儒和小人儒。君子从来不会自封的，自封的基本都是小人儒，"人而嫌以君子自名也，将为小人之归矣"①。阳明再次强调，他所说的君子是指竹子，而不是自己。

在这篇文章中，除了看到阳明的谦逊外，没有什么特别的。令人稍微注意的是，阳明此时还是将君子之道视为外在之物，作为一种外在的目标在追求，"夫是四者何有于我哉？抑学而未能，则可云尔耳"。"学而未能"，强调的还是学。心与理分为二，这仍然是朱子的路数，也是天人两分的表现。这篇文章显然没有受到龙场悟道的影响。

1508年，阳明还写了篇《宾阳堂记》，在文章中表达了对阳的崇拜。阳是君子和善的代表，"日乃阳之属，为日、为元、为善、为吉、为亨治，其于人也为君子，其义广矣备矣"②。阳乃一切正面存在的代表和本源。正常的人应该将君子置于自己的心中，而将小人挡在外面，"内君子而外小人，为泰"。但是，这个君子似乎仍是从外面来的，"宾自外而内之传，将以宾君子而内之也。传以宾君子，而容有小人焉，则如之何"③？善仍像外在的目标投进内心，这与前面所说的人性本善又有差距了，和阳明后来的心学差距更大。不过，阳明对阳的崇拜前后是一致的。

1508年，在《送毛宪副致仕归桐江书院序》中，王阳明讨论了君子之道。他在评论中谈到了事、心、道的关系，从中显示出了此时的天人思想。其言曰：

正德己巳夏四月，贵州按察司副使毛公承上之命，得致其仕而归。……酒既行，有起而言于公者，曰："君子之道，出与处而已。其出也有所为，其处也有所乐。公始以名进士从政南部，理繁治剧，顾然已有公辅之望。及为方面于云、贵之间者十余年，内厘其军民，外抚诸戎蛮夷，政务举而德威著。虽或以是召嫉取谤，而名称亦用是益显建立，暴于天下。斯不谓之有为乎？今兹之归，脱屣声利，垂竿读书，乐泉石之清幽，就烟霞而屏迹；宠辱无所与，而世累无所加。斯不谓之有所乐乎？公于出处之际，其亦无憾焉耳已！"公起拜谢。

复有言者曰："虽然，公之出而仕也，太夫人老矣，先大夫忠襄公又遗未尽之志，欲仕则违其母，欲养则违其父，不得已权二者之轻重，出而自奋于功业。人徒

---

① 王守仁. 王阳明全集：上 [M]. 吴光，钱明，董平，等编校. 上海：上海古籍出版社，1992：891-892.

② 王守仁. 王阳明全集：上 [M]. 吴光，钱明，董平，等编校. 上海：上海古籍出版社，1992：895.

③ 王守仁. 王阳明全集：上 [M]. 吴光，钱明，董平，等编校. 上海：上海古籍出版社，1992：895.

第二章 天人两分下的儒家思想

见公之忧劳为国而忘其家,不知凡以成忠襄公之志,而未尝一日不在于太夫人之养也。今而归,告成于忠襄之庙,拜太夫人于膝下,旦夕承欢,伸色养之孝,公之愿遂矣。而其劳国勤民,拳拳不舍之念,又何能释然而忘之!则公虽欲一日遂归休之乐,盖亦有所未能也。"公复起拜谢。又有言者曰:"虽然,君子之道,用之则行,舍之则藏。用之而不行者,往而不返者也;舍之而不藏者,溺而不止者也。公之用也,既有以行之;其舍之也,有弗能藏者乎?吾未见夫有其用而无其体者也。"公又起拜,遂行。

阳明山人闻其言而论之曰:"始之言,道其事也,而未及于其心;次之言者,得公之心矣,而未尽于道;终之言者,尽于道矣,不可以有加矣。斯公之所允蹈者乎!"诸大夫皆曰:"然。子盍书之以赠从者?"[①]

在序中,阳明记录了三段送别致辞,而这些致辞说的都是同样的事,即对毛宪副出仕和致仕的评价,其中就涉及儒家的出入之道。第一段认为君子之道就是出仕能够有所作为,致仕退隐后乐享悠闲岁月,如此,君子的人生就无憾了。发言者追溯了毛宪副仕途的历程与功业,并为其退隐生活做了美好的描画。这里的君子之道将出和处两种不同的状态描述了出来。第二段是从是否完成父母的期望这一角度来评价君子一生的。发言者认为,父母对君子的期望就是忠和孝。毛宪副出仕完成了父亲的期望,即尽忠报国;致仕则可以回家尽孝,这就完成了对父母的家庭责任。而在任何阶段毛宪副都没有忘记忠孝的责任:尽忠时未尝忘老家之父母,尽孝时也不敢忘劳国勤民之念。虽然发言者认为毛宪副人生已经很完满,但并不认为他退休后就可以完全逸乐忘忧了,还是要心念天下。这是在强调忠孝不可分,出仕致仕也不可分。与第一种意见中将两者截然分开有所不同,第三段更加融通,上升到了统一的道之层面。与第一段断为两截的君子之道不同,这里所说的君子之道,是一以贯之的。此君子之道是,被任用就尽其所能去作为,不被任用就要收敛,不要勉强去做。被任用而又不去作为,就是只懂退隐而不知出仕;不被任用而不知隐藏,勉强作为,则咎由自取。毛宪副是符合君子之道的,被重用时竭尽所能,而今致仕,就该隐藏知止,没什么可遗憾的。无论是被任用还是不被任用,皆合乎道,道须臾

[①] 王守仁. 王阳明全集: 上 [M]. 吴光, 钱明, 董平, 等编校. 上海: 上海古籍出版社, 1992: 872-873.

未曾离。进退一随于道,都是道之用。所谓体用不离,"吾未见夫有其用而无其体者也"。并不是说退隐之后万事皆休,和道没有关系了。第三个发言者和第一个发言者的立场有些接近,在理论上有所提升,而第一个发言者容易让人产生误解,似乎退隐后就不是道之用了。第一、三发言者都与第二个发言者的不舍立场有所不同。第二个发言者在用舍进退的立场上模糊,但他的亮点是从个体心境的角度解释了出仕和致仕的内涵。

阳明对三者的立场和观点的评价很精辟,他认为,第一个发言者只描述了君子出、处之道的具体内容,并没有从人心的角度来探讨这些事项,即对心和事的关系没有阐明,所谓"道其事也,而未及于其心"。发言者更没有对出、处之道本身的关系进行剖析。第二个发言者将毛宪副之心与其所做之事进行了阐释。将君子之道追溯到了忠孝之心上,无疑使人们对君子之道有了更深入的理解。这补充了第一个发言者的不足,但他也没有对君子之道进行理论上的阐述,所谓"得公之心矣,而未尽于道"。第三个发言者则对君子用舍进退之道进行了理论上的提升,认为君子用行舍藏皆合乎道,都是体用合一的体现。阳明高屋建瓴的评论获得大家一致认同。

可以看出,阳明开始对事、心、道的具体分野及其细微联系有了周密的研究。对阳明来说,事若不从心的角度来看的话,就无法得到深刻的理解,而心最终要归于道。道和事乃一体两面,可以说都是属于天这一层面的,而心则属于人的方面。阳明充分注意到道、事和心联结起来的必要性,这是天人关系打通的关键一步。虽然看起来道还在人心之外,但离融合与打通已经不远了。我们再次感受到阳明高明精微的辨析力,心学在他这里产生并非偶然。

四、气节思想

1508年,阳明就《四书集注》中"士穷见节义"这一观点进行议论,写成《士穷见节义论》一文,在文中,阳明虽然没有明确提出天人合一,但是在实际阐述节义的本质时,具有天人合一的特征。他这时的思想只欠缺对天人合一概念上和细节上的阐明。

文章一开始,阳明就点明了节义本质,这也是节义得以产生的根本原因,他说:"君子之正气,其亦不幸而有所激也。夫君子以正气自持,而顾肯以表表自见哉!吾以表表自见,而天下已有不可救之患。是故君子之不得已也,其亦不幸而适逢其

第二章 天人两分下的儒家思想

穷,则必不忍泯然自晦,而正气之所激,盖有抑之必伸、炼之必刚、守之愈坚、作之愈高,而始有所谓全大节、仗大义,落落奇伟,以高出品汇侪伍之上者矣!此岂依形而立,恃势而行,待生而存,随死而亡者邪?"① 阳明开宗明义,节义就是君子的正气遭遇不幸,也即"适逢其穷"时产生的。这里有两层意思:一是节义乃正气的显现;二是并不是所有正气的显现都是节义,正气不顺畅时才会产生节义。这里所说的"穷"不是贫穷的意思,而是运气不好、遭遇不幸的意思。当君子有特异的节义行为时,一定是天下已经有难以挽救的祸患了,这是君子不得已的行为。当正气遭遇不幸,就会激荡而发,且会有超乎寻常的表现,"抑之必伸、炼之必刚、守之愈坚、作之愈高",越是不幸,君子对正气的坚守就越加坚毅,还会出现远高于同辈之上的"全大节、仗大义"的节义行为。这种气节不会随着时空的消失而湮没。

接着,阳明将正气和节义做了宇宙论上的阐释,具有了天人合一的色彩。他说:"且夫正气流行磅礴,是犹在天为星辰,在地为河岳,而在人则为功业,为节义。何者?盖处顺而达,则正气舒,而为功为业;处逆而穷,则正气激,而为节为义。是理之常者,无足怪也。今夫长江万里,汪洋汗漫,浩然而东也,卒遇逆折之冲而后有撼空摧山之势,震动而不可御,岂非激之使然也?是知董狐之笔,晋激之也;苏武之节,匈奴激之也;东都缙绅含泪就戮,而接踵继至,党锢之祸激之也。一激之间,而节义之名增广于天下,是岂君子得已而故不已也。"② 宇宙间的一切都可看成是气的存在,这是传统社会源远流长的观念。所谓正气,可以说是正确的、正当的存在及其正常运转。宇宙间一切正常运转的存在,天上的星辰、地上的山河等,就是正气的体现,而正气体现在人类社会就是君子以及他们建立的功业。当正气运转不顺时,在天地表现为灾难,在人则会表现出节义行为,"盖处顺而达,则正气舒,而为功为业;处逆而穷,则正气激,而为节为义"。节义也可说是气节和道义,正气也可以说是正道,节义就是正道在社会扭曲发展时的激越表达。这些表达会为黯淡的时代带来光芒,真正的君子将自然而然地表现出节义行为,不是谁想阻止就能够阻止的,"是岂君子得已而故不已也"。

---

① 束景南,查明昊. 王阳明全集补编 [M]. 上海:上海古籍出版社,2016:110.
② 束景南,查明昊. 王阳明全集补编 [M]. 上海:上海古籍出版社,2016:110-111.

阳明借助孟子的话来论证浩然正气的巨大能量，它使君子遭遇不幸时不可遏制地产生节义行为。"孟子曰：'我善养吾浩然之气。'故弱者养之，以至于刚；慊者养之，以至于充也。不幸适遭其穷而当吾道之厄，则前之不可伸也，后之不可追也，左之不可援也，右之不可顾也。抑之则生，扬之则死，呼吸之间，而死生存亡系矣，其时亦岌岌矣。君子于此，将依阿以为同也，将沉晦以为愚也，畴昔所养，何为而乃为此也？是故君子之不得已也。是故窜身可也，碎首可也，溅血可也，可生可死，可存可亡，而此气不可夺也。于是有凌节顿挫，而吐露曰之天下，则虽晋、楚之富，王公之贵，仪、秦之辩，贲、育之勇，皆失其所恃，而吾之节气著矣！是故有随波而逝者也，而后有中流之砥柱；有随风而靡者也，而后有疾风之劲草。是故有触之必碎，犯之必焦者也，而后有烈火之真金。奴言卑膝，其名为佞，是故有长揖不拜以为高；依阿迁就，其名为懦，是故有彻推印绶以为洁。王步斯艰，国脉如线，于是有拜表泣行，而不知其为激者矣；举目中原，萧条风景，于是有击楫自誓，而不知其为愤者矣；叩首虏廷，恬不知怪，于是有孤臣抗贼，而不忍一朝之忿者矣；挈国授人，甘心面缚，于是有鼎镬如饴，不忍一朝之患者矣。宁为周顽民，不为商叛国；宁为晋处士，不为莽大夫；宁为宋孤臣，不为元宰相；宁全节而死者，不失节而生；宁向义而亡，不背义而存。是以正气所激，峥嵘磊落，上与日月争光，下与山岳同峙。视彼小人，平时迂阔宏大，矫拂奇危，而临事之际，俯首丧气，甘与草木同朽腐者，其于为人之贤不肖何如也？"① 正气的力量如此之大，会使弱者变刚强，使缺失变成充实，以至于它在遇到阻遏时会将人推到生死抉择的关头：压抑自己的正气会生存下去；任由正气激变为节义则有可能死亡，"抑之则生，扬之则死，呼吸之间，而死生存亡系矣！"在阳明看来，即使是生死抉择，君子也只有一种选择，那就是舍生而保正气，"窜身可也，碎首可也，溅血可也，可生可死，可存可亡，而此气不可夺也"。在正气和节义面前，富、贵、智、勇都算不了什么。阳明列举一系列节义表现，如不佞、不懦、忠君、爱国、抗贼、视死如归等。君子宁可为了保全气节而死，不能失去气节而生；宁可为了道义而死，不能背弃道义而生。表现出节义的君子可以与日月山河同在，而失去节义的小人则会与草木同朽，这就是做人的差距。

---

① 束景南，查明昊. 王阳明全集补编 [M]. 上海：上海古籍出版社，2016：111-112.

第二章　天人两分下的儒家思想

最后阳明用孔子的话做了总结。他说:"孔子曰:'岁寒然后知松柏之后凋也。'而君子之节义,亦至穷而后见矣!呜呼!君子岂不欲和其声,以鸣国家之盛,无节名,无义誉,而使天下阴受其福哉?君子而以节义自见,不惟君子之不幸,而亦斯世之不幸也。虽然,节义一倡,士习随正,所以维持人心纲纪苦斯道者,又岂浅浅哉!故叩马一谏,凛凛乎万世君子之义;而党锢诸贤,亦惟以扶汉鼎于将亡之秋。……呜呼!时世至此,其亦不幸而以节义自见,抑亦幸而以节义自持也。"① 如孔子所说,天气寒冷了才会看到松柏是最后凋落的,君子和松柏一样,只有在逆境时才会看到其气节和道义的显现。但君子希望不要有展露节义的机会,这样整个国家都是正气流行,功业卓著,人们都享受这种兴盛,岂不更好?君子显露节义时,不仅是君子的不幸,也意味着时代的不幸。但是,现实是残酷的,正气总会受到阻遏,君子的节义也就随之出现。节义的出现,会矫正士人们的行为,可以维持人心纲纪,其作用不可小觑。当时代不济时,正气遭遇不幸而使节义出现,这可说是不幸的事情;君子们的节义又表明正气还被人们坚守着,这也是不幸中的幸事。

可以看到,如果阳明再把正气看作是人先天就具有的,天人合一的状态就更完美了。将道德建立在宇宙论基础上之后,对人的道德要求无疑就更提升了,善、正气、正道、节义的绝对性更加不容怀疑。宋明理学的道德感更加强烈,原因即在此。宋明理学天理人欲的极端对峙,导致了君子小人的尖锐对立。阳明则继承并发扬了这种宇宙论和道德论。所以,在阳明这里,节义的崇高感更加明显,善的绝对性也更加突出。而在孔子之时,君子和小人的冲突还没有这么极端,君子的正气也并不是一定要激越为节义,孔子就曾说"邦有道,则仕;邦无道,则可卷而怀之"(《论语·卫灵公》),正气的持守不一定非要去硬碰硬。但到了宋明理学这里,全大节、仗大义成了君子唯一的选择。在阳明拒绝佛老而转向儒家之后,对儒家精神的青睐就更加一发不可收。

1507年,阳明作《田横论》,这篇文章也是讲气节道义的,但阳明强调,光有节义而没有智慧是不够的,"知死之为义,而不权衡乎义,勇有余而智不足者也"②。

在讨论智慧和义的关系时,阳明又流露出义、事两分的观念,而这也是天人两

---

① 束景南,查明昊. 王阳明全集补编 [M]. 上海:上海古籍出版社,2016:112.
② 束景南,查明昊. 王阳明全集补编 [M]. 上海:上海古籍出版社,2016:105.

分的体现。他说:"天下未尝有不可处之事,吾心未有不可权之理,死生利害撄于吾前,吾惟权之于义,则从违可否自有一定之则,生亦不为害仁,死亦不为伤勇。"① 天下所发生的事情有待于人来处置,人则依据心中的理来进行权衡,所有的理都是可以权衡的,尤其在生死利害面前,更需要仔细权衡,这样才能使人在世时不会违背仁义,去世后不损害其英勇的名声。在这里,事和理(义)似乎是分离的,前者需要后者去衡量,这是天人两分的表现。

阳明以田横为例,认为其"死之有未善也","横之死则勇矣,而智则浅矣"②。田横率五百勇士自杀,是勇有余而智不足,因为田横没有智慧去权衡何时应死、何时不应死,"不死于可为之时,而死于不可为之时;不死于不得已之地,而死于得已之地"③。在阳明看来,田横在汉齐之争时可以死,在历下战败时可以死,但当时却屈服了;而当刘邦招降时,他已经走到洛阳了,可以说没有死的理由了,但他却选择了自杀。阳明慨叹:"是时不可死,而横则死之,时可以死,而横则不死;事不可已,而横则已之,事可以已,而横则不已。智者故如是乎?"④ 田横的行为不是智者所为,他知道追随义,但不知权衡义,"徒知慕义,而不知义之轻重也"。

可以看到,阳明眼中的道、理或者义,是包含智慧的存在,他不赞同愚忠、愚孝和愚义,这是阳明的高明和灵活之处。

五、内圣外王

1503年,阳明回家乡养病,在杭州遇到杭州郡守杨温甫。杨温甫嘱托阳明为其所建平山书院写记。在《平山书院记》中,阳明称赞了杨温甫的成己成物、隐居(求志)行义(达道)之学。他说:

> 温甫好学不倦,其为文章,追古人而并之。方其读书于平山也,优游自得,固将发为事业以显于世。及其施诸政事,沛然有余矣,则又益思致力于问学,而其间又自有不暇者,则其眷恋于兹山也,有以哉!温甫既已成己,则不能忘于成物,而建为书院以倡其乡人。处行义之时,则不能忘其隐居之地,而拳拳于求其志者无穷

---

① 束景南,查明昊. 王阳明全集补编 [M]. 上海:上海古籍出版社,2016:105.
② 束景南,查明昊. 王阳明全集补编 [M]. 上海:上海古籍出版社,2016:105.
③ 束景南,查明昊. 王阳明全集补编 [M]. 上海:上海古籍出版社,2016:105.
④ 束景南,查明昊. 王阳明全集补编 [M]. 上海:上海古籍出版社,2016:106.

已也。古人有言:"成己,仁也;成物,知也。"温甫其仁且知者欤!又曰:"隐居以求其志,行义以达其道。吾闻其语矣,未见其人也。"温甫殆其人也,非欤?①

在阳明看来,杨温甫的成己可分为两部分:一部分是内圣形式的,如读书求学、修身养性的隐居内修生活;另一部分是外王形式的,即外在功业,"发为事业以显于世""施诸政事"。成己是个人内圣外王的结合。

成物说的是个人与他人和社会的关系,尤其是对他人所做的贡献,在这里主要指杨温甫建书院以裨益他人的行为,"温甫既已成己,则不能忘于成物,而建为书院以倡其乡人"。其实成物也可以看成是外王的一部分,只是为了满足成己成物这一说法,阳明特意从杨温甫外王事业中截取这一段来充数。

如果阳明真正打通天人、心物关系的话,成己成物就是一个圆融整体,成己包括成物,成物同时也是成己。此时的阳明显然还未融通,内圣外王也罢,成己成物也罢,都是断为两截的。这是程朱理学影响的结果。阳明引用古人话语来阐释成己成物,他说:"成己,仁也;成物,知也。""温甫其仁且知者欤!"这里将成己称为仁,成物看成是智慧,也是将其当作两段来理解。然后阳明赞颂杨温甫的"仁且知",充分显示了阳明受程朱理学影响,将整体性的伦理析分为诸多部分,造成了支离之病。不过,能够析分也是一种进步,总比混沌一团好。程朱的贡献也在于此,它能使人的问题细化。只是在细化的过程中,不要迷失了方向。在细化基础上再次整合,才是大成,这是阳明后来所做的事情。他的事业还是要以程朱为基础的。

阳明又将杨温甫的行为描述为隐居行义。这又是对成己的新的阐释,"隐居"是内圣阶段,"行义"则是外王阶段。阳明自然称赞杨温甫为隐居行义(内圣外王、成己)的典范。

可见,无论是成己成物,还是成己中的内圣外王,即隐居行义,在此时都是分离的存在。这是阳明此时陷于程朱支离之学的体现。

第七节 天人两分下的文学思想

天人两分的倾向也出现在王阳明的文学思想中。

---

① 王守仁. 王阳明全集:上[M]. 吴光,钱明,董平,等编校. 上海:上海古籍出版社,1992:890.

1502年，王阳明为罗履素先生的诗集写了一篇序，序中阳明谈到了诗文要合于道的思想。其文曰：

> 履素先生诗一帙，为篇二百有奇，浙大参罗公某以授阳明子某而告之曰："是吾祖之作也。今诗文之传，皆其崇高显赫者也。吾祖隐于草野，其所存要无愧于古人，然世未有知之者，而所为诗文又皆沦落止是，某将梓而传焉。惧人之以我为僭也，吾子以为奚若？"某曰："无伤也。孝子仁孙之于其父祖，虽其服玩嗜好之微，犹将谨守而弗忍废，况乎诗文，其精神心术之所寓，有足以发闻于后者哉！夫先祖有美而弗传，是弗仁也，夫孰得而议之！盖昔者夫子之取于诗也，非必其皆有闻于天下，彰彰然明著者而后取之；《沧浪之歌》采之孺子，《萍实》之谣得诸儿童，夫固若是其宽博也。然至于今，其传者不过数语而止，则亦岂必其多之贵哉？今诗文之传则诚富矣，使有删述者而去取之，其合于道也，能几？履素之作，吾诚不足以知之，顾亦岂无一言之合于道乎？夫有一言之合于道，是于其世也，亦有一言之训矣，又况其不止于是也，而又奚为其不可以传哉？吾观大参公之治吾浙，宽而不纵，仁而有勇，温文蕴藉；居然稠众之中，固疑其先必有以开之者。乃今观履素之作，而后知其所从来者之远也。世之君子，苟未知大参公之所自，吾请观于履素之作；苟未知履素之贤，吾请观于大参公之贤，无疑矣。然则是集也，固罗氏之文献系焉，其又可以无传乎哉？"大参公起拜曰："某固将以为罗氏之书也，请遂以吾子之言序之。"大参公名鉴，字某，由进士累今官。有厚德长才，向用未艾。大参之父某，亦起家进士而以文学政事显。罗氏之文献，于此益为有证云。①

阳明明确表达出道、心两分的思想，诗文合于道的思想是道、心两分的产物。他认为，诗文是精神心术的寓所，"诗文，其精神心术之所寓"。也就是说，诗文是精神心术所依托的载体，人们把精神依托在诗文上以传之后世。那么，是否所有的诗文都能够传世呢？传世诗文的价值或者其评价标准是什么呢？阳明认为，传世诗文的标准应该是合于道。流传至今的诗文可谓繁盛，但真正能够被记住的很少，而那些显明出来并被记住的诗文，都是合乎道的。"今诗文之传则诚富矣，使有删述者而去取之，其合于道也，能几？"即使是孔子编订的《诗经》，也只有少数诗篇中

---

① 王守仁. 王阳明全集：上［M］. 吴光，钱明，董平，等编校. 上海：上海古籍出版社，1992：837-838.

的少数话语广泛流传。"盖昔者夫子之取于诗也……夫固若是其宽博也。然至于今，其传者不过数语而止，则亦岂必其多之贵哉？"绝大部分诗篇和语句是没有影响的。诗文能否流传，不在于数量，而在于与道的契合。履素先生的诗文，即使只有一言合乎道并得以传世，就很了不起了。"夫有一言之合于道，是于其世也，亦有一言之训矣，又况其不止于是也，而又奚为其不可以传哉？"世上多一句合道之语，也就多了一条垂训之言。阳明鼓励履素先生将诗文刊行。

从以上可以看出，承载精神心术的诗文也是心的产物。此心和道是分离的，道是在人心之外的一个完美的目标，心要尽量去体悟和感知此道。心对道的体悟诉诸文辞就是诗文，诉诸行动则是那些仁德君子的德行。阳明说，知晓了大参公的贤能，就知道了其祖上履素先生的贤能，而履素先生的贤能品德，又必然会体现在他的诗文中。履素先生的贤能、履素先生的诗文与履素先生之孙大参公的贤能，是三位一体的关系，"世之君子，苟未知大参公之所自，吾请观于履素之作；苟未知履素之贤，吾请观于大参公之贤，无疑矣"。这个三位一体，统一于道。

虽然此时阳明将心与道分开来看，但比一般的朱子学者已经高明多了。他将心、道德、诗文统一于道的倾向出现了，这就为其下一步的圆融打下了基础。

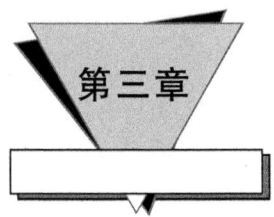
第三章

王阳明前期天人思想的实践

从天人两分到良知宇宙：王阳明天人思想的历史演变与实践

第一节 儒家道德操守的实践

一、儒家礼制的内政外交实践

1499 年，王阳明上《陈言边务疏》，内容主要是关于军事，其中也涉及内政方面。无论是内政还是军务，阳明的观点基本是在儒家礼制框架内展开的。

一开始，阳明就从天人感应的视角入手来进行劝谏。"迩者窃见皇上以彗星之变，警戒修省，又以虏寇猖獗，命将出师，宵旰忧勤，不遑宁处。此诚圣主遇灾能警、临事而惧之盛心也。当兹多故，主忧臣辱，孰敢爱其死！况有一二之见而忍不以上闻耶？"① 借彗星之异象来向皇帝进言，不失为一个好的方式。借用天人感应，既是刻意迎合主流，也是阳明部分接受的结果。为了给皇帝分忧，阳明才大胆谏言，这里，又体现了阳明对儒家君臣之道的尊奉。所谓君臣一体，一荣俱荣，一损俱损，为了避免"主忧臣辱"，臣子必须履行自己的职责，积极出谋划策，为主分忧。

接着，阳明批评了朝廷的不正之风。"臣愚以为今之大患，在于为大臣者外托慎重老成之名，而内为固禄希宠之计；为左右者内挟交蟠蔽壅之资，而外肆招权纳贿之恶。习以成俗，互相为奸。忧世者，谓之迂狂；进言者，目以浮躁；沮抑正大刚直之气，而养成怯懦因循之风。故其衰耗颓塌，将至于不可支持而不自觉。今幸上天仁爱，适有边陲之患，是忧虑警省，易辕改辙之机也。此在陛下，必宜自有所以痛革弊源、惩艾而振作之者矣。"② 阳明认为，造成今日内忧外患的局面，主要原因还是在内部。大臣们只为了自己的功名利禄"固禄希宠""招权纳贿"，致使正大刚直之气削弱，怯懦因循之腐败风气反而大兴。儒家礼制所提倡的君仁臣直、政教清明皆已无处可寻。阳明建议皇帝借此机会革除各种弊端，恢复正大刚直的礼制风范。

阳明提出了具体措施，供皇帝参考。"谨陈便宜八事以备采择：一曰蓄材以备急；二曰舍短以用长；三曰简师以省费；四曰屯田以足食；五曰行法以振威；六曰

---

① 王守仁. 王阳明全集：上 [M]. 吴光，钱明，董平，等编校. 上海：上海古籍出版社，1992：285.
② 王守仁. 王阳明全集：上 [M]. 吴光，钱明，董平，等编校. 上海：上海古籍出版社，1992：285.

敷恩以激怒；七曰捐小以全大；八曰严守以乘弊。"①

阳明对这八策进行了详细的解释，其中有许多高明的建议，反映了他思考的周密和超众的才智。在培养军事人才方面，不仅要熟悉骑射，还要学习书史，具有"韬略统驭之才"，提出了具体培养教育的方案；在用兵方面，阳明提出了兵贵精而不贵多，这成了他日后用兵的一大特点；他还提出了带兵最主要的是法度严明的思想，这是其以后百战不殆的关键因素。其他具体的措施则体现了阳明灵活多智、随机应变的特点。

阳明初上朝，就提出了如此周到而又高明的建议，使我们更能理解他后来为何会建立如此的功勋，不过这些建议当时并未引起皇帝的重视。

从阳明的奏疏来看，他基本是在儒家礼制范围内进行思考的，但比当时的儒家更加重视实效，"毋使视为虚文，务欲责以实效"②。

二、君臣之道的实践

1506年，武宗开始执政，太监刘瑾专权。南京科道戴铣、薄彦徽等谏言得罪刘瑾，被捕入狱。王阳明仗义上疏营救二人，即《乞宥言官去权奸以章圣德疏》，阳明站在儒家立场上，以正统的君臣之道为戴、薄二人辩护。其言曰：

> 臣闻君仁则臣直。大舜之所以圣，以能隐恶而扬善也。臣迩者窃见陛下以南京户科给事中戴铣等上言时事，特敕锦衣卫差官校拿解赴京。臣不知所言之当理与否，意其间必有触冒忌讳，上干雷霆之怒者。但铣等职居谏司，以言为责；其言而善，自宜嘉纳施行；如其未善，亦宜包容隐覆，以开忠说之路。乃今赫然下令，远事拘囚，在陛下之心，不过少示惩创，使其后日不敢轻率妄有论列，非果有意怒绝之也。下民无知，妄生疑惧，臣切惜之！今在廷之臣，莫不以此举为非宜，然而莫敢为陛下言者，岂其无忧国爱君之心哉？惧陛下复以罪铣等者罪之，则非惟无补于国事，而徒足以增陛下之过举耳。然则自是而后，虽有上关宗社危疑不制之事，陛下孰从而闻之？陛下聪明超绝，苟念及此，宁不寒心！况今天时冻沍，万一差去官校督束

---

① 王守仁. 王阳明全集：上 [M]. 吴光，钱明，董平，等编校. 上海：上海古籍出版社，1992：285-286.

② 王守仁. 王阳明全集：上 [M]. 吴光，钱明，董平，等编校. 上海：上海古籍出版社，1992：286-290.

过严，铣等在道或致失所，遂填沟壑，使陛下有杀谏臣之名，兴群臣纷纷之议，其时陛下必将追咎左右莫有言者，则既晚矣。伏愿陛下追收前旨，使铣等仍旧供职；扩大公无我之仁，明改过不吝之勇；圣德昭布远迩，人民胥悦，岂不休哉！

臣又惟君者，元首也；臣者，耳目手足也。陛下思耳目之不可使壅塞，手足之不可使痿痹，必将恻然而有所不忍。臣承乏下僚，僭言实罪。伏睹陛下明旨有"政事得失，许诸人直言无隐"之条，故敢昧死为陛下一言。伏惟俯垂宥察，不胜干冒战栗之至！①

阳明已经转到儒家立场，再度服膺儒家礼制，精辟而细致地阐释了儒家的君臣之道。首先，表明君臣相处之道应该是君仁臣直，即君主仁慈宽容臣子才会正直而敢于说真话。戴铣等的职责就是谏言。他们若说得对，就采纳；说得不对，也要包容，以便广开言路。但现在将他们逮捕治罪，以惩戒其妄言之举，恐怕是不合适的。如此一来，臣子将不敢再有所谏言，如果发生了灾难，君主又责怪臣子不言，就已经晚了。阳明希望君主能收回前旨，恢复戴铣等的原职。君主要有大公无我之仁、有过必改之勇，如此必被臣民拥戴。阳明又将君主比作头脑，而臣子则是手足耳目，头脑一定要让耳目聪明、手足麻利，给予他们充分发挥自己聪明才智的空间。这些才是君臣一体之道。

君臣之道是儒家礼制中的重要规则，阳明将它当作外在的规范进行遵守。他还没有将天道和人心打通，对其阐释只能停留在这种状态，但阳明的阐释还是很精辟的。

若是明君，必然会为其折服，可惜玩世不恭的武宗任由刘瑾专权。阳明此疏不仅未被接受，还被刘瑾报复，将阳明施以廷杖，同下诏狱，随后被贬到龙场。阳明对儒家礼制的真诚坚守换来的是无情打击。

三、儒家职场道德操守的实践

王阳明一生跌宕起伏，可说是危机重重。在各种危机中，他对龙场职场危机的处理最让人佩服，也最凸显其处事精神和原则。跟后来的平定匪患和平宸濠之乱相

---

① 王守仁. 王阳明全集：上 [M]. 吴光，钱明，董平，等编校. 上海：上海古籍出版社，1992：291-292.

比，在龙场的王阳明最为弱势和无助。但就是在这样的局势下，他竟然完满解决了各种危机，的确有点令人匪夷所思。在处理职场问题的过程中，阳明对儒家思想的体悟更加深刻，这也促进了其学问的增长。

1508年春，王阳明到被贬地贵阳龙场赴任。在这里，他开始体悟格物致知之学的真义，很快他就彻悟了，并用五经中的观点来验证其所得，这种互证的结果就是《五经臆说》。那么，阳明到底彻悟到了什么呢？

按年谱所说，阳明悟到的是"圣人之道，吾性自足。向之求理于事物者误也"①。这里的"圣人之道"是天理，"吾性"是心之本体，即良知。这句话的意思是，天理本就在良知之中，不必再到事物之中求天理。这也是所谓的"心外无理"。

此新格物之学就是后来的良知之学。阳明之格物与朱子之格物截然不同。朱子和阳明都承认天理的存在，朱子认为天理在万物当中，人心则具有认识天理的能力，格物就是去万物中体悟认识天理；阳明则认为，天理就在人心之中，不必外求，格物就是具有天理之心与万物切磨共同展示良知天理的过程。现在看来，阳明更加领略到了天人合一、万物一体、人乃天地之心的真义。朱子显然是在天人两分的前提下再求合一的。阳明格物之学真正打通了天人、心理、心物、知行之间的隔阂，使其圆融为一，而朱子显然是二分支离了。悟到这全体通透的惊天动地之学，阳明的兴奋雀跃可想而知，"忽中夜大悟格物致知之旨……不觉呼跃，从者皆惊"②。

学问初成的阳明不免激动地向门徒讲授，门生初闻时的震惊可想而知。随着理解的深入，门生莫不叹服。当地的苗人听说来了一个高人，也都忍不住前来见识一下。阳明和苗人的关系日益融洽。阳明建了龙冈书院、寅宾堂、何陋轩、君子亭、玩易窝等讲学和居住之所，声名日益远播。如果说被贬龙场促进王阳明不同于程朱的格物之学形成的话，那么接下来在龙场的遭遇则促使其格物之学进一步展开，日渐精熟。

（一）坚守礼义

阳明在龙场的一系列行为惊动了一个人，这个人就是思州太守（其实应为"巡抚"，太守称谓在隋以后就取消了，明代是知府或巡抚的别称。梁启超等皆误用

---

① 王守仁. 王阳明全集：下 [M]. 吴光，钱明，董平，等编校. 上海：上海古籍出版社，1992：1228.

② 王守仁. 王阳明全集：下 [M]. 吴光，钱明，董平，等编校. 上海：上海古籍出版社，1992：1228.

"太守"称谓,这里且将错就错)王质,他是当地的最高行政长官。想一想,阳明弄出这么大动静,却没有去告知当地的最高权威一声,更没有去登门拜访和表忠心,这对极为重视自身权威的传统官员来说,是不可饶恕的。于是,太守派出差人去宣示自己的权威。

中原文明之地的官差尚且横行霸道,这荒蛮之地的就更不用说了。这些官差到了阳明的住处,劈头盖脸就是一通辱骂。有意思的是,阳明还没说话,他的苗人朋友先按捺不住了,纷纷为阳明鸣不平。官差自然不会让步,性格直爽的苗人怒不可遏,结果,苗人出手将官差痛打一顿。

思州太守得知此事后大怒,坚决要严惩王阳明,并对各个重要官员通告了此事。当地的宪副(按察司副史)毛科知道此事后,派人给阳明带话,要他到太守府去谢罪。阳明给毛宪副回了一封信,就是著名的《答毛宪副书》。这封信化解了这一危机,这封信有何神奇之处呢?

《答毛宪副书》原文如下(序号为笔者所加):

(1)昨承遣人喻以祸福利害,且令勉赴大府请谢,此非道谊深情,决不至此,感激之至,言无所容!(2)但差人至龙场陵侮,此自差人挟势擅威,非大府使之也。龙场诸夷与之争斗,此自诸夷愤愠不平,亦非某使之也。然则大府固未尝辱某,某亦未尝傲大府,何所得罪而遽论谢乎?(3)跪拜之礼,亦小官常分,不足以为辱,然亦不当无故而行之。不当行而行,与当行而不行,其为取辱一也。(4)废逐小臣,所守待死者,忠信礼义而已,又弃此而不守,祸莫大焉!凡祸福利害之说,某亦尝讲之。君子以忠信为利,礼义为福。苟忠信礼义之不存,虽禄之万钟,爵以侯王之贵,君子犹谓之祸与害;如其忠信礼义之所在,虽剖心碎首,君子利而行之,自以为福也,况于流离窜逐之微乎?(5)某之居此,盖瘴疠蛊毒之与处,魑魅魍魉之与游,日有三死焉。然而居之泰然,未尝以动其中者,诚知生死之有命,不以一朝之患而忘其终身之忧也。大府苟欲加害,而在我诚有以取之,则不可谓无憾;使吾无有以取之而横罹焉,则亦瘴疠而已尔,蛊毒而已尔,魑魅魍魉而已尔,吾岂以是而动吾心哉!(6)执事之谕,虽有所不敢承,然因是而益知所以自励,不敢苟有所隳堕,则某也受教多矣,敢不顿首以谢!①

短短几百字就将自己从危难中解救出来,阳明是怎么做到的呢?我们一步步来分析。

首先,第(1)段阳明先感谢毛宪副对他的劝告和提醒。不管接不接受其劝告,这份情谊是十分珍贵的。对别人关心的态度和关心的内容区别对待,肯定其情谊又不无原则地接受其言辞,既不会拒绝其情谊,又不会委屈自己。情、理分清才能互相保全,这无疑是十分理智和得体的。

第(2)段具体讨论事情的是非曲直,阳明表现出了有理有节、刚中有柔的高明手法。他指出错误的所在是差人挟势凌辱,而太守和自己都无过错。既替太守开脱,也为自己开脱,这表现出阳明的灵活性,即使他明知太守是有意为之,也要为其开脱。他深知,弹劾最高长官除了会激怒他之外,没有任何结果。只有将太守置于一个不好发作的位置,才能免除对自己的迁怒。阳明的立场水到渠成,既然大家都无过错,为何要去谢罪呢?

那么什么情况下才能谢罪呢?在第(3)段,阳明重申自己的做人底线和原则,跪拜之礼只有在当行的时候才能行。也就是说,只有在真犯了罪的时候才能谢罪,如果无故跪拜谢罪,不当行而行,是自取其辱。面对长官的无理要求,一般人恐怕早就没了节操,但阳明仍坚守自己的原则。既然阳明这么耿直,会不会招来不必要的祸患呢?毛宪副暗示他不谢罪将大祸临头。阳明对于祸患已经深思熟虑,他有自己的福祸说。

在第(4)段,阳明表明了自己的原则和底线,这也是其福祸的标准。他说,作为一个被废逐的小臣,常人所说的荣华富贵都谈不上了,所坚守到死的也只有忠信礼义的原则了。如果连这个都守不住,才是最大的祸患。接着阳明阐明了自己的祸福利害之说。他说,君子以忠信为利,以礼义为福,如果忠信礼义不在了,各种荣华富贵就如同祸害一样。如果一件事是符合忠信礼义的,即使是剖心碎首,历尽艰辛,君子也一定要去做。这才是君子的福。如果自己坚持了忠信礼义,即使被废逐和流离失所也毫不在乎。阳明这种鲜明而独特的福祸之说无疑令人震撼。对他来

---

① 王守仁.王阳明全集:上[M].吴光,钱明,董平,等编校.上海:上海古籍出版社,1992:801-802.

说，合乎忠信礼义才是福，不合忠信礼义则是祸。言外之意，太守若强加给我不合礼义之祸，我并不认为是祸，如果我守忠信礼义而得祸，对我来说反而是福。这种异于常人的福祸说，一方面透露出对天道的敬畏，另一方面彰显了阳明刚直不屈的高贵人格。这正是孔子所说的有所敬畏和有所坚守的君子的典型写照。

对于常人来说，最大的祸莫过于死，而阳明怕死吗？显然不怕。在第（5）段，阳明已经将生死置之度外。他说，他被贬龙场后，天天与瘴疠蛊毒、魑魅魍魉相处，几乎每天都面临死亡的威胁，"日有三死焉"。但对这些他处之泰然，不为所动，他认为生死有命，不会因为这些祸患而改变自己的操守。如前所述，他所忧虑的不是这种旦夕之祸患，而是终身坚守的忠信礼义之道。对他来说，生死在道义面前已微不足道。阳明接着说，如果太守要加害他，而他又确实有悖于忠信礼义，咎由自取，那么他确实有罪，这才是最大的遗憾。但是，若自身本无罪、无违忠信礼义，却横遭灾祸，那么这些灾祸也就如同瘴疠蛊毒、魑魅魍魉一样，不足以动其心，因为他坚守住了自己的道义。对常人以及太守来说，死亡是最大的祸患，在死亡面前，什么都可以出卖。现在太守遇到的是一个超常之人，若一个人连生死都不怕了，还拿他有什么办法呢？在酣畅淋漓地将太守、毛宪副以及自己的逻辑和立场清晰地展示出来之后，阳明再次感谢毛宪副的情谊。

在第（6）段，阳明的感谢又升级了。他感谢毛宪副并不是要接受毛宪副的观点，而是毛宪副的话让他更加明晰了自己的立场和观点，更加知道了自己的坚守所在。所以他才说毛宪副给他诸多教益，"敢不顿首以谢！"。

从这封信可以看出，阳明对太守的逻辑洞晓得一清二楚，滴水不漏的反驳和反击，使其无路可退，最终太守只有两种选择：要么惩罚阳明，承受恶名；要么冰释前嫌，皆大欢喜。后者无疑是最佳选择。记录这一事件的阳明弟子的最后用语是"先生致书复之，守惭服"。"惭服"一词，可谓精辟之至。当然，可以想见的是，这封信首先震撼了毛宪副，毛宪副可能从中斡旋，也起了不小作用。

在这场危机中，我们看到了阳明智慧的方法、入木三分的辨析力和卓越的品格。他先是情理分明，对事不对人；然后有理有节、刚中有柔地分析来龙去脉；接着不卑不亢地申明自己的原则和底线，阐明自己的福祸逻辑，与对方的逻辑进行直接博弈；最后将对方的逻辑推到极致，而自己也针对最坏的结果做好了充分准备。整封信滴水不漏、深思熟虑而又灵活有力。

第三章 王阳明前期天人思想的实践

表面上看，阳明在信中所使用的思想是儒家礼义，这些礼义规则看上去是在人之外的某种标准，我们从中也看不到他新近体悟到的心理合一也即天人合一思想的迹象。这可能有两种原因：一是心、理合一的思想体系还未成熟，还处于摸索阶段；二是阳明新悟的学说以当时的官方思想来看，无疑会被当作异端。用一种未成熟、未得到官方认可的思想观念来向欲加之罪的上司进行自我辩护，无疑是自讨苦吃。所以，阳明以当时流行的主流儒家观念来自我澄清。

但是，在思想理论上未阐明，并不意味着他不能无意识地应用所悟到的新的格物之学。阳明在这件事中所展现出来的能力和品格，与其后来所描述的良知的品格，几乎是一致的。阳明在《答南元善》中这样描述良知的特性：

盖吾良知之体，本自聪明睿智，本自宽裕温柔，本自发强刚毅，本自齐庄中正、文理密察，本自溥博渊泉而时出之，本无富贵之可慕，本无贫贱之可忧，本无得丧之可欣戚、爱憎之可取舍。①

我们可归纳出良知的五种品质：①聪明睿智（智慧聪敏、洞悉毫微）；②宽裕温柔、发强刚毅（刚柔相济）；③齐庄中正、文理密察（庄重正直、细密周知）；④溥博渊泉而时出之（广大无垠、生机勃勃）；⑤无富贵之可慕，无贫贱之可忧，无得丧之可欣戚、爱憎之可取舍（宠辱不惊、无欲则刚、自然自足）。

再简洁一点可归纳为四种：聪明睿智、刚柔并济、广大无限、宠辱不惊。在这封信中，我们不难找出这些品格。虽然他在主观上还没有建立自己的思想体系，语言还停留在儒家礼义之学的框架内，但潜在地应用了其新格物之学。还要注意的是，这样的信，只对毛宪副等有良知的人才有效，对于良知完全泯灭的人，就无效了。阳明看准了毛宪副等人的心理，对症下药。一场职场危机，就这样被阳明的一封信化于无形。

（二）坚持节义

除了上述生死考验之外，王阳明在龙场还经受了其他考验。

水西宣慰使（也即贵州宣慰使，贵州最高军事长官）安贵荣听闻阳明的名声，派人拜访阳明，并送来了礼物。开始他送来米、肉和奴仆，阳明婉拒了；接着他又送来金帛鞍马等贵重物品，阳明拼命推辞，但使者坚决不退。阳明只好又给安宣慰

---

① 王守仁. 王阳明全集：上［M］. 吴光，钱明，董平，等编校. 上海：上海古籍出版社，1992：211.

写了封信,以解决这场尴尬。这就是《与安宣慰》:

某得罪朝廷而来……使君不以为过,使廪人馈粟,庖人馈肉,园人代薪水之劳,亦宁不贵使君之义而谅其为情乎!自惟罪人何可以辱守土之大夫,惧不敢当,辄以礼辞。使君复不以为罪,昨者又重之以金帛,副之以鞍马,礼益隆,情益至,某益用震悚。是重使君之辱而甚逐臣之罪也,愈有所不敢当矣!使者坚不可却,求其说而不得。无已其周之乎?周之亦可受也。敬受米二石,柴炭鸡鹅悉受如来数。其诸金帛鞍马,使君所以交于卿士大夫者,施之逐臣,殊骇观听,敢固以辞。伏惟使君处人以礼,恕物以情,不至再辱,则可矣。①

这封信再次凸显了阳明的风格。他首先感谢宣慰的深情厚谊,但认为自己的戴罪之身不配享有如此的礼遇。不该当此礼而受此礼,对宣慰来说就是羞辱;礼品越重,就越加重对宣慰的羞辱和阳明的罪责。阳明坚辞不受,使者坚决不退,怎么来制止这种周济呢?为了不使宣慰难堪,也为了让使者好复命,阳明不得不采取灵活的立场,认为可以接受一些礼品,但只接受二石米和柴炭鸡鹅等生活必需品,其余如金帛鞍马则无论如何不能接受。阳明请求宣慰务必以正当礼仪,以宽恕仁爱之心来对待自己,不当的待遇对自己来说也是羞辱。

在这里,又体现出了阳明坚守节义、不为物役、不卑不亢、灵活应变的精神和品格。安宣慰收到此信后,果然不再用礼物来骚扰阳明。

(三)恪守正道,明辨是非

另外几件事则突出了阳明恪守正道、明辨是非的品格,也显示出阳明格物之学日益强大的功力。

明廷为了加强对贵州的控制和管理,决定在水西设镇西卫。但卫所建到中途就中止了,只留下一个驿站。安宣慰对朝廷此举抱有不满,视此驿站为心腹之患,要拔除它。但他又不敢轻举妄动,就试探着向阳明咨询一下是否可行。经过几次考验之后,阳明格物心学愈加纯明,是非大义更加透悟晓明,他当即又写信一封,一针见血地指出了其中的是非利害。此即《与安宣慰(二)》。

阳明先客气了一下,接下来直接指出问题的本质。他告诉宣慰,凡是朝廷制度(包括卫所制度),乃定自祖宗,后世务必坚守,不可以擅自更改。擅自更改,在朝

---

① 王守仁. 王阳明全集:上 [M]. 吴光,钱明,董平,等编校. 上海:上海古籍出版社,1992:802.

第三章　王阳明前期天人思想的实践

廷且谓之变乱,更何况是诸侯和地方官呢!若变乱,即使朝廷不怪罪,有关部门也将会对其绳之以法。如果安宣慰偷偷地随便处理,也只能瞒得过一时,少则五六年,多则二三十年,终将会被发现和追责。这对宣慰来说没有好处。

被追责还算轻的,随意变动制度的危害远甚于此。阳明更进一步指出,自汉唐以来千百年间,地方土司的土地和人民未有变动,是因为其能世代持守天子礼法,不敢分寸有违。天子亦不得逾礼法,无故而随意处置忠良之臣的土地和人民。这个礼法就是:朝廷在土司之地设置卫所,以保证朝廷的权威和土司的忠诚;而朝廷同时也不能随意处置土司的土地和人民。遵循这一礼法,土司的土地和人民与天子的权威都获得了保存。若土司擅自破坏祖制礼法,随意处置卫所,则意味着朝廷也可以破坏祖制,随意侵占土司土地和人民。如此,改驿站事小,却性命攸关,若驿站可改,相应的宣慰司也就可以裁撤了,"驿可改也,宣慰司亦可革也"。宣慰没料到结果竟如此惊悚吧,"使君其未之思耶?"①。

想那安宣慰收到此信,必然惊出一身冷汗。如此严密透彻的逻辑分析,如此清晰的是非利害铺陈,安宣慰当即打消了撤驿之念。

同时他还向阳明请教了向朝廷请功升职之事。阳明说这件事和上面那件道理是一样的。剿除盗寇,安抚百姓,本是守土之官的职责所在,如果宣慰以此来邀功请赏,升迁官职,参与政事,则是破坏旧制。因为宣慰之职,土司才得以世代保有其土地和人民;若宣慰舍此一职,希冀更高的职位,则意味着要从世袭的土官变为流官。流官就要听命朝廷随意调遣,若天子一朝令下,将宣慰改迁升职,并调至闽或蜀地,则千百年归宣慰所有的土地和人民就从此失去了。这样的参政升迁,唯恐避之不及,为何还要自己送上门呢?对这样的利害关系看不清楚,是心学不明的原因。阳明顺带将自己刚悟到的心学要义教给宣慰:"凡此以利害言,揆之于义,反之于心,使君必自有不安者。夫拂心违义而行,众所不与,鬼神所不嘉也。"希望宣慰能够把私欲放置起来,反观本心自然之理,是非利害自然呈现,若心不安,就不要行。望宣慰"亮察"。安宣慰那颗蠢蠢欲动的野心瞬间又寂灭了。

自此之后,安宣慰对阳明格物心学强大的功力愈加信服,凡阳明所说,必定遵从。

---

① 王守仁.王阳明全集:上[M].吴光,钱明,董平,等编校.上海:上海古籍出版社,1992:803.

不久，贵州宋氏两个酋长阿贾、阿札反叛，成为地方祸患。宋氏与安氏同为贵州守土之官，且安氏还为长。朝廷命安宣慰助宋氏平叛，但安宣慰抱着隔岸观火的心态消极怠工。这其中也不免夹杂着私欲，即宋氏灭亡后安氏就可一家独大。阳明洞若观火，连忙修书一封，力陈是非大义、利害关系，提醒宣慰莫做错事。阳明说本来朝廷就怀疑两酋长反叛与安氏有关，若安宣慰还消极坐观，无疑会坐实此怀疑。如果朝廷怪罪下来，从临近各方调兵前来，到时不仅剿灭叛兵，顺带瓜分吞灭安氏也未可知。安氏等至今能保全，全赖朝廷，若不辨此大义，任私欲泛滥，后果不堪设想。所以，"使君宜速出军，平定反侧，破众逸之口，息多端之议，弭方兴之变，绝难测之祸，补既往之愆，要将来之福"①。

见此是非大义如此昭明之信，估计安宣慰的冷汗又流了一地。他马上积极平叛，还地方以安宁。阳明可谓是一言动千军。

通过在龙场的这几件事情，我们对阳明新的格物致知之学有了一定的了解。阳明此格致之学是从最关键处——心——着手，心之本体即良知，即天理。此良知或天理天然知是知非，人在面对万事万物时最主要的就是如何区分是非对错。只要是非搞清楚了，事情皆迎刃而解。

但良知之是非是潜在的，必须和万事万物相接才会开出来。龙场这几个事件正好给了阳明试炼良知格致之学的机会，且效果良好。无论是面对思州守官还是安宣慰，阳明皆以新悟的格物之学来应对，各种遮蔽去除之后，是非利害一目了然。在此基础上自然就有了坚守的底线和勇气，自然就知何当行何不当行。我们也得以归纳出阳明在职场或官场中的几个具体品质：聪明睿智、是非分明、坚守道义、不卑不亢、有礼有节、应物自然、进退合宜、宠辱不惊。这也是良知应有的品质。此格物之学尔后继续展开，且屡试不爽、百战不殆。阳明说此学乃千圣所传滴骨血，乃彻上彻下之学，敢不信哉！

第二节　儒家思想乃天下至道之观念的现实维护

在阳明发现佛老思想的缺陷之后，他重新转入儒家。儒家立场的重新建立，在

---

① 王守仁. 王阳明全集：上［M］. 吴光，钱明，董平，等编校. 上海：上海古籍出版社，1992：804-805.

第三章 王阳明前期天人思想的实践

他主持山东乡试时有明显体现。如前所述,在乡试的策问试题中,那道关于"佛老害道"的策问很有可能是他建议的。这道策问表明了儒家思想乃天下至道。对这一策问的论证也很可能是阳明心路历程的体现,对其进行分析有助于我们理解阳明的立场,深入了解儒家思想的本质。

此策问部分摘录如下:

天下之道一而已矣,而以为有二焉者,道之不明也。孔子曰:"道之不明也,我知之矣,知者过之,愚者不及也;道之不行也,我知之矣,贤者过之,不肖者不及也。"呜呼!道一也,而人有知愚贤不肖之异焉,此所以有过与不及之弊,而异端之所从起欤?然则天下之攻异端者,亦先明夫子之道而已耳。夫子之道明,彼将不攻而自破,不然,我以彼为异端,而彼亦将以我为异端,譬之穴中之斗鼠,是非孰从而辨之?今夫吾夫子之道,始之于存养慎独之微,而终之以化育参赞之大;行之于日用常行之间,而达之于国家天下之远,人不得焉,不可以为人,而物不得焉,不可以为物,犹之水火菽帛而不可一日缺焉者也。然而异端者,乃至与之抗立而为三,则亦道之不明者之罪矣。道苟不明,苟不过焉,即不及焉。过与不及,皆不得夫中道者也,则亦异端而已矣,而何以攻彼为哉?今夫二氏之说,其始亦非欲以乱天下也;而卒以乱天下,则是为之徒者之罪也。夫子之道,其始固欲以治天下也,而未免于二氏之惑,则亦为之徒者之罪也。何以言之?佛氏吾不得而知矣;至于老子,则以知礼闻,而吾夫子所尝问礼,则其为人要亦非庸下者,其修身养性,以求合于道,初亦岂甚乖于夫子乎?独其专于为己而无意于天下国家,然后与吾夫子之格致诚正而达之于修齐治平者之不同耳。是其为心也,以为吾仁矣,则天下之不仁,吾不知可也;吾义矣,则天下之不义,吾不知可也;居其实而去其名,敛其器而不示之用,置其心于都无较计之地,而亦不以天下之较计动于其心。此其为念,固亦非有害于天下者,而亦岂知其弊之一至于此乎?今夫夫子之道,过者可以俯而就,不肖者可以企而及,是诚行之万世而无弊矣;然而子夏之后有田子方,子方之后为庄周,子弓之后有荀况,荀况之后为李斯,盖亦不能以无弊,则亦岂吾夫子之道使然哉?故夫善学之,则虽老氏之说无益于天下,而亦可以无害于天下;不善学之,则虽吾夫子之道,而亦不能以无弊也。今天下之患,则莫大于贪鄙以为同,冒进而无耻。贪鄙为同者曰:"吾夫子固无可无不可也。"冒进无耻者曰:"吾夫子固汲汲于行道也。"嗟乎!吾以吾夫子之道以为奸,则彼亦以其师之说而为奸,顾亦奚为

其不可哉！今之二氏之徒，苦空其行，而虚幻其说者，既已不得其原矣；然彼以其苦空，而吾以其贪鄙；彼以其虚幻，而吾以其冒进；如是而攻焉，彼既有辞矣，而何以服其心乎？孟子曰："经正则庶民兴，庶民兴，斯无邪慝矣。"今不皇皇焉自攻其弊，以求明吾夫子之道，而徒以攻二氏为心，亦见其不知本也夫！生复言之，执事以攻二氏为问，而生切切于自攻者，夫岂不喻执事之旨哉？《春秋》之道，责己严而待人恕；吾夫子之训，先自治而后治人也。若夫二氏与杨、墨之非，则孟子辟之于前，韩、欧诸子辟之于后，而岂复俟于言乎哉？执事以为夫子未尝攻老氏，则夫子盖尝攻之矣，曰："乡愿，德之贼也。"盖乡愿之同乎流俗而合乎污世，即老氏之所谓"和其光而同其尘"者也；和光同尘之说，盖老氏之徒为之者，而老氏亦有以启之。故吾夫子之攻乡愿，非攻老氏也；攻乡愿之学老氏而又失之也。后世谈老氏者皆出于乡愿，故曰"夫子盖尝攻之也"。①

策问对佛老的批判集中在一点上，即"独其专于为己而无意于天下国家"。这主要是就道家思想来说的，但在撰文者看来，佛老思想本是接近的，批评老庄也就批评了佛家。批"为己"这一点可说是点到了道家思想的要害。道家的"为己"与杨朱的"为我"有所不同。杨朱的"为我"主要是在功利层面；道家的"为己"是超越世俗功利的绝对和完满的"自我"，是一个与天地宇宙同在并立的自我，"故道大，天大，地大，人亦大。域中有四大，而人居其一焉。人法地，地法天，天法道，道法自然"（《道德经》第 25 章）。这突出了自我与本源的同一性，个体与道、天、地拥有几乎同样的地位。换句话说，这是一个绝对道德的自我，超越了儒家道德范畴，这是与宇宙合而为一的自然道德。这一道德突破了儒家君君、臣臣、父父、子子等级秩序或"三纲五常"的束缚，让个体直接面对一个绝对的本源。"上德不德"（《道德经》第 38 章）说的就是这个自然道德。所以，道家思想并不是像儒家说的那么不堪，如果每个人都能得道成仙，天下岂不是皆大欢喜。每个人都绝对自由和完满了，天下自然太平无事，又怎么能说道家不顾天下呢？所以，道家并不是不顾天下，而是以个体修炼的方式来救治天下。当每个人都接受了道家思想时，天下也就大治了。如果每个人都埋头自我修炼，也就不会再有身外的诸多麻烦，自然

---

① 王守仁. 王阳明全集：上 [M]. 吴光，钱明，董平，等编校. 上海：上海古籍出版社，1992：861-863.

第三章　王阳明前期天人思想的实践

也就不必去操心个人之外的事了，如此拯救世界，又有何不可呢？可见，道家恰是以消灭身外的、人与人之间的各种琐事的方式来关心天下的。人只要关心了自己，就是关心了天下；拯救了自己，也就拯救了天下。撰文者批判道家无意于天下是不恰当的，批判道家只关心自己之仁义而不顾天下之仁义也是偏颇的，"是其为心也，以为吾仁矣，则天下之不仁，吾不知可也；吾义矣，则天下之不义，吾不知可也"。按照道家的逻辑，每个自我完善了，自然天下大治，自我的仁义就是天下的仁义。如果自我不好好修炼，却整天忙着干涉他人的事情，反而是画蛇添足、徒增混乱。所以，对道家的合理批判应该是，以道家这种个体修炼的方式来拯救天下是否恰当？人与人之间是否只是原子式的互不干扰的独立关系？人生的意义是否只是个体生命的尽量延长？

撰文者对道家"为己"的理解显然是狭隘了，他没有推演出这一思想的普遍化所导致的结果，也就不承认个体拯救的方式也是关心天下、救治天下的一种方式。不过，撰文者也模糊意识到了这种个体拯救的部分合理性，"故夫善学之，则虽老氏之说无益于天下，而亦可以无害于天下"。在这里，被认可的并不是这种个体修炼和拯救方式，这种个体性恰恰被认为是无益的甚至是错误的。被认可的只是个体所修炼的部分具体内容。在追求道德的境界上，道家和儒家有交融的部分，即对修身养性的强调和对道的追求。"至于老子，则以知礼闻，而吾夫子所尝问礼，则其为人要亦非庸下者，其修身养性，以求合于道，初亦岂甚乖于夫子乎？"可见，儒家士人承认道家追求的境界是很高的，与孔子之教有相同之处。可以说，儒家和道家都追求高明的道德境界，反对人欲的放纵。而在高明境界的追求上，道家甚至有过之而无不及。撰文者不承认道家的个体性，但是认同个体的修身养性行为，这一行为对天下是无害的，甚至还是有益的。为何不赞同其个体性呢？这是因为儒家和道家对宇宙秩序或大道的体悟不一样，对人之为人的定义也就不一样。

从根本上说，儒家思想和道家思想都是对整体宇宙的体悟，为何会产生不同结果呢？仔细考察，我们会发现，两者关注整体宇宙的角度是有差别的。道家更关注本源，以无为尊；儒家更关注有形整体的内容，以有为尊。关注先天之无，就可以不受有形宇宙的束缚。对于无形之本源来说，有形整体不过是其部分结果而已。对本源的关注和追求，可以使个体突破有形宇宙及各种关系的束缚，达到如本源一样绝对自由而逍遥的境界。本源的特性就是虚、无，所以道家向往的最高境界，也即道的根本特征——自然——也是以虚、无、柔为特征的。"上善若水"（《道德经》第8章）、"虚而不屈"（《道德经》第5章）、"道冲而用之"（《道德经》第4章）、"专气致柔"（《道德经》第10章）、"致虚极，守静笃"（《道德经》第16章）等无不体现了道之无形无相的虚灵空无的特征。

  在道家看来，有形有相终究还是受约束，只有成为无形无相的本源才是最自由的。万事万物都可以靠修炼回到本源，这就产生了道家独特的修炼方法和处事法则，即做减法。"万物并作，吾以观复。夫物芸芸，各复归其根"（《道德经》第16章）、"专气致柔，能如婴儿乎"（《道德经》第10章）、"常德不离，复归于婴儿……复归于无极……复归于朴"（《道德经》第28章）、"为学日益，为道日损。损之又损，以至于无为"（《道德经》第48章）。通过这种做减法的方式，万事万物的自然无形之根就会逐渐显现，当其摆脱有形之体的束缚时，就是得道的时刻。我们就不难理解在道家神话传说中，万物皆可通过做减法的方式成仙得道。如此，道家也就容易产生万物自由和平等的思想。但是，道家的自由平等并不是现代意义上的自由平等。道家的自由平等是在终极意义上说的，是与本源一样绝对的自由和平等。这一自由和平等会突破有形宇宙的一切限制，归于无形无相、神秘莫测的自然。道家的自由可以说是不守任何成规和契约的自由，在与他人的关系中，也保有着这一自由；平等也是在绝对自由意义上的平等，即所有人都可以不守成规的平等。从终点出发的平等带来的并不是互相的尊重，反而会是更多的冲突。因此，在这样的自由和平等追求下，道家是无法维持一个制度化的稳定社会的，它只能选择一种无政府状态下的自我修行，其边缘化和江湖化的倾向就在所难免。强调本源所产生的对有形物质世界的排斥也助长了这样的倾向。

  自由主义是不考虑什么宇宙本源或最终目的的，它只从现实来看人的本质。自由恰恰来自现实中人的恶性，而不是什么终极的善或完美。自由主义思想认为，在自私及各种欲望面前，人人都是平等的，没有谁高尚到哪里去，人们可以自由地去满足自己的各种欲望。但是这样的自由并不是绝对的和无法无天的，否则大家不免混战并同归于尽。所以，人们就把自由限定在一个范围内，即任何人的自由不能侵犯他人的生命财产和自由。也就是说，个人在承认自己自私欲望的同时也要承认他人同等的自私权利。为了保障所有人这一同等的自私权利，人们订立契约，共同遵守。这就是现代契约精神，也即法律精神。在这一契约面前，人们的自由或者自私的行为就有了一个界限。在契约基础上建立的有限政府和社会在阻断人们无度的自由的同时,也保留了人们最大的自由,即只要不侵害他人生命财产安全,就可以"为所欲为"。如果说现代自由主义体现的是人性恶的话,契约则是其最基本的善,也是最起码的利他精神。现代文明就是自私和契约利他(无私)精神的结合。如果说从终点设定的道家的自由和平等是无限的,那么,从底线出发的现代自由和平等观就是有限的。道家对现实欲望是否定的,自由主义则是肯定的。自由主义以最低程度的限制和管理从刚性制度上保障了人的底线,同时也保障了最大程度的自由和平等。道家对绝对自由的追求却有可能摧毁现实中存在的一切:从终点或最高点出发设计的世界蓝图,最后基本都会摧毁底线,无法维持。好高的思想最终都无法维持一个稳定的世界,儒、释、道、法皆是如此,只是好高这一渴望对古人甚至现代人都是无法阻遏的,于是我们只能眼睁睁看着其一次次以高尚的名义突破底线。

  道家强调三宝:慈、俭、不敢为天下先。这里的"慈"有可能使道家对万物有一种宽容的态度,但这种宽容并不等于认同万物的当下状态,只有万物都追寻并遵行自然之道时,万物的存在才是被认可的,"天地不仁,以万物为刍狗;圣人不仁,以百姓为刍狗"(《道德经》第5章)。道家所说的仁、慈都是以个体自然的形式呈现出来的,并不像儒家那样提倡主动地去照顾、怜悯、偏爱某个物或某个人。所以,道家的善也是从终点来看的,而且主要靠自我完善和自我拯救,没有人有保护或帮助他人的义务。这样,对于善和自由的积极评价,道家忽视或低估了人们作恶的能力,这一恶性有可能打断人们向善和自由的努力。从人的终极善和自由来看人,就会产生过度的自信,相信人完全靠自觉就可向善,因此它也就不可能建立一种制度性的保护,以保障所有人追求自然的自由,避免被恶的力量所迫害。归根结底,还是因为道家对宇宙本源的绝对自由的追求使其不可能接受任何僵化的制度化安排。对制度约束的反感使道家不会接受契约法制或等级礼治,它只相信自己在绝对本源支持下的绝对自由和善。而只靠自信、自觉、自愿却没有硬性制度保障的自由,最终有可能成为泡影。

  纵观历史,由于道家不愿在尘世建立某种稳定的制度,导致儒法结合的政权对其自由不断地侵袭。道家修行者的命运基本是,要么被动地被世俗权力倾轧迫害,要么主动为统治者提供某种长生术,他们所期待的自由似乎从来没有实现过。和其他所有宗教一样,将善和自由诉诸人的自觉自愿,最终反而无法保护其自由和善。

据一些民间文献的记载，有可能在乱世的某个罅隙，在世俗权力鞭长莫及的地方，一些修道之人会有某些成就，如在医药（葛洪等）、技能（张三丰等）等方面，成为世人追捧的世外高人。然而，这些所谓的绝学根本不可能在动荡社会中流传，传统社会上演的规律性权力更替几乎都会将上个朝代的积累摧毁殆尽，每个朝代几乎都要从零开始重新积累。于是，我们看到传统文化一个有趣的现象：它在很早的时候就达到了农耕文明的顶峰，然后就一直循环，再也没有突破。以儒法文化为底蕴的农耕文明不鼓励或保护更高级知识形态的出现，道家的探索也只是在夹缝中生存。道家对超能力的追求和向往一直是儒法世俗统治的大敌。对于道家超能力者，儒法要么拉拢使其为统治集团所用，要么歼灭之，无论如何绝不允许其掌握在平民手中。再者，道家的修炼也确实不是凡人都能驾驭的，其超脱的姿态本身就使其只能局限于少数天才之中，所以，道家的得道高人必然是少数。然后，其寥若晨星的成果又会在儒法循环动荡的社会中丧失。道家一脉的命运基本是：绝学失传、后继乏人。

与道家从先天本源看世界不同，儒家是从后天有形宇宙来看问题的。不过，儒家和道家相同的是，他们都喜欢用整体思维来进行观察思考，只是他们思考的焦点不一样。儒家不喜欢道家那先天玄远的问题意识，它宁可关注眼前真实存在的世界。《史记·老子韩非列传》中记载的老子和孔子的那段唯一的对话，对此有深刻的揭示。

孔子适周，将问礼于老子。老子曰："子所言者，其人与骨皆已朽矣，独其言在耳。且君子得其时则驾，不得其时，则蓬累而行。吾闻之，良贾深藏若虚，君子盛德，容貌若愚。去子之骄气与多欲，态色与淫志，是皆无益于子之身。吾所以告子者，若是而已。"

孔子去，谓弟子曰："鸟，吾知其能飞。鱼，吾知其能游。兽，吾知其能走。走者可以为罔，游者可以为纶，飞者可以为矰。至于龙，吾不能知其乘风云而上天。吾今见老子，其犹龙邪？"

在这次短暂的面谈中，老子和孔子都把对方看了个透彻。对于孔子所热衷的礼，老子是明显看不上的。在注重永恒本源的老子看来，依据有形世界建立的礼节规范都是暂时的和易朽坏的。礼所参照的那个世界以及制定礼的人，都会朽坏，只留下记录那些礼的语言文字，"子所言者，其人与骨皆已朽矣，独其言在耳"。这些在特定时代和对象基础上产生的礼节规范，能否持续有效就不确定了。如果人们接受这

些礼,那么,坚持这些礼的君子们还能风光一时;如果人们不接受了,那么该退隐就退隐,不要勉强。依据有形世界建立的各种规范和知识,都是在做加法,这恰是人的骄傲自大和贪婪多欲的表现。对有形世界的沉迷会使人失去对事物最初本源的意识,从而使人和有形世界一样不断朽坏。若要不朽,就要做减法,"去子之骄气与多欲,态色与淫志",从有形世界回溯到无形本源,才能成为不朽。与本源一样不朽才是最高的境界。短短数语,老子就将礼的局限和道的高明说得清清楚楚。

孔子完全听懂了老子的意思,他说了一段看似莫名其妙的话,但这段话是有深意的,它深刻揭示了孔子学说的宗旨和本质。鸟、鱼、兽分别代表空中飞的、水里游的、地上跑的动物,这些动物的特点是有形的、看得见的、摸得着的。对于有形的事物,人们总会想到办法管理和征服它们:天上飞的,可以用箭射;水里游的,可以用丝线钓;地上跑的,可以用网捕。这是对付高级动物的方法,对于相对低级的植物、无机物等,就更容易控制了。那么,对于人类又该如何管理呢?这才是孔子的潜台词。对于人,自然要以礼来统治。礼就是统治者根据有形的人类建立的规范。那么,为什么老子要批判礼呢?孔子的回答很精辟,他认为老子根本就不是我们寻常看到的有限、有形的凡人,他要做个超凡之人,超越有形世界而入无形神秘的本源世界。所以,老子更像是龙,超脱于有形世界之上,神秘莫测,人类的所有手段对其都将失效,老子看不上礼。

既然孔子对老子看得很透彻,也知道老子的高明,那么为何孔子还依然坚持他的礼呢?这就是孔子的聪明之处。他看到老子的学说和境界太高,高得离谱,是不可能被普通人接受的。能够达到道家境界的只能是极少数人,对于绝大多数凡人来说,有形、现实的世界才是他们能够生活于其中的世界。既然几乎没有人能够如道家那样绝对地依靠自己而生活,那么他就必然生活在与他人的联系和互助中。人类最基本的联系就是血缘。对周公和孔子来说,血缘关系才是最自然的,而道家所谓的自由自然的个体才是违反自然的。一个以血缘为中心的人类关系整体才是最真实、最合理的存在。人生的目的也不是绝对自由的个体,而是加入一个有机联系的整体。于是整体或集体就取代个人,成为儒家追求的目标。这个整体必然会强调无私而排斥自私,个体的权利也就无从谈起。如果说个体还有权利的话,也只能是在整体中才能拥有的权利。任何不利于整体的言行都将是被否定和排斥的对象。

虽然儒家也强调人人成圣,但是这个圣人的目标就是要实现这样一个血缘关系的整体，其修齐治平的起点和终点都是儒家的"三纲五常"伦理。正如策问撰写者所言，"今夫吾夫子之道，始之于存养慎独之微，而终之以化育参赞之大；行之于日用常行之间，而达之于国家天下之远，人不得焉，不可以为人，而物不得焉，不可以为物，犹之水火菽帛而不可一日缺焉者也"。孔子之道，无论是存养慎独，还是广泛化育，无论是用于日用常行，还是国家天下，所依据的都是从血亲孝悌伦理中衍生出来的人际关系伦理。由居家层面的孝悌推演出国家层面的忠信，从而衍生出中国传统的家国同构模式。

因此，在儒家这里，人的本质就是一个关系的存在。这一关系并不是相互独立的原子的自由组合，而是一个由血缘决定的上下等级关系团体。"三纲"是这一等级关系的基本构架，而"三纲"的基础是现实父子血缘关系。父子之间的长幼尊卑等级秩序就成了儒家伦理的基石。自从儒家伦理被接受之后，传统中国人便进入了一个关系整体中。中国历史基本上沿着这条路走了下去，其间，佛道会偶尔挑战一下这种关系，但其超脱的本性不可能产生大的影响。法家会部分挑战家庭关系（如六亲不认的法制和告密制度等），但却会空前加强国家机构层面的等级统治关系。于是，中国传统历史基本上是在家庭崇拜、宗族崇拜、国家崇拜、民族崇拜的氛围中进行的，其中某个时候某一种崇拜可能会冲击另一种，但无论如何，都没有逃脱整体崇拜的循环。

孔子的判断是准确的，与老子超凡脱俗的"航天员"① （龙）相比，做一个优秀的凡人更符合大众的需求。如方东美所说，孔子是个"时际人"②，即在有形现实时空中的人。木心对孔子的定位更形象，他说孔子是一个伟人，而伟人是庸人的最高体现。③ 孔子将一个平常人所要处理的全部人际关系做了最为权威的研究和阐释，目标就是为了建立一个整体和谐的、常人的人际关系体系或世界体系。对他来说，这个有形世界的整体和谐是头等大事。为了整体的和谐，个体的出格行为要被严格禁止，常人就是要在这个和谐的世界中平平淡淡地度过一生。当然，这个整体和谐的世界中也会出现英雄或伟人，但他们的行为也都是为了维护这个整体的。所以，这个整体中的行为，无论是激烈的还是温顺的，都不能以个体的名义进行。在这个整体中，人都是

---

① 方东美. 原始儒家道家哲学 [M]. 北京：中华书局，2012：170.
② 方东美. 原始儒家道家哲学 [M]. 北京：中华书局，2012：170.
③ 木心. 1989—1994 文学回忆录：下册 [M]. 桂林：广西师范大学出版社，2013：513.

关系的存在，而且必须是上下等级关系，在儒家看来，平等的关系会带来混乱，和谐稳定的世界一定是等级性的存在，权威家长是这个等级体系的核心。这一权威是由现实的血缘关系决定的。既然人被定义为等级关系的存在，那么人最重要的能力或知识就是认知、经营和维护各种关系。这种能力就是儒家所说的德，儒家选人才的标准总是以德为先的。个人独立探索世界的能力是不被鼓励的。这也是儒家社会为何道德知识泛滥而科学知识相对薄弱的原因之一。

在这个等级关系体中，上下尊卑关系是优先的，是所有关系中的主轴。也就是说，不平等关系是等级体系的主要特征。当然，没有绝对的不平等，在同一个等级中，人或物还是有平等关系的，但这种同级平等只是次生的，等级体系的主要特点还是不平等。

这个不平等的等级体系会产生从低到高的价值等级排列。在万物中存在一个价值序列，无机物、植物、动物、人就是由低到高的序列（《荀子·王制》）；人也有一个价值序列，如小人、士、君子、圣人（王）的等级序列（《荀子·儒效》《荀子·解蔽》）；在社会单位上，则是家、族、国的等级序列。总之，在这等级体系中，万事万物的价值序列是清晰明了的，儒者的目标就是向着高级价值不断努力。这就催生了等级体系特有的产物：特权意识。处于相对高等级的人多少都具有特权。等级链条中的人有两种截然不同的体验：相对于下级，他拥有优越感和自豪感；相对于上级，他会产生受挫感和自卑感。这其中缺少平等的尊严感。如上所述，等级的优先性使人自负和自卑的情感更多于在同级中产生的平等感。于是，整个体系中个体的尊严很难保证，其中更多的是等级践踏。每个人都在等级践踏中体验着人生荣辱的瞬间起落。最惨的要数最低等级，他们只享有一种情感，即卑微。要想不被践踏，只有爬上最高层，追求权力就成了整个体系最核心的动力。

如前所述，在儒家等级关系体系中，个体的价值是不被承认的，他只有进入大大小小的关系体中，才会有价值。所以，这个体系极为排斥一己之私，这样的人都是小人。杨朱的"为我"是断断不会被接受的。但这一体系也反对极端的利他或者平等兼爱，因为这会取消价值的等级，不利于整体的稳定。儒家等级体系是将自私和无私、利己和利他巧妙融合在一起的社会体系。为了个人的自私不被允许，但是为了集体的自私是允许的。为了家庭、宗族、国家的利益，是不用有所顾虑的，如儒家著名的"亲亲相隐"法则，"父为子隐，子为父隐"（《论语·子路第十三》）。

法家则强调对国家的忠诚，在国家名义下，自私都是不被允许的，无论个人、家庭还是宗族的自私都是非法的。因此，无论儒家还是法家，都排斥个人自私，集体的自私是允许的。① 这就产生了一个奇怪的现象，大大小小的集体，如家庭、宗族、国家的自私同时也可以被看成是无私。或者说，儒家的无私是以各种集体自私的形式表现出来的。这就是被儒者所称颂的中庸之道。它既不是极端的个体自私，也不是极端的无私。它是用大大小小的集团尤其是血缘团体来满足人们的各种需求和利益的。

对等级关系及其利益的强调也影响了这个体系中的情感表达。儒家等级体系中的情感更多是对家国情怀的强调，而个体的、私密的情感是被排斥的。男女之间的情感被各种社会角色所占有，如父子、兄弟、朋友、夫妻、君臣等。这些关系中的情感，除了朋友的情感相对平等外，其余皆是不平等的情感。不平等的情感在表达过程中会产生两种结果：

首先是内部成员间的冷漠苛责和集体激情泛滥的共存。上下等级关系的主导，致使整个社会人与人之间的情感变得苛刻，父子、兄弟、夫妻、君臣等莫不如此。人与人之间情感冷漠，然而个体间的情感冷漠并不妨碍人们在家庭、宗族甚至国家

---

① 秦晖先生也看到了法家和儒家都排斥个体权利，但他认为可以依靠儒家小共同体联盟削弱法家大共同体的专断压力。他认为儒家小共同体思想是一种比较温和的多元共同体模式，比法家独尊大共同体灵活多了。秦晖可能过高估计了儒家共同体思想。无论是从逻辑还是从事实看，儒家的共同体或集体思想都不允许多元，家、族、国的等级群体性质是一致的。儒家看似多元的共同体必然会被法家大共同体所控制或取代。战国向秦的统一就是儒家多元共同体发展的必然结果，胜出的法家最后也需要儒家小共同体来维护自己的统治。家长、族长在不威胁到王权的前提下是有助于法家统治的，因为他们的权力构建和运作方式是一致的，都是等级权威模式。所以，所谓的儒家的多元共同体都是以等级威权的形式运作的，而等级威权是不会容许多元平等共存的，它必然呼求一个终极的大威权来结束多元混战的局面。因此，儒家向法家的转变是必然的。秦晖也承认，儒家小共同体的结果有可能是山头林立，每个山头都是一个封闭的传统威权实体，而威权实体是不可能维持平等共存局面的，最终一定会通过混战和吞并，建立一个统一的等级大共同体。这就是儒法传统中产生的分久必合、合久必分的循环。（秦晖.传统十论：本土社会的制度、文化及其变革[M].上海：复旦大学出版社，2003：96-123.）

而且，在笔者看来，法家专制大共同体反而有可能比儒家多元共同体更接近现代文明。法家扫荡了各种自私的共同体之后，只要把一家之私变为人人之私，就有可能步入现代文明。而在儒家模式下，还要破除多种共同体之私，进入近代的路途反而迂回曲折。有些学者经常将某阶段的法家统治（如王安石变法）比附为现代统治，就是因为其扫清了血缘、家族、宗族、出身等对个体的束缚。当然，一家之私的转换也是异常艰难的，因为其专制程度是最大的。

层面上的情感泛滥。由于儒家伦理是建立在血缘群体基础之上的,因而对群体或集体的情感是再怎么强调也不为过的。当这个体系正常运转时,我们经常会看到这样的情景:一个平时对儿子苛刻不近人情的父亲,在儿子受到另一个家庭的欺负时,立刻情感爆棚,不遗余力地维护儿子。一个宗族内的人平时感情并不怎么好,但当其与另一个宗族有纠纷时,立刻激情爆发、奋勇向前。一个平常懒散的人,一听到国家利益得失便瞬间兴奋不已或义愤填膺。一个自私不被允许的社会,其自私的激情只能以这种对集体的情感的方式释放,这在族与族之间、国与国之间表现得尤为明显。

其次是形式主义和表演性。为了维护等级威严,人与人之间的关系就要增加各种讲究和仪式,这就容易使情感表达变成做作的表演,儒家繁琐的礼节就是这种情感形式化的表现。对孔子来说,礼就是情的外在表现形式,"兴于诗,立于礼,成于乐"(《论语·泰伯篇》)。礼也是这种不平等情感的典型制度化。暂且不说儒家在"孝"方面以及在交际方面所规定的各种礼节,如守孝三年(《论语·阳货篇》),如何对待君主、士大夫、外宾(《论语·乡党篇》)等等,就是平常的衣食活动也要规划得滴水不漏:"君子不以绀緅饰,红紫不以为亵服。当暑,袗絺绤,必表而出之。缁衣,羔裘;素衣,麑裘;黄衣,狐裘。亵裘长,短右袂。必有寝衣,长一身有半。狐貉之厚以居。去丧,无所不佩。非帷裳,必杀之。羔裘玄冠不以吊。吉月,必朝服而朝。""齐,必有明衣,布。齐必变食,居必迁坐。""食不厌精,脍不厌细。食饐而餲,鱼馁而肉败,不食。色恶,不食。臭恶,不食。失饪,不食。不时,不食。割不正,不食。不得其酱,不食。肉虽多,不使胜食气。唯酒无量,不及乱。沽酒市脯不食。不撤姜食,不多食。""祭于公,不宿肉。祭肉不出三日。出三日,不食之矣。""食不语,寝不言。""虽疏食菜羹,瓜祭,必齐如也。""君赐食,必正席先尝之。君赐腥,必熟而荐之。君赐生,必畜之。侍食于君,君祭,先饭。""疾,君视之,东首,加朝服,拖绅。""君命召,不俟驾行矣。""升车,必正立,执绥。车中,不内顾,不疾言,不亲指。"(《论语·乡党篇》)如果一个人严格遵守这些繁文缛节的话,假如他还没有被累死,他也已经成了一个礼节机器。这些作为工具的礼节如果成为生活的目的,人就会变成"礼节"的囚徒。①

---

① 贾庆军. 冲突抑或融合:明清之际西学东渐与浙江学人 [M]. 北京:海洋出版社,2009:189.

在这个崇尚权威的等级体系中,男性是核心和主导。作为孝子、父亲、丈夫、大家长、忠臣等角色的男性,被赋予了阳刚特性:男儿有泪不轻弹、坚强不屈、不要儿女情长英雄气短、精忠报国、舍己为人等。女性则要辅助男性完成他的角色。为了成全男性,女性要三从四德、忠贞节烈。完全被社会角色占有的情感就少了个体间的平等和温情。在家国情怀的大叙事背景下,个体的呐喊和私人的呢喃是被忽视和排斥的。《诗经》中那温馨的男女自然爱慕的情感,最终被家国大义所覆盖。而父母对子女的爱,也不是对个体自然成长的认同和爱护,他们是将子女视为整体关系中的一环来进行培养的。他们不能容忍他(她)的出格或柔肠,以便其承担起社会需要的角色。他们最担心的是子女将来在整体关系中的地位。这样,父母的爱就有可能变成残酷的爱,即在一个集体目标指引下对子女不断进行鞭策和激励。子女始终生活在他人的关系和注视之下,他们若有自我的话,也只有在外在关系中才能找到。于是,在这个体系中,人们的生活就像在演戏,一生演给别人看,以求得他人尤其是集体的认同。当然,限制私人间的情感并不妨碍集体性道德情感的泛滥无度。

对儒者来说,借助于家、族、国等团体来实现天下太平的中庸之道是唯一的大道,其他都是异端,要么过度,要么不及,如撰文者所言:"天下之道一而已矣,而以为有二焉者,道之不明也。孔子曰:'道之不明也,我知之矣,知者过之,愚者不及也;道之不行也,我知之矣,贤者过之,不肖者不及也。'呜呼!道一也,而人有知愚贤不肖之异焉,此所以有过与不及之弊,而异端之所从起欤?然则天下之攻异端者,亦先明夫子之道而已耳。夫子之道明,彼将不攻而自破。"可见,孔子认为自己的道是最恰当的,对此道理解和践行的过和不及都是异端。

对于调和了自私和无私的中庸之道来说,何为异端呢?所谓不及者,就是个体的自私行为,如杨朱的"为我";所谓过度者,就是无区别的无私和利他行为,如墨子的"兼爱"。如撰文者说,这两个异端是当时最大的祸患,他把前者称为"贪鄙",后者称为"冒进","今天下之患,则莫大于贪鄙以为同,冒进而无耻"。祸患之一,就是认为人人都是自私、贪婪、卑鄙的,抹杀了高低价值的区分。儒家认为,将人定义为自私、贪婪、卑鄙的,是只从个体的角度及利益来看问题,而将人的本质定义为个体的,本身就是错误的。所以儒家才要将人视为一个关系团体(血缘关系)中的人,从集体或团体的角度来看,人就不能一味地自私自利了,他要和集体

第三章 王阳明前期天人思想的实践

共进退。这样一来,他就要"克己复礼",走出狭隘的个体自私、贪婪、卑鄙的境地。这一境地对儒家来说就是"小人",而"小人"不是正常的人,是和禽兽一样的存在。与小人相对,儒家强调人人都要做君子。君子就是为集体而存在的人,君子在于能群,"人能群,彼不能群也"(《荀子·王制》)。因此,个体这种自私、贪婪、卑鄙的禽兽,是不能和谐群居的。在儒家看来,在一个关系体中产生的行为高于个体的行为,所以,个体间的"贪鄙以为同"是万万要不得的。

那么,冒进的"兼爱"会怎样?个体自私既然不允许,那么团结友爱所有人不是更好吗?在儒家看来,这是走向另外一个极端,结果与自私一样。"兼爱"并不反对人是一个关系的存在,也不反对集体;与儒家相比,它要将这个关系体或集体的关系推到极致,它提倡所有人都纳入一个整体中,且所有人都享受到同等的爱护。在儒家看来,要命的不是爱不爱的问题,而是同等的问题。"兼爱"势必会产生平等的意识,而平等是不利于建立一个稳定社会的。所以儒家强调,爱有差等、亲疏,"君子之于物也,爱之而弗仁;于民也,仁之而弗亲。亲亲而仁民,仁民而爱物……尧、舜之仁不遍爱人,急亲贤也"(《孟子·尽心章句上》)。也如荀子所说,真正的人或君子要能群,但这个群不是一视同仁、同爱的群,而是有差等的群,"人何以能群?曰:分"(《荀子·王制》),这里的"分"就是区别和差等秩序。只有由不同等级的团体所组成的社会,才是稳定和谐的社会。平等则意味着混乱,无论是贪鄙的平等还是爱的平等。"礼起于何也?曰:人生而有欲,欲而不得,则不能无求。求而无度量分界,则不能不争;争则乱,乱则穷。先王恶其乱也,故制礼义以分之,以养人之欲,给人之求。……故礼者,养也。君子既得其养,又好其别。曷谓别?曰:贵贱有等,长幼有差,贫富轻重皆有称者也。……故人一之于礼义,则两得之矣;一之于情性,则两丧之矣。故儒者将使人两得之者也,墨者将使人两丧之者也,是儒、墨之分也。"(《荀子·礼论》)荀子将名利结合起来以阐释"礼",似乎和孔孟重义轻利的主张不一致,但这恰是孔孟所不愿言明的儒家如何分配利益的秘密所在。儒家按照人们对关系整体的领悟和治理能力的高低来决定其道德地位的高低。这种道德地位也决定了其名分,如士、君子、大夫、诸侯、圣王等。与名分相对应的是物质利益。这种等级分配体制就是"礼",它的出现就是要合理安排名利的分配。荀子的理解是很到位的。名利双收的最高境界是圣王,他的待遇是所有人的梦想。"夫贵为天子,富有天下,名为圣王,兼制人,人莫得而制也,是人情之所同欲也，而王者兼而有是者也。重色而衣之，重味而食之，重财物而制之，合天下而君之；饮食甚厚，声乐甚大，台榭甚高，园囿甚广，臣使诸侯，一天下，是又人情之所同欲也，而天子之礼制如是者也。"（《荀子·王霸》）那么，这样的圣王会不会腐败堕落而亡国呢？怎么来解决义利之辨这一尴尬问题呢？荀子给出的解决之道是："重己役物。"（《荀子·正名》）只要圣王坚守礼制，不逾越其名分应有的物质享受就行，同时他要加强修身养性，不为物质欲望所奴役，这样就不会有大的过失了。因此，圣王拥有和享受与其名分相配的物质资源，正是对礼的维护，若其刻意清高不受，反而会破坏礼制。

虽然礼是连同名利一同分配的，但在儒家思想中，名分是更为根本的，它是秩序的保证。儒家的根本任务就是要用等级名分秩序来引导和规范人们普遍的私欲，尤其是物欲，所以，它对物质利益的强调不会超过名分，所谓君子不役于物。从整体上来说，儒家对于过度的物质欲望是抑制的，这也是要避免杨朱"为我"的陷阱。传统社会等级的划分，如士、农、工、商，基本是儒家思想的产物，这个划分突出了对名分的推崇和对物质贪欲的抑制。

依荀子看来，根据等级贵贱之礼来安排人类社会，会使利益和名分都得到保全，整个社会就是和谐有序的。其中最根本的是等级名分秩序。如果根据天生的平等的贪欲（性情）来安排社会，就会导致同归于尽，利益和秩序都不可得。荀子通过对礼的阐释，既批判了自私，又批判了平等，凸显了儒家礼制的特色。

可见，无论是"为我"之贪鄙，还是"兼爱"之冒进，都抹杀了儒家价值等级的划分。两者提倡一种平等的意识："为我"是一种低级的平等，"兼爱"则是一种高级的平等。在儒家看来，这都是极端思想和行为，会破坏家、国的等级团体的稳定，不合中庸之道。正如孔子所领悟的有形整体之道，必须要围绕一个中心建立起等级秩序，这样才是正确的，"为政以德，譬如北辰，居其所而众星共之"（《论语·为政》）。在孔子看来，平等是无法建立起有效秩序的，这种思想不符合天道。

在撰文者看来，佛老兼具了上述两种极端倾向，且有过之而无不及。其文曰："今之二氏之徒，苦空其行，而虚幻其说者，既已不得其原矣；然彼以其苦空，而吾以其贪鄙；彼以其虚幻，而吾以其冒进。"佛老站在本源的高度，自然会认为有形世界皆是苦、皆是欲，如此，整个有形世界就没有了分别，都是世俗粗鄙的存在，此即"贪鄙以为同"。儒家不是以群体的形式克己之私吗，怎么还是没有从自私、

第三章 王阳明前期天人思想的实践

欲望中解脱呢？在佛老面前，无论是个体的自私还是群体的自私，都是自私。结成群体并不能完全避免自私的行为，群内的团结友爱可能是不自私的，但团结起来发动对其他群体的讨伐或战争就是自私的，如父子相隐等导致的与其他家庭、宗族或国家的冲突。在正常的欲望内尚且产生这样的情况，何况还有更负面的影响，如私欲泛滥的大家长以集体的名义发起各种灾难性活动（打击异己、发动战争、私天下等）。所以，有形世界的各种个体和群体皆有可能是自私的，他们皆不可长久。而真正无私和长久的，是最大的整体，即本源或道本身。本源不灭，具体有形事物才会生灭，而其生灭皆因为自私。当儒家嘲笑个体自私时，殊不知个体为群体而克制、奉献的无私也不过是另一种方式的自私，只是以集体的名义掩盖了这种自私而已，最明显的例子就是儒家的妻妾制度以及帝王的好大喜功、肆意攻伐。皇帝的三宫六院更是堂而皇之的群体自私。如此，佛老嘲笑儒家礼义和君子的伪善就可以理解了。所谓的君子最终可能是"伪君子"。① 庄子所说的"圣人不死，大盗不止"（《庄子·胠箧》），可以说是对儒家最辛辣的批判。对佛老来说，沉溺于有形世界各种事物和关系的都是贪鄙。佛老的这种批判比杨朱"为我"思想带来的冲击更加强烈：杨朱至少是在肯定的意义上来说个体的；佛老不仅将所有价值抹平，而且是在完全否定的意义上抹平的。佛家"众生平等"的一层意思就是，众生皆苦，苦是因为各种欲望，无论是个体的还是群体的，在苦和欲望面前，众生是一样的。道家说，"五色令人目盲，五音令人耳聋，五味令人口爽，驰骋畋猎令人心发狂，难得之货令人行妨"（《道德经》第12章），有形花花世界对任何人都是诱惑，不论你是个体的还是群体的，都会沉迷其中。在这个意义上，世俗世界就是沉沦的世界。对现实有形世界的普遍否定，是佛老的一致立场。这让肯定集体价值的儒家不满，儒家只否定个体小人的贪鄙，不承认群体的自私。对于佛老将所有人拉平到小人的观点，儒家不能苟同。

佛老还有更激进的一面，即在极端否定了有形万物之后，又极端肯定了万物。否定万物，是因为万物沉溺于有形的自我或群体而遗忘了本源，最终堕落为世俗名利的俘虏并朽坏下去。肯定万物，是因为万物乃由一个本源所生，所以只要不遗忘本源，勤加修炼，返璞归真，最后都能复归本源，并与本源一起获得长生，所谓得

---

① 木心. 1989—1994 文学回忆录：上册 [M]. 桂林：广西师范大学出版社，2013：194.

道成仙、成佛。对于成仙、成佛，与本源融为一体的学说，儒家一律斥之为虚妄，"彼以其虚幻，而吾以其冒进"，这是和墨家"兼爱"一样提倡激进的平等，也更加离谱。

可见，无论佛老对有形世界否定还是肯定，都立足于万物终极平等的思想。这一平等的基石，就是万物来自一个本源。儒家也强调天地一个本源，但是它执着于有形世界，并以等级尊卑来看待和管理这个世界，其对佛老平等思想的排斥是显而易见的。

道家所说的"和光同尘"也是立足于本源这一视角。当一个人达到了本源的境界时，自然能彻上彻下，既可以是最高也可以是最低。作为本源的存在，能降到最低才证明其能力的无比强大。老子经常用水、气这种最低调、最虚的存在来比喻道。因此，"和光同尘"恰恰是本源境界的体现。这冲击了儒家等级价值体系，在儒家看来，低级的价值要为高级的价值让路，慕高是人们奋斗的自然倾向，不可能去俯就低等价值。而佛老恰恰要平等对待万物，甚至偏爱低级价值的存在。撰文者说，佛老的这种行为就是与小人同流合污，这种抹杀价值区分的做法被孔子称为"乡愿"，这是是非不分、败坏社会秩序的滥好人，"德之贼也"。

关于佛老的策问，从中我们看到儒家和佛老思想的相似点和分歧所在。相同的是，儒家和佛老都批评个体的自私和贪欲。不同的是，儒家既不接受自私的个体（为我），也不接受无私的个体（兼爱），为了避免这两个极端，儒家的解决方案是建立等级群体社会。对于一切提倡平等的方案，儒家都一概拒斥，等级集体统治是它认为的最好方案，即中庸之道。儒家始终立足于现实有形世界来看问题，现实中的血缘等级关系为中庸之道提供了依据。佛老则立足于超越的本源来看问题，它们不仅反对自私的个体，也反对自私的群体或集体，它们的解决方案是个体都要回到本源，突破有形世界的各种关系和束缚。这种终极的平等和自由思想，注定和儒家扞格不入。

在对待个人欲望上，道家虽然反对纵欲，但承认正常的欲望，如性欲等。这种欲望若符合自然，有利于个体回归自然本性，是可以接受的。儒家对个体的欲望包括性欲是持否定态度的，只有为了种族延续的性行为才是被接受的。个体私欲只有在群体的背景下才具有合法性，否则会被当作自私遭受讨伐，对贞妇烈女的颂扬和推崇就是这种群体或集体道德的产物。接受人的自然欲望的道家，被许多儒家卫道

第三章　王阳明前期天人思想的实践

士视为离经叛道。实际上，道家接受欲望并不等于认同放纵欲望，后世诸多传人以此作为纵欲的借口，是对道家的曲解。对道家来说，在有形世界顺应自然欲望，是修炼的必经阶段，到最后进入无形世界时，这一有形的欲望也要抛弃。

　　佛老这种立足于终极自由和平等的理想，会否定和取消现实的一切，抹杀一切现实价值的区分，对于社会制度上的建设，可以说不具有价值。它既会肯定现实的一切，也会否定现存的一切，任何制度和统治对它来说都无所谓，这种绝对超脱的思想，最终可能会便利独裁暴君的乘虚而入。海德格尔的遭遇就是最好的例证。他的存在思想与佛老思想一样超脱，他也抹杀了一切制度的区别，他的思想转而被摧毁一切的法西斯所利用，结果是建立了前所未有的恐怖统治。海德格尔的良知渴求太强烈了，他恨不得良知整体马上就能实现。过度渴求终点导致他对日常经验世界的各种生活观念和态度的极端否定，① 这种否定使其抹杀了现实生活的所有区别，包括独裁专制和自由民主的区别。他认为现代一切政体都是虚无主义的体现，这种虚无主义是传统形而上学（主客体模式）的结果。② 海德格尔最后拥抱纳粹，就是对世界的极度悲观和抹平态度导致的。对终点的过度渴求使他想以一种暴风骤雨的方式对现世加以批判和改造，他认为"纳粹革命"可以促成对人的存在的更根本的体验。好高就冲破了所有底线，而好高的人总会不自觉地走入这个陷阱，反而不如坚守一个底线。这种超脱的思想只适合在私人领域作为个体修养存在，不适合社会建制。

　　话头转回，阳明此时已经逐渐转向儒家，对于佛老的超脱敬而远之。他从做一个"航天员"转而想要做一个现实的、正常的人。在关注现实的思想中，无论是杨朱的"为我"还是墨子的"兼爱"，似乎都不如儒家高明。儒家这种既反对自私又反对无私的中庸之道对他的吸引力越来越大。策问所显示出来的立场和阳明此时的心境应该是一致的。阳明对儒家全道思想的维护也是基于上述观点。

　　阳明的这一立场基本没有变过，后来的心学和良知学说只是在学理上加固了这个立场，如他在《答罗整庵少宰书》（1520年）中所说：

---

① 海德格尔. 存在与时间 [M]. 陈嘉映, 王庆节, 译. 熊伟, 校. 北京: 生活·读书·新知三联书店, 1999: 194-208, 307-343.

② 施特劳斯, 克罗波西. 政治哲学史 [M]. 李天然, 译. 石家庄: 河北人民出版社, 1998: 1032-1033, 1039.

孟子辟杨、墨至于"无父，无君"。二子亦当时之贤者，使与孟子并世而生，未必不以之为贤。墨子"兼爱"，行仁而过耳；杨子"为我"，行义而过耳。此其为说，亦岂灭理乱常之甚，而足以眩天下哉？而其流之弊，孟子至比于禽兽夷狄，所谓"以学术杀天下后世"也。今世学术之弊，其谓之学仁而过者乎？谓之学义而过者乎？抑谓之学不仁不义而过者乎？吾不知其于洪水猛兽何如也！孟子云："予岂好辨哉？予不得已也！"杨、墨之道塞天下，孟子之时，天下之尊信杨、墨，当不下于今日之崇尚朱说，而孟子独以一人呶呶于其间，噫，可哀矣！韩氏云："佛、老之害甚于杨、墨。"韩愈之贤不及孟子，孟子不能救之于未坏之先，而韩愈乃欲全之于已坏之后，其亦不量其力，且见其身之危，莫之救以死也矣！呜呼！若某者其尤不量其力，果见其身之危，莫之救以死也矣。夫众方嘻嘻之中，而独出涕嗟，若举世恬然以趋，而独疾首蹙额以为忧，此其非病狂丧心，殆必诚有大苦者隐于其中，而非天下之至仁，其孰能察之？①

阳明同意孟子对杨、墨的批判，即杨朱的"为我"和墨子的"兼爱"都抹杀了个体的差别，以至于无父无君，无上无下。阳明进一步批判，指出"为我"是行义过度，"兼爱"是行仁过度，这都是极端，皆不符合儒家中庸适度原则。现今的杨、墨则是佛、老，这两者一是提倡众生平等，二是提倡自我修炼，儒家更需警惕之。

对于儒家差等思想的合理性，在《传习录（上）》一段对话中，阳明回答如下：

问："程子云'仁者以天地万物为一体'，何墨氏'兼爱'，反不得谓之仁？"

先生曰："此亦甚难言，须是诸君自体认出来始得。仁是造化生生不息之理，虽弥漫周遍，无处不是，然其流行发生，亦只有个渐，所以生生不息。如冬至一阳生，必自一阳生，而后渐渐至于六阳。若无一阳之生，岂有六阳？阴亦然。惟其渐，所以便有个发端处；惟其有个发端处，所以生；惟其生，所以不息。譬之木，其始抽芽，便是木之生意发端处；抽芽然后发干，发干然后生枝生叶，然后是生生不息。若无芽，何以有干有枝叶？能抽芽，必是下面有个根在。有根方生，无根便死，无根何从抽芽？父子兄弟之爱，便是人心生意发端处，如木之抽芽。自此而仁民，而爱物，便是发干生枝生叶。墨氏兼爱无差等，将自家父子兄弟与途人一般看，便自

---

① 王守仁. 王阳明全集：上 [M]. 吴光, 钱明, 董平, 等编校. 上海：上海古籍出版社，1992：77-78.

第三章 王阳明前期天人思想的实践

没了发端处;不抽芽便知得他无根,便不是生生不息,安得谓之仁?孝弟为仁之本,却是仁理从里面发生出来。"①

问者问得好,既然仁者以万物为一体,那么就应该平等地爱护所有事物,为何却说墨子的"兼爱"不是仁呢?阳明回答说,仁乃天地生万物之德,但这个生是有先后次序的。以树木作比喻,先有根,后有芽,有芽才有枝干。说到人,父子兄弟之爱,是根芽,而爱民爱物则是枝干。因此,爱是有等级的,是有先有后的。墨子的"兼爱"抹杀根叶差别,反而会否定根本,使其爱无根。这就不能再生生不息,所以不符合仁之本意。儒家孝悌正是仁之根本,由此才能以万物为一体,生生不息。阳明在《传习录(下)》中的回答更精辟:

问:"大人与物同体,如何《大学》又说个厚薄?"

先生曰:"惟是道理,自有厚薄。此如身是一体,把手足捍头目,岂是偏要薄手足,其道理合如此。禽兽与草木同是爱的,把草木去养禽兽,又忍得?人与禽兽同是爱的,宰禽兽以养亲,与供祭祀,燕宾客,心又忍得?至亲与路人同是爱的,如箪食豆羹,得则生,不得则死,不能两全,宁救至亲,不救路人,心又忍得?这是道理合该如此。及至吾身与至亲,更不得分别彼此厚薄。盖以仁民爱物,皆从此出;此处可忍,更无所不忍矣。《大学》所谓厚薄,是良知上自然的条理,不可逾越,此便谓之义;顺这个条理,便谓之礼;知此条理,便谓之智;终始是这条理,便谓之信。"②

阳明认为,人与万物虽是同体,仁爱要施与整体,但是爱的程度是不一样的,有厚薄亲疏之分。万物一体就好像人的整个身体一样,用手脚去捍卫头和眼睛,这并不是要看轻手和脚,而是因为头和眼更重要,"其道理合如此"。阳明所说的道理,就是儒家所说的天地万物的等级秩序这一天理。既然万物的价值有高低贵贱等级,那么对万物的爱也就相应的有等级。对于人来说,他的爱就有亲疏远近之别。当两个事物必须要舍弃一方的话,就舍弃价值较低的、亲缘较远的。如阳明所说,我们对禽兽和草木一样有爱,但是却又必须拿草木去养禽兽;我们对人和禽兽一样有爱,但宰杀禽兽去孝养亲人、祭祀祖先、招待宾客;我们对至亲和路人一样有爱,

---

① 王守仁. 王阳明全集:上 [M]. 吴光,钱明,董平,等编校. 上海:上海古籍出版社,1992:25-26.
② 王守仁. 王阳明全集:上 [M]. 吴光,钱明,董平,等编校. 上海:上海古籍出版社,1992:108.

但如果你只有一碗饭，得到就能活，得不到就会饿死，在无法两全的情形下，你就要先去救亲人，而不救路人。这都是根据事物的价值等级和亲疏远近的道理做出的，虽然我们心有不忍，但道理如此，就必须忍心做出舍弃。所以，植物要为动物做出牺牲，动物要为人做出牺牲，低等级的人要为高等级的人做出牺牲，疏远的人要为亲近的人做出牺牲。爱有厚薄亲疏的道理就是自然的天理，是良知本体，也是儒家的"仁"，仁义礼智信都是这个道理的体现。在儒家看来，能够体悟并践行这一差等之仁的人，才是真正的人。如果不承认差等秩序，如墨家、佛家、道家等持守无差别的爱，其和禽兽是一样的。

综上所述，可见阳明对儒家思想的坚守。虽然转向了儒家，但阳明思想要么停留在程朱理学的窠臼里，要么回到古儒礼学，无论哪种，天人两分、心物两分的倾向都是明显的。

第二部分

王阳明中期的天人思想与实践

自 1509 年始，阳明的思想豁然开朗，迈向了一个新的境界，即天人合一。此前的天人两分、心物两分的缺陷被抹平。这一天人合一的表现包括：心的新发现和心学的建立；天理人欲之辨；未发已发、体用、本体工夫之辨；知行合一；等等。

第四章

天人合一：心的新发现和心学的建立

从天人两分到良知宇宙：王阳明天人思想的历史演变与实践

第一节 心的新发现

阳明心学主要是通过对孔孟古儒思想和《大学》诸宗旨的重新发明建立起来的。

1511年，王阳明在《答黄宗贤应原忠》中，基本承认了仁体即性体就在人心中。这是天人合一的初步体现。他说："圣人之心，纤翳自无所容，自不消磨刮。若常人之心，如斑垢驳杂之镜，须痛加刮磨一番，尽去其驳蚀，然后纤尘即见，才拂便去，亦自不消费力。到此已是识得仁体矣。若驳杂未去，其间固自有一点明处，尘埃之落，固亦见得，亦才拂便去。至于堆积于驳蚀之上，终弗之能见也。此学利困勉之所由异，幸弗以为烦难而疑之也。凡人情好易而恶难，其间亦自有私意气习缠蔽，在识破后，自然不见其难矣。古之人至有出万死而乐为之者，亦见得耳。向时未见得向里面意思，此工夫自无可讲处。今已见此一层，却恐好易恶难，便流入禅释去也。昨论儒释之异，明道所谓'敬以直内'则有之，'义以方外'则未。毕竟连'敬以直内'亦不是者，已说到八九分矣。"① 我们看到，代表天理的仁体已经存在于人心，即天人合一。这种天人合一是先天和后天都存在的，而程朱的天人无论是先天还是后天都是分离的。所以，阳明渐渐对明道所说的"敬以直内""义以方外"有所怀疑，义本就应该在人心之内，怎能到外面寻求呢？甚至连内外之说都是错误的。天人合一之后，已经无所谓内外之分了。

他在《答王虎谷》（1511年）中也说到仁在人心，其言曰：

别后看得一性字亲切。孟子云："尽其心者，知其性也；知其性，则知天矣。"此吾道之幸也，喜慰何可言！"弘毅"之说极是。但云"既不可以弃去，又不可以减轻；既不可以住歇，又不可以不至"，则是犹有不得已之意也。不得已之意与自有不能已者，尚隔一层。程子云："知之而至，则循理为乐，不循理为不乐。"自有不能已者，循理为乐者也，非真能知性者未易及此。知性则知仁矣。仁，人心也。心体本自弘毅，不弘者蔽之也，不毅者累之也。故烛理明则私欲自不能蔽累；私欲不能蔽累，则自无不弘毅矣。弘非有所扩而大之也，毅非有所作而强之也，盖本分

---

① 王守仁. 王阳明全集：上 [M]. 吴光，钱明，董平，等编校. 上海：上海古籍出版社，1992：146.

第四章 天人合一：心的新发现和心学的建立

之内，不加毫末焉。曾子"弘毅"之说，为学者言，故曰"不可以不弘毅"，此曾子穷理之本，真见仁体而后有是言。学者徒知不可不弘毅，不知穷理，而惟扩而大之以为弘，作而强之以为毅，是亦出于一时意气之私，其去仁道尚远也。此实公私义利之辨，因执事之诲而并以请正。①

阳明说，人心就是仁。知晓了人心就知道了性，而知道了性则知道了天。这也是天人合一。而且，阳明还强调心体之仁是自然弘毅的，不可以人为造作。心体之自然就是天理之公，而人为造作则是人欲之私。循天理为义，求人欲则为利。在心体之仁的基础上，阳明就此打通了天理人欲、公私义利之辨。后来这一仁体就是良知。

1512年，在《别黄宗贤归天台序》中，阳明明确说，君子之学在于心。他说：

君子之学以明其心。其心本无昧也，而欲为之蔽，习为之害。故去蔽与害而明复，匪自外得也。心犹水也，污入之而流浊；犹鉴也，垢积之而光昧。孔子告颜渊"克己复礼为仁"，孟轲氏谓"万物皆备于我""反身而诚"。夫己克，而诚固无待乎其外也。世儒既叛孔、孟之说，昧于《大学》"格致"之训，而徒务博乎其外，以求益乎其内，皆入污以求清，积垢以求明者也，弗可得已。守仁幼不知学，陷溺于邪僻者二十年。疾疾之余，求诸孔子、子思、孟轲之言，而恍若有见，其非守仁之能也。宗贤于我，自为童子，即知弃去举业，励志圣贤之学。循世儒之说而穷之，愈勤而益难，非宗贤之罪也。学之难易失得也有原，吾尝为宗贤言之。宗贤于吾言，犹渴而饮，无弗入也，每见其溢于面。今既豁然，吾党之良，莫有及者。②

为了找到这一自足之心，阳明可谓费尽心力。程朱理学让他"愈勤而益难"，其"'格致'之训，而徒务博乎其外，以求益乎其内，皆入污以求清，积垢以求明者也，弗可得已"。阳明再重读"孔子、子思、孟轲之言，而恍若有见"，才发觉一切都在本心，不用外求，"其心本无昧也，而欲为之蔽，习为之害。故去蔽与害而明复，匪自外得也"。自从找到了这一心之后，阳明顿觉豁然开朗，心学的建立指日可待。

1513年，在《与黄宗贤》中，阳明又提到从心入学的思想。"仆近时与朋友论学，惟说'立诚'二字。杀人须就咽喉上着刀，吾人为学当从心髓入微处用力，自

---

① 王守仁. 王阳明全集：上[M]. 吴光，钱明，董平，等编校. 上海：上海古籍出版社，1992：148-149.

② 王守仁. 王阳明全集：上[M]. 吴光，钱明，董平，等编校. 上海：上海古籍出版社，1992：233.

然笃实光辉。虽私欲之萌,真是洪炉点雪,天下之大本立矣。若就标末妆缀比拟,凡平日所谓学问思辩者,适足以为长傲遂非之资,自以为进于高明光大,而不知陷于狠戾险嫉,亦诚可哀也已!以近事观之,益见得吾侪往时所论,自是向里。此盖圣学的传,惜乎沦落湮埋已久;往时见得,犹自恍惚。仆近来无所进,只于此处看较分晓,直是痛快,无复可疑。"① 这里所说的"立诚"就是从心着手,如此才是天下大本。这和之前阳明批评为己之学的空寂时又有不同。此时他又赞同从心、向内建立天下大本,并认为这才是圣学真传。而以前被他所推崇的学问思辩就成了向外支离之学,是误入歧途,"陷于狠戾险嫉,亦诚可哀也已"!对心的强调,是他向心学推进的表现。这段时间他频繁提倡"立诚","立诚"其实就是立心。

1513年,在《寄希渊》中,阳明隐隐透露心学的建构已经成形了,这是在孟子心学基础上的进一步完善和阐发。他说:

"学问之道无他,求其放心而已",盖一言而足。至其功夫节目,则愈讲而愈无穷者。孔子犹曰"学之不讲,是吾忧也",今世无志于学者无足言,幸有一二笃志之士,又为无师友之讲明,认气作理,冥悍自信,终身勤苦而卒无所得,斯诚可哀矣。

读《礼》之余,与明德相论否?幸以其所造者示知。某无大知识,亦非好为人言者。顾今之时,人心陷溺已久,得一善人,惟恐其无成。期与诸君共明此学,固不以自任为嫌而避之。譬之婚姻,聊为诸君之媒妁而已。乡里后进中有可言者,即与接引,此本分内事,勿谓不暇也。②

阳明在程朱理学和古儒为己之学两者之间徘徊,终于还是将学问的关窍放在了心这里。这既不同于程朱一分为二的心,也不是为己之学的空寂之心。此心将是一个先天完满之心。在心学这一方面,只有孟子的学说可以借鉴。但是孟子的心只是个后天经验的心,并没有将先后天打通,更没有从宇宙论、本体论的角度来论述心。阳明在宋明宇宙论、本体论的基础上,可以将此心更系统地阐发出来。所以,借孟子来谈心也是不得已而为之。

他借孟子的"放心"说来为自己的心学辩护,"学问之道无他,求其放心而已"。只此一心,就足够了。这一反他在《答懋贞少参》中为程朱格物求理之学辩

---

① 王守仁. 王阳明全集:上 [M]. 吴光,钱明,董平,等编校. 上海:上海古籍出版社,1992:152.
② 王守仁. 王阳明全集:上 [M]. 吴光,钱明,董平,等编校. 上海:上海古籍出版社,1992:158-159.

第四章 天人合一：心的新发现和心学的建立

护的立场，转而强调心了。现在他可以明确地批判格物求理之学了，认为这种学问陷入了功夫节目里，在这些细目中，就会越讲越多，无穷无际。在追逐漫无际涯的细节中，人逐渐会失去头脑，为物所役，而人所积累的万物之理，到底是不是真正的理，值得怀疑。当人积累了一大堆似是而非的知识或理，对人自身的修养和人类社会的发展是否有益，也要存疑。阳明干脆否定这样格物致知的结果，这样获得的不是真正的理，而是人为的对气的知识，也即闻见之知。只有找到理的本源，才能掌握真正的理，而在理所生成的气化万物中去寻找理，找到的不过是似是而非的知识，且这样的知识无穷无尽，穷尽所有人的努力也无法完成。更悲哀的是，在这些气化节目中找到的理可能根本不是真正的理，"认气作理，冥悍自信，终身勤苦而卒无所得，斯诚可哀矣"。

到这里，其实已经触及阳明在程朱理学基础上改造的宇宙论或本体论了，而两种不同的宇宙论或本体论导致的是两种不同的天人合一。程朱理学认为，理或性是宇宙本源，是本体，本体如何生成宇宙呢？由理或性生成气来完成。既然气来自理或性，那么气化的万物也就分有了理或性，所谓"一本万殊"。如何去认识理或性呢？就到万事万物中去寻找，因为万事万物都分有了理或性。等到人们把万事万物的理或性穷尽了，就能知晓作为本体的、大全的理或性了。在这里我们看到了一种天人合一，但这种天人合一是在天人分离的前提下进行的。程朱的理或性生成气之后，理或性还存在，如此就导致了两个理或性：作为本源的理或性，作为万物中的理或性。而在阳明看来，理或性只能有一个，如果成了两个，那么其中一个必然是假的。两个理或性的存在最终使理或性成为不可能。而且，这种性气两分导致了天人分离，体现在两个层面：一是天理或性与人心的分离，二是人心与万物的分离。这两个层面的分离又导致了万事万物的分离，整个世界就是支离破碎的。程朱所追求的天人合一只能是将这些支离的世界勉强粘贴。

为了保证这一理或性，阳明对程朱的宇宙论做了修改。作为本源的理或性不再是一个僵化的实体，而是一个无形无相的活泼泼的存在，"道无方体，不可执着"[1]，"道"说的也是理或性。理或性生成万物的方式，并不是鸡下蛋那样的鸡、蛋分离，

---

[1] 王守仁. 王阳明全集：上 [M]. 吴光，钱明，董平，等编校. 上海：上海古籍出版社，1992：21. 这出自《传习录》上篇中的陆澄、薛侃卷，时间大概在1514年。

而是蛋整个化成了鸡,也即理或性全然化成了气,气则化生成万物,其中包括人。因此,无论是在先天还是后天,天人都是合一的。天人共此一理、一性、一气。① 那么这一理或性还在吗?怎样才能被体悟到呢?理或性既然化成了万物,就只能从万物中去体悟。但并不是从事事物物中去找寻各自的理或性,而是要找到那个唯一的、整体的理或性。具有超越具体的万事万物去体悟并把握整体之理或性的,只有人及其心。在天地间,人及其心是最灵的存在,只有心的虚灵无方才配得上无形无相的理或性。而且,理或性的化生是生生不息的,在已发的万物中,理或性要依然保有这样的能力,以便完成宇宙的生成和运转。有资格保有这种能力的,只有人及其心了。所以,理或性,先天存在于人心中。要寻找整体的理或性,就只能从心上着手。阳明的宇宙论与程朱不同,其逻辑更符合天人合一之旨。

因此,阳明强调要寻找理,真正的理才是学问的目标,而不是气中之理。阳明在理气、性气的关系上超越了程朱。程朱虽然也讲理气或性气合一,但在具体操作时将它们看成两种存在,两种存在分别具有自己的本质,最典型的就是义理之性与气质之性的区分。这种区分就是程朱天人两分、心物两分的结果。如此两分就产生了两性:天道或天理是性,而万事万物也有自己的性;心要获得自己的性,万物也有自己的性。阳明则明确了性、理只有一个,而气不是性、理。性、理不在万事万物中,只在人心中。深陷程朱理学、向外逐物的人们不自知,所以阳明说"人心陷溺已久"。他迫切希望朋友们能分享他所体悟到的新学,并认为这才是通往圣学的正确路径,"期与诸君共明此学,固不以自任为嫌而避之"。为此,阳明既兴奋又担忧,兴奋的是终于找到圣学的钥匙,担忧的是怕其过于激进新异,不被世人认可。所以他只想将他的心学向有资格或意向的人阐明,"乡里后进中有可言者,即与接引,此本分内事,勿谓不暇也"。他谦虚地认为他的心学只是通向圣学的媒介,"譬之婚姻,聊为诸君之媒妁而已"。此媒介已经是难能可贵了。

---

① 见《传习录》上篇中的陆澄、薛侃卷:"性一而已:自其形体也谓之天,主宰也谓之帝,流行也谓之命,赋于人也谓之性,主于身也谓之心;心之发也,遇父便谓之孝,遇君便谓之忠,自此以往,名至于无穷,只一性而已。"(王守仁. 王阳明全集:上 [M]. 吴光,钱明,董平,等编校. 上海:上海古籍出版社,1992:15.) 时间大概在1514年。

第四章 天人合一：心的新发现和心学的建立

第二节 心学的建立

1513年，在《与王纯甫》中，阳明明确提出了性、善并不在事事物物上，而在人心，性、善并不是抽象的存在，它与物是一体的。由此，阳明提出了著名的心外无物、心外无事、心外无理、心外无义、心外无善等命题，标志着其心学已经初步完成。他说：

夫心主于身，性具于心，善原于性，孟子之言性善是也。善即吾之性，无形体可指，无方所可定，夫岂自为一物，可从何处得来者乎？故曰受病处亦在此。纯甫之意，盖未察夫圣门之实学，而尚狃于后世之训诂，以为事事物物，各有至善，必须从事事物物求个至善，而后谓之明善，故有"原从何处得来，今在何处"之语。纯甫之心，殆亦疑我之或堕于空虚也，故假是说以发我之蔽。吾亦非不知感纯甫此意，其实不然也。夫在物为理，处物为义，在性为善，因所指而异其名，实皆吾之心也。心外无物，心外无事，心外无理，心外无义，心外无善。吾心之处事物，纯乎理而无人伪之杂，谓之善，非在事物有定所之可求也。处物为义，是吾心之得其宜也，义非在外可袭而取也。格者，格此也；致者，致此也。必曰事事物物上求个至善，是离而二之也。伊川所云"才用彼即晓此"，是犹谓之二。性无彼此，理无彼此，善无彼此也。纯甫所谓"明之之功当何如？人头处当何如？与诚身有先后次第否？诚是诚个甚的？"且纯甫之意，必以明善自有明善之功，诚身又有诚身之功也。若区区之意，则以明善为诚身之功也。夫诚者，无妄之谓。诚身之诚，则欲其无妄之谓。诚之功，则明善是也。故博学者，学此也；审问者，问此也；慎思者，思此也；明辩者，辩此也；笃行者，行此也。皆所以明善而为诚之之功也。故诚身有道，明善者，诚身之道也；不明乎善，不诚乎身矣。非明善之外别有所谓诚身之功也。诚身之始，身犹未诚也，故谓之明善；明善之极，则身诚矣。若谓自有明善之功，又有诚身之功，是离而二之也，难乎免于毫厘千里之谬矣。①

阳明认为，性、善原本就在人心，理、义也是如此。心及其性并不是僵化的实

---

① 王守仁. 王阳明全集：上 [M]. 吴光, 钱明, 董平, 等编校. 上海：上海古籍出版社，1992：155-156.

体，而是无形的，其与物合为一体。当心接触事物时，理、义、性、善自然呈现。所以，理、义、性、善并不在事事物物，而是在人心。如前所述，万事万物共此一理、一性，人心与事物也就没有截然的区分，心、事、物是一体，"心外无物，心外无事，心外无理，心外无义，心外无善"。这正是天人合一、心物合一的绝佳体现。所谓的格物致知，也是在心物合一、心理合一的状态下实现，而不是如程朱所说的去事事物物中寻找理、善，这是将心理、心物一分为二的表现。如果说此前阳明尊奉程朱格物之学，将心归于物，那么此时的阳明则将物归于心。这是两种不同的天人合一。程朱的天人合一是将天人先分离，然后统一于物，这样的合一看起来不像是真正的合一，而是心与物的黏合，以物填心，如此心就消失了，整体之理或性也不可得，只剩下无穷尽的支离的具体事物的理或性。阳明的合一是心物的融合，就像头脑与身体的整体合一，心具有理或性，但需要与物相接，由其触发，心物只此一理，物不再具有独立于心之外的理，于是物不独立于心之外，理也不在心之外，心外无理、心物合一。这更接近天人合一之旨。天人合一、心物一体，在阳明日后的万物一体学说中将会更加透彻地体现出来。

王纯甫所谓的诚身明善也就是一体之存在。诚身的开始是明善之始，而明善的完成则是诚身的完成。不是说有诚身之功，又有明善之功，这就是一分为二了。可见，阳明已经将心物、心理、格致、诚明等都打通了，这是悟到真正的天人合一后必然的结果。程朱的支离已经被他克服，一种全新的儒学诞生了。

阳明此时唯一担心的是他的心学会被误解为佛老空寂之学，就像不久前他批判为己之学那样，"纯甫之心，殆亦疑我之或堕于空虚也"。但此心学非彼心学，以后，阳明有一系列精密的机理来阐释其心学是实学。

1514年，在《答王天宇》中，阳明再次阐明了只有一心且心物一体之旨，他说：

天宇自谓"有志而不能笃"，不知所谓志者果何如？其不能笃者又谁也？谓"圣贤之学能静，可以制动"，不知若何而能静？静与动有二心乎？谓"临政行事之际，把捉摸拟，强之使归于道，固亦卒有所未能，然造次颠沛必于是"者，不知如何其为功？谓"开卷有得，接贤人君子便自触发"，不知所触发者何物？又"赖二事而后触发"，则二事之外所作何务？当是之时，所谓志者果何在也？凡此数语，非天宇实用其力不能有。然亦足以见讲学之未明，故尚有此耳。或思之有得，不厌

第四章 天人合一:心的新发现和心学的建立

寄示。

　　…………

　　来书云:"诚身以格物,乍读不能无疑,既而细询之希颜,始悉其说。"区区未尝有"诚身格物"之说,岂出于希颜邪?鄙意但谓君子之学以诚意为主。格物致知者,诚意之功也。犹饥者以求饱为事,饮食者,求饱之事也。希颜颇悉鄙意,不应有此。或恐一时言之未莹耳。幸更细讲之。

　　又云:"《大学》一书,古人为学次第。朱先生谓'穷理之极而后意诚',其与所谓'居敬穷理'非存心无以致知'者,固相为矛盾矣。盖居敬存心之说补于传文,而圣经所指,直谓其穷理而后心正。初学之士,执经而不考传,其流之弊,安得不至于支离邪!"《大学》次第,但言物格而后知至,知至而后意诚。若"穷理之极而后意诚",此则朱先生之说如此。其间亦自无大相矛盾。但于《大学》本旨,却恐未尽合耳。"非存心无以致知",此语不独于《大学》未尽,就于《中庸》"尊德性而道问学"之旨,亦或有未尽。然此等处言之甚长,非面悉不可。后之学者,附会于《补传》而不深考于经旨,牵制于文义而不体认于身心,是以往往失之支离而卒无所得,恐非执经而不考传之过也。

　　又云:"不由穷理而遽加诚身之功,恐诚非所诚,适足以为伪而已矣。"此言甚善。但不知诚身之功又何如作用耳,幸体认之!

　　又言:"譬之行道者,如大都为所归宿之地,犹所谓至善也。行道者不辞险阻,决意向前,犹存心也。如使斯人不识大都所在,泛焉欲往,其不南走越北走胡几希矣。"此譬大略皆是,但以不辞险阻艰难,决意向前,别为存心,未免牵合之苦,而不得其要耳。夫不辞险阻艰难,决意向前,此正是诚意之意。审如是,则其所以问道途,具资斧,戒舟车,皆有不容已者。不然,又安在其为决意向前,而亦安所前乎?夫不识大都所在而泛焉欲往,则亦欲往而已,未尝真往也。惟其欲往而未尝真往,是以道途之不问,资斧之不具,舟车之不戒。若决意向前,则真往矣。真往者,能如是乎?此最工夫切要者,以天宇之高明笃实而反求之,自当不言而喻矣。

　　又云:"格物之说,昔人以扞去外物为言矣。扞去外物则此心存矣。心存,则所以致知者,皆是为己。"如此说,却是"扞去外物"为一事,"致知"又为一事。"扞去外物"之说,亦未为甚害,然止扞御于其外,则亦未有拔去病根之意,非所谓"克己求仁"之功矣。区区格物之说亦不如此。《大学》之所谓"诚意",即

《中庸》之所谓"诚身"也。《大学》之所谓"格物致知",即《中庸》之所谓"明善"也。博学、审问、慎思、明辨、笃行,皆所谓明善而为诚身之功也,非明善之外别有所谓诚身之功也。格物致知之外,又岂别有所谓诚意之功乎?《书》之所谓"精一",《语》之所谓"博文约礼",《中庸》之所谓"尊德性而道问学",皆若此而已。是乃学问用功之要,所谓毫厘之差,千里之谬者也。

心之精微,口莫能述,亦岂笔端所能尽已!喜荣擢北上有期矣,倘能迂道江滨,谋一夕之话,庶几能有所发明。冗遽中,不悉。①

这里讨论的都是一心和心物一体的问题。一开始,阳明就将心分成了两个:一个是静的心,一个是动的心。静的心是那个已经得到天道的心,而动的心则是向万物求道的心。道分裂为两个,心也分裂为两个,心和物也是分离的。这样,无论做什么都是分裂的,立志的心和笃定的心是分离的,道与"临政行事"是分离的,即道事分离,等等。阳明认为王天宇讲学不明,还陷于支离两分的境地,"然亦足以见讲学之未明,故尚有此耳"。

这样的两分也延续到王天宇的诚身格物之说上。阳明提醒,他不曾提倡此说,也未曾对希颜提起过,"区区未尝有'诚身格物'之说,岂出于希颜邪"?因为这样就是将诚身和格物分看为两个功夫。在阳明看来,诚身格物是一个东西,只说诚身即可。诚身即诚意、诚心,而格物致知不过是诚意或诚心的功夫而已,所以只要说诚意即可,"君子之学以诚意为主,格物致知者,诚意之功也"。也就是说,诚意已经包括诚意之功夫即格物致知,不必再强调格物致知,仿佛格物致知是在诚意之外的另一种功夫。对阳明来说,诚意指的就是心,而一说心就是心物一体之心,不可将心视为一种功夫,将格物又视为另一种功夫。心只有一个,其功夫也只有一个。心(诚意)物(格物)合一、本体功夫合一。阳明做了一个比喻,诚意就像求饱一样,格物致知是饱食的过程,这两个本就是一件事。诚意就是求道,而格物致知则是求道的具体过程。这是一个以诚意为主宰的完整过程,不是断为两截的两种功夫。这已经有一点知行合一的影子了,而心物合一的逻辑与知行合一的逻辑是一致的。

根据心物合一的逻辑,阳明批判了王天宇所引的朱子对《大学》宗旨的阐释。

---

① 王守仁. 王阳明全集:上 [M]. 吴光,钱明,董平,等编校. 上海:上海古籍出版社,1992:162-165.

第四章 天人合一：心的新发现和心学的建立

在阳明看来，朱子对《大学》格物、致知、诚意等条目的先后顺序的排列看似有道理，如"物格而后知至，知至而后意诚。若'穷理之极而后意诚'"，但恐怕并不符合《大学》的本旨，"但于《大学》本旨，却恐未尽合耳"。因为这都是在心物分离的前提下产生的。格物、致知、诚意都成了独立的功夫和条目，心也分成了若干段，而"穷理之极而后意诚"的逻辑与这些分离的条目是一致的。这样的学问只能陷入支离的境地。在《答懋贞少参》中，阳明对"非存心无以致知，而存心者又不可以不致知"这样的体用合一推崇备至，此时的阳明已经发现存心和致知两分的局限了。这样的体用合一不是真正的合一，而是两种独立功夫的粘贴。他批评"非存心无以致知"和"穷理之极而后意诚"犯了同样的支离错误。这种支离的解释不仅不能恰当理解《大学》，也不能用于解释《中庸》的"尊德性而道问学"之旨，因为它会使尊德性和道问学也成为分离的两种功夫。这些都是支离之病，是其身心分裂的结果，"牵制于文义而不体认于身心，是以往往失之支离而卒无所得"。身心分裂，导致心的分裂，进而心物分离，支离之病由此而起。这一切的根源是天人分离。日后阳明会揭示。

接下来王天宇将至善之知比喻为一种归宿，如大都，而将存心比喻为通往大都的过程，这一过程上有各种艰难险阻。这是将道视为一种独立的本体，人心求道的过程则是另一种功夫。本体和功夫像两个互不相干的存在。这样的分离的结果是，本体虽说是本体，但也和功夫一样。本体和功夫就像同一层面的两段功夫。阳明认为这又是支离之病，使得至善之道和存心求道成了两截功夫，是不得要领的，"但以不辞险阻艰难，决意向前，别为存心，未免牵合之苦，而不得其要耳"。这种两截的拼接是牵强附会的。阳明认为，这两种功夫本是一个，只需一个诚意即可。诚意之初，意中已经有一个至善存在，"夫不识大都所在而泛焉欲往，则亦欲往而已，未尝真往也"。至善并不是一个抽象的实体性的存在，它是需要在意的不断展开中逐渐展现自己的。因此，所谓的问路途，准备工具、舟马等都是意之功夫的展开，也是至善完成的过程。如果是真正的诚意，意刚产生，就要开始行动或做功夫了。诚意和诚意之功是不可分离的，也即真知必同时是行。"惟其欲往而未尝真往，是以道途之不问，资斧之不具，舟车之不戒。若决意向前，则真往矣。真往者，能如是乎？"大都的意识和通往大都的过程不是分离的两段，真正向往大都，必然会同时展开这些过程。"审如是，则其所以问道途，具资斧，戒舟车，皆有不容已者。"

知行不可分。所以，诚意和诚意之功、至善和功夫本是一回事，不能两立，这也是阳明后来的知行合一之旨。

最后，阳明又指出了王天宇格物之说的支离之病。王天宇不仅将格物致知与诚意分离，而且将格物与致知也分为两段。真是一处支离，处处皆支离。阳明再次强调，格物致知皆是诚意之功夫，它们是一事。阳明还将此一心和心物合一的逻辑进一步发挥，把《大学》之旨与《中庸》之旨进行了融通。《大学》的"诚意"和"格物致知"分别对应《中庸》的"诚身"和"明善"（博学、审问、慎思、明辨、笃行）。"格物致知"是"诚意"的功夫，"明善"则是"诚身"的功夫。所有这些说的都是一事。所以，学问只有一事，只需"诚意"或"诚身"即可，其中已经包含了"格物致知"或"明善"的功夫，而"诚意"或"诚身"只是一心而已。这一心就是《尚书》中所说的"精一"，《论语》中说的"博文约礼"，《中庸》中所说的"尊德性而道问学"。阳明通过心物合一之心将所有学问都融通了，一心是所有学问的关窍，"是乃学问用功之要"。但此心之学又是精微无比，"心之精微，口莫能述"，稍有不慎，就可能陷入支离，"所谓毫厘之差，千里之谬者也"。

可见，阳明在悟透了心物一体、只此一心后，所有的功夫条目都全部融通了。此后其心学日益纯熟。

1515年，在《赠林典卿归省序》中，阳明将诚意或诚心之学建立在了天人合一的基础上。林典问学于阳明，阳明只说立诚而已。林典不明，认为天地间万物纷然，从日月星辰到人物草木，不可穷尽，怎么一个诚字就能涵盖。阳明说可以。诚即实理，就是万物之本。这一实理是知行合一、体用合一的，无处不在。在天地是日月星辰之运、四时之行，以此类推以至无穷；在人物则可以是群，是等级，是夷狄，以此类推以至无穷。这都是诚之功，"立诚尽之矣。夫诚，实理也。其在天地，则其丽焉者，则其明焉者，则其行焉者，则其引类而言之不可穷焉者，皆诚也；其在人物，则其蕃焉者，则其群焉者，则其分焉者，则其引类而言之不可尽焉者，皆诚也"①。所以，一个诚就足够了。而且天地宇宙只此一诚，不可以再有增益，有的话，就是将诚一分为二了，而这就是虚假的，"夫诚，一而已矣，故不可复有所益。

---

① 王守仁. 王阳明全集：上 [M]. 吴光，钱明，董平，等编校. 上海：上海古籍出版社，1992：235.

第四章 天人合一：心的新发现和心学的建立

益之是为二也，二则伪，故诚不可益。不可益，故至诚无息"①。这一"诚"，也就是《大学》的"诚意"或《中庸》的"诚身"，其本质就是心。此心与天理合一，这是天人合一的典型体现。天地万物都将不在心之外，而是天人合一、心物一体的。天地间也就只此一理，只此一心，只此一诚。

1515年，在《紫阳书院集序》中，阳明从心学的视角重新审视了朱子之学，由此更能凸显阳明心学的特点以及他对朱子之学的超越。其文曰：

德有本而学有要，不于其本而泛焉以从事，高之而虚无，卑之而支离，终亦流荡失宗，劳而无得矣。是故君子之学，惟求得其心。虽至于位天地，育万物，未有出于吾心之外也。孟氏所谓"学问之道无他，求其放心而已矣"者，一言以蔽之。故博学者，学此者也；审问者，问此者也；慎思者，思此者也；明辨者，辨此者也；笃行者，行此者也。心外无事，心外无理，故心外无学。是故于父，子尽吾心之仁；于君，臣尽吾心之义；言吾心之忠信，行吾心之笃敬；惩心忿，窒心欲，迁心善，改心过；处事接物，无所往而非求尽吾心以自慊也。譬之植焉，心其根也；学也者，其培拥之者也，灌溉之者也，扶植而删锄之者也，无非有事于根焉耳矣。朱子白鹿之规，首之以五教之目，次之以为学之方，又次之以处事接物之要，若各为一事而不相蒙者。斯殆朱子平日之意，所谓"随事精察而力行之，庶几一旦贯通之妙也"欤？然而世之学者，往往遂失之支离琐屑，色庄外驰，而流入于口耳声利之习。岂朱子之教使然哉？故吾因诸士之请，而特原其本以相勖。庶几乎操存讲习之有要，亦所以发明朱子未尽之意也。②

阳明说，君子之学的根本在于心。天地运转、万物化育，都不在心之外。换句话说，天地万物与心是一体的，这就是天人合一、心外无物。宇宙的运转皆是心之功。心就是所有的一切。审问、慎思、明辨、笃行的都是心。所以是"心外无事，心外无理"。既然一切皆在心，那么学也是一样，即"心外无学"。无论是父子之仁、君臣之义、言行之忠信笃敬、迁善改过、处事接物，都是心。心是根，而学则是对根的灌溉，学不离心。而朱子所作的白鹿洞书院的教规却是支离的，"首之以

---

① 王守仁. 王阳明全集：上 [M]. 吴光，钱明，董平，等编校. 上海：上海古籍出版社，1992：235.

② 王守仁. 王阳明全集：上 [M]. 吴光，钱明，董平，等编校. 上海：上海古籍出版社，1992：239-240.

五教之目，次之以为学之方，又次之以处事接物之要，若各为一事而不相蒙者"。没有点明心是根本，这是朱子平常强调"随事精察而力行之"的结果，容易使人患上支离之病。阳明认为，只有点明了心这一根本，才能使朱子教规更容易被理解，从而避免陷入支离之病。回到本心，是朱子之学的未尽之意，需要后人深入体会，不要误解朱子。"世之学者，往往遂失之支离琐屑，色庄外驰，而流入于口耳声利之习。岂朱子之教使然哉？故吾因诸士之请，而特原其本以相勖。庶几乎操存讲习之有要，亦所以发明朱子未尽之意也。"显然，阳明在为朱子进行勉强的辩护，一方面为了维护朱子的权威，另一方面也可以使自己的学说更容易被接受。

1518年，在《寄诸弟》中，阳明对心又有一番探讨，提出了至善本心人人具足的观点，他说：

本心之明，皎如白日，无有有过而不自知者，但患不能改耳。一念改过，当时即得本心。人孰无过？改之为贵。蘧伯玉，大贤也，惟曰"欲寡其过而未能"。成汤、孔子，大圣也，亦惟曰"改过不吝，可以无大过"而已。有皆曰人非尧舜，安能无过？此亦相沿之说，未足以知尧舜之心。若尧舜之心而自以为无过，即非所以为圣人矣。其相授受之言曰："人心惟危，道心惟微，惟精惟一，允执厥中。"彼其自以为人心之惟危也，则其心亦与人同耳。危即过也，惟其兢兢业业，尝加"精一"之功，是以能"允执厥中"而免于过。古之圣贤时时自见己过而改之，是以能无过，非其心果与人异也。"戒慎不睹，恐惧不闻"者，时时自见己过之功。吾近来实见此学有用力处，但为平日习染深痼，克治欠勇，故切切预为弟辈言之。毋使亦如吾之习染即深，而后克治之难也。①

在这里，本心之明就是前面所说的仁或善的自足。虽然说心是至善的，但却会被遮蔽，这些遮蔽就是各种过错。过错如何产生后面会有交代。由于心本是至善澄明的，像太阳一样，因而对所有的过错都会知晓，"本心之明，皎如白日，无有有过而不自知者"。知错而能改，就能恢复本心的至善状态。

由此，阳明提出了人人都可成为圣贤的观点。圣贤和所有人一样，都会有过错，但只要改过了，就一样是至善的，都是可贵的。"人孰无过？改之为贵。"这样看来，人和圣贤平等就表现为两种情况：一种是在都会有过这一意义上的平等；一种

---

① 王守仁. 王阳明全集：上 [M]. 吴光，钱明，董平，等编校. 上海：上海古籍出版社，1992：172.

是在改过后都会复归至善本心这一意义上的平等。至善本心对所有人都是一样的。这也是后来阳明所说的良知。

阳明根据这两种平等观批评传统的一个观点，即："人非尧舜，孰能无过？"这种观点部分地有一点平等的意思，即当人们不是圣贤时，都会犯错，在这一意义上，大家是平等的。但其实，这个观点依然隐含着不平等，即圣贤是无过的。这形成了普遍卑微而有过错的大众和完美圣贤之间的鲜明对比，这种观点下，不平等的底色远远超过了平等的倾向。

但是阳明推进了平等的倾向，他认为圣贤和凡众一样是有过错的，把圣贤从完美圣坛上拉了下来。他举例说，尧舜等和一般人一样都会犯错，犯错能改才使其成了圣贤，"古之圣贤时时自见己过而改之，是以能无过，非其心果与人异也"。只要人人都能见过改过，就可以成为圣贤。认为圣贤不会有过错，是不了解圣人之心的，圣人所说的"人心惟危，道心惟微"，说的就是圣人之心与一般人心无异，都会犯过错，"其相授受之言曰：'人心惟危，道心惟微，惟精惟一，允执厥中。'彼其自以为人心之惟危也，则其心亦与人同耳"。自以为不会有过错的人，是不能成为圣人的，"尧舜之心而自以为无过，即非所以为圣人矣"。能成为圣人的，只能是谨小慎微地对待自己的行为，一发现过错就立即改正的人，"惟其兢兢业业，尝加'精一'之功，是以能'允执厥中'而免于过"。

那么，阳明的观点真能带来平等吗？如果从他的第一种平等的观点出发，即人人都有过错这一层面，是有可能造就平等的。但人人都会有过错，即都是不完美的人的状态，恰恰是被否定的。阳明和儒家思想在否定人的不完美状态方面，立场是一致的，有过错的人一定要改过，不完美的人必须要不断战胜自己的缺陷，成为完美至善之人。他们都设置了人的最高点或终点。在阳明看来，人一定要不断自我反省，修止所有的过错，成为圣贤。"'戒慎不睹，恐惧不闻'者，时时自见己过之功。吾近来实见此学有用力处，但为平日习染深痼，克治欠勇，故切切预为弟辈言之。毋使亦如吾之习染即深，而后克治之难也。"人的各种毛病一定要去除，成为完人。安于现状、停留于不完美状态的人是被批判和教化的对象，而以会犯错为合理、以不完美为荣者的下场则是被唾骂和抛弃。

所以，在阳明这里不可能推出现代意义上的平等，即肯定人是自私、会犯错的平等。这种肯定缺陷的平等，并不强求人们达到一个终极的善的目标，而只求其保住底线,即不侵害他人生命财产安全。这样,人才会得到最大程度的平等和自由。

第一种平等在阳明这里基本是被否定的,那么第二种平等如何呢?第二种平等即人人成为圣贤的平等,这种平等基本是虚幻的,只是一种理想的设想而已。由于这一圣贤理想是最高点或终点,因而在现实中就注定很少有人能达到。这样的社会如何统治和管理呢?这一思想体系从一开始就设定了对完美的崇拜,具有统治资格的就只能是改过能力较强的圣贤或接近圣贤的精英了。那些改过能力较弱甚至有过也不怎么改的庸众,就是被统治和教化的对象。所以,人人成圣的平等实际建立起的是精英不平等统治。

这就像儒家提倡的人性善一样,认为人应该是善的,在善这一终极存在面前,人人是平等的,但建立起的社会却是一个不平等的等级权威体系。究其原因,是因为其平等的基点建立在最高点或终点,而现实中的人们在这个最高标准面前,都是不合格的。但儒家并不就此承认所有人的不合格或不完美,而是力求在人群当中找到那些可以改过接近圣贤的精英,由他们教化和规训那些看上去更不合格的大众。从最高点或终点设计出的平等,带来的并不是平等所产生的自由,而是精英对大众的教化和规训。真正能产生平等和自由的,是在最低点产生的平等,即承认所有人都会犯过错、都不完美。传统的精英们过去崇拜高明、玄远和完美的存在,根本不承认人有缺陷的常态。在这种高标准之下,所有人其实是没有行为自由的,任何自主行为都会被贴上过错的标签。最终,这种追求终极圣人的平等所带来的结果,是极为不平等的教化和训诫。

1518年,阳明作《大学古本序》,将其多年研习《大学》的成果做了总结。他用"诚意"这一条目将《大学》中所有的条目都打通了。"诚意"即诚心,奠定了其心学的基础。其言曰:

《大学》之要,诚意而已矣。诚意之功,格物而已矣。诚意之极,止至善而已矣。止至善之则,致知而已矣。正心,复其体也;修身,著其用也。以言乎己,谓之明德;以言乎人,谓之亲民;以言乎天地之间,则备矣。是故至善也者,心之本体也。动而后有不善,而本体之知,未尝不知也。意者,其动也。物者,其事也。至其本体之知,而动无不善。然非即其事而格之,则亦无以致其知。故致知者,诚意之本也。格物者,致知之实也。物格则知致意诚,而有以复其本体,是之谓止至善。圣人惧人之求之于外也,而反覆其辞。旧本析而圣人之意亡矣。

第四章 天人合一：心的新发现和心学的建立

是故不务于诚意而徒以格物者，谓之支；不事于格物而徒以诚意者，谓之虚；不本于致知而徒以格物诚意者，谓之妄。支与虚与妄，其于至善也远矣。合之以敬而益缀，补之以传而益离。吾惧学之日远于至善也，去分章而复旧本，傍为之什，以引其义。庶几复见圣人之心，而求之者有其要。噫！乃若致知，则存乎心；悟致知焉，尽矣。①

阳明认为，《大学》的核心，诚意而已。格物是诚意的功夫，致知是诚意的根本，通过致知到达至善是诚意的最终目的，而至善是心之本体。正心就是要复归至善本体，修身则是至善本体的功用。修身在自己而言是明德，在和他人交往过程中的修身就是亲民，修身表现在天地中则是平天下。这就是说，至善本体可达用于天地万物。至善本体本无不善，但会受到蒙蔽从而产生不善，对此至善本体亦会察觉。致知不通过格物，是无法有知的。格物是致知，是实功。只有通过格物致知，诚意才能到达至善。也就是说，正常的顺序是格物、致知、诚意、正心，而不是《大学》中所说的正心、诚意、致知、格物。圣贤担心人们陷入格物支离之中，才从正心开始。圣贤所说的是有道理的。不通过诚意而只是去格物，会陷于支离；不通过格物而只是诚意会陷入虚空；不致知归于至善而只是格物诚意，就会陷入混乱。这些都无法达到至善。后人没有弄清楚圣贤的意思，妄加补缀，反而使其更加繁琐支离。阳明担心其学问离至善越来越远，才恢复《大学》古本，以期保存圣贤之心。

阳明所阐释的《大学》将诚意通达至善本体作为重心，就是对心的强调。阳明将整个宇宙通过至善本体的体用合一逻辑整合起来，这个体用合一逻辑也将正心、诚意、致知、格物等条目串联起来，融为一体。这是宋明理学宇宙论和体用合一逻辑的继承和发展。由于程朱理学逻辑出现断裂，阳明对其进行了改善，从而使体用合一逻辑更加到位，避免了程朱理学支离之病。

在这里，阳明还在从"诚意"入手进行整合，但我们能看出，其中的关窍更应该是至善本体。日后，阳明将论述的重心从诚意转移到至善本体，至善本体就是阳明后来所说的"良知"。

1519年，在《答甘泉》中，阳明将"诚意"换成"心"，朝着心学更迈进了一

---

① 王守仁. 王阳明全集：上 [M]. 吴光, 钱明, 董平, 等编校. 上海：上海古籍出版社, 1992：242-243.

步。此心本来具有理,不必外求,他说:"此心同,此理同,苟知用力于此,虽百虑殊途,同归一致。不然,虽字字而证,句句而求,其始也毫厘,其末也千里。……向在龙江舟次,亦尝进其《大学》旧本及格物诸说,兄时未以为然,而仆亦遂置不复强聒者,知兄之不久自当释然于此也。乃今果获所愿,喜跃何可言!昆仑之源,有时而伏流,终必达于海也。仆婺人也,虽获夜光之璧,人将不信,必且以谓其为妄为伪。金璧入于猗顿之室,自此至宝得以昭明于天下,仅亦免于遗璧之罪矣。虽然,是喻犹二也。夜光之璧,外求而得也;此则于吾所固有,无待于外也,偶遗忘之耳;未尝遗忘也,偶蒙翳之耳。"① 人们同具一心,心同具一理。理就像夜光之璧,本来就在心。只是人们要么忘了,要么被其蒙蔽了,才会意识不到。阳明谈起自己是从《大学》格物之说中悟到此心学的。当他和甘泉讨论时,发现甘泉还处于向外求理的状态,所以并没有点破。现在甘泉逐渐认可此心学,阳明向其道贺。

1520年,王阳明在《复唐虞佐》中表明了自己要坚持探讨和讲授新学说的决心。自从阳明发明诚意之学以后,按捺不住内心的喜悦,不免到处与人宣讲切磋,"区区之心,亦自有不容已者"②,影响越来越大。但由于其心物一体、心外无理的学说与流行的程朱理学以及古儒学差异较大,必然会导致时儒的批评和排斥。水平低的人认为他的一体之学过于高玄,难以实现;自视甚高的人认为他的心学并无甚发明,只是一些虚谈和赘说。"故在今时,非独其庸下者自分以为不可为,虽高者特达,皆以此学为长物,视之为虚谈赘说,亦许时矣。"③ 这时能够找到几个知音,真是莫大的喜悦,"当此之时,苟有一念相寻于此,真所谓'空谷足音,见似人者喜矣'"④。

唐虞佐提醒阳明,他的新异之学有可能会遭到时人的非议,还是要谨慎些,他暗示阳明"撤讲慎择"⑤。阳明感谢朋友的关心,但他认为,此学就是圣学的真传,后世之人忽视了此心,才会以其为怪。"圣贤之道,坦若大路,夫妇之愚,

---

① 王守仁. 王阳明全集:上 [M]. 吴光,钱明,董平,等编校. 上海:上海古籍出版社,1992:173-174.

② 王守仁. 王阳明全集:上 [M]. 吴光,钱明,董平,等编校. 上海:上海古籍出版社,1992:176.

③ 王守仁. 王阳明全集:上 [M]. 吴光,钱明,董平,等编校. 上海:上海古籍出版社,1992:176.

④ 王守仁. 王阳明全集:上 [M]. 吴光,钱明,董平,等编校. 上海:上海古籍出版社,1992:176.

⑤ 王守仁. 王阳明全集:上 [M]. 吴光,钱明,董平,等编校. 上海:上海古籍出版社,1992:176.

第四章 天人合一：心的新发现和心学的建立

可以与知。而后之论者，忽近求远，舍易图难，遂使老师宿儒皆不敢轻议。"① 人们受程朱支离之学的误导，才舍近求远，舍易图难，逐物求知，不知已经误入歧途。

阳明也知道发明新学会有滥竽充数的危险，"岂无滥竽假道之弊"②。但他认为，真竽就在这些滥竽之中，金子就在沙之中。如果怕成为滥竽就不去尝试各种探索，是不会找到真道的。"但在我不可以此意逆之，亦将于此以求其真者耳。正如淘金于沙，非不知沙之汰而去者且十九，然亦未能即舍沙而别以淘金为也。"③ 阳明对自己悟到的新格物之学是有信心的，他决心坚持下去，他引用孔孟的话鼓励自己，"孔子云：'与其进也，不与其退也，唯何甚。'孟子云：'君子之设科也，来者不拒，往者不追。'苟以是心至，斯受之而已矣"④。以孔孟只进不退、来者不拒的决心去坚持自己的学说，就没有问题了，任何结果他都能坦然接受，显示出阳明的自信和坚毅。

1520年，罗钦顺以书信问学，阳明写了《答罗整庵少宰书》，详细阐明了自己近年来对《大学》的体悟。此前，为了免于支离，阳明以诚意、诚心进行阐释，而到了圆融阶段后，则可以任何条目来对其进行阐释。阳明已经将心、意、知、物完全打通，他不再担心有人用格物之学来称呼自己的学说，因为他的格物完全不同于程朱理学的格物。在《传习录》中篇的序言中，编者介绍此文是对格物之学的经典论述，"格物为学者用力日可见之地"⑤。这没有说清楚，阳明其实是在本体的意义上来论格物的，格的是心物一体之"物"。其文曰：

来教谓某"《大学》古本之复，以人之为学但当求之于内，而程、朱格物之说不免求之于外，遂去朱子之分章而削其所补之传"。非敢然也。学岂有内外乎？《大学》古本乃孔门相传旧本耳。朱子疑其有所脱误，而改正补缉之。在某则谓其本无脱误，悉从其旧而已矣。失在于过信孔子则有之，非故去朱子之分章而削其传也。夫学贵得之心。求之于心而非也，虽其言之出于孔子，不敢以为是也，而况其未及

---

① 王守仁. 王阳明全集：上 [M]. 吴光，钱明，董平，等编校. 上海：上海古籍出版社，1992：176.
② 王守仁. 王阳明全集：上 [M]. 吴光，钱明，董平，等编校. 上海：上海古籍出版社，1992：176.
③ 王守仁. 王阳明全集：上 [M]. 吴光，钱明，董平，等编校. 上海：上海古籍出版社，1992：176.
④ 王守仁. 王阳明全集：上 [M]. 吴光，钱明，董平，等编校. 上海：上海古籍出版社，1992：176.
⑤ 王守仁. 王阳明全集：上 [M]. 吴光，钱明，董平，等编校. 上海：上海古籍出版社，1992：40.

孔子者乎！求之于心而是也，虽其言之出于庸常，不敢以为非也，而况其出于孔子者乎！且旧本之传数千载矣，今读其文词，既明白而可通；论其工夫，又易简而可入，亦何所按据而断其此段之必在于彼，彼段之必在于此，与此之如何而缺，彼之如何而补？而遂改正补缉之，无乃重于背朱而轻于叛孔已乎？

来教谓："如必以学不资于外求，但当反观内省以为务，则正心诚意四字亦何不尽之有？何必于入门之际，便困以格物一段工夫也？"诚然诚然。若语其要，则修身二字亦足矣，何必又言正心？正心二字亦足矣，何必又言诚意？诚意二字亦足矣，何必又言致知，又言格物？惟其工夫之详密，而要只是一事，此所以为精一之学，此正不可不思者也。夫理无内外，性无内外，故学无内外；讲习讨论，未尝非内也；反观内省，未尝遗外也。夫谓学必资于外求，是以己性为有外也，是义外也，用智者也；谓反观内省为求之于内，是以己性为有内也，是有我也，自私者也：是皆不知性之无内外也。故曰：精义入神，以致用也；利用安身，以崇德也；性之德也，合内外之道也。此可以知格物之学矣。格物者，《大学》之实下手处，彻首彻尾，自始学至圣人，只此工夫而已。非但入门之际有此一段也。夫正心诚意、致知格物，皆所以修身而格物者，其所用力，日可见之地。故格物者，格其心之物也，格其意之物也，格其知之物也；正心者，正其物之心也；诚意者，诚其物之意也；致知者，致其物之知也：此岂有内外彼此之分哉！理一而已。以其理之凝聚而言，则谓之性；以其凝聚之主宰而言，则谓之心；以其主宰之发动而言，则谓之意；以其发动之明觉而言，则谓之知；以其明觉之感应而言，则谓之物。故就物而言谓之格；就知而言谓之致；就意而言谓之诚；就心而言谓之正：正者，正此也；诚者，诚此也；致者，致此也；格者，格此也。皆所谓穷理以尽性也。天下无性外之理，无性外之物。学之不明，皆由世之儒者认理为外，认物为外，而不知义外之说，孟子盖尝辟之，乃至袭陷其内而不觉，岂非亦有似是而难明者欤？不可以不察也。凡执事所以致疑于格物之说者，必谓其是内而非外也；必谓其专事于反观内省之为，而遗弃其讲习讨论之功也；必谓其一意于纲领本原之约，而脱略于支条节目之详也；必谓其沉溺于枯槁虚寂之偏，而不尽于物理人事之变也。审如是，岂但获罪于圣门，获罪于朱子，是邪说诬民，叛道乱正，人得而诛之也，而况于执事之正直哉？审如是，世之稍明训诂，闻先哲之绪论者，皆知其非也，而况执事之高明哉？凡某之所谓格物，其于朱子"九

第四章 天人合一：心的新发现和心学的建立

条"之说，皆包罗统括于其中；但为之有要，作用不同，正所谓毫厘之差耳。然毫厘之差而千里之谬实起于此，不可不辨。①

从来信中可以看到，罗钦顺是将心和物分离来看的，心为内而物为外。所以，《大学》的条目中，正心、诚意是内在工夫，而格物、致知是外在工夫。罗钦顺误解阳明归于一心之学是内省一路，所以才批判程朱为逐外之学。罗钦顺认为，按照阳明的内省路数，《大学》只保留正心、诚意条目即可，不必有格物之说。

阳明指出，这其实是从程朱支离的眼光得出的观点，罗钦顺对阳明的心学是有误解的。阳明的心是心理合一、心物一体之心。学也不在心外，如他在《紫阳书院集序》中所述，"心外无学"。心物没有内外之分，学也没有内外之分。天地万事万物只在此一心、一性、一理，心、性、理是体用合一的，"夫理无内外，性无内外，故学无内外"。真正的学问是回到这精一之学，即回到本源之心、性、理这里。区分出内外的，则是出现了二心、二性、二理，陷入支离。"夫谓学必资于外求，是以己性为有外也，是义外也，用智者也；谓反观内省为求之于内，是以己性为有内也，是有我也，自私者也：是皆不知性之无内外也。"所以，《大学》中的条目就无所谓内外，都是一性中的具体工夫而已。在一性这一前提下，这些工夫本质上是一回事，只是圣贤将一性之学的工夫说得比较详细而已，"惟其工夫之详密，而要之只是一事，此所以为精一之学，此正不可不思者也"。这些工夫的目的是一样的，即"皆所谓穷理以尽性也"。理、性皆是心物一体的，"天下无性外之理，无性外之物"。

因此，无论这些条目做功的对象是什么，都是心物一体意义上的存在。心是心物一体的心，物是心物一体的物。所谓的格物，就是"格其心之物也，格其意之物也，格其知之物也"，这里的物都不是脱离心的独立存在。所谓的正心、诚意、致知也是如此，"正心者，正其物之心也；诚意者，诚其物之意也；致知者，致其物之知也"，这里的心、意、知也都不是脱离物的独立存在。正所谓"性之德也，合内外之道也"，"此岂有内外彼此之分哉"！所以，这四条目都具有本体的意义，都是通达性的功夫，每一项都是彻头彻尾的，不是支离破碎的。罗钦顺将格物只认作入门的功夫，还是受程朱理学支离观点的影响，"格物者，《大学》之实下手处，彻

---

① 王守仁. 王阳明全集：上［M］. 吴光，钱明，董平，等编校. 上海：上海古籍出版社，1992：75-77.

首彻尾,自始学至圣人,只此工夫而已。非但入门之际有此一段也"。

在一理之下,所谓的性、心、意、知、物都是理的不同表现。"理一而已。以其理之凝聚而言,则谓之性;以其凝聚之主宰而言,则谓之心;以其主宰之发动而言,则谓之意;以其发动之明觉而言,则谓之知;以其明觉之感应而言,则谓之物。"根据这些不同表现,才出现了格、致、诚、正之功夫,"故就物而言谓之格,就知而言谓之致,就意而言谓之诚,就心而言谓之正"。然而,所有事物的本质都是性,所有功夫通达的也是性,"正者,正此也;诚者,诚此也;致者,致此也;格者,格此也。皆所谓穷理以尽性也"。

面对万物一理、万物一性,就无所谓内外之分了。只有学问不明的,才会区分心物、心理内外,"学之不明,皆由世之儒者认理为外,认物为外"。

在此文中,阳明几乎把心学的诸多宗旨一网打尽了,心外无理、心外无物、性外无理、性外无物、学无内外等。这些宗旨的基础就是万物一理、一性、一心,也可以说是万物一物。但是,阳明新的学说可以是理学、性学、心学,不能用"物学",一是因为这样容易让人误解成逐物之学,二是阳明倾向于头脑性的条目。所以,最后他选了心学这一概念。

1520年①,在《象山文集序》中,阳明明确提到了"心学"的概念,区别于理学的心学就此诞生。其文曰:

圣人之学,心学也。尧、舜、禹之相授受曰:"人心惟危,道心惟微,惟精惟一,允执厥中。"此心学之源也。中也者,道心之谓也;道心精一之谓仁,所谓中也。孔孟之学,惟务求仁,盖精一之传也。而当时之弊,固已有外求之者,故子贡致疑于多学而识,而以博施济众为仁。夫子告之以一贯,而教以能近取譬,盖使之求诸其心也。迨于孟氏之时,墨氏之言仁至于摩顶放踵,而告子之徒又有"仁内义外"之说,心学大坏。孟子辟义外之说,而曰:"仁,人心也。学问之道无他,求其放心而已矣。"又曰:"仁义礼智,非由外铄我也,我固有之,弗思耳矣。"盖王道息而伯术行,功利之徒外假天理之近似以济其私,而以欺于人,曰:天理固如是,不知既无其心矣,而尚何有所谓天理者乎?自是而后,析心与理而为二,而精一之

---

① 在年谱中记为1521年。王守仁.王阳明全集:下[M].吴光,钱明,董平,等编校.上海:上海古籍出版社,1992:1279.

第四章 天人合一：心的新发现和心学的建立

学亡。世儒之支离，外索于刑名器数之末，以求明其所谓物理者。而不知吾心即物理，初无假于外也。佛、老之空虚，遣弃其人伦事物之常，以求明其所谓吾心者。而不知物理即吾心，不可得而遗也。至宋周、程二子，始复追寻孔、颜之宗，而有"无极而太极"，"定之以仁义，中正而主静"之说；"动亦定，静亦定，无内外，无将迎"之论，庶几精一之旨矣。自是而后，有象山陆氏，虽其纯粹和平若不逮于二子，而简易直截，真有以接孟子之传。其议论开阖，时有异者，乃其气质意见之殊，而要其学之必求诸心，则一而已。故吾尝断以陆氏之学，孟氏之学也。而世之议者，以其尝与晦翁之有同异，而遂诋以为禅。夫禅之说，弃人伦，遗物理，而要其归极，不可以为天下国家。苟陆氏之学而果若是也，乃所以为禅也。今禅之说与陆氏之说，其书具存，学者苟取而观之，其是非同异，当有不待于辩说者。而顾一倡群和，剿说雷同，如矮人之观场，莫知悲笑之所自，岂非贵耳贱目，不得于言而勿求诸心者之过欤！夫是非同异，每起于人持胜心、便旧习而是己见。故胜心旧习之为患，贤者不免焉。①

作为儒家思想的继承者，阳明当然认为儒学就是唯一的圣学。然而，阳明又将此圣学做了创造性的阐发，认为圣学就是心学。此心学远绍尧、舜、禹三代圣王，三圣相传宗旨即"人心惟危，道心惟微，惟精惟一，允执厥中"。这里的人心、道心、精一、执中说的都是心。所以，圣学一开始就是心学。到了孔孟时期，此精一之道心就是"仁"。在阳明看来，孔孟二人都把"仁"看作人心固有的，所以孔子才批判子贡将"仁"定义为外在的行为，即"多学而识，博施济众"。孟子更是批评了墨子和告子将"仁"看作外部的行为。由此看来，此圣学或王道之学是万物一体、心外无物、心外无理、知行合一的，孔孟之后皆析心和理为二，于是私欲功利之学泛滥，霸术兴起，天理不再显明。将心和理、心和物分离的结果就是支离功利之学泛滥。连讲求心、道的佛老也是如此，虽然其提倡心学，但是在心物分离的前提下进行的，只养了个虚寂之心，不知物理即在人心，不可离弃事物。

只有到了宋代周、程二子，才又接续上圣学，将心物、内外、动静皆打通，精

---

① 王守仁. 王阳明全集：上 [M]. 吴光，钱明，董平，等编校. 上海：上海古籍出版社，1992：245-246.

一之学重新显明。陆九渊继承的就是周、程之学,重提心学。陆九渊的心学是孟子之传,并未脱离圣学范畴。世人认为陆九渊为禅学,其实是对他的误解,这样的误解无非是胜心在起作用。

因此,儒家诸子所传承下来的儒家圣学就是心学。心学万物一体、心外无理、心外无物、内外合一,也是阳明心学的核心宗旨。

此文表面上看是在为象山辩护,其实也是在为阳明心学辩护。一方面,当时占主流地位的是程朱理学,阳明没有像以前那样,对理学之支离进行批判。另一方面也显示了阳明冷静客观的治学态度,他的心学确实承自程朱理学,所有的条目,包括宇宙论、本体论概念,都来自理学。程朱理学尝试着打通天人、体用、内外关系,但由于是初创,其天人合一只停留在支离粘贴的地步。阳明敏锐地发现了程朱理学逻辑上的不足,将这些逻辑(如理气合一、体用合一、动静合一、内外合一等)推得更加彻底和圆融。在心学初创时,阳明免不了猛烈抨击前代学说,随着思考的深入,渐渐体悟到前代学说的合理性。阳明确实思考得透彻,穿透历史的迷雾,将所有儒家思想派别的内核看得一清二楚,理出一条清晰的传承脉络。阳明几乎承认了所有儒家思想的合理性,只是批判了佛老学说。不过,阳明从佛老那里受到了启发,为其重回本心提供了支撑。① 碍于当时的大环境——儒家主流对于佛老务虚的嫌弃和批判,阳明也只能如此。

通过回溯,我们基本上了解了阳明心学的历程。他主要通过对《大学》各宗旨

---

① 在《朱子晚年定论序》(1518 年)中,阳明写道:"洙、泗之传,至孟氏而息。千五百余年,濂溪、明道始复追寻其绪。自后辩析日详,然亦日就支离决裂,旋复湮晦。吾尝深求其故,大抵皆世儒之多言有以乱之。守仁早岁业举,溺志词章之习,既乃稍知从事正学,而苦于众说之纷挠疲癃,茫无可入,因求诸老、释,欣然有会于心,以为圣人之学在此矣。然于孔子之教间相出入,而措之日用,往往阙漏无归。依违往返,且信且疑。其后谪官龙场,居夷处困,动心忍性之余,恍若有悟。体验探求,再更寒暑,证诸'六经''四子',沛然若决江河而放之海也。然后叹圣人之道坦如大路,而世之儒者妄开窦径,蹈荆棘,堕坑堑,究其为说,反出二氏之下。宜乎世之高明之士厌此而趋彼也!此岂二氏之罪哉?"(王守仁. 王阳明全集:上[M]. 吴光,钱明,董平,等编校. 上海:上海古籍出版社,1992:240)当阳明被程朱支离之学折磨得精疲力尽时,佛老之学给他带来了光明,"因求诸老、释,欣然有会于心,以为圣人之学在此矣"。那么,阳明和佛老欣然有会于心的是什么呢?就是回心返本之说,如在《象山文集序》中说的那样。只是后来阳明发现其不接物,远离日常社会生活,才觉得不妥,转而重新回归儒学。但他是带着佛老的本心回归的,只是让这个心和万物融在了一起。所以,在阳明看来,佛老反而要比一般的支离之学高明,世人对佛老的批判不得要领,时儒自己的支离之学不够好,反而指责追随佛老者为堕落,就是自欺欺人了。

的细究和阐发，如他先后用"诚意""格物""至善"等条目，来融通各个功夫条目。在此基础上，阳明提出了心学特有的宗旨，如心外无理、心外无物、心外无事、心外无学、性外无理、性外无物等。这些宗旨都是天人合一的结果。阳明修正了程朱理学的支离之病，使天人、心物关系从支离粘贴的合一成为彻头彻尾的圆融的合一。

以上所使用的基本上是《传习录》之外的文献，《传习录》上篇（包括徐爱、陆澄、薛侃卷）辑录的是1512—1518年阳明的言论，其中的心学思想基本和上述文献一致。这里不再赘述。

第五章

天人合一：天理人欲、未发已发、体用、本体工夫之辨

从天人两分到良知宇宙：王阳明天人思想的历史演变与实践

第一节　天理人欲之辨

在良知概念使用之前，阳明经常以天理人欲来阐释自己的学说。虽然是沿用程朱理学的概念，但在阳明天人合一的思想下，天理人欲之辨也有自己的特色。

阳明的天理人欲之辨也是义利之辨。在《与陆原静》中，阳明写道："使在我果无功利之心，虽钱谷兵甲，搬柴运水，何往而非实学？何事而非天理？况子、史、诗、文之类乎？使在我尚有功利之心，则虽日谈道德仁义，亦只是功利之事，况子、史、诗、文之类乎？'一切屏绝'之说，是犹泥于旧习，平日用功未有得力处。"① 在《寄薛尚谦》中，他说："数年切磋，只得立志辨义利。若于此未有得力处，却是平日所讲尽成虚语，平日所见皆非实得。"② 在《传习录上》中，子仁问："'学而时习之，不亦说乎？'先儒以学为效先觉之所为，如何？"先生曰："学是学去人欲，存天理；从事于去人欲，存天理，则自正。诸先觉考诸古训，自下许多问辨思索存省克治工夫，然不过欲去此心之人欲，存吾心之天理耳。若曰效先觉之所为，则只说得学中一件事，亦似专求诸外了。'时习'者，'坐如尸'，非专习坐也，坐时习此心也；'立如斋'，非专习立也，立时习此心也。'说'是'理义之说我心'之'说'，人心本自说理义，如目本说色，耳本说声，惟为人欲所蔽所累，始有不说。今人欲日去，则理义日洽浃，安得不说？"③

在上述对话中，我们看到天理和功利，天理和人欲、义利等几组对立概念本质上是一致的。所以，阳明所说的义利思想其实等同于天理人欲思想。通过分析我们会发现，天理就是天人合一，人欲则是天人两分。

一、义（天理）的内涵

王阳明所说的天理，也就是后来的良知，"天理在人心，亘古亘今，无有终始；天理即是良知，千思万虑，只是要致良知"④。

---

① 王守仁. 王阳明全集：上 [M]. 吴光，钱明，董平，等编校. 上海：上海古籍出版社，1992：166.
② 王守仁. 王阳明全集：上 [M]. 吴光，钱明，董平，等编校. 上海：上海古籍出版社，1992：170.
③ 王守仁. 王阳明全集：上 [M]. 吴光，钱明，董平，等编校. 上海：上海古籍出版社，1992：31-32.
④ 王守仁. 王阳明全集：上 [M]. 吴光，钱明，董平，等编校. 上海：上海古籍出版社，1992：110.

第五章 天人合一：天理人欲、未发已发、体用、本体工夫之辨

那么天理或良知到底是什么呢？阳明说，天理就是至善。"至善是心之本体，只是'明明德'到'至精至一'处便是，然亦未尝离却事物。本注所谓'尽夫天理之极，而无一毫人欲之私'者得之。"① 至善是无善无恶，如阳明后来的良知四句教中第一句所说"无善无恶心之体"。心之体是良知，也是天理。

在阳明与薛侃的对话中也可以看出来：

侃去花间草，因曰："天地间何善难培，恶难去？"……（先生）曰："此等看善恶，皆从躯壳起念。……天地生意，花草一般，何曾有善恶之分？子欲观花，则以花为善，以草为恶；如欲用草时，复以草为善矣。"……曰："然则无善无恶乎？"曰："无善无恶者理之静，有善有恶者气之动。不动于气，即无善无恶，是谓至善。"曰："佛氏亦无善无恶，何以异？"曰："佛氏着在无善无恶上，便一切都不管。……圣人无善无恶，只是'无有作好''无有作恶'，不动于气。"②

在阳明看来，"天地生意"即天理是至善之自然状态，而良知是对这种自然状态的体认和表现。所以，天理或良知天然至善。在至善状态中，人心和万事万物融为一体，无所谓善或恶，因为它们皆按其天性自然存在。这也就是天人合一的状态。

阳明将至善同儒家伦理思想联系起来。他说："知是心之本体，心自然会知。见父自然知孝，见兄自然知弟，见孺子入井自然知恻隐，此便是良知不假外求。若良知之发，更无私意障碍，即所谓'充其恻隐之心而仁不可胜用矣'。"③ 将良知具体到孟子所说的恻隐之心上，意味着阳明将儒家"仁"之学说看作自然之天理和至善之体现。这里所说的良知是徐爱记录的，此时阳明还没有发明良知之学，他只是随口使用孟子的概念而已。直到1520年，阳明才系统地以良知来阐发其思想。"此心若无人欲，纯是天理，是个诚于孝亲之心，冬时自然思量父母寒，自去求温的道理；夏时自然思量父母热，自去求清的道理。譬之树木，这诚孝的心便是根，许多条件便是枝叶，须先有根然后有枝叶，不是先寻了枝叶然后去种根。《礼记》'孝子之有深爱者必有和气，有和气者必有愉色，有愉色者必有婉容'，便是如此。"④ 如此，阳明的天理就是儒家伦理的体现。

---

① 王守仁. 王阳明全集：上 [M]. 吴光，钱明，董平，等编校. 上海：上海古籍出版社，1992：2.
② 王守仁. 王阳明全集：上 [M]. 吴光，钱明，董平，等编校. 上海：上海古籍出版社，1992：29.
③ 王守仁. 王阳明全集：上 [M]. 吴光，钱明，董平，等编校. 上海：上海古籍出版社，1992：6.
④ 王守仁. 王阳明全集：上 [M]. 吴光，钱明，董平，等编校. 上海：上海古籍出版社，1992：3.

在"拔本塞源论"中,阳明对儒家天理学说的内涵描述得最为全面,他说:

夫圣人之心,以天地万物为一体,其视天下之人,无外内远近,凡有血气,皆其昆弟赤子之亲,莫不欲安全而教养之,以遂其万物一体之念。天下之人心,其始亦非有异于圣人也,特其间于有我之私,隔于物欲之蔽,大者以小,通者以塞,人各有心,至有视其父子兄弟如仇雠者。圣人有忧之,是以推其天地万物一体之仁以教天下,使之皆有以克其私,去其蔽,以复其心体之同然。其教之大端,则尧、舜、禹之相授受,所谓"道心惟微,惟精惟一,允执厥中"。而其节目则舜之命契,所谓"父子有亲,君臣有义,夫妇有别,长幼有序,朋友有信"五者而已。唐、虞、三代之世,教者惟以此为教,而学者惟以此为学。当是之时,人无异见,家无异习,安此者谓之圣,勉此者谓之贤,而背此者虽其启明如朱,亦谓之不肖。下至闾井、田野、农、工、商、贾之贱,莫不皆有是学,而惟以成其德行为务。①

这里所说的圣人之心与天理合二为一,心或天理以天地万物为一体,形成了一个以"父子有亲,君臣有义,夫妇有别,长幼有序,朋友有信"五伦、"农、工、商、贾"四业为主要内容的等级秩序。这个秩序的生生不息、有条不紊就是至善,也即义。

所以,天理是天人合一、万物一体的结果。人若遵循天人合一、万物一体之理,人心即天理;人若违背天人合一、万物一体之理,人心则表现为人欲。

二、利(人欲)的内涵

阳明说,正是人欲阻止了人对天理的完全体认和践行。② 关于"人欲"的内涵,阳明指出,人欲并不是所谓的声色货利等贪欲,而是有心之私,"循理之谓静,从欲之谓动。欲也者,非必声色货利外诱也,有心之私皆欲也"③。根本的恰是人之私心,即用智。正因为用智,人才将心与物、心与天理区分开来,也就将知与行分割开来,由此导致了天理之未明、心与良知之未明。于是最终难辨自然之善恶,而造出人为之善恶,致使天道沦丧。"天理原自寂然不动,原自感而遂通,学者用功虽千思万虑,只是要复他本来体用而已,不是以私意去安排思索出来……若以私意安

---

① 王守仁. 王阳明全集:上 [M]. 吴光, 钱明, 董平, 等编校. 上海:上海古籍出版社,1992:54.
② 王守仁. 王阳明全集:上 [M]. 吴光, 钱明, 董平, 等编校. 上海:上海古籍出版社,1992:20.
③ 王守仁. 王阳明全集:上 [M]. 吴光, 钱明, 董平, 等编校. 上海:上海古籍出版社,1992:182.

第五章 天人合一：天理人欲、未发已发、体用、本体工夫之辨

排思索，便是用智自私矣。何思何虑正是工夫，在圣人分上便是自然的，在学者分上便是勉然的。"① 人心与道本来一体，但是人的私意一动，就与道心发生了偏离，于是人欲取代道心而存在，天理晦暗不明。"心一也，未杂于人谓之道心，杂以人伪谓之人心。人心之得其正者即道心，道心之失其正者即人心；初非有二心也。程子谓'人心即人欲，道心即天理'，语若分析而意实得之。"② 人的私欲会割断心与道、知与行合一之本体，从而导致人知孝不孝、知悌不悌。"爱问：'今人尽有知父当孝、兄当弟者，却不能孝、不能弟，便是知与行分明是两件。'曰：'此已被私欲隔断，不是知行的本体了。'"③ 可以看到，人欲正是天人两分的产物。天人两分后，人才会按照自己的私意进行安排，此私意即人欲。

那么，既然在原初人心与道心就是一体，为何人心会产生私意呢？王阳明四句教的第二句对此有解释，即"有善有恶意之动"。

心本体之知是未发状态，而其已发之后就是"意"。由于意是已发状态，就为形质所累，因此，意有可能顺自然天理而行，也可能有过与不及，于是就产生了诚意和私意的区分。这就是"意之动"的后果，可以分为两种"动"：一种是循天理之动，自然本然之动，其动是天则流行，亦即理之静，乃为至善。此动可谓诚意。一种是不循自然天理之妄动，此时"动即为欲"，即为恶。此动可谓私意。私意的出现在阳明看来是很难避免的，他说：

然至善者，心之本体也，心之本体那有不善？如今要正心，本体上何处用得功？必就心之发动处才可着力也。心之发动不能无不善，故须就此处着力，便是在诚意。④

心之本体是至善的，但本体又不是独立于万物之外的存在，不能从万物中搜括出一个本体来参照观摩，所以，我们不可能找到一个抽象的至善本体进行把玩和探索，"本体上何处用得功"说的就是此意。本体在其发用之中。因此，只能从知之发用处才能体悟到知。而在知之发用（即意）中，就有善有不善了，"心之发动不能无不善"。换句话说，在整个宇宙日常运行中，总会有过与不及，真正能够达到

---

① 王守仁. 王阳明全集：上 [M]. 吴光, 钱明, 董平, 等编校. 上海：上海古籍出版社，1992：58.
② 王守仁. 王阳明全集：上 [M]. 吴光, 钱明, 董平, 等编校. 上海：上海古籍出版社，1992：7.
③ 王守仁. 王阳明全集：上 [M]. 吴光, 钱明, 董平, 等编校. 上海：上海古籍出版社，1992：3-4.
④ 王守仁. 王阳明全集：上 [M]. 吴光, 钱明, 董平, 等编校. 上海：上海古籍出版社，1992：119.

至善状态的时刻很少见。要想恢复心体自然状态,不得不时时诚意,避免私意,诚意即至善,私意则产生不善。"父之爱子,自是至情,然天理亦自有个中和处,过即是私意。人于此处多认做天理当忧,则一向忧苦,不知已是'有所忧患不得其正'。大抵七情所感,多只是过,少不及者。才过便非心之本体,必须调停适中始得。"① 天理之中和处,为诚意,过与不及为私意。大多数情况下私意表现为过,即意念过度或过重。

由于意即气,阳明也将"意之动"(与心本体不动相对)称为"气之动"(与性或理之静相对),如《传习录》中所言:

侃去花间草,因曰:"天地间何善难培,恶难去?"先生曰:"未培未去耳。"少间,曰:"此等看善恶,皆从躯壳起念,便会错。"侃未达。曰:"天地生意,花草一般。何曾有善恶之分?子欲观花,则以花为善,以草为恶;如欲用草时,复以草为善矣。此等善恶,皆由汝心好恶所生,故知是错。"曰:"然则无善无恶乎?"曰:"无善无恶者理之静,有善有恶者气之动。不动于气,即无善无恶,是谓至善。"曰:"佛氏亦无善无恶,何以异?"曰:"佛氏着在无善无恶上,便一切都不管,不可以治天下。圣人无善无恶,只是'无有作好''无有作恶',不动于气。然'遵王之道','会其有极',便自一循天理,便有个裁成辅相。"曰:"草即非恶,即草不宜去矣。"曰:"如此却是佛、老意见。草若有碍,何妨汝去?"曰:"如此又是作好作恶。"曰:"不作好恶,非是全无好恶,却是无知觉的人。谓之不作者,只是好恶一循于理,不去又着一分意思。如此,即是不曾好恶一般。"曰:"去草如何是一循于理,不着意思?"曰:"草有妨碍,理亦宜去,去之而已。偶未即去,亦不累心。若着了一分意思,即心体便有贻累,便有许多动气处。"曰:"然则善恶全不在物?"曰:"只在汝心,循理便是善,动气便是恶。"曰:"毕竟物无善恶。"曰:"在心如此,在物亦然。世儒惟不如此,舍心逐物,将格物之学错看了,终日驰求于外,只做得个义袭而取,终身行不著,习不察。"曰:"'如好好色,如恶恶臭',则如何?"曰:"此正是一循于理,是天理合如此,本无私意作好作恶。"曰:"'如好好色,如恶恶臭',安得非意?"曰:"却是诚意,不是私意。诚意只是循天理。虽是循天理,亦着不得一分意,故有所忿懥好乐,则不得其正。须是廓然大公,方是心之本体。

---

① 王守仁. 王阳明全集: 上 [M]. 吴光, 钱明, 董平, 等编校. 上海: 上海古籍出版社, 1992: 17.

第五章 天人合一：天理人欲、未发已发、体用、本体工夫之辨

知此即知未发之中。"①

阳明认为，花草和天地一样，有自己的自然本然生意之存在，此生意之存在不用刻意去给它一个外在抽象的善或恶的名字，此即无善无恶之存在。若强要给它一个命名，可称其为"至善"，再俗一点用"善"也说得过去。万物依循于理，即物之本然，则为至善；若动于气，妄动而悖理，则为恶。反之，妄动于气，不循自然天理，则为私意、为恶。如阳明所说，妄动于气就是"从躯壳起念"。这是阳明所做的比喻，说到躯壳，就有头脑。头脑和躯壳皆属于良知天理，头脑和躯壳之流行状态就是气。若一气流行依循头脑而动，则头脑和躯壳皆合自然天理，所谓"无善无恶者理之静"。如前所述，"理之静"并不是不动，而是依天理而动。气之不循头脑，在其流行化生万事万物的过程中，固着或滞留于已发事物，受僵滞的形象或观念影响，在知、情、意上产生了过与不及。这就是气之妄动，也即"从躯壳起念"，私意也因此而生，善恶之分亦出现。要注意的是，这里的"躯壳"并不仅仅指有形的事物，也包括无形的观念、知识、性情等。因此，气之动产生的善恶之分并不是因为有相或无相，而是因为是否执着于僵滞的事物，无论是有形的还是无形的。对阳明来说，人的好恶情感也是天理的体现，在好恶上，要一循其自然本然状态，而不是刻意去作好作恶。

有时阳明还将意之动看成心之动，他说，所谓不动心，并不是心一动不动，而是依循天理自然本然而动，是"生生不息""纵横自在，活泼泼地"。此时的心才是至善本体。而动心则是不合天理的妄动，"只为所行有不合义，便动了"②。告子将不动心看成心体之寂然静止，并强行把捉束缚之，反而造成了人为妄动之心。心合于自然天理时，是浩然之气，也即善；若不合天理而妄动，则为恶。（《传习录》）

所以，意之动、气之动、心之动说的是一个意思，也即只要良知或天理已发为有形万事万物之后，就有可能出现不循自然天理之妄动，由此也就有了善恶之分，所谓"有善有恶意之动"或"有善有恶者气之动"，还可加上"有善有恶心之动"。

意、气、心所产生的妄动是人欲，而人欲就是功利之心，也是恶产生的根源。也是在"拔本塞源论"中，阳明对人欲或功利之心的危害描述得最为清楚，他说：

---

① 王守仁. 王阳明全集：上 [M]. 吴光，钱明，董平，等编校. 上海：上海古籍出版社，1992：29-30.
② 王守仁. 王阳明全集：上 [M]. 吴光，钱明，董平，等编校. 上海：上海古籍出版社，1992：107.

圣人之学日远日晦，而功利之习愈趋愈下。其间虽尝瞽惑于佛、老，而佛、老之说卒亦未能有以胜其功利之心；虽又尝折中于群儒，而群儒之论终亦未能有以破其功利之见。盖至于今，功利之毒沦浃于人之心髓，而习以成性也几千年矣。相矜以知，相轧以势，相争以利，相高以技能，相取以声誉。①

功利之心破坏了天理万物一体之精神，人人开始追逐私利，于是天下大乱，分崩离析。

王阳明天理人欲之辨，就是天人合一与否的问题：遵循天人合一，为天理；天人两分，人违逆天，是人欲。阳明关于天理人欲的说法，在良知发明之前经常使用，在良知发明之后，很少见了。

第二节 未发已发、体用、本体工夫之辨

在天人合一、万物一体的新宇宙论中，出现了阳明独特的未发已发、体用、本体工夫之辨。

一、未发已发、体用之辨

1511年，在《答汪石潭内翰》中，阳明提到了未发已发、体用之辨。他说：

夫喜怒哀乐，情也。既曰不可，谓未发矣。喜怒哀乐之未发，则是指其本体而言，性也。斯言自子思，非程子而始有。执事既不以为然，则当自子思《中庸》始矣。喜怒哀乐之与思与知觉，皆心之所发。心统性情。性，心体也；情，心用也。程子云："心，一也。有指体而言者，寂然不动是也；有指用而言者，感而遂通是也。"斯言既无以加矣，执事姑求之体用之说。夫体用一源也，知体之所以为用，则知用之所以为体者矣。虽然，体微而难知也，用显而易见也。执事之云不亦宜乎？夫谓"自朝至暮，未尝有寂然不动之时"者，是见其用而不得其所谓体也。君子之于学也，因用以求其体。凡程子所谓"既思"，既是已发；既有知觉，即是动者。皆为求中于喜怒哀乐未发之时者言也，非谓其无未发者也。朱子于未发之说，其始亦尝疑之，今其集中所与南轩论难辨析者，盖往复数十而后决，其说则今之《中庸

---

① 王守仁. 王阳明全集：上 [M]. 吴光, 钱明, 董平, 等编校. 上海：上海古籍出版社，1992：56.

第五章 天人合一：天理人欲、未发已发、体用、本体工夫之辨

注疏》是也，其于此亦非苟矣。独其所谓"自戒惧而约之，以至于至静之中；自谨独而精之，以至于应物之处"者，亦若过于剖析。而后之读者遂以分为两节，而疑其别有寂然不动、静而存养之时，不知常存戒慎恐惧之心，则其工夫未始有一息之间，非必自其不睹不闻而存养也。吾兄且于动处加工，勿使间断。动无不和，即静无不中。而所谓寂然不动之体，当自知之矣。未至而揣度之，终不免于对答说相轮耳。然朱子但有知觉者在，而未有知觉之说，则亦未莹。吾兄疑之，盖亦有见。但其所以疑之者，则有因噎废食之过，不可以不审也。①

在这里，未发已发是体用的关系。无论是未发已发还是体用，说的都是一件事。未发是已发之未动时，已发是未发之动后。未发已发不过是一件事的不同状态。体是用之静，用是体之动，体用说的也是一件事的不同状态。在这一意义上，未发已发合一、体用合一，"夫体用一源也，知体之所以为用，则知用之所以为体者矣"。

具体到人心上，未发是性（喜怒哀乐之未发），已发是情（喜怒哀乐），两者是一件事的不同状态。但性不可见，只能从已发之情上见性。喜怒哀乐之和谐状态，就是性之中正状态，"动无不和，即静无不中。而所谓寂然不动之体，当自知之矣"。所以，未发之性体不是在心中去找寻一个寂然不动的实体，而是在已发中去体悟。当人们把性体认为是一个独立存在去下功夫，而把已发之情或用作另一个存在去用功时，就是把它们分成了两段。"而后之读者遂以分为两节，而疑其别有寂然不动、静而存养之时，不知常存戒慎恐惧之心，则其工夫未始有一息之间，非必自其不睹不闻而存养也。"这种一定要去静存或从不睹不闻状态里找一个本体的做法，是将未发已发、体用都分为两段了。

这就是阳明未发已发合一、体用合一之旨。说到体用合一，有两种不同的方式：一种是认为有一个完成的独立的本体，可以通过静养、不睹不闻来认识。在认知之后，可以通过具体功夫将其实践出来，这就是用。这样的体用合一其实是体用分离之后的粘贴，不是真正的体用合一。这是程朱理学中经常出现的情况。另一种认为本体无形无相，本身就是潜在的用，而且必然会发为用。用是已发之体，用的完成就是体的完全实现。对于体，人们无法用功，只能在用中体悟本体。可以看到，无

---

① 王守仁. 王阳明全集：上 [M]. 吴光，钱明，董平，等编校. 上海：上海古籍出版社，1992：146-147.

论是在体还是在用的阶段，都是体用合一的。这是彻头彻尾的体用合一，体和用一直是一，而不是两段的粘贴。这是阳明的体用合一，比程朱理学的体用合一圆融了许多。未发已发合一的逻辑与体用合一的逻辑是一致的，即在未发时未发已发就是一体，已发后未发已发依然是一体。

对于这种彻头彻尾的合一的逻辑的阐释，出现在多年后的《答陆原静书》中，该文最早出现在1524年的《传习录》刻本中，阳明用良知来称呼未发之中。阳明说道：

未发之中，即良知也，无前后内外，而浑然一体者也。有事无事可以言动静，而良知无分于有事无事也。寂然感通可以言动静，而良知无分于寂然感通也。动静者，所遇之时。心之本体，固无分于动静也。理无动者也，动即为欲。循理则虽酬酢万变，而未尝动也；从欲则虽槁心一念，而未尝静也。"动中有静，静中有动"，又何疑乎？有事而感通，固可以言动，然而寂然者未尝有增也；无事而寂然，固可以言静，然而感通者未尝有减也。"动而无动，静而无静"，又何疑乎？无前后内外而浑然一体，则至诚有息之疑，不待解矣。未发在已发之中，而已发之中未尝别有未发者在；已发在未发之中，而未发之中未尝别有已发者存。是未尝无动静，而不可以动静分者也。……周子"静极而动"之说，苟不善观，亦未免有病。盖其意从太极"动而生阳，静而生阴"说来。太极生生之理，妙用无息，而常体不易。太极之生生，即阴阳之生生。就其生生之中，指其妙用无息者而谓之动，谓之阳之生，非谓动而后生阳也。就其生生之中，指其常体不易者而谓之静，谓之阴之生，非谓静而后生阴也。若果静而后生阴，动而后生阳，则是阴阳动静，截然各自为一物矣。阴阳一气也，一气屈伸而为阴阳。动静一理也，一理隐显而为动静。……

来书云："尝试于心，喜、怒、忧、惧之感发也，虽动气之极，而吾心良知一觉，即罔然消阻，或遏于初，或制于中，或悔于后。然则良知常若居优闲无事之地而为之主，于喜、怒、忧、惧若不与焉者，何欤？"

知此，则知未发之中，寂然不动之体，而有发而中节之和，感而遂通之妙矣。然谓良知常若居于优闲无事之地，语尚有病。盖良知虽不滞于喜、怒、忧、惧，而喜、怒、忧、惧亦不外于良知也。①

---

① 王守仁. 王阳明全集：上 [M]. 吴光, 钱明, 董平, 等编校. 上海：上海古籍出版社, 1992：64-65.

第五章 天人合一：天理人欲、未发已发、体用、本体工夫之辨

可以看出，未发已发、动和静、内与外本来就是浑然一体的。"未发在已发之中，而已发之中未尝别有未发者在，已发在未发之中，而未发之中未尝别有已发者存。"这也是体在用中和用在体中的逻辑，未发时体用是一体的，已发后体用还是一体的，这就是彻头彻尾的合一。未发时未发已发一体，已发后未发已发还是一体。由于这种彻底的合一，就不可以静和动、无事和有事、寂然和感通来区分。未发已发皆是静中有动、动中有静的。"理无动者也，动即为欲。循理则虽酬酢万变，而未尝动也。"这里的"理"是良知，它不是抽象的法则和理论，而是一种状态，即万事万物自然本然之理或本然自然之状。万事万物以自然本然状态流行和运转，叫作"理无动者"；不按自然本然状态流行运转的话，就是对自然本然之理的改动和妄动，此时的状态不是天理，而是"欲"，所谓"动即为欲"。所以，万事万物或整个宇宙遵循自然本然之理而流行运转，虽然就万事万物单独来说在"酬酢万变"，但并没有脱离其自然本然状态，所谓"未尝动也"。这就是"动中有静"，即宇宙万事万物以自然本然状态（整体之静）而流行运转（整体之动）。不按自然本然状态运转，即使其内心没有任何念头，也是对自然天理的违背，从而成为妄动，所谓"静中有动"。然而我们也要看到，用"动中有静"来描述宇宙万物自然本然状态并不全面，因为其是"静中有动"的；万物的非本然状态也不仅仅是"静中有动"，其也是"动中有静"的。无论宇宙万事万物是否在自然本然状态，皆是"静中有动，动中有静"，动静合一的。

"动而无动，静而无静"说的也是这个道理。"有事而感通，固可以言动，然而寂然者未尝有增也。"有事而感通者，可以看作已发状态，看上去是动态的，但是其中有未发之中。万事万物流行运转，无疑是动态的，但其运转是按照自己的自然本然条理和状态来进行的，就整体自然本然之理来说，是不变的，也可说是寂然的。万事万物遵循自然本然状态而流行运转，对自然本然之"寂然者"来说，并没有增添什么。这就是所谓的"动而无动"。"无事而寂然，固可以言静，然而感通者未尝有减也。""无事而寂然"，万事万物皆循自然本然之理，流行无滞，可谓无事而寂然，整体似乎处于一种静态。但静态并不否定万事万物的流转和生发，也不会随意剪灭某一事物。此所谓"静而无静"。这再次凸显动静合一之旨，此理与太极中的阴阳动静之理一样。

我们大致理解了阳明未发已发、动静、体用之旨了。对阳明来说，为了阐明良

知天理，可以用未发已发、动静、体用等之类的概念，但是不能分裂地来用每对概念，因为它们是浑然一体的，言此必及彼，"无前后内外而浑然一体……是未尝无动静，而不可以动静分者也"。

虽然要从已发中体悟未发，但是已发中却不一定都是未发之体的展现。因为有的人的心体是受到蒙蔽的，其所发就不能都中节，"不可谓未发之中，常人俱有。盖体用一源，有是体即有是用，有未发之中，即有发而皆中节之和。今人未能有发而皆中节之和，须知是他未发之中亦未能全得"①。在阳明看来，决定已发的还是未发，虽然未发不可见。阳明说过类似的话："一贯是夫子见曾子未得用功之要，故告之。学者果能忠恕上用功，岂不是一贯？一如树之根本，贯如树之枝叶，未种根何枝叶之可得？体用一源，体未立，用安从生？谓曾子于其用处盖已随事精察而力行之，但未知其体之一，此恐未尽。"②虽然是在已发处用功，但要知道是去体悟未发本体的，而不是在枝节中失去本源。

未发之中，也是阳明所说的天理，后来他用良知来称呼。如下面的对话：

问："宁静存心时，可为未发之中否？"先生曰："今人存心，只定得气。当其宁静时，亦只是气宁静，不可以为'未发之中'。"曰："'未'便是'中'，莫亦是求'中'功夫？"曰："只要去人欲、存天理，方是功夫。静时念念去人欲、存天理，动时念念去人欲、存天理，不管宁静不宁静。若靠那宁静，不惟渐有喜静厌动之弊，中间许多病痛只是潜伏在，终不能绝去，遇事依旧滋长。以循理为主，何尝不宁静；以宁静为主，未必能循理。"③

这里体现的也是已发未发合一的逻辑，阳明反对在封闭的宁静存心状态中去找个未发之中，这是割裂未发已发将本体一分为二的做法。这种悬空想个本体的方式找到的不是真正的本体。宁静存心所存的不过是气，这是误认气为理。未发之中就是天理，而不是气。气有可能表现为天理，也有可能表现为人欲。所以，真正的未发之中即天理不能悬空来想，而要到已发中去体悟。如前所述，在已发中，未发已发是合一的。其中动静、内外也是一体的。在任何状态中都是动静合一的，任何状态、任何时刻都可以存天理去人欲，而不只是在静时。天理本身是动静合一的，其

---

① 王守仁. 王阳明全集：上 [M]. 吴光，钱明，董平，等编校. 上海：上海古籍出版社，1992：17.
② 王守仁. 王阳明全集：上 [M]. 吴光，钱明，董平，等编校. 上海：上海古籍出版社，1992：32.
③ 王守仁. 王阳明全集：上 [M]. 吴光，钱明，董平，等编校. 上海：上海古籍出版社，1992：13-14.

自然本然之动也即是静。单一的静却并不一定是天理,"以循理为主,何尝不宁静;以宁静为主,未必能循理"。割裂心物、体用、未发已发,单独求个静,是人欲的表现。

将未发已发割裂,单纯地对本体做功会养一个虚寂之心体,而单一地对已发做功,则会陷入支离。这都是认气为理的表现,前者是将气定住时的捕捉,后者是在气动中的迷失。如下面对话所说:

问:"伊川谓'不当于喜怒哀乐未发之前求中',延平却教学者'看未发之前气象',何如?"先生曰:"皆是也。伊川恐人于未发前讨个中,把中做一物看,如吾向所谓认气定时做中,故令只于涵养省察上用功。延平恐人未便有下手处,故令人时时刻刻求未发前气象,使人正目而视惟此,倾耳而听惟此,即是'戒慎不睹,恐惧不闻'的工夫。皆古人不得已诱人之言也。"①

伊川强调在已发中用功,而延平强调在未发中用功,看似矛盾,阳明承认他们都有部分道理。伊川担心人们在虚寂中求未发,是将气定住去把捉本体,"认气定时做中,故令只于涵养省察上用功";延平担心人们迷失在已发中,面对万千枝叶无处下手,"恐人未便有下手处,故令人时时刻刻求未发前气象,使人正目而视惟此,倾耳而听惟此,即是'戒慎不睹,恐惧不闻'的工夫"。所以要不被万千细节所迷惑,即戒慎不睹,恐惧不闻,能够超越各种气化表现,找到整体之理。伊川和延平的合理性就建立在未发已发合一的基础上。如果割裂二者去用功,就都是错误的,如伊川只在枝叶中寻找具体之理,不发挥"戒慎不睹,恐惧不闻"的本体之思,如此会迷失在纷繁的万理中;延平只在未发中找本体,在空寂封闭中"戒慎不睹,恐惧不闻",而不是在已发中去体悟,如此他发现的本体是虚假的。

因此,在说"戒慎不睹,恐惧不闻"功夫时,一定是在已发中,而不是在绝缘封闭的孤寂中。当刘观时问"未发之中是如何"时,阳明随口说:"汝但'戒慎不睹,恐惧不闻',养得此心纯是天理,便自然见。"② "戒慎不睹,恐惧不闻"不是在虚寂中展开的,这一点很重要。

所谓的未发之中,即天理,一定是未发已发合一、体用合一的,换句话说,也

---

① 王守仁. 王阳明全集:上 [M]. 吴光,钱明,董平,等编校. 上海:上海古籍出版社,1992:23.
② 王守仁. 王阳明全集:上 [M]. 吴光,钱明,董平,等编校. 上海:上海古籍出版社,1992:37.

是天人合一、心物一体的。这是阳明新的宇宙论和本体论的体现。言未发一定是同时有已发的，如下文所说：

问："名物度数，亦须先讲求否？"先生曰："人只要成就自家心体，则用在其中。如养得心体，果有未发之中，自然有发而中节之和，自然无施不可。苟无是心，虽预先讲得世上许多名物度数，与己原不相干，只是装缀，临时自行不去。亦不是将名物度数全然不理，只要知所先后，则近道。"又曰："人要随才成就。才是其所能为，如夔之乐，稷之种，是他资性合下便如此。成就之者，亦只是要他心体纯乎天理。其运用处，皆从天理上发来，然后谓之才。到得纯乎天理处，亦能不器，使夔、稷易艺而为，当亦能之。"又曰："如'素富贵行乎富贵，素患难行乎患难'，皆是不器，此惟养得心体正者能之。"①

若分开来看，这里的名物度数，说的是已发、用、器。只要知晓未发已发、体用、道器本身是一体的，自然是无处不天理，无处不中和。"人只要成就自家心体，则用在其中。如养得心体，果有未发之中，自然有发而中节之和，自然无施不可。"自家心体是未发之中，就是天理，这里体现的也是天人合一。未发心体本身是潜在的已发之用，"只要成就自家心体，则用在其中"。这就是用在体中。已发之后，体在用中。未发已发这种彻头彻尾的一体，使其"自然有发而中节之和，自然无施不可"。如果看不到这种一体，就会割裂未发已发、体用、道器，那么所谓名物度数就是和自己心体无关的存在，只是临时需要时才偶尔用之。"苟无是心，虽预先讲得世上许多名物度数，与己原不相干，只是装缀，临时自行不去。"心物、体用、道器之分离，养出的心是分裂的心、人是分裂的人、世界是分裂的世界。只有将其融通，认识到未发已发、体用本是一事，则能"不器"，天地间莫非天理流行，莫非是道。"成就之者，亦只是要他心体纯乎天理。其运用处，皆从天理上发来，然后谓之才。到得纯乎天理处，亦能不器。"如夔、稷这种领悟到一体天理的人，做什么都是天理使然，"到得纯乎天理处，亦能不器，使夔、稷易艺而为，当亦能之"。他们即使换个技艺，只要天理使然，一样能做好。对待富贵也是如此，只要合乎天理，就能泰然处之。

下面说的养天理也是一样，不是在空寂中去养个抽象、悬空的实体。

---

① 王守仁. 王阳明全集：上 [M]. 吴光，钱明，董平，等编校. 上海：上海古籍出版社，1992：21.

第五章 天人合一：天理人欲、未发已发、体用、本体工夫之辨

澄问："喜怒哀乐之中和，其全体常人固不能有。如一件小事当喜怒者，平时无有喜怒之心，至其临时，亦能中节，亦可谓之中和乎？"先生曰："在一时一事，固亦可谓之中和，然未可谓之大本达道。人性皆善，中和是人人原有的，岂可谓无？但常人之心既有所昏蔽，则其本体虽亦时时发见，终是暂明暂灭，非其全体大用矣。无所不中，然后谓之大本；无所不和，然后谓之达道；惟天下之至诚，然后能立天下之大本。"曰："澄于中字之义尚未明。"曰："此须自心体认出来，非言语所能喻。中只是天理。"曰："何者为天理？"曰："去得人欲，便识天理。"曰："天理何以谓之中？"曰："无所偏倚。"曰："无所偏倚是何等气象？"曰："如明镜然，全体莹彻，略无纤尘染着。"曰："偏倚是有所染着。如着在好色、好利、好名等项上，方见得偏倚；若未发时，美色名利皆未相着，何以便知其有所偏倚？"曰："虽未相着，然平日好色、好利、好名之心，原未尝无；既未尝无，即谓之有；既谓之有，则亦不可谓无偏倚。譬之病疟之人，虽有时不发，而病根原不曾除，则亦不得谓之无病之人矣。须是平时好色、好利、好名等项一应私心扫除荡涤，无复纤毫留滞，而此心全体廓然，纯是天理，方可谓之喜怒哀乐未发之中，方是天下之大本。"①

阳明是将未发已发一体来看的，"中和是人人原有的，岂可谓无？但常人之心既有所昏蔽，则其本体虽亦时时发见，终是暂明暂灭，非其全体大用矣。无所不中，然后谓之大本；无所不和，然后谓之达道"。全体大用就是体用合一，体即是用，用即是体。未发之中与已发之和是一体的。虽然是一体，但是，在发生学的角度，未发已发是有先后的，未发时是潜在的未发已发一体，已发后则是显明的一体。阳明说，有的人之本体有时是被遮蔽的，这就未得其中，发出来也不得其和，有所偏倚。这里的本体是潜在的未发已发合一之体。

那么如何得到未发之中呢？阳明认为还是去人欲存天理。人欲是将未发已发、体用、心物分裂来看的结果，天理是将其融合整体来看的体现。所谓的好色、好利、好名等私心，就是以分裂的眼光来看宇宙的结果，而澄明大公之天理则是整体圆融的。这才是"喜怒哀乐未发之中，方是天下之大本"。

可见，未发已发这一《中庸》里的条目，被阳明以心学的模式进行了阐发。阳

---

① 王守仁. 王阳明全集：上 [M]. 吴光，钱明，董平，等编校. 上海：上海古籍出版社，1992：23.

明心学的基础是其新颖的宇宙论或本体论。借用这些析分的概念，如未发已发等，总会给人以二分的感觉，论述起来颇费周折，他说："工夫难处，全在格物致知上。此即诚意之事。意既诚，大段心亦自正，身亦自修。但正心修身工夫，亦各有用力处，修身是已发边，正心是未发边。心正则中，身修则和。"① 如果不了解他的宇宙论，就会将其看成分裂的两段。当他以天理来代替这些二分的条目后，就简洁了些。天理既是未发之中，也是未发已发合一，到后来阳明干脆用良知一词来概括。

阳明的未发已发、体用逻辑超越了程朱理学的范围，未发已发合一、体用合一是彻头彻尾的合一，即未发时未发已发是一体，已发后未发已发还是一体。言未发必然有已发，言已发必然有未发。体用合一也是如此。阳明说："心不可以动静为体用。动静时也，即体而言用在体，即用而言体在用，是谓体用一源。若说静可以见其体，动可以见其用，却不妨。"② 言体时用在其中，言用时亦体在用中，体用彻头彻尾地一体。

二、本体工夫之辨

本体工夫的逻辑与未发已发、体用的逻辑也是一致的。对阳明来说，本体和工夫的关系虽然是合一的，但是其顺序是不可逆的，本体全然会成为工夫，但工夫不一定都体现本体。这里的本体是未发，工夫是已发。也可以说，工夫就是用。根据阳明未发已发合一、体用合一的思想，未发之体必然会成为已发之用，而已发之用未必全是未发之体。对此，阳明曾在信中说：

崇一来书云："师云：'德性之良知，非由于闻见。若曰多闻择其善者而从之，多见而识之，则是专求之见闻之末，而已落在第二义。'窃意良知虽不由见闻而有，然学者之知未尝不由见闻而发；滞于见闻固非，而见闻亦良知之用也。今日落在第二义，恐为专以见闻为学者而言。若致其良知而求之见闻，似亦知行合一之功矣。如何？"

良知不由见闻而有，而见闻莫非良知之用，故良知不滞于见闻，而亦不离于见闻。孔子云："吾有知乎哉？无知也。"良知之外，别无知矣。故"致良知"是学问

---

① 王守仁. 王阳明全集：上 [M]. 吴光，钱明，董平，等编校. 上海：上海古籍出版社，1992：25.
② 王守仁. 王阳明全集：上 [M]. 吴光，钱明，董平，等编校. 上海：上海古籍出版社，1992：31.

第五章 天人合一：天理人欲、未发已发、体用、本体工夫之辨

大头脑，是圣人教人第一义。今云专求之见闻之末，则是失却头脑，而已落在第二义矣。近时同志中盖已莫不知有致良知之说，然其功夫尚多鹘突者，正是欠此一问。大抵学问功夫只要主意头脑是当，若主意头脑专以致良知为事，则凡多闻多见，莫非致良知之功。盖日用之间，见闻酬酢，虽千头万绪，莫非良知之发用流行，除却见闻酬酢，亦无良知可致矣。故只是一事。若曰致其良知而求之见闻，则语意之间未免为二，此与专求之见闻之末者虽稍不同，其为未得精一之旨，则一而已。"多闻，择其善者而从之，多见而识之"，既云择，又云识，其良知亦未尝不行于其间；但其用意乃专在多闻多见上去择识，则已失却头脑矣。崇一于此等处见得当已分晓，今日之问，正为发明此学，于同志中极有益。但语意未莹，则毫厘千里，亦不容不精察之也。①

欧阳德问阳明，见闻都是良知之用，如果从见闻来求良知本体，也就是从用或工夫悟本体，是否恰当？阳明对此持谨慎态度，他认为，"良知不由见闻而有，而见闻莫非良知之用，故良知不滞于见闻，而亦不离于见闻"。良知乃见闻之源，而良知须以用来显。但良知不是见闻本身，从见闻求良知还是不太准确，"未得精一之旨"。当精神专注于见闻去求个识时，很容易被见闻所湮没，从而失却头脑。阳明觉得从用来求体，或者说从工夫来悟本体似乎有些不妥。

如前所述，体用合一不可逆的顺序会使用不一定是体。另外，用中的偏差和错误就更不是本体了。所以，阳明对从用中求体并不完全认同。在《与毛古庵宪副》中，阳明说的也是这个意思。他说：

凡鄙人所谓致良知之说，与今之所谓体认天理之说，本亦无大相远，但微有直截迂曲之差耳。譬之种植，致良知者，是培其根本之生意而达之枝叶者也；体认天理者，是茂其枝叶之生意而求以复之根本者也。然培其根本之生意，固自有以达之枝叶矣；欲茂其枝叶之生意，亦安能舍根本而别有生意可以茂之枝叶之间者乎？吾兄忠信近道之资既自出于侪辈之上，近见胡正人，备谈吾兄平日工夫又皆笃实恳切，非若世之徇名远迹而徒以支离于其外者。只如此用力不已，自当循循有至，所谓殊途而同归者也。亦奚必改途易业，而别求所谓为学之方乎！惟吾兄益就平日用工得力处进步不息，譬之适京都者，始在偏州僻壤，未免经历于傍蹊曲径之中，苟志往

---

① 王守仁.王阳明全集：上 [M].吴光，钱明，董平，等编校.上海：上海古籍出版社，1992：71-72.

不懈，未有不达于通衢大路者也。①

　　这里的体认天理或致良知都是悟本体。阳明认为一切生意和源泉都在本体上，而不在枝叶上。如果想使枝叶生长更加茂盛，应该从根上进行更多的培养，而不是盲目地给枝叶使用增加茂盛的方法。枝叶就是工夫或用，而根则是本体。所以，应该用在本体上，而不是用在枝节工夫上。

　　到这里，我们可以看到两种工夫——用在本体上的工夫和用在具体工夫（用）上的工夫。在已发世界中，其实所有的都可以说是工夫，这个工夫是体用合一的，即已发未发合一的。合一是体或未发都变成了用或已发，既然是合一的，就能从中体悟到本体。阳明倾向于悟本体的工夫。

　　格物也是工夫，而格物的工夫有的用在本体上，有的在枝节上，阳明选择前者。他说："吾教人致良知，在格物上用功，却是有根本的学问。日长进一日，愈久愈觉精明。世儒教人事事物物上去寻讨，却是无根本的学问。方其壮时，虽暂能外面修饰，不见有过，老则精神衰迈，终须放倒。譬如无根之树，移栽水边，虽暂时鲜好，终久要憔悴。"②

　　这里出现了一个问题，格物本身就是广义的工夫，格物工夫可以分为本体学问和具体的枝节学问，所以，良知本体是在工夫上用功得来的。这似乎和前面阳明拒绝从用中求本体相矛盾，其实并不矛盾。一切功必然是在已发之用上做的，但是在已发之用中，也就是具体的工夫中，是可以求本体的。阳明所否定的那些工夫，是关于事事物物的枝节工夫，但从事事物物中可以展开求本体的工夫。

　　所以，我们看到阳明在有些场合并不拒绝因用以求体的观点，如他在《答汪石潭内翰》中说，体用一源，知体是为了用，知用是为了体，但是体是精微而难知的，用则是显明而易知的。直接知体很难，但可以通过用知体，"君子之于学也，因用以求其体"③。阳明接受了从用知体的可能性，但他强调，在事事物物中用工夫时，一定是以悟本体为要，而不是沉溺于事物中做枝节闻见之知的工夫。

　　在下面这段话中，王阳明开始强调从实事上做工夫，而不是在虚寂本体上做工

---

① 王守仁. 王阳明全集：上 [M]. 吴光，钱明，董平，等编校. 上海：上海古籍出版社，1992：219.
② 王守仁. 王阳明全集：上 [M]. 吴光，钱明，董平，等编校. 上海：上海古籍出版社，1992：99-100.
③ 王守仁. 王阳明全集：上 [M]. 吴光，钱明，董平，等编校. 上海：上海古籍出版社，1992：146-147.

第五章 天人合一：天理人欲、未发已发、体用、本体工夫之辨

夫。他说："故致知者，意诚之本也。然亦不是悬空的致知，致知在实事上格。如意在于为善，便就这件事上去为；意在于去恶，便就这件事上去不为。去恶固是格不正以归于正，为善则不善正了，亦是格不正以归于正也。如此，则吾心良知无私欲蔽了，得以致其极，而意之所发，好善去恶，无有不诚矣！诚意工夫，实下手处在格物也。若如此格物，人人便做得，'人皆可以为尧舜'，正在此也。……众人只说格物要依晦翁，何曾把他的说去用？我着实曾用来。初年与钱友同论做圣贤，要格天下之物，如今安得这等大的力量？因指亭前竹子，令去格看。钱子早夜去穷格竹子的道理，竭其心思，至于三日，便致劳神成疾。当初说他这是精力不足，某因自去穷格。早夜不得其理，到七日，亦以劳思致疾。遂相与叹圣贤是做不得的，无他大力量去格物了。及在夷中三年，颇见得此意思，乃知天下之物本无可格者。其格物之功，只在身心上做，决然以圣人为人人可到，便自有担当了。这里意思，却要说与诸公知道。"[①]

从实事上做，就是在良知发用的实事上做，也是对身心之实事展开的工夫。所以，所谓的实事上致知，根本是对身心用工夫。也就是说，即使是到天下之物中去，也要通过对事物的观察来格心，通过格心来格物，而非在心物分离的情况下简单对物进行格。格物依然是求本体之工夫。本体只能从心上产生，而不能从事事物物的枝节工夫中产生，本体只能是和事事物物接触工夫中触发出来。这就是从工夫中求本体。

于是，阳明所赞同的从工夫见本体、从用求体的观点始终是以心为基础的。他说："区区论致知格物，正所以穷理，未尝戒人穷理，使之深居端坐而一无所事也。若谓即物穷理，如前所云务外而遗内者，则有所不可耳。昏暗之士，果能随事随物精察此心之天理，以致其本然之良知，则虽愚必明，虽柔必强，大本立而达道行，九经之属可一以贯之而无遗矣。尚何患其无致用之实乎？彼顽空虚静之徒，正惟不能随事随物精察此心之天理，以致其本然之良知，而遗弃伦理，寂灭虚无以为常，是以要之不可以治家国天下。"[②]

阳明开始赞同随事随物能够精察心之良知、心之天理，也就是心本体。这也是

[①] 王守仁. 王阳明全集：上 [M]. 吴光，钱明，董平，等编校. 上海：上海古籍出版社，1992：119-120.

[②] 王守仁. 王阳明全集：上 [M]. 吴光，钱明，董平，等编校. 上海：上海古籍出版社，1992：47.

对从工夫见本体的接受。但是工夫与接物的前提和目标都是体悟本体，而不是就物来增长见闻知识。工夫依然是体悟本体的工夫，这是阳明始终坚持头脑和根本之学的一贯立场。

这是阳明天人合一、心物一体宇宙论逻辑的结果。工夫和本体是彻头彻尾一体的，不能悬空去悟个本体，一定是在工夫中去体悟，否则找到的就是分裂的人欲。

第六章

天人合一：知行合一

知行合一的逻辑和未发已发、体用、本体功夫的逻辑是一样的。

根据年谱,阳明在1509年提到了知行合一之旨,① 后来辑录在《传习录》徐爱卷中。其对话如下:

爱因未会先生"知行合一"之训,与宗贤、惟贤往复辩论,未能决,以问于先生。先生曰:"试举看。"爱曰:"如今人尽有知得父当孝、兄当弟者,却不能孝、不能弟,便是知与行分明是两件。"先生曰:"此已被私欲隔断,不是知行的本体了。未有知而不行者。知而不行,只是未知。圣贤教人知行,正是要复那本体,不是着你只恁的便罢。故《大学》指个真知行与人看,说'如好好色,如恶恶臭'。见好色属知,好好色属行。只见那好色时已自好了,不是见了后又立个心去好。闻恶臭属知,恶恶臭属行。只闻那恶臭时已自恶了,不是闻了后别立个心去恶。如鼻塞人虽见恶臭在前,鼻中不曾闻得,便亦不甚恶,亦只是不曾知臭。就如称某人知孝、某人知弟,必是其人已曾行孝行弟,方可称他知孝知弟,不成只是晓得说些孝弟的话,便可称为知孝弟。又如知痛,必已自痛了方知痛;知寒,必已自寒了;知饥,必已自饥了:知行如何分得开?此便是知行的本体,不曾有私意隔断的。圣人教人,必要是如此,方可谓之知,不然,只是不曾知。此却是何等紧切着实的工夫!如今苦苦定要说知行做两个,是甚么意?某要说做一个是甚么意?若不知立言宗旨,只管说一个两个,亦有甚用?"爱曰:"古人说知行做两个,亦是要人见个分晓,一行做知的功夫,一行做行的功夫,即功夫始有下落。"先生曰:"此却失了古人宗旨也。某尝说知是行的主意,行是知的功夫;知是行之始,行是知之成。若会得时,只说一个知已自有行在,只说一个行已自有知在。古人所以既说一个知又说一个行者,只为世间有一种人,懵懵懂懂的任意去做,全不解思惟省察,也只是个冥行妄作,所以必说个知,方才行得是;又有一种人,茫茫荡荡悬空去思索,全不肯着实躬行,也只是个揣摸影响,所以必说一个行,方才知得真。此是古人不得已补偏救弊的说话,若见得这个意时,即一言而足,今人却就将知行分作两件去做,以为必先知了然后能行。我如今且去讲习讨论做知的工夫,待知得真了方去做行的工夫,故遂终身不行,亦遂终身不知。此不是小病痛,其来已非一日矣。某今说个知行合一,正是对病的药。又不是某凿空杜撰,知行本体原是如此。今若知得宗旨时,即

---

① 王守仁. 王阳明全集: 下 [M]. 吴光, 钱明, 董平, 等编校. 上海: 上海古籍出版社, 1992: 1229.

说两个亦不妨，亦只是一个；若不会宗旨，便说一个，亦济得甚事？只是闲说话。①

阳明开始就强调，知行要从本体上看。阳明的本体论或宇宙论的特色是本体与功夫合一、体用合一、未发已发合一。知行的本体论就是，知是本体（体），行是功夫（用）。本体之知已经有功夫在，而功夫就是本体的展开。无论是本体还是功夫，都是体用合一的，即知行合一的。知本体若是真，必然会行。如同天理一样，天理若真是未发之中，一定会发而中节。将知行分为两段是私欲泛滥，如同将本体和功夫分为两截一样，这恰是程朱理学的支离之病，"此已被私欲隔断，不是知行的本体了。未有知而不行者。知而不行，只是未知"。本体之知，必然有行，将其分为两段，正是世人的毛病。要么是无知的妄行，"有一种人，懵懵懂懂的任意去做，全不解思惟省察，也只是个冥行妄作"；要么悬空想个知体，然后再去行，这就是粘贴的知行，而且这样的知一般不会成行，"又有一种人，茫茫荡荡悬空去思索，全不肯着实躬行，也只是个揣摸影响，所以必说一个行，方才知得真"。知行本是一回事，是同时存在和进行的，"知是行的主意，行是知的功夫；知是行之始，行是知之成。若会得时，只说一个知已自有行在，只说一个行已自有知在"。如同未发已发、体用、本体功夫的逻辑一样，只说未发、体、本体时，已发、用、功夫就已经存在了。具体到知行，只说一个知，行就已经在了，只说一个行，知也就在了。这就是知行合一。到后来干脆两个都不说，以浑然合一的良知来取代，而良知也偏重于"知"。不用"行"来代替知行合一，是阳明独特逻辑的结果。虽然阳明秉持天人合一、心物一体、体用合一、知行合一、性气合一的本体论，但在其中人、物、用、行、气都偏重于气化存在。用这些来代替合一逻辑更容易引起误解，陷入程朱支离的陷阱。所以他更倾向于头脑性、本体性的存在，如天、心、知、性等，他的学说可以称为天理学、心学、良知学、性学。他在对话和著述中经常使用这些概念。

当搞清楚阳明这些逻辑，会发现，未发之中就是知行合一，也即天理。看如下对话：

刘观时问："未发之中是如何？"先生曰："汝但戒慎不睹，恐惧不闻，养得此心纯是天理，便自然见。"观时请略示气象。先生曰："哑子吃苦瓜，与你说不得。

---

① 王守仁. 王阳明全集：上 [M]. 吴光，钱明，董平，等编校. 上海：上海古籍出版社，1992：3-5.

你要知此苦,还须你自吃。"时曰仁在傍,曰:"如此才是真知,即是行矣。"一时在座诸友皆有省。①

当刘观时请教未发之中时,阳明将其解释为天理。刘观时让阳明解释天理的内涵时,阳明所举的就是知行合一、体用合一的例子。所以,知行合一也可以说是天理的表现形式,与未发已发合一的逻辑是一样的。已经悟透阳明学说的徐爱直接把未发之中、天理解释成了知行合一,真知即行。天理即真知。天理天然是知行合一的。

阳明知行合一的逻辑自产生以后,基本没什么变化。他对陆澄等人说的也是这些,"知者行之始,行者知之成;圣学只一个功夫,知行不可分作两事"②。

阳明知行合一的逻辑没变过,但具体的层次却有不同。知行合一是本体工夫合一的体现,而属于本体和工夫的范畴是可以分为多个层面的。如前面所说的知行合一基本上是心身、心物层面的,而有时阳明还将心之层面的知和意看作是知行合一的,"此须识我立言宗旨。今人学问,只因知行分作两件,故有一念发动,虽是不善,然却未曾行,便不去禁止。我今说个知行合一,正要人晓得一念发动处,便即是行了。发动处有不善,就将这不善的念克倒了。须要彻根彻底,不使那一念不善潜伏在胸中。此是我立言宗旨"③。这是1520年黄直所录阳明之语。念可以说是意,而意是心本体之知所发的,因此知和意也是知行合一的。

在1526年的《答友人问》中,阳明又提到了天理或宇宙层面的知行合一。其文曰:

问:"自来先儒皆以学问思辨属知,而以笃行属行,分明是两截事。今先生独谓知行合一,不能无疑。"

曰:此事吾已言之屡屡。凡谓之行者,只是著实去做这件事。若著实做学问思辨的工夫,则学问思辨亦便是行矣。学是学做这件事,问是问做这件事,思辨是思辨做这件事,则行亦便是学问思辨矣。若谓学问思辨之,然后去行,却如何悬空先去学问思辨得?行时又如何去得做学问思辨的事?行之明觉精察处,便是知;知之真切笃实处,便是行。若行而不能精察明觉,便是冥行,便是"学而不思则罔",

---

① 王守仁. 王阳明全集:上 [M]. 吴光,钱明,董平,等编校. 上海:上海古籍出版社,1992:37.
② 王守仁. 王阳明全集:上 [M]. 吴光,钱明,董平,等编校. 上海:上海古籍出版社,1992:13.
③ 王守仁. 王阳明全集:上 [M]. 吴光,钱明,董平,等编校. 上海:上海古籍出版社,1992:96.

第六章 天人合一：知行合一

所以必须说个知；知而不能真切笃实，便是妄想，便是"思而不学则殆"，所以必须说个行；元来只是一个工夫。凡古人说知行，皆是就一个工夫上补偏救弊说，不似今人截然分作两件事做。某今说知行合一，虽亦是就今时补偏救弊说，然知行体段亦本来如是。吾契但著实就身心上体履，当下便自知得。今却只从言语文义上窥测，所以牵制支离，转说转糊涂，正是不能知行合一之弊耳。

…………

又问："知行合一之说，是先生论学最要紧处。今既与象山之说异矣，敢问其所以同。"曰：知行原是两个字说一个工夫，这一个工夫须著此两个字，方说得完全无弊病。若头脑处见得分明，见得原是一个头脑，则虽把知行分作两个说，毕竟将来做那一个工夫，则始或未便融会，终所谓百虑而一致矣。若头脑见得不分明，原看做两个了，则虽把知行合作一个说，亦恐终未有凑泊处，况又分作两截去做，则是从头至尾更没讨下落处也。

又问："致良知之说，真是百世以俟圣人而不惑者。象山已于头脑上见得分明，如何于此尚有不同？"

曰：致知格物，自来儒者皆相沿如此说，故象山亦遂相沿得来，不复致疑耳。然此毕竟亦是象山见得未精一处，不可掩也。

又曰：知之真切笃实处，便是行；行之明觉精察处，便是知。若知时，其心不能真切笃实，则其知便不能明觉精察；不是知之时只要明觉精察，更不要真切笃实也。行之时，其心不能明觉精察，则其行便不能真切笃实；不是行之时只要真切笃实，更不要明觉精察也。知天地之化育，心体原是如此。乾知大始，心体亦原是如此。①

前面的知行合一是从心身层面来说的，"吾契但着实就身心上体履，当下便自知得"。真知即行，行明则知，"知之真切笃实处，便是行；行之明觉精察处，便是知"。最后一段是从宇宙论的角度来说的，"知天地之化育，心体原是如此。乾知大始，心体亦原是如此"。这里的心体之知如同宇宙本源乾知，知是宇宙本体，本身就是天地化育之源。乾知本身必然会化育天地，所谓知行合一。这是最高层面的知

---

① 王守仁. 王阳明全集：上 [M]. 吴光, 钱明, 董平, 等编校. 上海：上海古籍出版社，1992：208-210.

行合一。

此外，这里还提到了"致良知"的概念。"致良知"就是知行合一。1522年，阳明在《与陆原静》中谈到了概念。他说：

致知之说，向与惟濬及崇一诸友极论于江西，近日杨仕鸣来过，亦尝一及，颇为详悉。今原忠、宗贤二君复往，诸君更相与细心体究一番，当无余蕴矣。孟子云："是非之心，知也。""是非之心，人皆有之。"即所谓良知也。孰无是良知乎？但不能致之耳。《易》谓："知至，至之。"知至者，知也；至之者，致知也。此知行之所以一也。近世格物致知之说，只一知字尚未有下落，若致字工夫，全不曾道著矣。此知行之所以二也。①

阳明将知解释为良知，而知行合一则成了"致良知"。其实良知本身已经是体用合一的，不必再多说一个"致"字，为了让读者明白，加了此字。后来阳明良知本体论成熟后，"致"字就逐渐去掉了。如他在《答欧阳崇一》中说：

良知不由见闻而有，而见闻莫非良知之用，故良知不滞于见闻，而亦不离于见闻。孔子云："吾有知乎哉？无知也。"良知之外，别无知矣。故"致良知"是学问大头脑，是圣人教人第一义。今云专求之见闻之末，则是失却头脑，而已落在第二义矣。近时同志中盖已莫不知有致良知之说，然其功夫尚多鹘突者，正是欠此一问。大抵学问功夫只要主意头脑是当，若主意头脑专以致良知为事，则凡多闻多见，莫非致良知之功。盖日用之间，见闻酬酢，虽千头万绪，莫非良知之发用流行，除却见闻酬酢，亦无良知可致矣。故只是一事。若曰致其良知而求之见闻，则语意之间未免为二，此与专求之见闻之末者虽稍不同，其为未得精一之旨，则一而已。②

在这里，良知本体本身就是体用合一的，所以，良知就是知行合一，致良知就有累赘之嫌。

在《答顾东桥书》中，阳明将知行合一的逻辑进一步扩大，心外无理也是知行合一的一种。阳明说：

知之真切笃实处，即是行；行之明觉精察处，即是知：知行工夫本不可离。只为后世学者分作两截用功，失却知行本体，故有合一并进之说。"真知即所以为行，

---

① 王守仁. 王阳明全集：上 [M]. 吴光，钱明，董平，等编校. 上海：上海古籍出版社，1992：189.
② 王守仁. 王阳明全集：上 [M]. 吴光，钱明，董平，等编校. 上海：上海古籍出版社，1992：71.

不行不足谓之知",即如来书所云"知食乃食"等说可见,前已略言之矣。此虽吃紧救弊而发,然知行之体本来如是,非以己意抑扬其间,姑为是说以苟一时之效者也。"专求本心,遂遗物理",此盖失其本心者也。夫物理不外于吾心,外吾心而求物理,无物理矣;遗物理而求吾心,吾心又何物邪?心之体,性也;性即理也。故有孝亲之心,即有孝之理,无孝亲之心,即无孝之理矣。有忠君之心,即有忠之理,无忠君之心,即无忠之理矣。理岂外于吾心邪?晦庵谓:"人之所以为学者,心与理而已。"心虽主乎一身,而实管乎天下之理,理虽散在万事,而实不外乎一人之心。是其一分一合之间,而未免已启学者心理为二之弊。此后世所以有专求本心,遂遗物理之患,正由不知心即理耳。夫外心以求物理,是以有暗而不达之处;此告子"义外"之说,孟子所以谓之不知义也。心,一而已。以其全体恻怛而言谓之仁,以其得宜而言谓之义,以其条理而言谓之理;不可外心以求仁,不可外心以求义,独可外心以求理乎?外心以求理,此知行之所以二也。求理于吾心,此圣门知行合一之教,吾子又何疑乎?①

  知是心之本体,本体即性、即理。性、理本身是体用合一的,所谓性外无物。因此,心外无理就是心外无物。这就是知行合一。可见,知行合一实现的前提是心外无理、心外无物,而要实现这两个宗旨,就必须是在天人合一、万物一体的宇宙论中。只有在这样的宇宙论或本体论中,任何宗旨才可以说成是知行合一的。知行合一可以概括阳明所有的学说。

  关于各层次知行合一的详细关系和具体内容,将在阳明的良知宇宙中进行阐释。

---

① 王守仁. 王阳明全集:上 [M]. 吴光,钱明,董平,等编校. 上海:上海古籍出版社,1992:42-43.

第七章

天人合一心学的实践

从天人两分到良知宇宙：王阳明天人思想的历史演变与实践

第一节　王阳明心学在行政治理上的实践

关于王阳明的管理思想，学术界所论不多，只有少数论述阳明人才观的文章。笔者尝试从更全面的视角来看阳明的管理思想，包括人才观、官员管理思想、政务管理思想、民众管理思想、临时管理思想等。这些管理思想是阳明心学思想的具体实践，笔者逐一论述。

一、人才观

这方面内容主要包括用人标准和用人之道。

（一）用人标准

王阳明关于人才的标准，从一些奏疏中可以看出。对他来说，首先是德，其次才是才。他说："夫朝廷用人，不贵其有过人之才，而贵其有事君之忠，苟无事君之忠，而徒有过人之才，则其所谓才者，仅足以济其一己之功利，全躯保妻子而已耳。"① 所谓的德主要是"忠"，即忠君。忠君也即忠于国。"忠"是无私为公的表现，阳明把"忠"之德放在首位。不忠则是自私的表现，其行只为一己、一家之私利。无忠只有才，才越大越利于谋取私利，"济其一己之功利，全躯保妻子而已耳"。

由此可以推出阳明眼中的人才等级：最高的是德才兼备，其次是有德无才，再次是无德无才，最次是无德有才。可以看到，阳明的人才观是符合其心学思想的，心之本体即存天理（公）、灭人欲（私）。

在边关需要人才时，阳明也坚持如上标准。他说："臣惟任贤图治，得人实难，其在边夷绝域反覆多事之地，则其难尤甚。何者？反覆边夷之地，非得忠实勇果通达坦易之才，固未易以定其乱。有其才矣，使不谙其土俗而悉其情性，或过刚使气，率意径行，则亦未易以得其心。得其心矣，使不耐其水土，而多生疾病，亦不能以久居其地，以收积累之效，而成可底之绩。故用人于边方，必兼是三者而后可。即如右江一兵备，此臣之所最切心者，臣窃为吏部私计其人，终夜不寝而思之，竟

---

① 王守仁. 王阳明全集：上［M］. 吴光，钱明，董平，等编校. 上海：上海古籍出版社，2011：460.

第七章 天人合一心学的实践

未见有快心如意者,盖兼是三者而求之也。如前所举四人者,固皆可用之才,今乃皆为时例所拘,弃置不用,而更劳心远索,则亦过矣。"①

边关人才的第一个标准是"忠实勇果通达坦易",这些都是德的体现。"忠实"就是"忠",和前面标准一样,是优先考虑的。"勇果"是勇敢果断,"通达"是胸襟宽广,"坦易"即坦率平易。这些都是人的修养品格。在这些品格当中,"忠"是首位的。第二个标准是才方面的。要求人才熟悉当地风土人情,不意气用事,以得人心为要。第三个标准是对身体的要求,能够耐边关水土,长久驻扎。第二、三个标准是由边关的特殊性决定的,是特殊才能的体现。从总体上看,没有脱离阳明以德才选人的标准框架。

武靖州官员补缺时,阳明强调的还是德。"据参议汪必东呈称:'武靖州缺官管事,乞推相应上官子孙一员,仍授该州职事,理办兵粮。'仰布政林富会同各守巡、兵备、副参等官,再行从公酌量计议。采诸物论,度诸人情。务要推选素有为该州人民信服爱戴者,坐名呈来,以凭上请。不得苟避一时之嫌疑,不顾百年之祸患,轻忽妄举,异时事有乖缪,追咎始谋,责亦难辞。"② 这里所说的"人民信服爱戴者",自然是忠君爱国为民、大公无私的官员。德依然是最重要的标准。

有的文章说阳明打破选人惯例,"舍短取长""因时制宜",不拘一格选人,并以"公论"荐举的形式保证了选拔程序的公正性,而且他辩证性地消极否定了道德教育万能论,通过"久任其职""量行加增"等实用主义措施以促官员责任心、廉洁等德性养成。相比其他政治家、思想家而言,他的人才观及措施更有独特的价值意义。③ 这一评价可能有点过了,以"量行加增"为例,这与其说阳明是高薪养廉的拥护者,毋宁说这一行为依然属于心学的范围,即仍在德的范围。

"量行加增"的背景是,阳明发现官府出现了频繁的贪污行为,认为是官俸太少所致。他觉得这些贪腐行为情有可原,可减轻惩罚,同时他建议修改俸禄之法,增加官员收入。"照得近来所属各州、县、卫、所、仓、场等衙门,大小官吏以赃问革者相望,而冒犯接踵,究询其由,皆云家口众多,日给不足……夫贪墨不才,法律诚所难贷,而其情亦可矜悯!夫忠信重禄,所以劝士……此古今之通义也。朝

---

① 王守仁. 王阳明全集: 上 [M]. 吴光,钱明,董平,等编校. 上海: 上海古籍出版社, 2011: 554.
② 王守仁. 王阳明全集: 中 [M]. 吴光,钱明,董平,等编校. 上海: 上海古籍出版社, 2011: 1215.
③ 左志德. 王阳明人才观及其价值解读 [J]. 湖南师范大学社会科学学报, 2013 (5): 124-130.

廷赋禄百司，厚薄既有等级，要皆使各裕其资养，免其内顾，然后可望以尽心职业，责以廉耻节义。今定制所限，既不可得而擅增，至于例所应得，又从而裁削之，使之仰事俯育，且不能遂；是陷之于必贪之地，而责之以必廉之守，中人之资，将有不能，而况其下者之众乎？所据前项事理，非独人情有所未堪，其于政体，亦有所损，合行会议查处，参酌事理轻重，及查在外官员，自二品至九品，并杂职吏胥等俸米，除本色外，其折色原例，每石作银若干，于何年月裁减，作银若干，应否复旧，或量行加增，务要议处停当，呈来定夺施行。"①

官员贪污是因为其俸禄不仅不够养家，还被恶意裁削。增加俸禄并不是要高薪，而是让俸禄恢复到应有的合乎人情的水平。这也反映了政府的体面。合乎人情属于心学的天理范畴。对阳明来说，天理为善，人欲为恶，恶并不是善的对立面，而是善的过与不及。②所谓的天理或善，是一种恰到好处的中庸、中和状态。落实到官员俸禄上，过高或过低都不符合天理人情。阳明认为官俸过低，要求将裁削的俸禄返还，而且要"量行加增"，使官员俸禄达到适度的合乎天理人情的水平。所以，"量行加增"和高薪养廉不是一回事，后者在阳明看来可能会过度。

这样的天理人欲观是宋明理学的结果，和唐宋以前的义利观有所不同。它产生了一个矛盾的结果：在更加严厉的同时也更加宽容了。严厉是因为其更加提倡道统，宽容是因为道或天理的内涵更丰富了。宋明思想家都受此影响，并非仅有阳明如此。③

（二）用人之道：调解矛盾，同心同德，体恤下属

作为思想深刻、眼光敏锐的思想家，阳明很善于处理上下级之间及下属之间的关系。当知府胡尧元告病请假时，阳明看出了其心中的义愤，于是对其进行疏解："看得知府胡尧元，始以忠义，兴讨贼之功；继以刚果，著及民之政；虽获上之诚，或有未孚；而守身之节，初无可议。据申告病情由，亦似意有所为，大抵能洁矩者，必推己及人；当大任者，在动心忍性。仰布政司即行本官，照旧尽心管理府事，毋

---

① 王守仁. 王阳明全集：中 [M]. 吴光，钱明，董平，等编校. 上海：上海古籍出版社，2011：672-673.
② 贾庆军. 王阳明与尼采善恶观之比较 [J]. 浙江社会科学，2017（11）：105-107.
③ 贾庆军. 王阳明"大人"思想及四个陷阱 [J]. 宁波大学学报（人文科学版），2019（3）：3-7.

第七章 天人合一心学的实践

因一朝之忿,遂忘三反之功,事如过激,欲抗弥卑,理苟不渝,虽屈匪辱。"①

阳明认为胡尧元是个人才,忠义之德没问题,政事果断不错,节操也好,只是没有获得上司的完全赏识,因此怨恨不平,以告病请假来抗议。阳明洞察毫微,知晓其心思,因此劝告他,做大事者应该动心忍性,不要因为一时的义愤而前功尽弃。于是不准他请假,让他依然在工作岗位上坚守,并嘱咐其为官之道:不做过激的事,过激的抗议反而更显得卑下;只要坚守理义,即使受了委屈也不是屈辱。

阳明这是在告诫所有官员,只要忠于职守、坚守道义,终有被认可的一天,即使不被认可,也对得起自己的至善本心。

另外一个例子是如何处理属下之间的功劳分配。在平八寨时出现了将士争功事件,"据兵备佥事王大用呈,乐昌县知县李增缉获大贼首李斌等,审议明白。绩据湖广永州府推官王瑞之呈称,广东差人邀夺等情,已拘知县见在人役,追出原得获李斌金簪银两荷包见在,显是湖广兵快计擒,不得妄报掩饰。看得迩者大征之举,湖广实首其谋,江、广亦协其力,既名夹攻,事同一体,湖兵有失,是亦广兵之罪,广人有获,斯亦湖人之功。况今贼首既擒,则湖广领哨之官亦复何咎;虽云因虞得鹿,而广东计诱之人亦非无功;但求共成厥事,何必己专其伐,矧各呈词,亦无相远;就如湖广各官所呈,即广人乘机捕获之功居然自见;就如广东各官所呈,则湖官运谋驱逐之劳亦自不掩;获级者匹夫之所能,争功者君子之大耻。仰该道备行湖广守巡等官,彼此同心易气,各自据实造册"②。

阳明通过功过共同体的道理,来说服争功诸将。大家"事同一体",有功皆有功,有罪也皆有罪。不应互相争抢、互相贬低,而要"同心易气",站在对方立场考虑。当然也不能和稀泥,功劳平分,而要按照各自所做的贡献来记功。即体现公平又维护团结,大家才会同心同德,共同完成任务。

作为领导,阳明非常体恤属下的生活。当下属兼弟子冀元亨被害后,阳明下令对其家属进行抚恤。"照得湖广常德府武陵县举人冀元亨,忠信之行,孚于远迩云云,已经备咨六部院寺等衙门详办去后。今照冀元亨该科道等官,交章申暴;各该

---

① 王守仁. 王阳明全集: 中 [M]. 吴光, 钱明, 董平, 等编校. 上海: 上海古籍出版社, 2011: 683-684.

② 王守仁. 王阳明全集: 中 [M]. 吴光, 钱明, 董平, 等编校. 上海: 上海古籍出版社, 2011: 621-622.

官司，办无干碍，先已释放，不期复染虐痢身故。该部司属官员，及京师贤士大夫莫不痛悼，相与资给衣棺。本院亦已具舟差人扶柩归葬。但恐本生原籍官司，一时未知详悉，仍将家属羁监，未免枉受淹禁。除将本生节义，另行具本奏请褒录外。拟合通行，为此牌仰抄案回司，即行常德府速将举人冀元亨家属，通行释放；财产等项，亦就查明给还收管。仍将本生妻子，特加优恤，使奸人知事久论定之公，而善类无作德降殃之惑；其于民风土习，不为无补矣。"① 除了表达国家对个人嘉奖安抚外，抚恤也是惩恶扬善的体现。

可见，阳明用人之道的核心理念是"事同一体"，正是他万物一体、无人己、无内外的心学思想的体现。

二、官员管理思想

（一）约束滥权

在传统官本位的社会，官员能否很好地履行职责是社会治理好坏的关键，其中危害最大的就是官员滥权。阳明对此显然了解透彻，他对官员滥权行为高度警醒。

对于因公勒索民财行为，阳明坚决杜绝。武宗南征时，沿途要供应兵马粮草等，阳明警告江西办理相关事宜的官员，不要勒索民间百姓。"照得圣驾南征，所有供应军马粮草并合用器皿等项，已该江西布、按二司分派各府、州、县支给在库官钱，均派经过府、县应用。近访得各该官吏，多有不遵法度，或将官库钱粮，通同侵欺入己，乘机科派民间出办；或取金银器皿银两，或要牛马猪羊等物，辄差多人下乡，狐假虎威，扰害殆遍。中间积年刁徒，又行百般需索，稍有不遂，辄称殴打抗拒，耸信官府，添人捉拿，加以刑辱，重行追索。若不查禁处置，深为民患。为此仰抄案回司，即便会同布政司掌印官，速行计处，先将各应支银两，查解应用；若有不足，就将在库不拘何项银两，给支接济。俱要造册开报，以凭查考，事毕之日，再行议处，作正支销，或设法追补。其各府、州、县科取民间财物，即行查究禁革，未到官者，毋再追并；已在官者，照数给还。中间敢有隐瞒纤毫不发，体访得出，或被人首告，定行拿问赃罪，决不轻贷。仍先出给告示，发仰所属张挂晓谕，务使

---

① 王守仁. 王阳明全集：中 [M]. 吴光，钱明，董平，等编校. 上海：上海古籍出版社，2011：685.

知悉,俱毋违错。"① 阳明深谙政府恶习,投机官员会趁机假公济私、勒索百姓,所以阳明先行禁止一切向民间勒索财物的行为。

阳明禁止私征商税的行为。广西思田之乱平定后,阳明注意到了税收问题,他下令禁止私自向商人收税的行为。"参看得思、田二府,近该本院会议,设立流官知府,控制土官,各以土俗自治。其官吏合用柴薪马匹,及春秋祭祀等项,仍许商课设于河下,薄取其税,以资给用。而本院明文尚未有行,乃敢辄先私立抽分,巧取民利,甚属违法,合当拿问,缘无指实,合行查究。为此牌仰本官,即查前项抽分,奉何衙门明文,惟复积年奸猾,私立巧取,侵骗税银肥己,务要从实查明,具由星驰呈报。一面密切差人访拿,解赴军门究治,以军法论,毋得容情回护,自取罪戾。"② 一切商税,应以政府公文为准,私自征收、渔利百姓要严惩。

在南赣,阳明也一样禁止对商人的盘剥。"照得商人比诸农夫固为逐末,然其终岁弃离家室,辛苦道途,以营什一之利,良亦可悯!但因南赣军资无所措备,未免加赋于民,不得已而为此,本亦宽恤贫民之意。奈何奉行官吏,不能防禁奸弊,以致牙行桥子之属,骚扰客商,求以宽民,反以困商,商独非吾民乎?除另行访拿禁约外。仰钞案回道,即便备行收税官吏,今后商税,遵照奏行事例抽收,不许多取毫厘;其余杂货,俱照旧例三分抽一,若资本微细,柴炭鸡鸭之类,一概免抽。桥子人等止许关口把守开放,不得擅登商船,假以查盘为名,侵凌骚扰,违者许赴军门口告,照依军法拿问。其客商人等亦要从实开报,不得听信哄诱,隐匿规避,因小失大,事发照例问罪,客货入官。及照船税一事,亦被总甲侵扰,今后官府合行船只,俱要实价给顾,就行抽分厂查给票帖,以防诈伪。该道仍将应抽、免抽逐一查议则例。"③ 虽然商是末业,但也经营不易。阳明体恤民情,禁止官府向商人多征税负,也禁止牙行桥子人员随意欺凌盘剥商人。

驿站的公文投递出现问题,阳明不得不进行整顿。"照得水西驿递旧例,每遇公差,验有真正关文,随即送赴军门挂号,此乃防奸革弊定规。本院抚临赣州未几,

---

① 王守仁. 王阳明全集:下 [M]. 吴光, 钱明, 董平, 等编校. 上海:上海古籍出版社, 2011:1260-1261.

② 王守仁. 王阳明全集:中 [M]. 吴光, 钱明, 董平, 等编校. 上海:上海古籍出版社, 2011:1224-1225.

③ 王守仁. 王阳明全集:中 [M]. 吴光, 钱明, 董平, 等编校. 上海:上海古籍出版社, 2011:629.

即因盗贼猖獗,屡出剿平,尚未清查。访得近来多有奸诈之徒,起一关文,辄就洗改。或改一名为二三名者,或改红船为站舡者,或改口粮为廪给者,或改下等马为中等上等马者,或该有司支应而夤缘驿递应付者。又有或看望亲朋,或经过买卖,因与驿递官吏相识,求买关文,诈伪百端。若不挂号清查,非惟奸人得计,抑且有乖事体。为此牌仰本驿所官吏,即便印钤厚白申纸,装钉方尺文簿,一样二本,送赴军门。每遇公差关文,验无前项奸弊,就与誊换,随送军门挂号给付。如或本院出巡,就赴该道兵备挂号。中间若有交通,私与关文,或不经本院挂号,潜行应付者,定行拿问赃罪,决不轻贷。仍仰今后差拨舡只迎送,止许各至交界驿递倒换,立限回还。敢有贪图过关米粮,或权要逼勒过界者,就便指实申来,以凭拿问。仍行岭北道一体查照施行。"① 经过驿站的公文或被修改,或被买卖求利,造成了政府的运转不正常。为此,阳明对驿站官吏加强了管理。

(二) 赏罚分明

对于渎职行为,阳明一律严格查办。"据广东布政司呈参:'广州左等四卫掌印指挥王冕、海信、杜隆、冯凝,千户陆宗等,百户刘恺等,不修职业,委弃城池,远出经旬,肆无忌惮,应合参问。'参看擅离职役,律有明条;今各处军卫有司官往往辄因私事,弃职远出;或因上司经由,过为趋谄,越境送迎,往回动经旬月,上下相安,恬不为异,仰布政司通行禁革究治。今后不系紧急军机重务,其余问候申请等项,虽亦公事,势有轻缓者;上役吏胥差使,不许轻委职官,非但廪给夫马,骚扰道途,劳费不少;抑且城池库狱,一有亏失,贻累匪轻。各该衙门首领官今后俱要置立文簿,凡遇掌印佐贰及带俸等官公事出入,俱要开记月日;因某事到某处送迎,或承何衙门到某处差委,某年月日回任,岁终缴报本院,以凭查究。

"大抵天下之不治,皆由有司之失职;而有司之失职,独非小官下吏偷惰苟安饶悻度日,亦由上司之人,不遵国宪,不恤民事,不以地方为念,不以职业经心,既无身率之教,又无警戒之行,是以荡弛日甚,亦宜分受其责可矣。仰布政司备行各该守巡、各兵备、守备及府、州、县、卫、所等大小衙门,仰各查照施行。"②

---

① 王守仁. 王阳明全集: 中 [M]. 吴光, 钱明, 董平, 等编校. 上海: 上海古籍出版社, 2011: 1196-1197.

② 王守仁. 王阳明全集: 中 [M]. 吴光, 钱明, 董平, 等编校. 上海: 上海古籍出版社, 2011: 697-698.

第七章 天人合一心学的实践

通过对几个轻慢委弃责任官员的处理，阳明重申纪律。从高级军官到守门狱吏，一律不得轻委渎职。他还用出入登记的方式来杜绝渎职行为。阳明深入分析了失职或渎职行为的危害及其根源。其危害之大，大到可以失去天下，根源在于上行下效。作为上司的一定要忠于职守，严明纪律，带头遵纪守法，心系百姓和地方安危，尽自己职责。

为了申明纪律，阳明在考查官员时坚持赏罚分明。"节该钦奉敕谕：'军卫有司官员中政务修举者，量加奖劝；其有贪残畏缩误事者，文职五品以下，武职三品以下，径自拿问发落。钦此。'钦遵。切照当职抚临赣州等处，向因亲剿群贼，多在军前，所据大小衙门官员中间，志行之贤否，政务之修废，类皆未暇采访，拟合通行查报。为此除布按二司，本院自行询访外，牌仰本道官吏，即便从公查访所属军卫有司官员。要见某官廉勤公谨，某官贪婪畏缩，某官罢软无为，某官峻刑酷暴，备细开造小册，就于前件下填注，印封密切，马上差人赍报，以凭复奏，黜陟拿问施行。毋得循情，查报不公，致有物议，自取参究。仍行本道各将掌印佐贰等官年甲籍贯，到任年月日期，亦开前件，揭帖一本，印信各令，差人赍报，不得稽迟。"① 对于官员们的行为，一一记录在册，再根据其行为进行赏罚。

从以上可以看出，若要国家良好运转，必须遵守天道秩序，遵纪守法是天道的必然要求，管理者的遵守尤其重要。这是阳明心学所蕴含的内容。

三、政务管理思想

（一）情法并用

法是不考虑特殊状况的普遍规则，在处理具体事情时必然会产生偏差，有时需要考虑具体事件的特殊性，做出更合乎事宜的决断。情则代表着具体事务的特殊性，也包括各地不同的风土人情。在处置政务方面，情法并用才会更公平，阳明一直秉持情法并用的思想。

在处置思田事件时，阳明提出了如下处置建议：①特设流官知府以制土官之势。（情法）②仍立土官知州以顺土夷之情。③分设土官巡检以散各夷之党。（法）④田

---

① 王守仁. 王阳明全集：中 [M]. 吴光，钱明，董平，等编校. 上海：上海古籍出版社，2011：1195-1196.

州既改流官，亦宜更其府名。（情）⑤田州各甲，今拟分设为九土巡检司；其思恩各城头，今拟分设为九土巡检司；各立土目之素为众所信服者管之。（法）⑥田州新服，用夏变夷，宜有学校。⑦思、田去梧州水陆一月之程，军门隔远，难于控驭调度；兼之府治虽立，而规制未成，流官虽设，而职守未定；且疮痍未复，人心忧惶，须得重臣抚理。

第一条情法皆备。阳明解释说，为了体现朝廷威严，必须设流官，法度不可废。"臣等议得：思、田初服，朝廷威德方新，今虽仍设土官，数年之间，决知可无反侧之虑。但十余年后，其众日聚，其力日强，则其志日广，亦将渐有纵肆并兼之患。故必特设流官知府以节制之。其御之之道，则虽不治以中土之经界，而纳其岁办租税之人，使之知有所归效；虽不莅以中土之等威，而操其袭授调发之权，使之知有所统摄；虽不绳以中土之礼教，而制其朝会贡献之期，使之知有所尊奉；虽不严以中土之法禁，而申其冤抑不平之鸣，使之知有所赴诉。"① 流官的设立，可以让其"知有所归效""知有所统摄""知有所尊奉""知有所赴诉"，最高权力的明确和归属是不能含糊的，法度和威严不可缺失。

但流官也要根据情况灵活治理，以疏解当地人的情感需求。"因其岁时伏腊之请，庆贺参谒之来，而宣其间隔之情，通其上下之义；矜其不能，教其不逮，寓警戒于温恤之中，消倔强于涵濡之内，使之日驯月习，忽不自知其为善良之归。盖含洪坦易以顺其俗，而委曲调停以制其乱，此今日知府之设，所以异于昔日之流官，而为久安长治之策也。……又必上司之制用者务从宽假，无太苛削，官吏其土者得以优裕展布，无局促牵制之繁，此又体悉远臣绥柔荒服之道也。至于思恩旧已设有流官，但因开图立里，绳以郡县之法，是以其民遂乱。今宜照旧仍设流官知府，听其土目各以土俗自治；而其连属制御之道，悉如臣等前之所议，庶可经久无患。"② 流官要宣其情、顺其风俗、听其自治，不可太苛刻。

第二条主要满足当地人的情感需求。根据人心所向，又必须保留土官。"臣等议得：岑氏世有田州，其系恋之私恩久结于人心。今岑猛虽诛，各夷无贤愚老少，莫不悲怆怀思，愿得复立其后。……今欲仍设土官以顺各夷之情，而若非岑氏之后，

---

① 王守仁. 王阳明全集：上 [M]. 吴光，钱明，董平，等编校. 上海：上海古籍出版社，2011：535.
② 王守仁. 王阳明全集：上 [M]. 吴光，钱明，董平，等编校. 上海：上海古籍出版社，2011：536.

第七章 天人合一心学的实践

彼亦终有未服。故今日土官之立,必须岑氏子孙而后可。"①

第三、五条也是情法并用的体现,既可以消除兵祸之乱,又可以满足土官之要求。"割其目甲,分立以为土巡检司,听其以土俗自治,而属之流官知府;其办纳兵粮与连属制御之道,一如田州。则流官之设,既不失朝廷之旧,巡司之立,又足以散土夷之党,而土俗之治,复可以顺远人之情,一举而两得矣。"②

第四条是为了满足田州民间传说的要求,为田州改名"田宁"。这明显是情的体现。

第六条是情的体现,不是顺情,而是要通过教化来移风易情。"或于民间兴起孝弟,或倡远近举行乡约,随事开引,渐为之兆。"③

第七条是驾驭法律和威权的体现。

情法并用也体现在其他政务中,如对宁王从犯的处理。阳明上疏曰:"呈详到臣,参看得裘良辅等俱曾从逆,应该处斩。但该司参称宁王平昔威恶惨毒,上下人心罔不震慑;据法在所难容,原情亦非得已。宥之则失于轻,处斩似伤于重,合无俯顺舆情,乞敕该部查照酌量,或将各犯免其死罪,令其永远充军。不惟情法得以两尽,抑且军伍不致缺人。缘系恤重刑以实军伍事理,为此具本请旨。"④ 根据国法,本来裘良辅等从犯应该处斩。但根据人性和舆情,赦免太轻,处斩又太重。折中一下,可将其充军。这样不仅"情法得以两尽",军队也得到充实,一举三得。

在另一处置从犯的奏疏中,阳明也坚持情法并举。"或被拘于城内,或胁随于舟中,事虽涉于顺从,势实由于迫胁,以上各官甘被囚房而不能死,忍受贼贿而不敢拒,责以人臣守身之节,皆已不能无亏;就其情罪轻重而言,尚亦不能无等。伏愿皇上大奋乾刚,取其罪犯之显暴者,明正典刑,以为臣子不忠之戒;酌其心迹之堪悯者,量加黜谪,以存罪疑惟轻之仁。庶几奸谀知警,国宪可明。"⑤

在对下属的治理建议中,阳明强调要顺人情、物情。"自昔举事,须顺人情;

---

① 王守仁. 王阳明全集:上 [M]. 吴光,钱明,董平,等编校. 上海:上海古籍出版社,2011:536-537.

② 王守仁. 王阳明全集:上 [M]. 吴光,钱明,董平,等编校. 上海:上海古籍出版社,2011:539.

③ 王守仁. 王阳明全集:上 [M]. 吴光,钱明,董平,等编校. 上海:上海古籍出版社,2011:545.

④ 王守仁. 王阳明全集:上 [M]. 吴光,钱明,董平,等编校. 上海:上海古籍出版社,2011:458.

⑤ 王守仁. 王阳明全集:上 [M]. 吴光,钱明,董平,等编校. 上海:上海古籍出版社,2011:464.

凡今立县，专为弭乱；若使两地人心未协，遂尔执己见而行，则是今日定乱之图，反为异时起争之本，今江西安仁、东乡各县，纷纭奏告，连年不息，即今征矣。除行该道兵备官，上紧约会广东各官，亲诣地方，拘集里老年高有识者，备询舆论；务在众议调停，两情和协，就行相度地势，会计财力，监追起工，然后各自回任。若使议终不合，必欲各自立县，亦须酌裁适均。……须于不同之中，务求通融之术；不得徒事空言，彼此推托，苟延目前，不顾后患，异时追论致祸之因，罪亦终有不免。"① 广东两县产生立县争讼，阳明告诫负责官员"须顺人情"，务必"两情和协"，"须于不同之中，务求通融之术"。在清理永新田粮问题时，强调要"曲尽物情，务仰各官秉公任事，正己格物，殚知竭虑，削弊除奸，必能一劳永逸，方可发谋举事"②。

当江西安仁、余干、东乡三县产生抗租拒捕事件时，阳明也是情法兼顾，力求公平。负责三县治理的顾姓官员处置区划和租税不力，导致乱象滋生；随后平息乱象的措施又更加不力，导致乱上加乱。"安仁、余干里分，本少于东乡，而地势又限以山谷；顾乃割小益大，以启尔民规避之端。其失一矣。既而两邑之民徭赋不平，争讼竞起，其时若尽改复旧，亦有何说；顾又使其近东乡者归安仁，近安仁者附东乡，以益尔民纷争之谤。其失二矣。及尔等抗拒之迹既成，尚当体悉尔等中间或有难忍之怨，屈抑不平之情，亦须为之申泄断理，或惩或戒，使两得其平；若终难化谕者，即宜断然正以国法。顾乃惮于身任其劳，一切惟事姑息，欲逃租赋，遂从而免其租赋；欲逃逋债，遂从而贷其逋债；于彼则务隐忍之政，而听其外附；于此又信一偏之词，而责其来归；纪纲不立，冠履倒置，长奸纵恶，日增月炽，以成尔民背叛之罪，而陷之必死之地。其失三矣。"③

阳明对此摸查清楚后，做出如下处理："中土郡县之民，乃敢悖抗若此，不有诛灭，以示惩戒，亦将何以为国？欲即发兵剿捕，顾其间尚多良善，恐致玉石无辨；

---

① 王守仁. 王阳明全集：下 [M]. 吴光，钱明，董平，等编校. 上海：上海古籍出版社，2011：1280-1281.

② 王守仁. 王阳明全集：中 [M]. 吴光，钱明，董平，等编校. 上海：上海古籍出版社，2011：678.

③ 王守仁. 王阳明全集：中 [M]. 吴光，钱明，董平，等编校. 上海：上海古籍出版社，2011：679-680.

且前此有司所以处之,亦有未善。"① 按照国法,抗租拒捕应该剿捕,但是其中又有内情可原,且前任负责官员亦有责任,所以网开一面。

他先声明,该交租就交租,该负刑事责任的要负责任。"世岂有不纳粮,不当差,与官府相对背抗,而可以长久无事终免于诛戮者乎?世岂有恃顽树党,结怨构仇,劫众拒捕,不伏其辜,而可以长久无事终免于诛戮者乎?……顾念尔等皆吾赤子,其始本无背叛之谋,止因规利争忿,肆恶长奸,日迷日陷,遂至于此。夫父母之于子,岂有必欲杀之心;惟其悖逆乱常之甚,将至于覆宗灭户,不得已而后置之法;苟有改化之机,父母之办,又未尝不欲生全之也。前此官府免尔租税,蠲尔债负,除尔罪名,而遂谓尔可以安居复业,是终非所以生汝。吾今则不然,不免尔租赋,不蠲尔债负,不除尔罪名,尔能听吾言,改恶从善,惟免尔一死,限尔一月之内,释怨解仇,逃税者输其赋,负债者偿其直,有罪者伏其辜,吾则待尔如故。尔不听吾言,任汝辈自为之,吾心既无不尽,吾可以无憾矣!尔后无悔。"②

阳明以情法兼顾、恩威并施的方式恢复了纲纪。但是他并没有解决问题的根本,即错误的区划和税负,才是民众反抗的根源。用强力可以将不平暂时压制,但不解决根源,就不可能达到长治久安。这或许是阳明为数不多的疏忽之处。

对于情法并用,需要注意的问题是,它需要执行者有很高的道德和才能。只有如此,才能对人情风俗有准确的把握,并能做出恰当的决策。对情的适当使用不但不会破坏法制,还会提升和完善之;而情的滥用则会对情和法产生双重破坏,即私情泛滥和法纪废弛。

(二) 裁革文移,杜绝形式主义

反对虚文和形式一直是心学思想的主要内容。阳明将这一精神应用到官府文件上,就是对于官府繁琐文移的批评。他提倡废弃虚文,从简从实。"看得近来官府文移日烦,如造册依准等项,果系徒劳徒费,虚义无补,本院欲革此弊久矣,因军务纷剧,未及举行;据呈前因,可谓先得我心之同然者。自今事关本院,除例该奏报及仓库钱粮金帛赃罚纸价预备稻谷等项,仍于每岁终开项共造手册一本,送院查

---

① 王守仁. 王阳明全集:中 [M]. 吴光, 钱明, 董平, 等编校. 上海:上海古籍出版社,2011:679.
② 王守仁. 王阳明全集:中 [M]. 吴光, 钱明, 董平, 等编校. 上海:上海古籍出版社,2011:680-681.

考外；其余一应不大紧要文册，及依准等项，通行裁革，务从简实，以省劳费。凡我有官皆要诚心实意，一洗从前靡文粉饰之弊，各竭为德为民之心，共图正大光明之治，通备行各该衙门查照施行。"① 阳明自悟透心学之后，对虚文比较厌恶，而官府的文件更应该是简洁明了。

阳明批评官员们对十家牌法的虚文支应和形式主义。"看得本院自行十家牌式，若使有司果能著实举行，则处处皆兵，家家皆兵，人人皆兵，防守之备既密，则追捕之兵自可以渐减省，以节民财，以宽民力。但今有司类皆视为虚文，未曾实心修举……仍仰各官务要用心举行十家牌式，不得苟且因循，惟事支吾。"②

有些官员则将十家牌法画蛇添足，反失去其本来宗旨。"况本院近行十家牌谕，虽经各府县编报，然访询其实，类是虚文搪塞；且编写人丁，惟在查考善恶，乃闻加以义勇之名，未免生事扰众，已失本院息盗安民之意。访得潮州府通判张继芳持身端确，行事详审，仰该府掌印官将发去牌式，再行晓谕所属，就委张继芳遍历属县，督令各该县官勤加操演，务要不失本院立法初意。"③ 十家牌法本来是劝善惩恶的，有些官员加上义勇的考查，就属于扰民了。

四、民众管理思想

阳明在巡抚江西时，鉴于南赣地区盗贼多发，为了打击盗贼的流窜，推出了十家牌法，在县镇及各村颁行。后来他发现十家牌法也可以作为地方治理和教化的方法实施，于是教管一体的十家牌法成了阳明治理地方的独特方法。

关于十家牌法的具体内容，《年谱一》记载："其法编十家为一牌，开列各户籍贯、姓名、年貌、行业，日轮一家，沿门按牌审察，遇面生可疑人，即行报官究理。或有隐匿，十家连坐。" 这种方法的优点是以集体负责的方式驱逐盗贼。

后来阳明为其添加了治理和教化的内容。"凡十家牌式，其法甚约，其治甚广。有司果能着实举行，不但盗贼可息，词讼可简，因是而修之，补其偏而救其弊，则赋役可均；因是而修之，连其伍而制其什，则外侮可御；因是而修之，警其薄而劝

---

① 王守仁. 王阳明全集：中 [M]. 吴光, 钱明, 董平, 等编校. 上海：上海古籍出版社, 2011：704-705.

② 王守仁. 王阳明全集：中 [M]. 吴光, 钱明, 董平, 等编校. 上海：上海古籍出版社, 2011：704.

③ 王守仁. 王阳明全集：中 [M]. 吴光, 钱明, 董平, 等编校. 上海：上海古籍出版社, 2011：700.

第七章 天人合一心学的实践

其厚，则风俗可淳；因是而修之，导以德而训以学，则礼乐可兴。凡有司之有高才远识者，亦不必更立法制，其于民情土俗，或有未备；但循此而润色修举之，则一邑之治真可以不劳而致。"①

十家牌法不仅可息盗，而且可以息争讼、均赋役、御外侮、淳风俗、兴礼乐等，简直是全面治理的极好方法。十家牌法的运行靠集体进行自我教化和自我管理。"仰各该县官，务于坊里乡都之内，推选年高有德、众所信服之人，或三四十人，或一二十人，厚其礼貌，特示优崇，使之分投巡访劝谕，深山穷谷必至，教其不能，督其不率，面命耳提，多方化导。或素习顽梗之区，亦可间行乡约，进见之时，咨询民瘼，以通下情，其于邑政，必有裨补。若巡访劝谕著有成效者，县官备礼亲造其庐，重加奖励，如此，庶几教化兴行，风俗可美。"②

看到此法精妙，阳明甚至建议在渔户中推行。"今访得前项渔户，尚有隐匿未报及已报在官而乘势为非者；况查沿江湖港等处，亦有渔户，以打鱼为由，因而劫杀人财；虽尝缉捕禁约，而官吏因循，禁防废弛，合就通行查处。为此仰抄案回司，即便选委能干官员，会同安义等县掌印、捕盗等官，拘集杨子桥等九姓渔户到官，从公查审，要见户计若干，丁计若干，已报在官若干，未报在官若干，各驾大小渔船若干，原在某处地方打鱼生理，著定年貌籍贯，编成牌甲，每十名为一牌，内佥众所畏服一名为小甲；地方多寡，每五牌或六牌为一甲，内佥众所信服一名为总甲，责令不时管束戒谕。仍于原驾船梢，粉饰方尺，官为开写姓名、年甲、籍贯、住址，及注定打鱼所在，用铁打字号，火烙印记，开造印信手册在官，每月朔望各具不致为非结状，亲自赴县投递，用凭稽考点闸。中间如有隐匿不报者，俱许投首免罪，亦就照前行。若有已报在官，仍前乘机为非，抗顽不行到官，就仰从长计议，应抚应捕，遵照本院钦奉敕谕随宜处置事理，径自施行。今后但有上户官民客商人等被害，就于本处追究，务在得获，明正典刑。仍即通行南昌等一十二府及各州、县一体查处，编立牌甲，严加禁约施行，造册缴报查考。如或故违，定将首领官吏拿问，决不轻贷。"③

---

① 王守仁. 王阳明全集：中［M］. 吴光，钱明，董平，等编校. 上海：上海古籍出版社，2011：676.
② 王守仁. 王阳明全集：下［M］. 吴光，钱明，董平，等编校. 上海：上海古籍出版社，2011：1271-1272.
③ 王守仁. 王阳明全集：下［M］. 吴光，钱明，董平，等编校. 上海：上海古籍出版社，2011：1256.

后来，由于十家牌法的军事色彩比较浓厚，对于日常治理多有不便，于是阳明将其改进之后，变为《南赣乡约》。《南赣乡约》的精神和十家牌法是一致的，即靠集体的力量来进行自我教化和管理。

《南赣乡约》的内容和特点如下：

（1）目的和宗旨是通过礼乐教化达到地方和谐大治。阳明在约条前面的陈述中对目的和宗旨说得很清楚："故今特为乡约，以协和尔民，自今凡尔同约之民，皆宜孝尔父母，敬尔兄长，教训尔子孙，和顺尔乡里，死丧相助，患难相恤，善相劝勉，恶相告戒，息讼罢争，讲信修睦，务为良善之民，共成仁厚之俗。"① 成就"协和""和顺""修睦""良善""仁厚"等风土人情的方法就是践行儒家以孝悌为核心的礼乐文化。

（2）约的主要组织机构。一般每个生活单位（村等）为一约。设立约长一人，约副二人，约正四人，约史四人，知约二人，约赞二人。"同约中推年高有德为众所敬服者一人为约长，二人为约副，又推公直果断者四人为约正，通达明察者四人为约史，精健廉干者四人为知约，礼仪习熟者二人为约赞。置文簿三扇：其一扇备写同约姓名，及日逐出入所为，知约司之；其二扇一书彰善，一书纠过，约长司之。"② 约建立之后，要建立三种文簿（档案）。一种记录约内所有人员的日常所为，此簿为知约掌管；根据知约的记录，区分善行和错误行为，再分别记录在另两种文簿上，即彰善簿和纠过簿，都归约长掌管。

（3）约的主要功能是赏善惩恶，改过自新。约要每月中旬聚会一次，同时聚餐，餐费每人出银三分。届时约长将彰善簿和纠过簿公之于众，借助集体力量劝有过之人改过，若执意不改，最终可向官府报告。善恶的标准就是儒家孝悌理论。

（4）约的其他社会治理功能。约还具有细致全面的其他社会功能，如处理村民的危难之事、管理寄居人口、解决债务纠纷、解决族邻矛盾、杜绝军民与盗贼往来、监督官员在村里的不法行为、管理新民（招抚的盗贼）、提倡婚丧嫁娶节俭并量力而行等。

（5）约每月一会的具体礼仪。

---

① 王守仁. 王阳明全集：中 [M]. 吴光，钱明，董平，等编校. 上海：上海古籍出版社，2011：664-665.

② 王守仁. 王阳明全集：中 [M]. 吴光，钱明，董平，等编校. 上海：上海古籍出版社，2011：665.

第七章　天人合一心学的实践

可见，乡约就是一个集教化和管理为一体的管理方法。通过集体的监督和帮助，乡村逐渐变为一个以儒家伦理为特色的道德共同体。平宸濠之乱后，阳明曾要求省城附近各州县立约而治。"乡落居民各自会推家道殷实、行止端庄一人，充为约长，二人副之，将各人户编定排甲，自相巡警保守，各勉忠义，共勤国难。敢有抗违生事惊扰地方者，就便拿解赴官，治以军法。约长若有乘机侵害众户，及受财不举，许被害之人告发重治。"① 这些立约乡村，对于社会安定、排除盗贼起了一定的作用。

无论是十家牌法还是乡约，对于建立教管一体的治理体系都有贡献，在节约政府成本的同时提高了治理效率和效果。如果说这两种方式和心学有关的话，那么，这恰是针对本心觉悟开发还不充分的民众采取的管教方法。对于这些脆弱的民众来说，必须借助内外结合的方式进行管理：内在方面，相信民众有潜在的至善本心，他们终有一天会认识到儒家伦理的合理性，从而自觉去践行；外在方面，在民众至善本心未成熟时，有必要借助外在规范来引导和教化之，以使其萌发。而对于本心完全展开之人，就不需要这些规范了，他做的会比这些规范更好。

当然，这种将心学和儒家伦理结合起来的做法，其实是将心学狭隘化了，这是阳明的局限。这一局限使其将儒家精英专制的特色保留下来，社会管教若控制不好，从某种角度来说，就会形成自上而下的道德专制。②

五、临时管理思想

对于军务或天灾等紧急事宜，阳明有时会随机应变，出台一些临时管理措施。

平定宸濠之乱后，武宗又御驾亲征，南昌等府县事务繁忙。阳明不堪其扰，于是发布告谕，各府、州、县军民无重要事情尽量不要争讼。"近据南昌等府、州、县人等诉告各项情词到院，看得中间多系户婚田土等事，虽有一二地方重情，又多繁琐牵扯，不干己事，在状除情可矜疑者，亦量轻重准理，其余不行外。为照江西地方，近因宁王变乱，比来官军见省城空虚，况闻圣驾将临，有司官员，俱各公占委用，分理不暇；远近居民，又有差役答应，奔走无休；本院志在抚安地方，休息

---

① 王守仁. 王阳明全集：中 [M]. 吴光，钱明，董平，等编校. 上海：上海古籍出版社，2011：637.
② 彭传华. 王阳明南赣乡约乡治思想探析 [J]. 哲学与文化，2018（4）：5-15.

军民，当此多事之时，岂暇受理词讼？必待地方宁靖，兵众既还，官府稍暇，方从容听断。为此合行出给告示，晓谕各府、州、县军民人等，暂且各回生理，保尔家室，毋轻忿争，一应小事，各宜含忍。不得辄兴词讼，不思一朝之忿，锱铢之利，遂致丧身亡家；始谋不臧，后悔何及。中间果有赃官酷吏，豪奸巨贼，虐众殃民，患害激切者，务要简切直言，字多不过一二行，陈告亦须自下而上，毋致躐越。其余一切事情，俱候地方宁谧，官军班还之日，各赴该管官司告理。若剖断不公，或有亏枉，方许申诉。敢有故违，仍前告扰者，定行痛责，仍照例枷号问发，决不轻贷。"①

但告谕效果不大，还是有诉讼呈上，于是阳明劝告他们讼词尽量简洁些。"照得本院屡出告示，晓谕军民人等，令其含忍宁耐，止息争讼。而军民人等，全不体息，纷纷告扰不已。及看所告情词，多系小事忿争，全是繁文牵扯，细字叠书，殊可厌恶。当此多事，日不暇给，词状动以千百，徒费精神，何由遍览。除已前情词，俱已不行外。为此再行晓谕，敢有仍前不遵告谕，故违告扰者，定行照例枷号，从重问发，的不虚示。……本院系风宪大臣，职当秉持大体，正肃百僚，非琐屑听理词讼之官。今后军民人等，一应户婚、田土、斗争、债负、钱粮、差役等事，俱要自下而上，府、州、县问断不公，方许告守巡按察衙门。守巡按察问断不公，方许赴本院陈告。敢有越诉渎冒宪体者，痛责。"②

可见，阳明在处理紧急事务时也是合乎心学思想的。至善本心并不是一味的宽容或拒斥，它是讲求智慧的，要在所有事务中区分出轻重缓急，从而做出适当的处理。阳明的主要事务是处理武宗南征事宜，民间争讼相对就是次要问题，或者说是人民内部矛盾。这样的争讼最好能够自己解决，不要再增加官府的负担。如果确实严重，阳明也不会一概居高临下地拒斥，但为了减负，案件尽量要办得简洁明快。

南宁府发生旱灾时，阳明立即着手救济。"案照先因南宁府军民困苦骚扰二年有余，况天道干旱，青黄不接，已经行仰同知史立诚将停歇湖兵之家，量行赈给。然各色军民人等，同被骚扰，均合行赈。为此牌仰本道官吏，会同分巡道，即行南宁府，备查府城内外大小人户，照依后开等第，就于军饷米内照数通行赈给。务使

---

① 王守仁. 王阳明全集：下 [M]. 吴光，钱明，董平，等编校. 上海：上海古籍出版社，2011：1261.
② 王守仁. 王阳明全集：下 [M]. 吴光，钱明，董平，等编校. 上海：上海古籍出版社，2011：1262.

第七章 天人合一心学的实践

各沾实惠,毋容奸吏斗级人等作弊克减,有名无实。事完开报查考。"① 救济的同时禁止奸吏从中克扣渔利。

当南康、抚州等地出现水灾时,阳明也加以赈恤。"据南康、建昌、抚州、宜黄等县申称:非常水灾,乞赐大施赈恤,急救生灵流移等情。看得横水非常,下民昏垫,实可伤悯!但计府县所积无多,实难溥赈,其地方被水既广,而民困朝不谋夕,若候查实报名,造册给散,未免旷日迟久,反生冒滥。已行二府各委佐贰官,及行所属被水各县掌印等官,用船装载谷米,分投亲至被水乡村,验果贫难下户,就便量行赈给。

为照南昌所属水灾尤剧,但居民稠杂,数多顽梗;若赈给之时,非守巡临督于上,或致腾踊纷争。为此仰分守巡南昌官吏,即便分督该府县官于预备仓内米谷,用船装运,亲至被水乡村,不必扬言赈饥,专以踏勘水灾为事,其间验有贫难下户,就便量给升斗,暂救目前之急。给过人户,略记姓名数目,完报查考,不必造册扰害。所至之地,就督各官申严十家牌谕,通加抚慰开导,令各相安相恤。仍督各官俱要视民如子,务施实惠,不得虚文搪塞,徒费钱粮,无救民患,取罪不便。"② 阳明根据灾区民情不同,提出不同的赈济方法,还提出十家牌法在赈恤中要发挥作用。

根据现实紧急情况做出应变,是政务管理中经常出现的情况,阳明对应急事件的管理无疑是恰当的。在良知指引下,明确决断事情的轻重缓急,做出相应处理,既不像老好人一样来者不拒,也不以权力的傲慢拒斥一切。

通过以上考察,我们对阳明的管理思想有了基本了解。阳明以德为先的人才观,约束滥权、赏罚分明的官员管理思想,情法并用、杜绝形式主义的政务管理思想,教管一体的民众管理思想,随机应变的临时管理思想等,对我们今天的选才用人和施政管理仍有一定的借鉴意义。他的管理思想是心学思想的具体实践。

纵观阳明所有管理思想,我们会发现一个共同点,即它对官员的道德和才能水平要求是很高的,这是所有机制运转良好的关键因素。这既是这种管理思想的优越

---

① 王守仁. 王阳明全集:中 [M]. 吴光,钱明,董平,等编校. 上海:上海古籍出版社,2011:1234.

② 王守仁. 王阳明全集:中 [M]. 吴光,钱明,董平,等编校. 上海:上海古籍出版社,2011:684-685.

性所在，同时也是其局限性所在。过度依赖官员的道德和才干水平，若官员水平能够一直保持的话，管理效果会非常好，一旦水平有起落变化，管理效果也会大起大落。这是心学的利弊所在。①

第二节　王阳明心学在军事上的实践

关于阳明军事和政治活动的著述向来比较少，而关于阳明军事思想的研究就更少了。国内有少数文章论及。钱明对阳明四种兵学著作即《兵志》《阳明兵策》《武经七书评》《历朝武机捷录》做了介绍和考辨②，对我们了解阳明军事著作有所帮助。他另外一篇文章专门对《历朝武机捷录》做了考证，认为其非阳明所作。③ 他还对阳明的用兵之道做了部分研究，探求阳明兵学与心学、用兵与用心的关系问题，认为阳明在军事活动中更重视"体"和"道"，而不是"用"和"术"④。这一研究具有参考价值。王丽霞持类似观点，她认为阳明的军事活动是以"良知"学为基础的，表现为"收心"期以"全胜"、"同心"得以"用兵"、"攻心"倡之"义战"，总之，他是以"破心中贼"为指导去"破山中贼"。⑤ 李明德也持类似观点。⑥ 徐俊嵩从"仁"的角度来看阳明军事活动的本质。⑦ 张卫红对阳明良知思想与军事思想的关系进行了探究，认为阳明的军政措施是从良知开出的，良知统摄一切视听言动、方略权变而不杂私意。⑧ 阎盛国探讨了《孙子兵法》对阳明军事思想的影响。⑨ 周

---

① 贾庆军. 王阳明"大人"思想及四个陷阱 [J]. 宁波大学学报（人文科学版），2019（3）：1-10.
② 钱明. 王阳明兵学著作考述 [J]. 江西师范大学学报（哲学社会科学版），2019（2）：74-79.
③ 钱明. 王阳明《历朝武机捷录》辨析：兼与永富青地先生商榷 [J]. 浙江社会科学，2003（5）：157-161.
④ 钱明. 王阳明的兵学术及武备策 [J]. 浙江学刊，2019（1）：65-71.
⑤ 王丽霞. 以心性之学而行事功之业：王阳明"用心"与"用兵"思想初探 [J]. 现代哲学，2013（6）：124-128.
⑥ 李明德. 王阳明的破山中贼与破心中贼 [J]. 孔子研究，1995（3）：79-85.
⑦ 徐俊嵩. 王阳明军事实践中的人本思想探析 [J]. 安徽广播电视大学学报，2011（4）：121-124.
⑧ 张卫红. 以良知开物成务：阳明学者以心性贯通事功的道德实践与工夫障难论析 [J]. 道德与文明，2015（5）：41-46.
⑨ 阎盛国.《孙子兵法》对王阳明兵学思想的影响 [J]. 史学月刊，2009（9）：127-130.

第七章 天人合一心学的实践

建华对阳明在南赣的军政活动做了论说。① 丁涛、钟少异评述了王阳明军事思想的价值，认为其是儒家"治国安邦"与兵家"安国全军"的有机统一。② 这些研究对王阳明军事思想的研究都有一定的推进。

国外的相关著述也有一些。乔治·拉里·伊斯雷尔的《明代中国的"为善去恶"：王阳明的政治生涯》（2014）介绍了阳明的一些军事活动，他的文章《君王与圣人》（2008）试图解读王阳明如何将哲学思想和政治理念结合在一起，另一篇文章《调解或征服》（2009）详细描述了王阳明后期在广西的政治和军事生涯。李奥·申的《王阳明最后的战役》（2006）一文对王阳明平定瑶族动乱做了细致的分析，探讨了王阳明的思想是如何运用在他的政治行动中的。③ 日本学者对阳明军事思想的研究主要集中在对兵书的考证上，如永富青地和水野实的研究。④ 冈田武彦曾讨论过《孙子兵法》对阳明军事思想的影响⑤，具有较高的参考价值。

以上著述都对阳明军事思想和军事活动的某个部分或侧面进行了研究和分析，还缺乏细致而系统的总结和分析，本书就是在这一方面的尝试。

王阳明的军事思想主要集中在他的兵书著述中，其他则散见于其奏疏（主要是关于战事的）和与学生的谈话（如钱德洪所录反间军事思想）中。学界认为阳明有四种兵书著述，即《兵志》《阳明兵策》《武经七书评》《历朝武机捷录》。其中《兵志》《阳明兵策》《历朝武机捷录》三种都是辑录或编撰，原创性不够，而且还有学者认为《历朝武机捷录》不是阳明所编。⑥ 所以，最具有参考价值的就是《武经七书评》，本书主要从《武经七书评》以及阳明的奏疏来考察阳明的军事思想。

本书从两个方面展开论述：一是阳明军事思想及其实践，二是阳明军事思想与心学的关系。

---

① 周建华. 成雄与成圣：王阳明巡抚南赣汀漳业绩另说 [J]. 江西社会科学, 2003 (6)：87-88.
② 丁涛, 钟少异. 试论王阳明军事思想的学术价值与影响 [J]. 贵州文史丛刊, 2018 (1)：32-44.
③ 司马黛兰. 王阳明研究在西方 [J]. 倪超, 译. 杭州师范大学学报（社会科学版）, 2019 (4)：12-23.
④ 钱明. 王阳明兵学著作考述 [J]. 江西师范大学学报（哲学社会科学版）, 2019 (2)：77-79.
⑤ 冈田武彦.《孙子兵法》新解：王阳明兵学智慧的源头 [M]. 钱明, 译. 重庆：重庆出版社, 2017.
⑥ 钱明. 王阳明《历朝武机捷录》辨析：兼与永富青地先生商榷 [J]. 浙江社会科学, 2003 (5)：157-161.

一、王阳明的军事思想及其实践

（一）用兵、练兵之道：指挥统一，赏罚分明，士气为先

1. 用兵之道

对阳明来说，最好是不战而屈人之兵。如果不得已用兵，就要必胜。必胜之道在于军队的士气，士气乃战斗力的根本。士气和战斗力来自赏罚分明的军纪，良好军纪的形成在于军事指挥者的专权统一指挥。

在对《孙子兵法·九地篇》进行评论时，阳明写道：

故善用兵者之于三军，"携手若使一人"，且如出一心，使人人常有"投之无所往"之心，则战未有不出死力者，有不战，战必胜矣。①

在对《六韬·龙韬》之兵征一节的评论中，阳明说：

"望气"之说，虽是凿凿，终属英雄欺人。如所云"强弱征兆，精神先见"，则理实有之。②

可见，善于用兵的指挥者，务必要使三军如同一人，一人同归于一心，即指挥者之心，军队才会形成强大的战斗力和士气，从而勇往直前、所向披靡。军队的强弱是可以从精神即士气中看出来的。如何才能形成三军如一人呢？这需要拥有全权的指挥者通过赏罚分明来建立严格的军纪。在平南赣盗贼时，阳明发现了这一问题，写了《申明赏罚以励人心疏》，以建立军纪。他说：

臣尝深求其故。寻诸官僚，访诸父老，采诸道路，验诸田野，皆以为盗贼之日滋，由于招抚之太滥；招抚之太滥，由于兵力之不足；兵力之不足，由于赏罚之不行。

　　…………

古之善用兵者，驱市人而使战，收散亡之卒以抗强虏。今南、赣之兵尚足以及数千，岂尽无可用乎？然而金之不止，鼓之不进，未见敌而亡，不待战而北。何者？进而效死，无爵赏之劝；退而奔逃，无诛戮之及；则进有必死而退有幸生也，何苦而求必死乎？吴起有云："法令不明，赏罚不信，虽有百万，何益于用？凡兵之情，

---

① 王守仁. 王阳明全集：下 [M]. 吴光，钱明，董平，等编校. 上海：上海古籍出版社，2011：1310.
② 王守仁. 王阳明全集：下 [M]. 吴光，钱明，董平，等编校. 上海：上海古籍出版社，2011：1315.

第七章 天人合一心学的实践

畏我则不畏敌,畏敌则不畏我。"今南、赣之兵,皆"畏敌而不畏我",欲求其用,安可得乎!故曰"兵力之不足,由于赏罚之不行"者,此也。

今朝廷赏罚之典固未尝不具,但未申明而举行耳。古者赏不逾时,罚不后事。过时而赏,与无赏同;后事而罚,与不罚同。况过时而不赏,后事而不罚,其亦何以齐一人心而作兴士气?是虽使韩、白为将,亦不能有所成;况如臣等腐儒小生,才识昧劣,而素不知兵者,亦复何所冀乎?

……臣亦近拣南、赣之精锐,得二千有余,部勒操演,略有可观。诚使得以大军诛讨之赏罚而行之平时,假臣等以便宜行事,不限以时而惟成功是责,则比于大军之举,臣窃以为可省半费而收倍功。……

由此言之,律例具存,前此惟不申明而举行耳。今使赏罚之典悉从而申明之,其获效亦未必不如是之速也。伏望皇上念盗贼之日炽,哀民生之日蹙;悯地方荼毒之愈甚,痛百姓冤愤之莫伸;特敕兵部俯采下议,特假臣等令旗令牌,使得便宜行事。如是而兵有不精,贼有不灭,臣等亦无以逃其死。夫任不专,权不重,赏罚不行,以至于偾军败事,然后选重臣,假以总制之权而往拯之,纵善其后,已无救于其所失矣。①

阳明认为,此前南赣官府不该招抚而滥用招抚,导致盗贼日增。滥用招抚的原因是兵力不足,兵力不足不是因为人数不够,而是因为赏罚不明、缺乏训练所致。这又归因于指挥官的权威不够、职责不明。阳明用吴起的用兵之道对此总结,法令不明、赏罚不信、权威丧失是用兵者大忌。

阳明决定亲练精兵,申明赏罚军纪,以此来激励军兵士气,提升作战能力。此外,阳明向皇上申请专权,以建立自己对军队的绝对领导,这是能够顺利施行赏罚的前提。

对于赏罚之道,阳明深为精通,原则是"赏不逾时,罚不后事",即赏罚一定要及时,否则没有效果。"过时而赏,与无赏同;后事而罚,与不罚同。况过时而不赏,后事而不罚,其亦何以齐一人心而作兴士气?"没有及时的赏罚,就不能很好地激励人心,更不能形成统一严整的纪律,使三军如一人一心。拥有全权的指挥

---

① 王守仁. 王阳明全集:上 [M]. 吴光,钱明,董平,等编校. 上海:上海古籍出版社,2011:342-345.

者，通过赏罚分明之道建立军纪，激励三军士气，才能形成无往不胜的战斗力。

阳明向上级要求的也是这种指挥权和赏罚权。除了《申明赏罚心励人心疏》，他还向王晋溪司马提出类似请求，他说："惟望老先生授之以成妙之算，假之以专一之权，明之以赏罚之典。生虽庸劣，无能为役，敢不鞭策驽钝，以期无负推举之盛心。……自非老先生发针下砭，指示方药，安敢轻措其手，冀百一之成？前者申明赏罚之请，固来求针砭于门下，不知老先生肯赐俯从，卒授起死回生之方否也？……今特具以闻奏，伏望老先生曲赐扶持，使兵事得赖此以济，实亦地方生灵之幸。……昨睹老先生所议，谓阃外兵权，贵在专委；征伐事宜，切忌遥制。且复除去总制之名，使各省事有专责，不令掣肘，致相推托。真可谓一洗近年琐屑牵扰之弊。非有大公无我之心发强刚毅者，孰能与于斯矣？庙堂之上，得如老先生者为之张主，人亦孰不乐为之用乎？幸甚幸甚！"①

上级完全采纳了阳明的建议，授予其全权指挥。"先年尝设有都御史一员，巡抚前项地方，就令督剿盗贼。但责任不专，类多因循苟且，不能申明赏罚以励人心，致令盗贼滋多，地方受祸。今因所奏及该部复奏事理，特改命尔提督军务，抚安军民，修理城池，禁革奸弊。一应军马钱粮事宜，俱听便宜区画，以足军饷。但有盗贼生发，即便设法调兵剿杀，不许踵袭旧弊，招抚蒙蔽，重为民患。其管领兵快人等官员，不拘文职武职，若在军前违期并逗留退缩者，俱听军法从事。"② 这为阳明平南赣盗贼奠定了基础。

在此用兵之道的指导下，阳明在横水、桶冈、浰头等地大获全胜，在战后进行的军事总结中，他突出了专权指挥、赏罚分明的作用。他说："既假臣以赏罚之权，复专臣以提督之任。故臣等得以伸缩自由，举动如志；奉成算以行事，循方略而指挥；将士有用命之美，进止无掣肘之虞；则是追获兽兔之捷，实由发纵指示之功。"③

"今乃臣等驱不练之兵，资缺乏之费，不逾两月，而破奸雄不制之虏，除三省数十年之患。此非朝廷威德，庙堂成算，何以及此！臣等切惟天下之事，成于责任

---

① 王守仁. 王阳明全集：中［M］. 吴光，钱明，董平，等编校. 上海：上海古籍出版社，2011：1104-1106.

② 王守仁. 王阳明全集：上［M］. 吴光，钱明，董平，等编校. 上海：上海古籍出版社，2011：371.

③ 王守仁. 王阳明全集：上［M］. 吴光，钱明，董平，等编校. 上海：上海古籍出版社，2011：387.

第七章 天人合一心学的实践

之专一,而败于职守之分挠。……实由朝廷之上,明见万里,洞察往弊,处置得宜。既假臣以赏罚之权,复改臣以提督之任;既以兵忌遥制,而重各省专征之责,又虑事或牵狃,而抑守臣干预之请;授之方略而不拘以制,责其功成而不限以时。以故诏旨一颁,而贼先破胆夺气;咨文一布,而人皆踊跃争先。效谋者知无沮挠之患,而务竟其功;希赏者知无侵削之弊,而毕致其死。是乃所谓'得先胜之算于庙堂,收折冲之功于樽俎',实用兵之要道,制事之良法也。事每如此,天下之治有不足成者矣。"①

"臣以赏罚之柄,而激励三军之气;以旗牌之重,而号召远近之兵;以提督之权,而纪纲八府一州之官吏;伸缩如志,举动自由。于是兵威渐振,贼气先夺,成军而出,一鼓而破横水,再鼓而灭桶冈。"②

在这些总结中,阳明都提到了指挥者的专一之权和赏罚分明对领兵制胜的作用。阳明特别强调自己所带的是没有多少训练的兵,但即使是这样,只要指挥得力,军纪严明,上下一心,依然可立于不败之地。这正应了其之前所言,"古之善用兵者,驱市人而使战,收散亡之卒以抗强虏"。

在平宸濠之乱的过程中,阳明也是以此用兵之道取胜的,他说:

以万余乌合之兵,而破强寇十万之众,是固上天之阴骘,宗社之默佑,陛下之威灵。……改臣提督,使得扼制上流,而凛然有虎豹在山之威;申明律例,使人自为战,而翕然有臂指相使之形;敕臣以及时策应,不限以地,而隐然有常山首尾之势;故臣得以不俟诏旨之下,而调集数郡之兵,数郡之民,亦不待诏旨之督,而自有以赴国家之难,长驱越境,直捣穷追,不以非任为嫌,是乃伏至险于无形之中,藏不测于常制之外,人徒见擘奚之多获,而不知王良之善御有以致之也。③

阳明认为,能够迅速平定叛乱的奥秘就在于被授予提督军务大权。一方面,可以不用等待诏旨就能在各地调集兵马,自由越境攻击,不限时地;另一方面,可以顺利贯彻赏罚律例,振奋人心,全军上下一心,用兵犹如"臂指相使",自然是攻无不克战无不胜。最后阳明客气一下,将胜利归功于朝廷的信任和无形驾驭。

---

① 王守仁. 王阳明全集:上 [M]. 吴光,钱明,董平,等编校. 上海:上海古籍出版社,2011:406-407.

② 王守仁. 王阳明全集:上 [M]. 吴光,钱明,董平,等编校. 上海:上海古籍出版社,2011:418.

③ 王守仁. 王阳明全集:上 [M]. 吴光,钱明,董平,等编校. 上海:上海古籍出版社,2011:449.

当朝廷命阳明去平复思田叛乱时,阳明称病推辞,但在上疏中给朝廷和当值将领传授了他一直坚守而又屡试不爽的用兵之道,他说:"夫军旅之任,在号令严一,赏罚信果而已。慎择主帅,授钺分阃,当听其所为。臣以为两广今日之事,宜专责镆等,隆其委任,重其威权,略其小过,假以岁月,而要其成功。"① 这里所说的依然是统一的指挥权和赏罚分明的军纪。

可以看出,要拥有专一、赏罚之权,还有一个前提,即良好的君臣关系、上下级关系。从以上资料中可以看到,阳明在这一方面也是比较关注的,他每每将功劳归于皇帝和上级的信任。在对《三略》之中略的评论中,也可以看到他对君臣关系的关注。"皇帝王霸四条,总是论君臣相与之道,而化工特带言之,中间直出'揽英雄之心'一语,末复以'揽英雄'一语结之,《三略》大义,了然心目矣。"② 君臣相处以德,给臣以自专之权,是"揽英雄"之要义,阳明深明此道。

2. 练兵之道

要贯彻和顺利使用上述用兵之道,除了皇帝和上级的信任,还有一个前提,就是必须练兵。阳明很注意军队平时的训练。在对武书《尉缭子》兵教上一节的评论中,阳明点出了训练的重要性。他说:

习伏众神,巧者不过习者之门。兵之用奇,全自教习中来。若平居教习不素,一旦有急,驱之赴敌,有闻金鼓而色变,睹旌旗而目眩者矣,安望出死力而决胜乎?③

可见,无论用兵多巧多奇,都要从训练中来。阳明把这一精神贯穿到了实践中。

在《兵符节制》中,阳明谈到了练兵的必要性和具体方法,他说:

先据该道具呈,计处武备,以便经久事。议将原选听调人役,如宁都杀手廖仲器之属,尽行查出,顶补各县选退机兵,通拘赣城操演,以备征调,已经批仰施行去后。看得习战之方,莫要于行伍;治众之法,莫先于分数;所据各兵既集,部曲行伍,合先预定。为此仰钞案回道,照依定去分数,将调集各兵,每二十五人编为一伍,伍有小甲;五十人为一队,队有总甲;二百人为一哨,哨有长、协哨二人;

---

① 王守仁. 王阳明全集:上 [M]. 吴光,钱明,董平,等编校. 上海:上海古籍出版社,2011:512.
② 王守仁. 王阳明全集:下 [M]. 吴光,钱明,董平,等编校. 上海:上海古籍出版社,2011:1313.
③ 王守仁. 王阳明全集:下 [M]. 吴光,钱明,董平,等编校. 上海:上海古籍出版社,2011:1312-1313.

第七章 天人合一心学的实践

四百人为一营,营有官、有参谋二人;一千二百人为一阵,阵有偏将;二千四百人为一军,军有副将。偏将无定员,临阵而设。小甲于各伍之中选材力优者为之,总甲于小甲之中选材力优者为之,哨长于千百户义官之中选材识优者为之。副将得以罚偏将,偏将得以罚营官,营官得以罚哨长,哨长得以罚总甲,总甲得以罚小甲,小甲得以罚伍众。务使上下相维,大小相承,如身之使臂,臂之使指,自然举动齐一,治众如寡,庶几有制之兵矣。编选既定,仍每五人给一牌,备列同伍二十五人姓名,使之连络习熟,谓之伍符。每队各置两牌,编立字号,一付总甲,一藏本院,谓之队符。每哨各置两牌,编立字号,一付哨长,一藏本院,谓之哨符。每营各置两牌,编立字号,一付营官,一藏本院,谓之营符。凡遇征调,发符比号而行,以防奸伪。其诸缉养训练之方,旗鼓进退之节,要皆逐一讲求,务济实用,以收成绩。①

为了长久之计,一定要进行军事操练。操练的效果就是《孙子》所说"携手若使一人"的"有制之兵",这样的军队的具体特点是"上下相维,大小相承,如身之使臂,臂之使指,自然举动齐一,治众如寡"。要达到这样的效果,一定要编伍分队,"习战之方,莫要于行伍;治众之法,莫先于分数"。具体编伍方法如上所述。

在《预整操练》中,阳明同样强调操演的必要并补充了操演的其他一些内容。"案照先经批仰将听调人役,查拘操演,以备征调。即今兵威士气,已觉渐有可观;但诸色人内尚有遗才,亦合通拘操演。看得龙南等县捕盗老人叶秀芳等部下兵众,亦多经战阵;况各役向化日久,皆有竭忠报效之心。但其勇力虽有,而节制未谙;向慕虽诚,而情意未洽;一时调用,亦恐兵违将意,将拂士情,信义既未交孚,心志岂能齐一。……各役若无别故,自行统领,或有事故相妨,许令推选亲属为众所服者代领,前来赣城,皆于教场内操演。除耕种之月,放令归农,其余农隙,俱要轮班上操。仍于教场起盖营房,使各有栖息之地;人给口粮,使皆无供馈之劳;效有功勤者,厚加犒赏;违犯约束者,时与惩戒。如此则号令素习,自然如身、臂、手指之便;恩义素行,自然兴父兄子弟之爱;居则有礼,动则有威,以是征诛,将

---

① 王守仁. 王阳明全集: 中 [M]. 吴光, 钱明, 董平, 等编校. 上海: 上海古籍出版社, 2011: 601-602.

无不可矣。"①

这里训练的内容有所增加，除了对编伍的强调，还提到了士兵对力量的节制和熟练训练、士兵之间情意的融洽训练、上下级心志合一训练，同时要赏罚分明、严明军纪。

阳明其他关于训练的命令也随处可见，如《牌行赣州府集兵策应》《案行南安等十二府及奉新等县募兵策应》《调取吉水县八九等都民兵牌》《批漳南道教练民兵呈》《督责哨官牌》《批都指挥李翱操演哨守官兵呈》等。

阳明有时还关心具体技艺的操练，如他在《教习骑射牌》中说："五兵之用，弓矢为先；南方之技，骑射所短；最宜习演，以修长技。今南赣诸处军兵所操弓矢，类皆脆弱。十步之外，不穿鲁缟，以是御敌，真同儿戏。访得福建省城弓矢颇胜他处，合行选取。为此牌仰福建漳南道转行福建都司，选取精巧惯习弓兵四名，该道量给口粮、脚夫，送赴军门，成造弓矢事完，仍发原伍著役。"②

对于校场操练中具体的赏罚律例，阳明也有详细规定。他在《行岭北道申明教场军令》中写道：

照得本院调到宁都等县官兵机快人等，见在赣州教场住扎操阅，中间恐有不守军令，罪及无辜，应合禁约。随据副使王度呈开合行事宜，参酌相同。为此仰抄按回道，即行出给告示，张挂教场，晓谕官兵机快，各加遵守。如有违犯，事情重大者，拿送军门，依军令斩首；其事情稍轻者，该道径自究治发落。仍呈本院查考。

计开：

一，各兵但有擅动地方一草一木者，照依军令斩首示众。

一，各兵但有管哨官总指称神福，馈送打点等项名色，科派银物自一分以上，俱许赴该道面告究治。

一，管哨官凡遇歇操之日，并在营房居住，钤束机兵，教演武艺。敢有在家游荡，及挟妓饮酒，朋伙喧哗者，访出捆打一百。

一，各兵但有疾病事故，许管哨官票明医验，不许雇人顶替，如有用财买求地

---

① 王守仁. 王阳明全集：中[M]. 吴光，钱明，董平，等编校. 上海：上海古籍出版社，2011：602-603.

② 王守仁. 王阳明全集：中[M]. 吴光，钱明，董平，等编校. 上海：上海古籍出版社，2011：1186.

第七章 天人合一心学的实践

方光棍替身上操，仰该管总小甲拿获首送该道枷号，如隐情不首，事发，连总小甲一体枷号。

一，各兵在市买办柴米酒肉等项，俱要两平交易，如有恃强多占分两，被人告发，枷号示众。

一，管哨官凡遇各兵斗殴喧闹等项，小事量行惩治，大事禀该道拿问，不许纵容争竞嚣乱辕门。

一，各歇操之日，各将随有器械，务在整刷锋利鲜明，毋得临时有误。如平日懒惰，不行修理，上操之际，弦矢断折，铳炮不响，旗帜不明，查出捆打一百。

一，各兵遇上班之日，不许因便赴该道府告家乡户婚田上等项事情，查出痛责四十。

一，各兵上街行走，俱要悬带小木牌一面，上写某哨官总下某人，年甲籍贯辨别。如有隐下兵打名色，另着别样衣冠，暗入府县，挟骗官吏，及来军门并道门首打听消息，访出枷号不恕。

一，各兵领到工食银两，俱要撙节用度，谨慎收放，如有奢侈用尽，及被人偷盗，纵来诉告缺失，俱不准理，仍重加责治。

一，各该上班兵夫，如有限期未满，先行逃回者，差人原籍拿来，用一百斤大枷枷号教场门首三个月，满日，捆打一百，仍依律问发边远充军。

一，各哨官并兵夫，有军门一应便宜，及利所当兴，害所当革者，许赴军门及该道直白条陈，不许诸人阻当。①

以上军纪涉及方方面面，包括军民关系、军内贪污受贿、军士械斗、操演考勤、病假事假、器械管理、工资保管、逃兵管理、建言献策等，可见阳明治军之严明。

在战场上的赏罚与校场上的赏罚一样，阳明力求做到"赏不逾时，罚不后事"。

在征桶冈之贼时，阳明发布军令："失误军机者斩。临阵退缩者斩。违犯号令者斩。经过宿歇去处，敢有搅扰居民，及取人一草一木者斩。扎营起队，取火作食，后时迟慢者照军法治；因而误事者斩。安营住队，常如对敌，不许私相往来，及辄去衣甲器仗，违者照军法治；因而误事者斩。凡安营讫，非给有各队信牌，及非营

---

① 王守仁. 王阳明全集：下 [M]. 吴光, 钱明, 董平, 等编校. 上海：上海古籍出版社，2011：1282-1284.

门而辄出入者皆斩。守门人不举告者同罪。其出营樵牧汲水方便,而擅过营门外者杖一百。军中呼号奔走惊众者斩。虽遇贼乘暗攻营,将士辄呼动者斩。军中卒遇火起,除奉军令救火人外,敢有喧呼,及擅离本队者斩。军中守夜巡夜之人每夜各有号色,号色不应者,即便收缚。军中不许私议军机,及妄言祸福休咎,惑乱众心,违者皆斩。凡入贼境哨探,可往而畏难不往,托故推调,及回报不实者斩。军行遇敌人往冲,及有埋伏在傍者,不许辄动,即便整队向贼牢把,相机杀剿,违者斩。军行遇贼众乞降,恐有奸谋,即要驻军严备,一面飞禀中军,令其远退,自缚来投,不许辄与相近;遇有自称官吏,及地方里老来迎接者,亦不许辄与相近,即便驻军严备,一面飞禀中军,审实发落,违者皆斩。贼使入营,及来降之人,将士敢与私语,及问贼中事宜,凡漏泄军情者斩。凡临阵对敌,一队失,全伍皆斩。邻队不救,邻队皆斩。贼败追奔,不得太远,一听号令:闻鼓方进,闻金即止,违者斩。贼巢财物,并听杀贼已毕,差官勘验给赏,敢有临阵擅取者斩。乘胜逐贼,不许争取首级;路有遗下金银宝物,不许低头拾取,违者皆斩。"① 由此可见阳明治军之严明,也足见阳明考量之细密。

在平宸濠之乱时,正因为阳明治军严明,对后退者下令斩首,以至于巡抚伍文定胡须被炮火引燃,依然不退,最终大败朱宸濠。"臣急令人斩取先却者头。知府伍文定等立于铳炮之间,火燎其须,不敢退,奋督各兵,殊死并进。"②

在破瑶八寨之后,阳明即嘉奖各位有功将官。"照得八寨积为民患,今克剿灭,罢兵息民,此实地方各官与远近百姓之所同幸。……即使动支库贮军饷银两,照依后开则例,买办彩币羊酒,分送各官,用见本院嘉劳之意。开报查考。计开:副总兵张裕、副使翁素:各花二枝二两。段四疋十两。羊四只三两。酒四埕一两。参政沈良佐,佥事吴天挺,副总兵李璋,参将张经、冯勋:各花二枝二两。段二疋六两。羊二只。酒二埕共二两。知府桂鏊,同知陈志敬、林宽。推官冯衡:同上。"③

在发布追捕和招抚八寨盗贼通告时,阳明同时申明赏罚律例。"一应赏罚,量

---

① 王守仁. 王阳明全集:中[M]. 吴光,钱明,董平,等编校. 上海:上海古籍出版社,2011:611-612.

② 王守仁. 王阳明全集:上[M]. 吴光,钱明,董平,等编校. 上海:上海古籍出版社,2011:447.

③ 王守仁. 王阳明全集:中[M]. 吴光,钱明,董平,等编校. 上海:上海古籍出版社,2011:1235-1236.

第七章 天人合一心学的实践

功大小以为多寡；军门原有旧规，军职累功升级，亦有见行事例；临阵退缩，仰遵敕谕事理，当时以军法从事。俱仰查照施行。"① "各官务要尽忠竭力，上报国恩，下除民患，副军门之委托，立自己之功名。仍督平日与贼交通之人，令其向道追捕，痛加惩改，及此机会，立功自赎；果能奋不顾身，多获真正恶贼，非但免其既往之罪，抑且同受维新之赏。若犹疑贰观望，意图苟免，定行斩首示众，断不虚言。本院数日之后，亦且亲临地方，躬行赏罚，仰各上紧立功，毋自取悔。"②

阳明担心贻误战机，曾命士兵不要贪获首级，这导致一些士兵无首级也能获得奖赏，以激励士气。"看得各处用兵，多因贪获首级，不肯奋勇破敌，往往多致失事。是以前月发兵之日，本院分付督兵各官，务以破巢诛恶为事，不以多获首级为功。今若以无小功之故，不与纪验，即与前日号令自相矛盾矣。其湖兵破巢首级，虽无小功，仰该道仍与纪验。至于官军人等剿捕所获，仍照常规施行。"③

至于每次大捷阳明给予将官的赏赐和向朝廷为将官申请的封赏，这里不再赘述。

阳明在申明赏罚以激励士气方面，充分使用了《吴子·励士》的方法和精神，这在其对该篇的评论中可以看出来，其评论如下：

吴子握机揣情，确有成画，俱实实可见之行事，故始用于鲁而破齐，纵入于魏而破秦，晚入于楚而楚伯。身试之，颇有成效。彼《孙子兵法》较《吴》岂不深远，而实用则难言矣。想孙子特有意于著书成名，而吴子第就行事言之，故其效如此。④

吴起激励士气的方法就是奖励军功，阳明认为很有成效，"身试之，颇有成效"。他认为，吴起的兵法虽然没有孙子深远，但更实用。在评论武书《尉缭子》第十一篇《治本》时，阳明也说："武禁文赏，要知文武二者不可缺一。"⑤ 这里的武禁文赏，说的也是赏罚分明。

当军中出现争功现象时，阳明会秉公处理，圆满化解。攻破桶冈之后，出现了

---

① 王守仁. 王阳明全集：中 [M]. 吴光，钱明，董平，等编校. 上海：上海古籍出版社，2011：697.
② 王守仁. 王阳明全集：中 [M]. 吴光，钱明，董平，等编校. 上海：上海古籍出版社，2011：716.
③ 王守仁. 王阳明全集：中 [M]. 吴光，钱明，董平，等编校. 上海：上海古籍出版社，2011：1225-1226.
④ 王守仁. 王阳明全集：下 [M]. 吴光，钱明，董平，等编校. 上海：上海古籍出版社，2011：1311.
⑤ 王守仁. 王阳明全集：下 [M]. 吴光，钱明，董平，等编校. 上海：上海古籍出版社，2011：1312.

湖兵和广兵争功事件，阳明很高明地处理了此事。他首先申明大局意识，即有功皆一体，有罪也一体，君子不可争功独占。无论是捕获者还是追击者都不能独占军功，各自皆有一己之功（《批将士争功呈》）。既保证了各自的利益，也维护了整体的团结，更有利于激励士气。

对先人兵法的继承和发展，使阳明成为一个集大成者。以上是阳明的用兵、练兵之道。在处理好君臣关系的前提下，保证军事指挥者的专一之权和赏罚之权，是出兵必胜的根本。

（二）战略战术及其实践

1. 最高的战略是不战而屈人之兵

这一观点是阳明通过对军事行动的定位得出来的。在他对《孙子兵法·谋攻篇》和《司马法·天子之义》的评论中，我们会看到其关于教化为主兵为辅、兵不得已而用之的观点。他是如此评论的：

攻谋第三

兵凶战危，圣人不得已而用之者也。故孙子作《兵法》，首曰"未战"，次曰"拙速"，此曰"不战，屈人兵"。直欲以"全国""全军""全旅""全卒""全伍"。"全"之一字，争胜于天下。"上兵伐谋"，第校之以计而制胜之道而已。"辅周则国必强"，其在此将乎！①

天子之义第二

先之以教民，至誓师用兵之时，犹必以礼与法相表里，文与武相左右，即"赏罚且设而不用"，直归之"克让克和"，此真天子之义，能取法天地而观于先圣者也。②

"兵凶战危"即军队是凶险的存在，战争是危险的活动。军事活动的危险性在于其就像利剑一样，既可作恶，也可为善，关键在于如何使用它。军事这一双刃剑，最好是不用它。因此，军事的最高境界是"未战""不战，屈人兵"，"'全国''全军''全旅''全卒''全伍'。'全'之一字，争胜于天下"。阳明强调的

---

① 王守仁. 王阳明全集：下 [M]. 吴光，钱明，董平，等编校. 上海：上海古籍出版社，2011：1307-1308.

② 王守仁. 王阳明全集：下 [M]. 吴光，钱明，董平，等编校. 上海：上海古籍出版社，2011：1311-1312.

第七章 天人合一心学的实践

"全"就是不战而屈人之兵。

在对《司马法·天子之义》的评论中,阳明认为,在天子用兵之时,要礼法兼备、文武双全,礼、文是仁之体现,法、武是惩罚手段。最好用仁道来化解战争,法、武虽有而不用,"赏罚且设而不用",最终达到互相敬让、和平相处的结果,即"克让克和"。这是真正的天子该做的,也是天地之大道、圣人之教诲。

那么,如何不战而屈人之兵、克让克和呢?即"上兵伐谋"。阳明对此的解释是"校之以计而制胜之道而已"。那么,何为"校之以计"呢?阳明曾在评论《孙子兵法·始法篇》中解释过,他说,"孙子开口便说'校之以计而索其情',此中校量计画,有多少神明妙用在"①。可见,"校之以计"就是"校量计画"的意思。那么,什么样的"校量计画"才能不战而屈人之兵呢?

纵观阳明的所有思想和言论,他谈到了至少两种"校量计画":一种是政事上的全面"校量计画",即符合天道的仁政或礼制的施行;另一种是战场上的周密"校量计画"。

(1)政事上的校量计画是君主施行仁政,教化天下。如此,自然会天下太平,无兵事可用。

在《自劾不职以明圣治事疏》中,阳明对政事上的校量计画讲得很清楚,他说:

臣闻之,主圣则臣直,上易知而下易治。……伏惟陛下神明英武,自居春宫,万姓仰德。及登大宝,四夷向风。……任贤修政,与民更始。天下莫不欢欣鼓舞,谓陛下固爱民之主……知陛下固有为之君……日早跂足延颈,以望太平。……夫朝以出政,政以成事。……

陛下日于后苑训练兵事,鼓噪之声,震骇城域。岂不以寇盗未平,思欲奋威讲武乎?然此本亦将卒之事,兼非宫禁所宜。况今前星未耀,震位犹虚,而乃劳力于掣肘,耗气于驰逐,群臣惶惑,两宫忧危,宗社大本,无急于是。……

夫日近儒臣,讲论道德,涵泳义理,以培养本原,开发志意。则耳目日以聪明,血气日以和畅,穷天地之化,尽万物之情,忧游泮涣,以与古先神圣为伍,此亦天下之至乐矣。陛下苟知此,则将乐之终身而不能以须臾舍,奚暇游戏之娱乎?今陛

---

① 王守仁. 王阳明全集: 下 [M]. 吴光,钱明,董平,等编校. 上海: 上海古籍出版社, 2011: 1307.

下自即位以来，经筵之御，未能四五，而悦心于骑射疲劳之事，皆由臣等不能备陈至乐，以易陛下之所好，是其大罪三也。①

如果君主圣明，"任贤修政，与民更始"，则"天下莫不欢欣鼓舞"，太平有望。君主政事的指导原则就是儒家道德义理，这是一切的根本。只有培养这个根本，才能"穷天地之化，尽万物之情"，与古代神圣者一样，乐在其中，同时也会实现天下大治。君主舍礼乐不修，专门训练兵事，这在阳明看来是舍本逐末，"宗社大本，无急于是"。他希望君主早日回到本职政事，修治天下。天下太平至乐，也就用不着"奋威讲武"。从这个奏疏中，我们隐约可以看到政为本、兵为末的观点，只要政事清明，兵事即可停息。这是最典型和最根本的"上兵伐谋"。

在《添设和平县治疏》中，阳明继续强调政事教化乃长治久安之策的观点。他说：

若县治不立，制驭阔疏，不过一年，泛然投招之人必皆复化为盗；其时又复兴师征剿，剿而复聚，长此不已，乱将安穷！夫盗贼之患，譬如病人，兴师征剿者，针药攻治之方；建县抚辑者，饮食调养之道。徒恃针药之攻治，而无饮食以调养之，岂徒病不旋踵，将元气遇绝，症患愈深，后虽扁鹊、仓公，无所施其术矣。臣等窃以设县移司，实为久安长治之策。……如此，则夷险为易，化盗为良，可计日而效。不惟臣等得以幸逃日后之谴责，朝廷亦免再役之勤，百姓永享太平之乐矣。②

在这里，军事行动被看成是治病药方，而培元固本的是政事管理和教化。两者比较，后者才是"长治久安之策"。只有施行仁政礼制，才能"夷险为易，化盗为良"，不用再劳师征伐，百姓因此得以安享太平，"朝廷亦免再役之勤，百姓永享太平之乐矣"。

从以上材料可以看出，阳明将国家政事治理看成是根本，而军事行动只是辅助。若仁政得施，军事行为就不需要了，此即为不战而屈人之兵的最高境界。

（2）在战场上进行周密的"校量计画"。

战场上的周密"校量计画"的典型案例是王阳明对田州、思恩叛乱的平复。鉴于此事件发生在阳明思想第三阶段，笔者稍后论述。

---

① 王守仁. 王阳明全集：中 [M]. 吴光，钱明，董平，等编校. 上海：上海古籍出版社，2011：1118-1119.

② 王守仁. 王阳明全集：上 [M]. 吴光，钱明，董平，等编校. 上海：上海古籍出版社，2011：412.

第七章　天人合一心学的实践

对阳明来说，军事的最高境界是不战而屈人之兵，只有在不得已的情况下，圣人才会使用它，"圣人不得已而用之者也"。在《平茶寮碑》中，阳明有言："兵惟凶器，不得已而后用。"① 在《祭永顺宝靖土兵文》中，阳明也说："古者不得已而后用兵，先王不忍一夫不获其所，况忍群驱无辜之赤子而填之于沟壑？且兵之为患，非独锋镝死伤之酷而已也。所过之地，皆为荆棘；所住之处，遂成涂炭。民之毒苦，伤心惨目，可尽言乎？"②

湛若水在《阳明先生墓志铭》中称赞阳明在思田的用兵曰："武文兼资，仁义并行，神武不杀，是称天兵。"③

2. 实战战术和谋略

有了指挥和纪律上的保证，接下来就是实战了。在实战谋略方面，阳明也是集大成者。

（1）知己知彼，计划周密。

在对《孙子兵法》的评述中，阳明关注最多、使用最多的就是"校之以计而索其情"。在《始计第一》《作战第二》《攻谋第三》《虚实第六》《军争第七》《用间第十三》中谈的都是它。在阳明看来，"校之以计而索其情"就是《孙子兵法》的核心指导原则。其余各篇也都可以提炼出此原则。

"校之以计而索其情"就是知己知彼、计划周密的意思。前述"不战而屈人之兵"用的也是"校之以计而索其情"，不得已开战时当然更需要它了。

阳明在每次战事前都会做充分准备。在征南赣盗贼前，阳明做了详细调查。"臣尝深求其故。寻诸官僚，访诸父老，采诸道路，验诸田野，皆以为盗贼之日滋，由于招抚之太滥；招抚之太滥，由于兵力之不足；兵力之不足，由于赏罚之不行。"④

搞清楚盗贼产生的原因，明确要征剿之后，阳明开始着手准备。他一开始就明确了作战宗旨，即攻守策略务必是在确切掌握敌我情况的前提下制定的。他命属下各级官员在各个方面做好考察工作，如防御工作、练兵情况、哪些贼寇必剿哪些贼

---

① 王守仁. 王阳明全集：中 [M]. 吴光，钱明，董平，等编校. 上海：上海古籍出版社，2011：1044.
② 王守仁. 王阳明全集：中 [M]. 吴光，钱明，董平，等编校. 上海：上海古籍出版社，2011：1062.
③ 王守仁. 王阳明全集：下 [M]. 吴光，钱明，董平，等编校. 上海：上海古籍出版社，2011：1543.
④ 王守仁. 王阳明全集：上 [M]. 吴光，钱明，董平，等编校. 上海：上海古籍出版社，2011：342.

从天人两分到良知宇宙：王阳明天人思想的历史演变与实践

寇可抚、向导问题、粮草问题、堡寨关隘问题、山川地形图问题、贼寇分布情况等，"一应足财养兵弭寇安民之术，皆宜心悉计虑，折中推求"。远近各种情况，凡是看到的，皆一一呈报。① 阳明知己知彼、"校之以计而索其情"的工作做得可谓周到之至。

阳明不仅战前准备工作充分，战后处置工作也很周到。为绝后患，攻破贼巢后务必将残贼抓捕净尽。② 追剿时，阳明让属下一定要计划周详，"务要虑出万全，不得堕贼奸计"③。在平南赣贼寇之后，为了长治久安，阳明奏请朝廷设立县治（《添设清平县治疏》）。

对于桶冈、浰头等处盗贼也是如此，在战前做充分准备，战后也追剿残寇。④ 为了长治久安，设立县治（《立崇义县治疏》《添设和平县治疏》）和隘所（《设立茶寮隘所》）。

在朱宸濠叛乱之后，阳明立即做出反应，进行周密部署。"一面调集兵粮，号召义勇，一面差人分投爪探的确另行外。为此牌仰本府官吏，照牌事理，并行附近卫所，各行所属，起集父子乡兵军余人等，昼夜加谨固守城池，以保不测。仍仰知府邢珣查将贮库钱粮尽数开具印信手本，先行呈报，毋得隐匿。一面行取安远等县原操不论上下班次官兵，各备锋利器械，通到教场，日逐操练，重加犒饷，选委谋勇官员管领，听候本院公文一至，即刻就便发行。敢有违误，定以军法处治，决不轻贷。"⑤ "本院职任虽非专责，危难安忍坐视，仗顺伐逆，鼓率忠义，豪杰四起，发谋协力。除行吉安等府县，起调兵快，防守地方；及行广东、福建、湖广等处各调兵策应外。照得本省所属各府、州、县、卫、所，见今巡、抚、都、布、按等衙门俱各缺官，事无统束，拟合通行。为此仰抄案回府，即行所属县分并卫所衙门，各起调官军乡兵，固守城池，保障地方。仍一面分调兵快，散布关隘，严加把截；一面选募骁勇精兵，大县约四五千名，小县约二三千名以上，各备锋利器械，供给粮草，择委能干勇力官员管领操练，其各项钱粮费用，听将在官钱粮动支，随申本

---

① 王守仁. 王阳明全集：中 [M]. 吴光，钱明，董平，等编校. 上海：上海古籍出版社，2011：584.
② 王守仁. 王阳明全集：中 [M]. 吴光，钱明，董平，等编校. 上海：上海古籍出版社，2011：1187.
③ 王守仁. 王阳明全集：中 [M]. 吴光，钱明，董平，等编校. 上海：上海古籍出版社，2011：605.
④ 王守仁. 王阳明全集：中 [M]. 吴光，钱明，董平，等编校. 上海：上海古籍出版社，2011：1193.
⑤ 王守仁. 王阳明全集：中 [M]. 吴光，钱明，董平，等编校. 上海：上海古籍出版社，2011：633.

第七章 天人合一心学的实践

院查考。其滨江去处,多备船只,听候本院差官赍捧旗牌至日,即刻依期启行进攻。仍选差惯便人役,多方探听消息,不时飞报,以凭区画。此系守土官员切责,而臣子效忠致身正在今日,各宜奋发义气,鼓动军民,共成灭贼之功,以输报国之念,毋得迟违观望,失误军机,自取罪戾。"① 这些文武全面的准备为将来平叛打下了基础。

在朱宸濠南下救南昌时,阳明马上想到了水战的可能性,立即着手准备战船。"近据探报,逆党南下,将攻南都。计此时南都必已有备,各逆党进无所获,必退保九江,如此则水战之具为急,不可不备。为此牌仰福建布政司即行选募海沧打手一万名,动支官库不拘何项银两,从厚给与衣装行粮,各备锋利器械;就仰左布政使席书,兵备佥事周期拥自行统领,星夜前赴军门,相机前进,并力擒剿。仍行巡抚等衙门,同心协力,后先监督应援。"②

如此缜密的心思和周到的安排,朱宸濠的失败就在所难免了。

在处理思田事件时,阳明也是做足了准备工作。"即行本司掌印佐贰及各道分巡兵备守备等官,并所属大小衙门各该官吏,凡有所见,勿惮开陈;其间或抚或剿,孰为得宜;设土设流,孰为便利;与凡积弊宿蠹之宜改于目前,远虑深谋之可行于久远者,备写揭帖,各另呈来,以凭采择。"③ 通过对官员意见的充分听取,阳明心中基本有数了。"思恩、田州之事,尚未及会同各官查审区处,然臣沿途涉历,访诸士夫之论,询诸行旅之口,颇有所闻,不敢不为陛下一言其略。臣惟岑猛父子固有可诛之罪,然所以致彼若是者,则前此当事诸人亦宜分受其责。"④ 经过细致的调查走访,阳明对事件的责任认定基本清晰了,这为其招抚政策的确立奠定了基础。

对于八寨的征剿也是如此,在战后追剿余寇的同时考虑建立县治和卫所(《处置八寨断藤峡以图永安疏》)。

如此周到的计划和细密的心思,保证了阳明的"百战不殆"。

---

① 王守仁. 王阳明全集:中 [M]. 吴光,钱明,董平,等编校. 上海:上海古籍出版社,2011:635-636.
② 王守仁. 王阳明全集:中 [M]. 吴光,钱明,董平,等编校. 上海:上海古籍出版社,2011:639.
③ 王守仁. 王阳明全集:中 [M]. 吴光,钱明,董平,等编校. 上海:上海古籍出版社,2011:689.
④ 王守仁. 王阳明全集:中 [M]. 吴光,钱明,董平,等编校. 上海:上海古籍出版社,2011:514.

（2）兵贵精练，胜在拙速，出其不意。

在对《孙子兵法》第二、三篇的评论中，阳明都提到了"拙速"。"兵贵'拙速'，要非临战而能速胜也，须知有个先着在，'校之以计而索其情'是也。总之不欲久战于外以疲民耗国，古善用兵之将类如此。""故孙子作《兵法》，首曰'未战'，次曰'拙速'。"① "拙速"，就是用兵不在投机取巧，而在于神速，"拙速"是仅次于"不战而屈人之兵"的。要想速胜，除了"校之以计而索其情"之外，还有两个要素：一个是精兵，另一个是出其不意。拥有神速精兵，而又出其不意，则无往而不胜。

阳明在练兵时，强调一定是精兵。"兵不在多，惟贵精练。事欲可久，尤须简严。所募打手等项，更宜逐一校阅。必皆技艺绝伦，骁勇出众，因能别队，量才分等，使将有余勇，兵有余资，庶平居不致于冗食，临难可免于败师。"② "事豫则立，人存政举。……为此案仰四省各兵备官，于各属弩手、打手、机快等项，挑选骁勇绝群，胆力出众之士，每县多或十余人，少或八九辈；务求魁杰异才，缺则悬赏召募。……中间若有力能扛鼎、勇敌千人者，优其廪饩，署为将领。……所募精兵，专随各兵备官屯扎，别选素有胆略属官员分队统押。……资装素具，遇警即发，声东击西，举动由己；运机设伏，呼吸从心。如此，则各县屯戍之兵，既足以护防守截；而兵备募召之士，又可以应变出奇。盗贼渐知所畏而格心，平良益有所恃而无恐，然后声罪之义克振，抚绥之仁可施，弭盗之方，斯惟其要。"③ "访得吉水县八九等都民人王益题、曾思温、易弘爵、王昭隆等各户下人丁，素习武勇，人多尚义，前任知县周广曾经起调征进，皆系骁勇惯战之人，今兹逆党倡乱，民遭荼毒，应合调取，以赴国难。"④ "所带兵夫，但在精勇，不许徒多。"⑤

在阳明看来，只有精兵才能够"遇警即发，声东击西，举动由己；运机设伏，呼吸从心""应变出奇"。在历次战役中，阳明就是指挥这些精兵出其不意地攻破敌

---

① 王守仁．王阳明全集：下 [M]．吴光，钱明，董平，等编校．上海：上海古籍出版社，2011：1307．

② 王守仁．王阳明全集：中 [M]．吴光，钱明，董平，等编校．上海：上海古籍出版社，2011：1185．

③ 王守仁．王阳明全集：中 [M]．吴光，钱明，董平，等编校．上海：上海古籍出版社，2011：585-586．

④ 王守仁．王阳明全集：中 [M]．吴光，钱明，董平，等编校．上海：上海古籍出版社，2011：638．

⑤ 王守仁．王阳明全集：中 [M]．吴光，钱明，董平，等编校．上海：上海古籍出版社，2011：1223．

第七章 天人合一心学的实践

巢的。

"拙速"奇兵首先用在了征剿横水桶冈盗贼上。"今议者纷纷，皆以为必须先攻桶冈，而湖广克期乃在十一月初一日，贼见我兵未集，而师期尚远，且以为必先桶冈，势必观望未备。今若出其不意，进兵速击，可以得志。已破横水、左溪，移兵而临桶冈，破竹之势，蔑不济矣。于是，臣等乃决意先攻横水、左溪。"① "出其不意，进兵速击"是"拙速"的精华所在，阳明初用就已惊艳。在征剿横水桶冈诸贼时，阳明给每哨人马下达的命令几乎是一致的。"乃各选精锐，用乡导分引，赉干粮二三日，四搜山寨，多方爪探，务期尽绝，互相援应，毋致疏虞。"② 他要保证每哨军兵都是精兵，如此才能迅捷、高效地完成任务。

在击溃桶冈盗贼后，阳明命令一定要乘胜追击，务必迅速剿灭残贼。"若不乘此破竹之势，疾速急击，使诸贼声势复得连络，用力益难。为此牌仰该道官吏，严督各营官兵，星夜速进，务在三日之内扫荡余孽，必使噍类无遗。……毋亏一篑，务在万全。"③ 这是对"拙速"原则的极好运用。

在征剿浰头盗贼时，阳明也是选用精兵做好各种准备。"会同分守守备等官，即行该府知府陈祥，速将合用粮饷等项，一面从长议处，一面即于所属选集精壮骁勇曾经战阵机快兵壮人等三千名，少或二千名，各备锋利器械，编成队伍，坐委素能谋勇官员统领。一面密行龙川、河源等附近贼巢等县，亦各选募惯战杀贼兵快二千名，委官分押督同近巢、知因、被害、义官、新民、头目人等，分截要路；就仰知府陈祥总督诸军，亲至贼巢去处，指画方略，克期进剿。"④

在进剿八寨盗贼时，阳明又使出了兵贵神速的招法。"克定日时，偃旗息鼓，寂若无人，密至信地，乘夜速发，务使迅雷不及掩耳，将各稔恶贼魁，尽数擒剿，以除民害，以靖地方。"⑤

在阳明所有的军事行动中，一直都遵守着"拙速""精兵"这一原则。三个月

---

① 王守仁. 王阳明全集：上 [M]. 吴光，钱明，董平，等编校. 上海：上海古籍出版社，2011：381.
② 王守仁. 王阳明全集：中 [M]. 吴光，钱明，董平，等编校. 上海：上海古籍出版社，2011：610-615.
③ 王守仁. 王阳明全集：中 [M]. 吴光，钱明，董平，等编校. 上海：上海古籍出版社，2011：617.
④ 王守仁. 王阳明全集：中 [M]. 吴光，钱明，董平，等编校. 上海：上海古籍出版社，2011：625.
⑤ 王守仁. 王阳明全集：中 [M]. 吴光，钱明，董平，等编校. 上海：上海古籍出版社，2011：714.

平漳南盗贼，两个月平横水桶冈盗贼，两个月平三浰盗贼，四十天平宸濠之乱，三个月平八寨贼寇。阳明速胜的威名从此建立。

（3）因时因势，随机应变，变害为利。

在对《孙子兵法》第五、六、七、八篇和《六韬》中的"临境"做评论时，阳明谈到了因时因势、随机应变、变害为利的军事思想。

兵势第五

莫正于天地、江海、日月、四时，然亦莫奇于天地、江海、日月、四时者何？惟无穷，惟不竭，惟"终而复始"，惟"死而复生"故也。由此观之，不变不化，即不名奇，"奇正相生，如环无端"者，兵之势也。任势即不战而气已吞，故曰以"正合""奇胜"。

虚实第六

苏老泉云："有形势，便有虚实。"盖能为校计索情者，乃能知虚实；能知虚实者，乃能避实击虚，因敌取胜。"形兵之极，至于无形"，微乎神乎，此乃其所以"致人而不致于人"者乎！

军争第七

善战不战，故于军争之中，寓不争之妙。"以迂为直，以患为利"，"分合为变"，"悬权而动"；而必申之以避锐击惰；"以治""以静""无要""无击""勿向""勿逆"等语，所谓"校之以计而索其情"者，审也。匪直能以不争胜争，抑亦能不即危，故无失利。

九变第八

从古有治人无治法。国家诚得于"九变"之将，则于"五利""五危"之几，何不烛照数计，而又何覆军杀将之足虞乎？"智者之虑，杂于利害"，此正通于"九变"处，常见在我者有可恃，而可以屈服诸侯矣。

虎韬

临境第三十六

梅林曰：自此至《垒虚》共七篇，体意相似，皆因事法，而又有法外之谋者。①

---

① 王守仁. 王阳明全集：下［M］. 吴光，钱明，董平，等编校. 上海：上海古籍出版社，2011：1308-1309，1315.

第七章 天人合一心学的实践

《兵势篇》中的"不变不化,即不名奇",《虚实篇》中的"避实击虚,因敌取胜",《军争篇》中的"以患为利""避锐击惰",《九变篇》中的"智者之虑,杂于利害","临境"一节中的"法外之谋"等,说的都是随机应变,变害为利。阳明对这些军事思想心领神会,在实战过程中应用得出神入化。

在阳明平漳南盗贼时,福建、广东拘泥已有计划,迟迟不动。阳明告诫他们要随机应变,以免贻误战机。"但事干各省,举动难一,顿兵既久,变故旋生,则谋算机宜,旬日顿异,亦难各守初议,执为定说。……若因而形之以缓,乘此机候,正可奋怯为勇,变弱为强,而犹执其持重之说,必候土军之至,以坐失事机;是徒知吾卒之未可击,而不知敌之正可击也。……善用兵者,因形而借胜于敌;故其战胜不复,而应形于无穷;胜负之算,间不容发,乌可执滞。……领军等官,随机应变,就便施行,一面呈报。如复彼此偏执,失误军机,定行从重参拿,决不轻贷。"① 军旅之事,久必生变,而不懂随机应变,必失战机。

在福建官兵失去战机吃了败仗之后,阳明马上给他们制造了一个随机应变、转败为胜的机会,他要求他们"遵奉本院纸牌密谕,佯言犒众班师,乘贼怠弛,衔枚直捣,攻破象湖等寨。又经行令各官,乘此胜锋,速攻可塘,破竹之势,不可复缓,仍一面分兵搜擒余猾,毋令复聚为奸"② 。阳明间接指挥就取得了大捷。

广东官兵惧怕贼寇,只是一味防守,阳明认为"非惟不能弭盗,而适以启盗",并告诫他们:"兵法谓:'守则不足,攻则有余。'今各县所留之兵,止于防守;而兵备所选之士,将以剿袭。……又况剿袭之兵既集,则兵威日振,声东击西,倏来忽往,贼将瞻前顾后,自然不敢轻出;各县防守愈易为力,此于事理亦皆明白易见。各官类皆狃于因循,惮于振作,惟知取私便之为利,而不知妨大计之为害。宜各除去偏小之见,共为公溥之谋。"③ 进攻是最好的防守,而拘泥成规,不能随机应变,则会因小失大。

在进攻横水贼寇时,阳明亲自展示了一个随机应变、"避实击虚"的经典战例。据《横水桶冈捷音疏》记载,由于贼寇据险而守,不宜正面进攻,于是阳明决定避

---

① 王守仁. 王阳明全集: 中 [M]. 吴光, 钱明, 董平, 等编校. 上海: 上海古籍出版社, 2011: 592-593.
② 王守仁. 王阳明全集: 中 [M]. 吴光, 钱明, 董平, 等编校. 上海: 上海古籍出版社, 2011: 600.
③ 王守仁. 王阳明全集: 中 [M]. 吴光, 钱明, 董平, 等编校. 上海: 上海古籍出版社, 2011: 604.

实击虚。他先在敌正面扎营，牵制和迷惑之。夜晚派善于登山者四百人带着铳礁钩镰等物攀上远近山顶，可以俯瞰贼巢。又在各山顶布旗灶迷局。待第二日地面军队展开进攻时，各山顶炮火四起。贼寇以为官兵已经攻入其巢穴，纷纷败退。同时阳明预派精兵数十，攀悬崖进入贼巢，内外呼应，横水立时被攻破。①

接下来阳明马上又用到了"奇正相生"战术。通往桶冈的路上零星分布着贼寇巢穴，必须一一拔除。阳明为了加快速度，使用了"奇正"二哨人马分路进击的战术，很快扫清障碍。"乃今各营皆分兵为奇正二哨，一攻其前，一袭其后，冒雾速进，分投急击。……是日，各营官兵请乘胜进攻桶冈。"② 这又是随机应变战例的一个神来之笔。

另一个随机应变、变害为利的战例是攻桶冈。桶冈四面悬崖峭壁，占地数百里，若绕道进击，浪费时日。正面上山之路，只有锁匙龙、葫芦洞、茶坑、十八磊、新地等五处，皆有贼寇把守。阳明决定从心理上突破。他先就近屯兵，示以军威，接着派出投降的贼寇头目去说服。阳明并不期望贼寇能投降，他要的只是其片刻的犹豫迟疑，"乘其犹豫，袭而击之，乃可以逞"。敌寇果然犹豫，"往复迟疑，不暇为备"③。阳明已经命各路人马乘夜埋伏在各入山路口。乘谈判之机，各路人马突然进攻，贼寇猝不及防，纷纷败退。桶冈大捷更显现出阳明变化莫测的军事指挥才能。

在攻破浰头九连山的过程中，阳明随机应变的战术更加纯熟。在三浰被攻破之后，还有八百精悍者又哨聚九连大山，此山与桶冈一样，四面悬崖，只有一路可上山。阳明随机应变，"乃选精锐七百余人，皆衣所得贼衣，佯若奔溃者，乘暮直冲贼所据崖下涧道而过。贼以为各巢败散之党，皆从崖下招呼，我兵亦佯与呼应；贼疑，不敢击。已度险，遂扼断其后路。次日，贼始知为我兵，并势冲敌。我兵已据险，从上下击；贼不能支，乃退败。臣度其必溃，预令各哨官兵四路设伏以待。贼果分队潜遁"④。这一奇妙的乔装混入敌军、内外接应的战术令人叹服。

在平宸濠之乱时，也不乏随机应变的战例。当朱宸濠发兵攻打安庆时，阳明召

---

① 王守仁. 王阳明全集：上 [M]. 吴光, 钱明, 董平, 等编校. 上海：上海古籍出版社, 2011：382-383.

② 王守仁. 王阳明全集：上 [M]. 吴光, 钱明, 董平, 等编校. 上海：上海古籍出版社, 2011：384.

③ 王守仁. 王阳明全集：上 [M]. 吴光, 钱明, 董平, 等编校. 上海：上海古籍出版社, 2011：385.

④ 王守仁. 王阳明全集：上 [M]. 吴光, 钱明, 董平, 等编校. 上海：上海古籍出版社, 2011：404.

第七章 天人合一心学的实践

集会议讨论如何救援。大家都认为要直接去救安庆,而阳明不认同,他认为,"九江、南康皆已为贼所据,而南昌城中数万之众,精悍亦且万余,食货充积,我兵若抵安庆,贼必回军死斗,安庆之兵仅仅自守,必不能援我于湖中,南昌之兵绝我粮道,而九江、南康之贼合势挠蹑,四方之援又不可望,事难图矣。今我师骤集,先声所加,城中必已震慑;因而并力急攻,其势必下。已破南昌,贼先破胆夺气,失其根本,势必归救。如此则安庆之围自解,而宁王亦可以坐擒矣"①。事实证明,阳明是正确的。这种正确判断来自他对现实环境及时而准确的把握。

宸濠回救南昌时,十万大军压境,众人主张坚守不出,唯独阳明认为要主动出击。"宁王兵力虽强,军锋虽锐,然其所过,徒恃焚掠屠戮之惨,以威劫远近,未尝逢大敌,与之奇正相角,所以鼓动扇惑其下者,全以进取封爵之利为说。今出未旬月,而辄退归,士心既已携沮,我若先出锐卒,乘其惰归,要迎掩击,一挫其锋,众将不战自溃,所谓'先人有夺人之气,攻瑕则坚者瑕'也。是日抚州府知府陈槐兵亦至。"② 这又是阳明根据双方当下的情况做出的正确判断,正符合兵法所谓的"以患为利""避锐击惰"。

在鄱阳湖大战之时,阳明又发现战机,即敌方水军连成方阵,正好可以用火攻。"贼复退保樵舍,连舟为方阵,尽出其金银以赏士。臣乃夜督伍文定等为火攻之具。"③ 阳明这种随机应变最后平定了宸濠之乱。

(4) 兵不厌诈,用间为高。

阳明对《孙子》第一和第十三篇评价都很高,他说:

始计第一

谈兵皆曰:"兵,诡道也,全以阴谋取胜。"不知阴非我能谋人不见,人目不能窥见我谋也,盖有握算于未战者矣。孙子开口便说"校之以计而索其情",此中校量计画,有多少神明妙用在,所谓"因利制权""不可先传"者也。

用间第十三

用间与乘间不同,乘间必自人生,用间则间为我用。知此一法,任敌之坚坚完垒,而无不可破,横行直撞,直游刃有余了。总之,不出"校之以计而索其情"

---

① 王守仁. 王阳明全集:上 [M]. 吴光,钱明,董平,等编校. 上海:上海古籍出版社,2011:445.
② 王守仁. 王阳明全集:上 [M]. 吴光,钱明,董平,等编校. 上海:上海古籍出版社,2011:445.
③ 王守仁. 王阳明全集:上 [M]. 吴光,钱明,董平,等编校. 上海:上海古籍出版社,2011:447.

一语。

梅林曰：用间是制胜第一妙法，故《孙子》作十三篇，以此结之。其寓意远矣，有志当世者，不可不留心焉。①

用兵就是以计谋或阴谋取胜。所谓阴谋，是敌人不能识破的计谋。这依然是"校之以计而索其情"。依靠"校量计画"，建立自己的优势，所谓"因利制权"。在所有的"校量计画"中，最为高明的就是"用间"，即使用间谍。阳明对此颇有心得。他认为"乘间"不如"用间"，即等待对方内部出现间谍不如自己主动使用间谍。如此，再坚固的堡垒也会被攻破。对于梅林将"用间"视为制胜第一妙法，阳明深为赞同。他提醒有志于建功立业者，要特别留心此妙法。

阳明显然是使用计谋的高手，他向我们诠释了什么是兵不厌诈。在征剿漳南贼寇时，阳明使用了《孙子兵法·始计篇》中所说的"能而示之不能，用而示之不用"。他下令"大飨军士，阳若犒劳给赏，为散军之状；实则感激众心，作兴士气；一面亦将不甚紧关人马抽放一处两处，以信其事；其实所散人马，亦可不远，而复预遣间谍，探贼虚实；有间可乘，即便赍糗衔枚，连夜速发"②。这种麻痹敌人、出其不意发动进攻的方法就是对兵家诡道的最好诠释。

在征剿浰头盗贼时，阳明嘱咐属下随机应变，一切阴谋皆可使用。"一应临敌制度，俱在各官相机顺应。若贼势难为，兵力不逮，或先散离其党与，或阴诱致其腹心，声东击西，阳背阴袭，勿拒一议，惟求万全。"③ 可见，为了取胜，离间计、声东击西、阳背阴袭等计谋皆不拘一格，皆为我所用。

阳明最擅长的是用间，在用间中最难驾驭的是反间计，而阳明恰恰使用最多。反间计在征剿浰头和平宸濠之乱时使用最为明显。

在攻横水时，为了避免浰头盗贼乘虚骚扰，阳明派人去招抚。其中黄金巢等酋长响应招抚，但大头领池仲容不为所动。他要黄金巢等先去官府投降，视效果来定。等横水被攻破之后，池仲容害怕自己将来被剿，于是表示响应招抚。但他很谨慎，先派遣其弟池仲安等率二百人来降。一来是探官府虚实，二来可做内应。阳明看透

---

① 王守仁. 王阳明全集：下 [M]. 吴光，钱明，董平，等编校. 上海：上海古籍出版社，2011：1307，1310-1311.

② 王守仁. 王阳明全集：中 [M]. 吴光，钱明，董平，等编校. 上海：上海古籍出版社，2011：591.

③ 王守仁. 王阳明全集：上 [M]. 吴光，钱明，董平，等编校. 上海：上海古籍出版社，2011：416.

第七章 天人合一心学的实践

了其心思，将计就计，允许其留在营中，但加了提防，"内严警御之备，以防其衅；外示宽假之形，以安其心"。阳明还秘密召集临近各县有关人士，询问浰头贼寇的详情，准备随机应变，伺机剿灭。"兵无常势，在因敌变化而制胜。……乃为密画方略……候我兵有期，则据隘遏贼。"①

桶冈被攻破之后，池仲容更加惶恐，加紧备战。阳明派人责问其备战行为，池仲容诈称之前的对头龙川盗贼卢珂等要袭击他，而卢珂等现在已经投诚官府。阳明于是将计就计，故意将卢珂抓捕入狱。阳明与卢珂的苦肉计故意让池仲安看到，以便其能说服池仲容，促其归降。阳明一面派人去再次招抚池仲容，一面又将池仲安等放归，利用其使用反间之计，说服池仲容。池仲容果然被打动，决定亲自到阳明营中一探究竟。池仲容来阳明军营后，"见各营官兵皆已散归，而街市多张灯设戏为乐，信以为不复用兵。密赂狱卒，私往觇卢珂等，又果械系深固"。于是他完全相信了阳明，放松了戒备。"仲容乃大喜，遣人归，报其属曰：'乃今吾事始得万全矣！'"②而阳明已经秘密集结了各路人马，准备攻入浰头。第二天，阳明在犒赏池仲容时将其抓捕斩杀③，同时各军攻进浰头。

这场征剿活动以阳明的反间计而大获成功。阳明巧妙利用黄金巢、池仲安、卢珂等上演了一系列反间奇谋，最终将池仲容拿下。在平宸濠之乱时，阳明亦使用了一系列的反间计。

阳明在丰城逃脱朱宸濠追踪后，为了延缓朱宸濠起兵，想出一反间之计。"乃为间谍，假奉朝廷密旨先知宁府将反，行令两广、湖、襄都御史杨旦、秦金及两京兵部各命将出师，暗伏要害地方，以俟宁府兵至袭杀。复取优人数辈，各与数百金以全其家，令至伏兵处所飞报窃发日期，将公文各缝置袷衣絮中。将发间，又捕捉

---

① 王守仁. 王阳明全集：上 [M]. 吴光，钱明，董平，等编校. 上海：上海古籍出版社，2011：399-400.

② 王守仁. 王阳明全集：上 [M]. 吴光，钱明，董平，等编校. 上海：上海古籍出版社，2011：402.

③ 学界对阳明斩杀俘虏有所讨论，如李奥·申对王阳明平八寨时的杀俘行为有质疑。司马黛兰. 王阳明研究在西方 [J]. 杭州师范大学学报（社会科学版），2019（4）. 钱德洪在年谱中对阳明的杀俘行为做了解释："先生既遣参随数人馆伴，复制青衣油靴，教之习礼，以察其志意所向。审其贪残终不可化，而土民咸诉于道曰：'此养寇贻害。'先生复决歼魁之念矣。"（王守仁. 王阳明全集：下 [M]. 吴光，钱明，董平，等编校. 上海：上海古籍出版社，2011：1379.）阳明结合自己的观察和民众的意见，认为其贪婪残忍终不可教化，于是决心斩杀。

从天人两分到良知宇宙：王阳明天人思想的历史演变与实践

伪太师李士实家属至舟尾，令其觇知。公即佯怒，牵之上岸处斩，已而故纵之，令其奔报。宸濠逻获伪人，果于袷衣絮中搜得公文，遂疑不发。"① 阳明与参谋雷济伪造了机密大牌和文书，上写两广重兵及各路官兵将至，又将机密文件交付间谍。在交付密件时，故意让朱宸濠的伪太师李士实家属看到，然后又故意放走家属。间谍的命运可想而知，在南昌一露面即为朱宸濠所获。朱宸濠果然中计，迟疑不敢发兵。半月之后朱宸濠才发现上当，再发兵已经晚了。这就是阳明所要的效果。这半个月给了他充足的时间做平叛准备，也消耗了朱宸濠的士气。这一反间计为最终打败朱宸濠奠定了极好的基础。

不仅如此，阳明还用反间计离间朱宸濠与谋臣的关系。朱宸濠有两个重要谋臣，即李士实、刘养正。王阳明在伪造文书时将这两人说成是内应。"今宁王主谋李士实、刘养正等各有书密寄本职，其贼凌十一、闵廿四亦各密差心腹前来本职递状，皆要反戈立功报效。"② 让宁王对这两个人起疑。同时，阳明又命参谋龙光伪造了一封给李士实的信，里面进一步谈到李、刘二人做内应之事。然后阳明让龙光和雷济遣信使将这封信分别送给李士实、刘养正。两信使皆被杀，信落入朱宸濠手中，他对李、刘二人更加怀疑。如此就大大削弱了朱宸濠的实力。③

除了反间朱宸濠与其家臣，阳明还大力反间朱宸濠的兵士。阳明"又多写告示及招降旗号，开谕逆顺祸福，及写木牌等项，动以千计，分遣雷济、萧禹、龙光、王佐等分役经行贼垒，潜地将告示粘贴，及旗号木牌四路标插"④。以此来瓦解朱宸濠将士的士气和打击其军心。

早在攻破南昌之时，阳明就预料到有鄱阳湖之战，因此命人打造免死木牌。"时官兵方破省城，忽传令造免死木牌数十万，莫知所用。及发兵迎击宸濠于湖上，取木牌顺流放下。时贼兵既闻省城已破，胁从之众俱欲逃窜无路，见水浮木牌，一时争取散去，不计其数。"（《征宸濠反间遗事》）这些木牌在拆解朱宸濠军队、涣散

---

① 王守仁. 王阳明全集：下 [M]. 吴光，钱明，董平，等编校. 上海：上海古籍出版社，2011：1567.

② 王守仁. 王阳明全集：下 [M]. 吴光，钱明，董平，等编校. 上海：上海古籍出版社，2011：1627-1628.

③ 王守仁. 王阳明全集：下 [M]. 吴光，钱明，董平，等编校. 上海：上海古籍出版社，2011：1628-1629.

④ 王守仁. 王阳明全集：下 [M]. 吴光，钱明，董平，等编校. 上海：上海古籍出版社，2011：1629.

第七章 天人合一心学的实践

其军心方面的作用不可估量。

朱宸濠就在这一幕幕反间计下束手就擒,难怪龙光赞叹阳明"夫子应变之神真不可测"①。

这些反间计在阳明的《擒获宸濠捷音疏》并未提到,龙光对此做了说明。"夫子捷疏虑繁文太多,一切反间之计俱不言及;亦以设谋用诡,非君子得已之事,不欲明言示人。当时若使不行间计,迟留宁王,宁王必即时拥兵前进,正所谓迅雷不及掩耳,两京各路何恃为备?所以破败宁王,使之坐失事机,全是迟留宁王一着。所以迟留宁王,全是谋行反间一事。今人读奏册所报,皆是可书之功,而不知书不能尽者十倍于奏册。"②阴谋和诈谋,在阳明看来,君子万不得已才用之,更不能在文书上大书特书,进行炫耀。

所以,阳明和学生很少谈兵事,钱德洪也只能从阳明昔日属下听得只言片语。"昔者德洪事先生八年,在侍同门每有问兵事者,皆默而不答,以故南、赣、宁藩始末俱不与闻。……独于用间一事,昔尝概闻,奏疏文移俱无所见。去年德洪主试广东,道经江西,访问龙光,始获间书、间牌诸稿,并所闻于诸同门者,归以附录云。"③由此,我们才知晓阳明的一些反间之谋。

(5)军民一体,盗无可遁。

阳明军事思想的一项创新是军民一体的"十家牌法"。这个思想有可能来自《六韬·龙韬》。阳明曾这样评论其中农器一节:

农器第三十

古者寓兵于农,正是此意。无事则吾兵即吾农,有事则吾农即吾兵,以佚待劳,以饱待饥,而不令敌人得窥我虚实,此所以百战而百胜。④

这种兵农一体的军事思想在之前也曾实践过,如曹操的屯兵政策。而王阳明的十家牌法又有所创新,增添了许多新的功能。十家牌法是在实践过程中不断升级和完善的,下面逐一介绍。

其一,息盗安民。

---

① 王守仁. 王阳明全集:下 [M]. 吴光,钱明,董平,等编校. 上海:上海古籍出版社,2011:1631.
② 王守仁. 王阳明全集:下 [M]. 吴光,钱明,董平,等编校. 上海:上海古籍出版社,2011:1630.
③ 王守仁. 王阳明全集:下 [M]. 吴光,钱明,董平,等编校. 上海:上海古籍出版社,2011:1633.
④ 王守仁. 王阳明全集:下 [M]. 吴光,钱明,董平,等编校. 上海:上海古籍出版社,2011:1315.

十家牌法是阳明在提督南赣军务时提出的,开始目的只是为了剪除盗贼、安养民众。"本院奉命巡抚是方,惟欲剪除盗贼,安养小民。……今为此牌,似亦烦劳。尔众中间固多诗书礼义之家,吾亦岂忍以狡诈待尔良民。便欲防奸革弊,以保安尔良善,则又不得不然,父老子弟,其体此意。"① 阳明开始也没有把握,但又不得不行,还为因此给民众带来的烦劳心有不忍。

《年谱一》对此概括得比较到位,"先是赣民为洞贼耳目,官府举动未形,而贼已先闻。……乃于城中立十家牌法。其法编十家为一牌,开列各户籍贯、姓名、年貌、行业,日轮一家,沿门按牌审察,遇面生可疑人,即行报官究理。或有隐匿,十家连坐"②。由于民众经常做盗贼耳目,不得已才行十家牌法。具体操作如前所述,每十家立一牌,上写各户籍贯、姓名、年貌、行业、人丁多寡之数、有无寄住暂宿之人等,此牌由十家轮流执掌。"每日酉牌时分,持牌到各家,照粉牌查审:某家今夜少某人,往某处,干某事,某日当回;某家今夜多某人,是某姓名,从某处来,干某事;务要审问的确,乃通报各家知会。若事有可疑,即行报官。如或隐蔽,事发,十家同罪。"③ 这对于清除内奸和外来盗贼有很大用处。

阳明看此法有效,马上命各县府推广应用。④ 可见,十家牌法开始只是为剪除盗贼所设,随着实践的推进,其附加功能开始显现出来。

其二,全面治理。

在实践过程中,十家牌法最先出现的附加功能是移风易俗。"查照十家牌甲,每家给与一道。其乡村山落,亦照屯堡里甲分散,务遵依告谕,互相戒勉,共兴恭俭之风,以成淳厚之俗。"⑤

接着,阳明惊喜地发现,十家牌法竟然有治理全县邑的功能,"凡十家牌式,其法甚约,其治甚广。有司果能着实举行,不但盗贼可息,词讼可简,因是而修之,补其偏而救其弊,则赋役可均;因是而修之,连其伍而制其什,则外侮可御;因是

---

① 王守仁. 王阳明全集:中 [M]. 吴光,钱明,董平,等编校. 上海:上海古籍出版社,2011:587.
② 王守仁. 王阳明全集:下 [M]. 吴光,钱明,董平,等编校. 上海:上海古籍出版社,2011:1366.
③ 王守仁. 王阳明全集:中 [M]. 吴光,钱明,董平,等编校. 上海:上海古籍出版社,2011:588.
④ 王守仁. 王阳明全集:中 [M]. 吴光,钱明,董平,等编校. 上海:上海古籍出版社,2011:589-590.
⑤ 王守仁. 王阳明全集:中 [M]. 吴光,钱明,董平,等编校. 上海:上海古籍出版社,2011:628.

第七章 天人合一心学的实践

而修之,警其薄而劝其厚,则风俗可淳;因是而修之,导以德而训以学,则礼乐可兴。凡有司之有高才远识者,亦不必更立法制,其于民情土俗,或有未备;但循此而润色修举之,则一邑之治真可以不劳而致"①。十家牌法不仅可息盗,而且可以息争讼、均赋役、御外侮、淳风俗、兴礼乐等等,简直是全面治理的极好方法,甚至不用再寻求其他制法了,"亦不必更立法制"。

有了这一发现,阳明走到哪里,就将十家牌法推广到哪里。如设立崇义县后,阳明建议该县以十家牌法来治理。②

平定宸濠之乱后,他将十家牌法推广到江西境内。"凡立十家牌,专为止息盗贼……今有司往往不严十家之法,及至盗贼充斥……自今务令各甲各自纠举。"③"据江西按察司呈,看得盗贼之纵横,由于有司之玩弛;……仍备行各府县掌印巡捕等官,自兹申戒之后,悉要遵照本院近行《十家牌谕》。"④

在平定广西八寨盗贼后,阳明也将十家牌法带到那里,"案照本院先行十家牌谕,专为息盗安民"⑤。

其三,军民一体。

前文谈到十家牌法的全面治理功能时,虽然提到其可能具有的军事功能,但并未真正开发出来,真正使十家牌法具有军事功能,是阳明设立保长之后。在《申谕十家牌法增立保长》告谕中,军民一体才真正实现。其谕曰:

先该本院通行抚属,编置十家牌式,为照各甲不立牌头者,所以防胁制侵扰之弊;然在乡村,遇有盗贼之警,不可以无统纪,合立保长督领,庶众志齐一。为此仰抄案回司,即行各道守巡兵备等官,备行所属各府州县,于各乡村推选才行为众信服者一人为保长,专一防御盗贼。平时各甲词讼,悉照牌谕,不许保长干与,因而武断乡曲;但遇盗警,即仰保长统率各甲设谋截捕。其城郭坊巷乡村,各于要地置鼓一面,若乡村相去稍远者,仍起高楼,置鼓其上,遇警即登楼击鼓;一巷击鼓,

---

① 王守仁. 王阳明全集:中 [M]. 吴光,钱明,董平,等编校. 上海:上海古籍出版社,2011:676.
② 王守仁. 王阳明全集:中 [M]. 吴光,钱明,董平,等编校. 上海:上海古籍出版社,2011:682.
③ 王守仁. 王阳明全集:下 [M]. 吴光,钱明,董平,等编校. 上海:上海古籍出版社,2011:1271.
④ 王守仁. 王阳明全集:下 [M]. 吴光,钱明,董平,等编校. 上海:上海古籍出版社,2011:1272-1273.
⑤ 王守仁. 王阳明全集:中 [M]. 吴光,钱明,董平,等编校. 上海:上海古籍出版社,2011:1221.

各巷应之,一村击鼓,各村应之,但闻鼓声,各甲各执器械齐出应援,俱听保长调度,或设伏把隘,或并力夹击;但有后期不出者,保长公同各甲举告官司,重加罚治。若乡村各家皆置鼓一面,一家有警击鼓,各家应之,尤为快便。此则各随财力为之,不在牌例之内,俱仰督令各县即行推选增置,仍告谕远近,使各知悉。各府仍要不时稽察,务臻实效,毋得虚文搪塞,查访得出,定行究治不贷。①

此前的十家牌法功能主要体现在文的方面,如防止民众为盗、防止盗贼入村、淳化风俗、县邑管理等,现在阳明要增添其积极的军事功能,使其文武兼备起来。每个乡村设立保长一名,统领各家牌甲,对犯村盗贼进行军事防御和军事打击。各牌甲皆配备武装器械,听候保长调度。这就真正实现了军民一体或军农一体,成为军事家眼中理想的作战单元。此时的十家牌法就可如阳明所说,能够"以佚待劳,以饱待饥","百战而百胜"了。

在征剿瑶族八寨盗贼过程中,阳明充分发挥了十家牌法的军事功能。"看得本院自行十家牌式,若使有司果能着实举行,则处处皆兵,家家皆兵,人人皆兵,防守之备既密,则追捕之兵自可以渐减省,以节民财,以宽民力。但今有司类皆视为虚文,未曾实心修举;一旦遂将额设民壮三分减一,则意外不测之虞,果亦有如各官所呈者。合且姑从所议,将各民壮照旧存留,备行该道所属查照施行。"② 阳明认为,如果"处处皆兵,家家皆兵,人人皆兵",那么征剿盗贼的费用就会大大减少,而征剿的效果反而会成倍增加。确实,在实行十家牌法后,八寨流寇逃无遁形,最终只能向官府投诚。

这就更坚定了阳明将十家牌法推广下去的决心,将其打造为守土安民之本。"至于本院近行十家牌谕,诚亦弭盗安民之良法……诚使此法一行,则不待调发,而处处皆兵;不待屯聚,而家家皆兵;不待蓄养,而人人皆兵;无馈运之劳,而粮饷足;无关隘之设,而守御固;习之愈久,而法愈精;行之弥广,而功弥大……盖以十家牌门之兵,而为守土安民之本;以武靖起调之兵,而备追捕剿截之用;此亦

---

① 王守仁. 王阳明全集: 中 [M]. 吴光, 钱明, 董平, 等编校. 上海: 上海古籍出版社, 2011: 676-677.

② 王守仁. 王阳明全集: 中 [M]. 吴光, 钱明, 董平, 等编校. 上海: 上海古籍出版社, 2011: 704.

第七章 天人合一心学的实践

经权交济相须之意,合就准行。"① 阳明坚信军民一体的十家牌法"习之愈久,而法愈精;行之弥广,而功弥大"。这些牌甲之兵可以成为守土安民的根本。只有需要对盗贼追捕剿截时,才用得着从武靖等处调来的正规官兵。日常则以牌甲之兵维护。牌甲之兵与官府正规军互相配合,自然百战百胜,天下太平。

阳明所创十家牌法可谓深谋远虑、功效卓著,至今对我们仍有借鉴价值。但十家牌法终归是非常时期的产物,日常推广则显得苛刻了。阳明显然过于理想化,想将其作为日常的治理模式,在当时已经引起了属下的默默反抗,如虚文搪塞、形式主义等。"况本院近行十家牌谕,虽经各府县编报,然访询其实,类是虚文搪塞;且编写人丁,惟在查考善恶,乃闻加以义勇之名,未免生事扰众,已失本院息盗安民之意。"②

二、阳明军事思想与心学的关系

阳明的军事思想,从指导原则到战略战术,看似和心学没有一点关系,但实际上心学的精神贯彻到了方方面面,心的作用也无处不在。

(一) 阳明军事思想的指导精神是良知心学

如前所述,阳明所有的军事思想和指导原则,从上兵伐谋、兵为辅的总体原则到用兵之道,再到具体的战略战术,都建立在一种基本原则或精神之上,即"校之以计而索其情"。阳明《武经七书评》中的大部分评论,都可以归纳到"校之以计而索其情"这一原则或精神。

对孙武来说,"校之以计而索其情"的意思几乎是无所不知,"故经之以五事,校之以计而索其情:一曰道,二曰天,三曰地,四曰将,五曰法"(《孙子兵法·始计篇》)。阳明对此无疑是赞同的。对他来说,《孙子兵法》十三篇谈的都是"经之以五事"或"校之以计而索其情"。其他六部兵书也类似,谈的都是这五事,而这五事都在"校之以计而索其情"中。

如此,这个"校之以计而索其情"就接近阳明的良知了。阳明说,良知"无知

---

① 王守仁. 王阳明全集:中 [M]. 吴光,钱明,董平,等编校. 上海:上海古籍出版社,2011:722-723.

② 王守仁. 王阳明全集:中 [M]. 吴光,钱明,董平,等编校. 上海:上海古籍出版社,2011:700.

无不知,本体原是如此。譬如日未尝有心照物,而自无物不照。无照无不照,原是日的本体。良知本无知,今却要有知;本无不知,今却疑有不知,只是信不及耳"①。良知是无所不知的,从大道伦常到人情世故,都在良知之中。

在阳明写给王司马的南赣捷报中,他将功劳归于王司马给他的方略教诲,而在王司马的教诲中,阳明最受益的是其学问之道。"守仁每诵明公之所论奏,见其洞察之明,刚果之断,妙应无方之知,灿然剖析之有条,而正大光明之学,凛然理义之莫犯,未尝不拱手起诵,歆仰叹服。"② 阳明认为,自己正是在此学的指导下取得军事上胜利的。阳明提到的"洞察之明,刚果之断,妙应无方之知,灿然剖析之有条,而正大光明之学",与他自己的良知之学具有相同的特征,"夫惟有道之士,真有以见其良知之昭明灵觉,圆融洞澈,廓然与太虚而同体。……盖吾良知之体,本自聪明睿知,本自宽裕温柔,本自发强刚毅,本自齐庄中正文理密察"③。阳明将自己的良知之学投射到王司马的学问上了,这从侧面说明,他是以良知之学来指导军事行动的。

在阳明的军事思想中,较为明显的体现心学精神的是他对《孙子兵法》第十篇的评论。其言曰:

今之用兵者,只为求名避罪一个念头先横胸臆,所以地形在目而不知趋避,敌情我献而不为觉察,若果"进不求名,退不避罪",单留一片报国丹心,将苟利国家,生死以之,又何愁不能"计险阨远近",而"料敌制胜"乎?④

在这里,阳明提出了对军事指挥者的要求,即存天理而灭人欲。这里的天理是"一片报国丹心",如此才能"进不求名,退不避罪""苟利国家,生死以之"。人欲则是"求名避罪"的念头,存此私欲就根本无法正确判断地形和敌情,更谈不上打胜仗了。阳明心学的要义就是存天理灭人欲,"此心无私欲之蔽,即是天理,不须外面添一分。……只在此心去人欲、存天理上用功便是"⑤。

---

① 王守仁. 王阳明全集:上 [M]. 吴光,钱明,董平,等编校. 上海:上海古籍出版社,2011:124.
② 王守仁. 王阳明全集:中 [M]. 吴光,钱明,董平,等编校. 上海:上海古籍出版社,2011:1108.
③ 王守仁. 王阳明全集:上 [M]. 吴光,钱明,董平,等编校. 上海:上海古籍出版社,2011:235.
④ 王守仁. 王阳明全集:下 [M]. 吴光,钱明,董平,等编校. 上海:上海古籍出版社,2011:1309-1310.
⑤ 王守仁. 王阳明全集:上 [M]. 吴光,钱明,董平,等编校. 上海:上海古籍出版社,2011:3.

第七章 天人合一心学的实践

阳明在平定宸濠之乱后所说的一段话，与上面这段意思很接近，只是阳明说得更详尽，而且直接以良知来解释其军事行动，他说：

> 我自用兵以来，致知格物之功愈觉精透。……致知在于格物，正是对境应感，实用力处。平时执持怠缓，无甚查考，及其军旅酬酢，呼吸存亡，宗社安危，所系全体精神，只从一念入微处，自照自察，一些著不得防检，一毫容不得放纵，勿欺勿忘，触机神应，乃是良知妙用，以顺万物之自然，而我无与焉。夫人心本神，本自变动周流，本能开物成务，所以蔽累之者，只是利害毁誉两端。世人利害，不过一家得丧尔已；毁誉，不过一身荣辱尔已。今之利害毁誉两端，乃是灭三族，助逆谋反，系天下安危。只如人疑我与宁王同谋，机少不密，若有一毫激作之心，此身已成虀粉，何待今日！动少不慎，若有一毫假借之心，万事已成瓦裂，何有今日！此等苦心，只好自知，譬之真金之遇烈火，愈锻炼，愈发光辉，此处致得，方是真知；此处格得，方是真物；非见解意识所能及也。自经此大利害、大毁誉过来，一切得丧荣辱，真如飘风之过耳，奚足以动吾一念？今日虽成此事功，亦不过一时良知之应迹，过眼便为浮云，已忘之矣！（王畿：《读先师再报海日翁吉安起兵书序》）①

阳明将其格物实践心得详细描绘了出来。由于此次平乱关系到天下安危，阳明一刻也不敢懈怠，必须集中全部精神，反观心体之良知，不容许有半点约束和放纵，也不能有丝毫的个人私欲利害掺杂其间，只有使良知自然本然的状态呈现出来，才能物来顺应，触机神应，做出正确的选择和判断。"夫人心本神，本自变动周流，本能开物成务，所以蔽累之者，只是利害毁誉两端。"良知本心本来是无所不知、触机神应、开物成务的，唯一能干扰它的就是人为的念头和欲望，即利害毁誉之考量（也包括上面所说的"求名避罪"）。这种"激作""假借"之心会阻碍良知自然的展开，而自然良知稍有蒙蔽，就会导致对战事的误判，结果不堪设想，"此身已成虀粉""万事已成瓦裂"。

这才是"校之以计而索其情"的最高境界。最高的"校量计画"的前提恰恰是抛弃人为校计，让万事万物自然本性呈现出来，然后再依此做出自然的反应，所谓"触机神应""开物成务"。如此焉有不胜！也只有掌握了良知奥妙的阳明才能展示出这种神妙莫测的指挥才能。

---

① 王守仁. 王阳明全集：下 [M]. 吴光，钱明，董平，等编校. 上海：上海古籍出版社，2011：1775.

在思田招抚时,阳明提到了万物一体的思想。"古之人能以天地万物为一体,故能通天下之志。凡举大事,必须其情而使之,因其势而导之,乘其机而动之,及其时而兴之。"① 此万物一体思想正是阳明良知思想的根基。② 只有在万物一体中,人的良知才能够潜在地拥有万物之知,然后在与万物的切磨中顺其情、势,相机而动,该抚则抚,该剿则剿。

可以说,龙场悟道后的阳明无论做什么事,都是以良知心学来作指导的,包括军事行动。虽然"良知"概念是在平宸濠之乱后才提出来的,但其学说和思想的精神是前后一贯的。保持和运用良知可以说是阳明军事行动的最高心法。

任何人为欲念都无法影响的良知,其特点就是"不动心",也即"存天理,灭人欲"。如阳明所说,"自经此大利害、大毁誉过来,一切得丧荣辱,真如飘风之过耳,奚足以动吾一念?"有了良知,任何欲望皆无法动我心、动我念。据钱德洪回忆,阳明曾明确和弟子们谈到过,"不动心"是用兵的核心精神所在。在《征宸濠反间遗事》中有如下记录:

德洪昔在师门,或问:"用兵有术否?"夫子曰:"用兵何术,但学问纯笃,养得此心不动,乃术尔。凡人智能相去不甚远,胜负之决不待卜诸临阵,只在此心动与不动之间。昔与宁王逆战于湖上时,南风转急,面命某某为火攻之具。是时前军正挫却,某某对立矍视,三四申告,耳如弗闻。此辈皆有大名于时者,平时智术岂有不足,临事忙失若此,智术将安所施?"……

又尝闻陈惟濬曰:"惟濬尝闻之尚谦矣。尚谦言,昔见有待于先生者,自称可与行师。先生问之,对曰:'某能不动心。'曰:'不动心可易言耶?对曰:'某得制动之方。'先生笑曰:'此心当对敌时且要制动,又谁与发谋出虑耶?'又问:'今人有不知学问者,尽能履险不惧,是亦可与行师否?'先生曰:'人之性气刚者,亦能履险不惧,但其心必待强持而后能。即强持,便是本体之蔽,便不能宰割庶事。孟施舍之所谓守气者也。若人真肯在良知上用功,时时精明,不蔽于欲,自能临事不动。不动真体,自能应变无言。此曾子之所谓守约,自反而缩,虽千万人吾往者也。'"③

---

① 王守仁. 王阳明全集:中 [M]. 吴光,钱明,董平,等编校. 上海:上海古籍出版社,2011:720-721.

② 陈来. 王阳明的万物一体思想 [J]. 中共宁波市委党校学报,2019(2):45-49.

③ 王守仁. 王阳明全集:下 [M]. 吴光,钱明,董平,等编校. 上海:上海古籍出版社,2011:1632.

第七章　天人合一心学的实践

这无疑是阳明对良知心法在军事上运用的极好诠释，用兵之术无他，就是养个"不动心"。人的智能、智术都相差无几，胜败只在动心和不动心之间，即会不会被利害毁誉、求名避罪之念所扰。如果良知遮蔽，失却对战场的正确判断，智术将无处施放，哪怕是成名之将，也会临事慌乱。

不动心也不是恃强制动对方，恃强本身就已经是人为执着之事了。这也会对自然良知造成遮蔽，以至于不能处理好事情。所以，真正在良知上用功，才会不被各种人为欲望遮蔽，养得此心不动，才能应变自然，所谓"自能应变无言"。良知更接近于曾子的"守约"，而不是孟施舍的"守气"。"守约"是守素朴良知，做的是减法，即去掉人欲；"守气"是用强，做的是加法，即人欲。

可见，阳明良知之学将一切都打通，用在其他学问上，能追根溯源、豁然开朗；用在军事上，则可应物自然、无往不胜。

钱德洪在《征宸濠反间遗事》中记录了在危难时刻，阳明不动心的具体表现：

又言："尝闻雷济云：……宸濠追兵将及时，夫人、公子在舟。夫子呼一小渔船自缚，敕令济、禹持米二斗，腐鱼五寸，与夫人为别。将发，问济曰：'行备否？'济、禹对曰：'已备。'夫子笑曰：'还少一物。'济、禹思之不得。夫子指船头罗盖曰：'到地方无此，何以示信？'于是又取罗盖以行。明日至吉安城下，城门方戒严，舟不得泊岸。济、禹揭罗盖以示，城中遂欢庆曰：'王爷爷还矣。'乃开门罗拜迎入。于是济、禹心叹危迫之时，暇裕乃如此。"……

又尝闻邹谦之曰："昔先生与宁王交战时，与二三同志坐中军讲学。谍者走报前军失利，坐中皆有怖色。先生出见谍者，退而就坐，复接绪言，神色自若。顷之，谍者走报贼兵大溃，坐中皆有喜色。先生出见谍者，退而就坐，复接绪言，神色亦自若。"[1]

阳明面对任何危难和强敌，都不让其心为私欲所动，那么他能够百战不殆，就可以理解了。

（二）阳明具体战略战术的使用是"知行合一"的结果

是否拥有了不动心之良知，就可以不学自通，驰骋沙场了？阳明认为不能。不

---

[1]　王守仁. 王阳明全集：下 [M]. 吴光，钱明，董平，等编校. 上海：上海古籍出版社，2011：1631-1632.

通过战场上的磨炼学习，战略战术不会凭空自动产生的。这是良知之学中知行合一宗旨的体现。

在与刘邦采的对话中，阳明谈到了军事行动中的"知行合一"：

又尝闻刘邦采曰："昔有问：'人能养得此心不动，即可与行师否？'先生曰：'也须学过。此是对刀杀人事，岂意想可得？必须身习其事，斯节制渐明，智慧渐周，方可信行天下；未有不履其事而能造其理者，此后世格物之学所以为谬也。孔子自谓军旅之事未之学，此亦不是谦言。'"①

心不动是良知呈现的前提，但良知具体的成长和展现还是需要格物修习之功的。格物修习的过程就是知行合一。军旅之事也是如此，必须身习其事，才能激发出良知对它的感应、认知，并学会对它的节制驾驭，以至圆熟，然后才得以推行天下。这是符合阳明良知之说的，良知本来是无所不知，但无所不知是潜在的，必须在和万事万物的相遇切磨中才能把对事物的知识开出来，这才是知行合一、格物之学的奥秘所在。所以阳明说，"未有不履其事而能造其理者，此后世格物之学所以为谬也"。悬空格物和没有良知潜在的格物都是虚假格物之学。

阳明的军事思想和战略战术是在格物实践过程中不断开发出来的，那么，良知具体开发出来的特征是什么？这些战略战术是否符合这些特征呢？阳明曾经在《答南元善》中谈到良知的一些具体特征，他说：

夫惟有道之士，真有以见其良知之昭明灵觉，圆融洞澈，廓然与太虚而同体。……盖吾良知之体，本自聪明睿智，本自宽裕温柔，本自发强刚毅，本自齐庄中正文理密察，本自溥博渊泉而时出之，本无富贵之可慕，本无贫贱之可忧，本无得丧之可欣戚，爱憎之可取舍。②

这里面有几句是出自《中庸》，阳明用它们来描述良知。"齐庄中正"和最后四句说的都是不动心，我们就不再把其算作良知具体的特征。余下的"昭明灵觉"（可含"圆融洞澈"）、"聪明睿智"、"宽裕温柔"、"发强刚毅"、"文理密察"、"溥博渊泉"可看作良知具体的特征。

阳明运用良知在军事实践活动中开发成长出来的战略战术，与这些特征正相吻

---

① 王守仁. 王阳明全集：下 [M]. 吴光，钱明，董平，等编校. 上海：上海古籍出版社，2011：1632-1633.

② 王守仁. 王阳明全集：上 [M]. 吴光，钱明，董平，等编校. 上海：上海古籍出版社，2011：235.

第七章 天人合一心学的实践

合。他在思田所坚持的招抚战略是宽裕温柔的体现；对残忍顽固的盗贼进行的征剿活动是发强刚毅的体现；在军事指挥和训练中坚持统一指挥、赏罚分明、激励士气是聪明睿智的体现；使用精兵符合良知最高的存在状态即灵明，越精则越灵，无往而不胜；那些具体的战术如知己知彼、周密计划、精兵抽速、随机应变、兵不厌诈、军民一体，体现的则是其聪明睿智、文理密察。所有这些都离不开良知的昭明灵觉、溥博渊泉、生机无限。

其实，在一件事中不止体现出一两种特征，详细考察的话，每件事都综合了良知的所有特征，这里所描述的只是每件事的突出特征。如在招抚思田土官的过程中，阳明既使用了威压（发强刚毅），又表现了宽大（宽裕温柔），在整个事件背后，又离不开他的聪明睿智和文理密察。征宸濠也是如此，既果敢决战（发强刚毅），又宽待其胁从（宽裕温柔）。这表明，只要涵养和运用良知，就会在处理问题的过程中自然而然地将各种优秀品质展示出来。

实际上，阳明对军事活动并不那么热衷，他最欣赏的仍然是"不战而屈人之兵"，他对自己的屡次用兵也不无遗憾。这段对话表明了其心声：

> 又尝闻刘邦采曰："昔有问：'人能养得此心不动，即可与行师否？'先生曰：'也须学过。此是对刀杀人事，岂意想可得？必须身习其事，斯节制渐明，智慧渐周，方可信行天下；未有不履其事而能造其理者，此后世格物之学所以为谬也。孔子自谓军旅之事未之学，此亦不是谦言。但圣人得位行志，自有消变未形之道，不须用此。后世论治，根源上全不讲及，每事只在半中截做起，故犯手脚。若在根源上讲求，岂有必事杀人而后安得人之理。某自征赣以来，朝廷使我日以杀人为事，心岂割忍，但事势至此。譬之既病之人，且须治其外邪，方可扶回元气，病后施药，犹胜立视其死故耳。可惜平生精神，俱用此等没紧要事上去了。'"①

按照阳明的观点，良知没有必要运用到战争中去开出其杀人的技艺和知识。孔子说自己不懂军旅之事，是因为他没有机会参加军旅活动，所以开不出此种知识；但从更根本或更高的意义上来说，只要践行了孔子圣学，也就不会再有军旅杀戮之事，就用不着去开发此种学问了。阳明的良知之学也是如此，若人人践行良知，也

---

① 王守仁. 王阳明全集：下 [M]. 吴光, 钱明, 董平, 等编校. 上海：上海古籍出版社，2011：1632-1633.

就不需要将良知用于军旅之事了。后人论学,都忘了如何从根本上消除杀戮,反而是从"半中截"做事,即出现杀戮之后才慌忙找应对之法,这就是舍本逐末了,所谓"犯手脚"。从根源上讲,原本不必有此杀戮之学,更不会有圣学去鼓励人们杀人然后安然学习其中的道理(或不会去通过杀人来得人心),"岂有必事杀人而后安得人之理"。

遗憾的是,朝廷看重的正是阳明杀人的技艺。"某自征赣以来,朝廷使我日以杀人为事,心岂割忍,但事势至此。"阳明虽有不忍,但也没有办法。他的良知之学,本是用来修身治世这种更根本的事情上,谁知却被引向军旅这种次要的事务上,"可惜平生精神,俱用此等没紧要事上去了"。所以,阳明最后还是回到了他的重要军事原则上:兵凶战危,圣人不得已而用之者也(《武经七书评》)。这也符合其良知之学的宗旨。

阳明的军事思想和实践都是以良知之学为基础的。他将前人的军事思想融会贯通,最后统一在自己的良知学说中,形成一个圆融完整的体系,可以说是集大成者。

通过以上考察与分析,我们基本上了解了王阳明军事思想的理论和实践。首先是用兵、练兵之道,即统一指挥、赏罚分明、士气为先。其次是战略和战术。在阳明的军事战略中,不战而屈人之兵是最高的战略。他提供了两种不战而屈人之兵的方法与实践案例。如果必须要战,在具体的军事实践过程中,阳明又形成了自己的战术和谋略:①知己知彼,计划周密;②兵贵精练,胜在拙速,出其不意;③因时因势,随机应变,变害为利;④兵不厌诈,用间为高;⑤军民一体,盗无可遁。

阳明的军事思想与他的良知心学思想是关系密切的。可以说,他的军事思想理论和实践就是良知在军事领域的运用和展开,是在良知"不动心"前提下开始建立的;军事实践则是良知"知行合一"宗旨的体现。他将前人的军事思想融会贯通,然后统一在自己的良知学说中,形成一个圆融完整的体系。说他是古代军事思想的集大成者恰如其分,他的军事思想的方法和理论对现今的我们仍有借鉴价值,如"不动心""不战而屈人之兵"等。至于阳明军事思想和行为的局限性,如杀俘、十家牌法等,笔者将另文撰述。

由于阳明心学和良知学的逻辑基本是一致的,所以这里在阐释其军事思想和实践时,有时会用到良知学说。

第三部分

王阳明后期的天人思想与实践

在建立心学之后，王阳明将天人合一思想推向了顶峰。此后他的核心思想基本没变过。但是心过于笼统而内涵也不确定，直接作为本体似乎不合适，所以阳明又规定了心之本体，即"良知"。这就使其心学更加明确。"良知"概念的提出，标志着良知宇宙的形成。其心学的所有宗旨，都可以在良知宇宙中得到更清晰的理解。我们也将其"良知"思想视为其天人思想的最后阶段，标志着其本体论或宇宙论的最终完成。

第八章

良知宇宙的形成与良知宇宙下的知行合一

第一节 良知宇宙的形成

如前所述,早在和徐爱的对话中,阳明就谈到过"良知"这一概念,只是他那时是无心之举,以后很长一段时间不再提起。他真正意识到能够用"良知"取代"天理"或心之"至善本体",是在1520年。当时陈九川等到虔州问学,阳明多次提到"良知"概念,如"尔那一点良知,是尔自家的准则""良知在人,随你如何不能泯灭""只要在良知上着功夫"① 等。1521年,阳明开始广传"致良知"之教。一个良知宇宙便形成了。天人合一、万物一体思想在这里达到了顶峰。王阳明以良知贯通天人,实现了天理良知(宇宙存有论)与人心良知(道德存有论)的合一。

在阳明良知学说中,良知至少有两层内涵:天理良知和人心良知。而本源良知只有一个,即天理良知,人心良知只是天理良知在人心上的体现。只是为了论述的方便,才将其分为两个层面。天理良知也即良知天理,它是宇宙的本源和主宰,人心良知不过是整体天理良知在人身上的体现。② "性是心之体,天是性之原。尽心即是尽性。"③ "人孰无根?良知即是天植灵根。"④ "天理在人心,亘古亘今,无有终始,天理即是良知。"⑤ 我们可将这两个层面区分为良知的宇宙存有论和良知的道德存有论。当然,按照阳明合一的逻辑,这两个层面是一体的,只是为了方便表述才做此区分。

一、良知的宇宙存有论释义

宇宙存有论意义上的良知就是天理良知。对阳明来说,天理良知作为宇宙本源,化生了天地万物。"夫良知一也,以其妙用而言谓之神,以其流行而言谓之气,以其凝聚而言谓之精,安可以形象方所求哉?真阴之精,即真阳之气之母;真阳之气,

---

① 王守仁. 王阳明全集:上 [M]. 吴光,钱明,董平,等编校. 上海:上海古籍出版社,2011:92-94.
② 贾庆军. 阳明思想中"良知"与"良能"概念之关系探究:兼论其"意"之分层 [J]. 当代儒学研究,2012(12):31-58.
③ 王守仁. 王阳明全集:上 [M]. 吴光,钱明,董平,等编校. 上海:上海古籍出版社,1992:5.
④ 王守仁. 王阳明全集:上 [M]. 吴光,钱明,董平,等编校. 上海:上海古籍出版社,1992:101.
⑤ 王守仁. 王阳明全集:上 [M]. 吴光,钱明,董平,等编校. 上海:上海古籍出版社,1992:110.

即真阴之精之父。""良知是造化的精灵,这些精灵,生天生地,成鬼成帝,皆从此出,真是与物无对。"① 由此可见,良知是宇宙的本源,即天理良知。精、气、神是本源良知的三种不同表现形式。精为阴,气为阳,阴阳之用为神,这三者是化生天地万物的基础。这三者相结合,造出了天地万物,包括鬼神,无所不有,而这三者同归于良知这一造化精灵。且这一总源并不是抛开天地万物就走了(如西方的上帝),而是自身化生为天地万物,与万物为一,所谓"无极而太极"。万物一体、体用合一之旨由此得以成立。

于是,下面这段话就好理解了,阳明言:

理一而已。以其理之凝聚而言则谓之性,以其凝聚之主宰而言则谓之心,以其主宰之发动而言则谓之意,以其发动之明觉而言则谓之知,以其明觉之感而言则谓之物。……天下无性外之理,无性外之物。②

此"理"就是天理良知,而性、心、意、知、物等都是天理良知的不同表现形式。性、心、知是良知天理中的主宰和头脑,意、物是主宰和头脑的发用,就主宰和头脑及其发用都源于天理良知来说,它们是一体的。在天理良知中,性、心、知是广义的知;意、物是广义的行,此即广义的知行合一。狭义的知行合一则是人的心体良知及其发用。所谓心物合一、理物合一,"天下无性外之理,无性外之物"。

有时阳明又称天理良知为太虚,而太虚则集中体现了天理良知的宇宙本源性及其特征,他说:

夫惟有道之士,真有以见其良知之昭明灵觉,圆融洞澈,廓然与太虚同体。太虚之中,何物不有?而无一物能与太虚之障碍。盖吾良知之体,本自聪明睿智,本自宽裕温柔,本自发强刚毅,本自齐庄中正文理密察,本自溥博渊泉而时出之,本无富贵之可慕,本无贫贱之可忧,本无得丧之可欣戚,爱憎之可取舍。盖吾之耳而非良知,则不能以听矣,又何有于聪?目而非良知,则不能以视矣,又何有于明?

---

① 王守仁. 王阳明全集:上 [M]. 吴光,钱明,董平,等编校. 上海:上海古籍出版社,1992:62-104. 牟先生的解释接近阳明本意,他认为"良知是造化的精灵"一句是从存有论上来说的。(牟宗三. 从陆象山到刘蕺山 [M]. 上海:上海古籍出版社,2001:161.)这是承认了良知之宇宙本源绝对义,但是牟先生在谈到良知之存有论时,往往从后天已发来谈,而不愿涉及先天存有,这与他反对抽象而分离地谈论性天的一贯立场是一致的。然而,性天完全可以天人合一的方式来谈,刻意回避反而会影响对后天良知的理解。

② 王守仁. 王阳明全集:上 [M]. 吴光,钱明,董平,等编校. 上海:上海古籍出版社,1992:76-77.

心而非良知，则不能以思与觉矣，又何有于睿智？然则，又何有于宽裕温柔乎？又何有于发强刚毅乎？又何有于齐庄中正文理密察乎？又何有于溥博渊泉而时出之乎？故凡慕富贵，忧贫贱，欣戚得丧，爱憎取舍之类，皆足以蔽吾聪明睿知之体，而窒吾渊泉时出之用。若此者，如明目之中而翳之以尘沙，聪耳之中而塞之以木楔也。其疾痛郁逆，将必速去之为快，而何能忍于时刻乎？故凡有道之士，其于慕富贵，忧贫贱，欣戚得丧而取舍爱憎也，若洗目中之尘而拔耳中之楔。其于富贵、贫贱、得丧、爱憎之相，值若飘风浮霭之往来而变化于太虚，而太虚之体，固常廓然其无碍也。①

良知之虚，便是天之太虚。良知之无，便是太虚之无形。日、月、风、雷、山、川、民、物，凡有貌象形色，皆在太虚无形中发用流行，未尝作得天的障碍。圣人只得顺其良知之发用，天地万物，俱在我良知的发用流行中，何尝又有一物超于良知之外，能作得障碍？②

作为太虚本源，良知与万物一体，但并不为万物所限制和拘束。正是这个宇宙本源意义上的良知，才成就了知行合一、体用合一。阳明说："知行原是两个字说一个工夫，这一个工夫需着此两个字，方说得完全无弊病。若头脑处见得分明，见得原是一个头脑，则虽把知行分作两个说，毕竟将来做那一个工夫，则始或未便融会，终所谓百虑而一致矣。若头脑见得不分明，原看做两个了，则虽把知行合作一个说，亦恐终未有凑泊处，况又分作两截去做，则是从头至尾更没讨下落处也。"③这里的头脑就是那个太虚本源良知。后来刘宗周、黄宗羲将其称为"气"或"无极

---

① 王守仁. 王阳明全集：上 [M]. 吴光，钱明，董平，等编校. 上海：上海古籍出版社，1992：211. 还可见于《答友人问》："行之明觉精察处，便是知；知之真切笃实处，便是行。……知天地之化育，心体原是如此。乾知大始，心体亦原是如此。"（王守仁. 王阳明全集：上 [M]. 吴光，钱明，董平，等编校. 上海：上海古籍出版社，1992：210.）良知是天地本源之意，也体现在这里。牟宗三先生谈到王龙溪将"乾知大始"中的"乾知"理解为"乾元地位之良知"，也就是大始之良知。这是符合阳明本意的，也符合良知作为乾坤万有之基的绝对义。（牟宗三. 从陆象山到刘蕺山 [M]. 上海：上海古籍出版社，2001：246.）牟先生的阐释无疑是合理的，凸显了良知之宇宙本源之义。正是在天理良知本源这里，知和行才得到了统一。

② 王守仁. 王阳明全集：上 [M]. 吴光，钱明，董平，等编校. 上海：上海古籍出版社，1992：106.

③ 王守仁. 王阳明全集：上 [M]. 吴光，钱明，董平，等编校. 上海：上海古籍出版社，1992：209.

而太极"①。说到寻常人的知和行,也都是这一本源良知的化生产物。知不过是行的灵明化,行不过是知的外显和形化,所谓"行之明觉精察处,便是知;知之真切笃实处,便是行"②。知和行就是本源良知的不同表现形式而已,它们说的都是一个工夫,拥有的是一个头脑。这一个工夫是天理良知的发用,即人的知行都是良知的发用流行;一个头脑就是天理良知,人的知行都属于天理良知发用的产物。所谓知行合一,说的就是这里的知行是一个工夫、一个头脑。只有在太虚天理良知中,才实现了知行合一、体用合一、理气合一、心物合一、万物一体等旨。太虚良知的特征也有显露,即昭明灵觉、圆融洞彻、廓然无碍、齐庄中正、文理密察、溥博渊泉,简单可归纳为:自然流行、生生不息。心体之良知若没有先于天地与良知天理一体存在,就不可能从已发状态中复归良知天理。也只有在天人一体的意义上,人心之良知才有吞吐万物之能。

二、良知的道德存有论释义

道德存有论意义上的良知就是人心良知。由于其本身与天理良知合二为一,所以只能从其与天理良知的关系来谈论。下面这段说明了人心与天理良知的关系、人和万物的关系、人身心知行的关系:

问:"人心与物同体,如吾身原是血气流通的,所以谓之同体。若于人便异体了,禽兽草木益远矣。而何谓之同体?"先生曰:"你只在感应之几上看,岂但禽兽草木,虽天地也与我同体的,鬼神也与我同体的。"请问。先生曰:"你看这个天地中间,甚么是天地的心?"对曰:"尝闻人是天地的心。"曰:"人又甚么叫做心?"对曰:"只是一个灵明。""可知充天塞地中间,只有这个灵明,人只为形体自间隔了。我的灵明,便是天地鬼神的主宰。天没有我的灵明,谁去仰他高?地没有我的灵明,谁去俯他深?鬼神没有我的灵明,谁去辩他吉凶灾祥?天地鬼神万物离却我

---

① 刘宗周. 圣学宗要·图说 [M] //刘宗周全集:第 2 册. 吴光,主编. 杭州:浙江古籍出版社,2007:230-231;黄宗羲. 黄宗羲全集:第 8 册 [M]. 吴光,编. 杭州:浙江古籍出版社,2005:897-901;黄宗羲. 黄宗羲全集:第 9 册 [M]. 沈善洪,主编. 杭州:浙江古籍出版社,2005:8-9. 阳明也承认"无极而太极"之说的正确性:"至宋周、程二子,始复追寻孔、颜之宗,而有'无极而太极'……之说;动亦定,静亦定,无内外,无将迎之论,庶几精一之旨矣。"(《象山文集序》)

② 王守仁. 王阳明全集:上 [M]. 吴光,钱明,董平,等编校. 上海:上海古籍出版社,1992:210.

的灵明，便没有天地鬼神万物了。我的灵明，离却天地鬼神万物，亦没有我的灵明。如此，便是一气流通的，如何与他间隔得？"①

这里描述的是阳明天理良知或太虚本源已发的结果。天理良知化生为天地万物，而人心良知则是良知天理化生的精华与核心所在，是为天地之心。从天地万物皆由太虚化生而来这一角度看，我们就能理解阳明万物一体、理气合一、知行合一、体用合一、心物合一、未发已发合一、内外合一之宗旨了。所谓的理、知、体、心等，不过是化生后宇宙的头脑，而气、行（身）、用、物等则是躯干。头脑和躯干是一个浑然整体，头脑并不是虚寂抽象的存在，必在躯干中显。② 天地万事万物浑然一体，而其中头脑或心脏就是人心良知或"我的灵明"。在这一意义上，没有"我的灵明"（宇宙之心）的存在，天地鬼神万物（宇宙躯干）都不会存在，而离开天地鬼神万物（宇宙躯干），"我的灵明"也将不会存在。由此我们也就理解了阳明那段令人费解的话语："你未看此花时，此花与汝心同归于寂。你来看此花时，则此花颜色一时明白起来，便知此花不在你的心外。"③ 人与花的关系就是已发万物中人之良知与物的关系。人心是万物的头脑，物为躯干，本为一个整体，若没有头脑，自然也就没有躯干，所以，花离开我的灵明自然不存在，我的灵明没有花时也不会涌现。④ 这不是钱穆先生所说的极端唯心主义⑤，而是阳明宇宙论中良知天理与心体良

---

① 王守仁. 王阳明全集：上 [M]. 吴光, 钱明, 董平, 等编校. 上海：上海古籍出版社, 1992：124.

② 如曾阳晴先生所说："王阳明的'性'乃天理之凝聚，其中包括了凝聚的实质——身，与此身不可分的'心'。在人的存在运作过程中，身、心、意、知、物中，一连串复杂的作用，自然会产生恶（欲）与善。因此，即便说'无善无恶'，并不代表没有'有善有恶'的工夫可做。"（曾阳晴. 无善无恶的理想道德主义 [M]. 台北：台湾大学出版委员会, 1992：169.）我们先撇开善恶问题，单看身心、知行合一之旨，就明白这是在天理这一宇宙本源基础上实现的。

③ 王守仁. 王阳明全集：上 [M]. 吴光, 钱明, 董平, 等编校. 上海：上海古籍出版社, 1992：108.

④ 陈来先生也提到了人和其他物种是头脑和躯干关系的比拟，但是他并不想接受这种宇宙有机整体论的解释，宁愿将其作境界论上的理解。（陈来. 有无之境：王阳明哲学的精神 [M]. 北京：生活·读书·新知三联书店, 2009：70-71.）牟宗三先生对此见解也很深刻，他说，阳明这里所说的人和花的关系，不是认识论上的"存在即被知"。这体现的既不是贝克莱的独断的观念论，不是笛卡尔的怀疑的观念论，也不是康德的超验的观念论。阳明所说的存在依存于心，不是有限心认知的层次，而是类似于贝克莱所说的最高的依于神心的层次。而"依于神心"是存有论的，无论在层次还是向度上，都不同于认识论的。（牟宗三. 从陆象山到刘蕺山 [M]. 上海：上海古籍出版社, 2001：160-161.）但牟先生并没有直通向先天宇宙存有论来对此进行阐释。这样，人和万物的一体关系就不能追溯到先天宇宙存有论层面，而只停留在后天道德实践存有论层面了。

⑤ 钱穆. 中国学术思想史论丛：七 [M]. 北京：生活·读书·新知三联书店, 2009：88-89, 159.

第八章　良知宇宙的形成与良知宇宙下的知行合一

知一体的结果。①

学者们往往将注意力集中在阳明"你只在感应之几上看"这一句，并将它看作万物一体的基础。而对这句的阐释要么是主观的想象，要么是情感上的共鸣、人自身仁心的放大，要么是心体道德实践的感应，很少有学者将其从宇宙论的角度来理解。联系阳明其他文字，我们可以将其所说的"感应之几"看作已发宇宙中人所能采取的最高认知方式。根据前面所说，在未发之中万物都没有成形，人及其心自然也未成形。只有在已发成形之后，人及良知才能发挥其功能。作为已经是天理良知产品或结果的人来说，其体悟和感知天理的方式只能是后天良知的感应了。人只有借着这感应之几才能体悟到未发太虚的整体，也才能感应到万物的一体。说到"感应之几"，阳明不过是在说已发之中的人体悟天理的一种方式，而天理良知化生天地万物的本源行为则是更为根本的。只有在天理良知化生宇宙行为基础上，人心良知才能产生对这一本源行为的体悟和感应，也才能切身体会到万物一体的存在。将人心感应之几这一后天行为取代先天天理良知的本源创世行为，可能是本末倒置了。

通过前面的论述，天理良知（良知的宇宙存有）与人心良知（良知的道德存有）的关系就清楚了。在天理良知未化生万物之前，天理良知与人心良知皆为虚灵且合而为一，它们一起化生了万物（包括人）。成形后的天理良知即存在于人心良知之中，人心良知在有形世界的道德实践则是天理良知的化生世界行为的继续。可以说，在已发世界中，良知的道德存有和实践是其宇宙存有的延续。

---

① 陈立胜先生最近也提出，阳明观花的意义应该从生存实感上来理解，而不能从认识论和意志论上来理解。（陈立胜. 王阳明"心外无物"论：《传习录》"岩中花树"章新解 [J]. 中原文化研究，2015（1）：34-42.）这还可以更进一步，即从生存本身来理解。若人不在，花必然会毁灭不在，而花不在，人亦不会存在。看起来很难理解，没有人存在，花不是开得好好的吗？怎么会自我毁灭呢？阳明立论时，是立足于整个宇宙的，时空是宇宙时空，并不局限于我们看到的一时一段的生灭得失。作为身躯的天地万物如果没有灵明头脑的引导和驾驭，最终将会失去自然秩序而互相倾轧毁灭。这些花如果不被人看顾和照料，将会在与其他物种的倾轧中灭亡。当人与花相遇时，与创生本源相通的人立刻就明了了自己的地位和责任，在通晓万物本性的基础上，他会将天地万物按照其自然本然状态安排得当。人与天地万物的相遇就是来揭示宇宙人生奥秘，并将其奥秘一件件打开和延展。在这一意义上，人与万物、人与世界是相互依存、共存共亡的。

第二节 良知宇宙下的知行合一

对阳明"知行合一"论的关注在学界仍在持续升温。笔者将在阳明宇宙论的基础上,展示良知的多个层次。据笔者考察,"知行合一"可分为五个层次。① 为了更完整和深入地理解"知行合一",笔者又在"五层"说的基础上进一步推进,从中归纳出"二天"说和"两型"说。

一、"知行合一"的"五层"说

"知行合一"的五个层面是从整个良知宇宙来看的。

阳明所说的良知可分为天理良知和人心良知,这两者又终属于一层,即天理良知。人心良知本在天理良知之中,且为核心所在。天理良知作为宇宙本源,一定是一个虚灵的存在,因为僵硬刚化的实体是不可能具有活泼的生命力和创造力的。在天理良知未发之时,人心良知和天地万物的根苗,都是虚化无形的存在,是为"太虚"。阳明说:"良知之虚,便是天之太虚。良知之无,便是太虚之无形。"②

天理良知已发之后,就是一个意或气的世界。人心良知未发时原本与良知天理合二为一,随同天理良知已发之后,则为人心之意。③

阳明还说:"只要知身、心、意、知、物是一件。……故无心则无身,无身则无心。但指其充塞处言之谓之身,指其主宰处言之谓之心,指心之发动处谓之意,指意之灵明处谓之知,指意之涉着处谓之物,只是一件。意未有悬空的,必着事物。故欲诚意,则随意所在其事而格之,去其人欲而归于天理,则良知之在此事者,无蔽而得致矣。此便是诚意的功夫。"④ 这里所说的身、心、意、知、物,都是已发的总体的"意"。在这总体之意中,又有人心之意的内容,即心、意、知等。在人心

---

① 贾庆军,张雨舟. 王阳明良知宇宙观下的"知行合一"论 [J]. 宁波大学学报(教育科学版),2017(4):34-38.
② 王守仁. 王阳明全集:上 [M]. 吴光,钱明,董平,等编校. 上海:上海古籍出版社,1992:106.
③ 贾庆军,张雨舟. 王阳明良知宇宙观下的"知行合一"论 [J]. 宁波大学学报(教育科学版),2017(4):34.
④ 王守仁. 王阳明全集:上 [M]. 吴光,钱明,董平,等编校. 上海:上海古籍出版社,1992:90-91.

之意中，也有头脑和躯干之分，意中之知就是其枢纽所在。阳明说："知是心之本体。"① "以其主宰之发动而言则谓之意，以其发动之明觉而言则谓之知。"② 这一发动的意的其余部分又可分为意念和情感，也是知要明觉的对象。阳明说："尔那一点良知，是尔自家底准则。尔意念着处，他是便知是，非便知非。"③ 阳明又说："七情顺其自然之流行，皆是良知之用。"④ 可见人心良知发用的总体之意中，意念和情感是其主要内容，而知则是这一人心总体之意的枢纽所在。如果勉强对应西方哲学范畴的话，阳明意中之情感可对应康德的感性世界，意念可对应其知性世界，而意中之知则可对应其理性世界。对康德来说，感性、知性、理性属于不同的层面，但对阳明来说，这些都属于人心良知所化生之"意"，也即人心良知之"行"。

如此，阳明之"意"就分为三个层面：天理良知流行发用而成意（气）；人心良知则在发用中成为人心之意，人心之意为万物总体之意的枢纽；在人心总体之意中，又分为意念、情感和知觉，知觉是人心总体之意的枢纽。

在此基础上，形成了天理良知的宇宙生成模型，它体现的是一系列的体用关系，如图8-1所示。

$$[体]天理良知（人心之良知）\rightarrow[用]气（意）\begin{cases}[体]人\begin{cases}[体]心之意（人心良知之发用）\begin{cases}[体]知\\[用]情、意\end{cases}\\[用]身\end{cases}\\[用]万物\end{cases}$$

图8-1　王阳明的天理良知的宇宙生成模型

在良知宇宙生化模型中，四种体用合一关系对应着四种知行合一。这四种知行合一分别是：①天理良知的未发和已发的合一；②天理良知已发之后的知行合一，即人与万物的合一；③人自身的知行合一；④心之意中的知行合一。⑤ 我们所谓的

---

① 王守仁. 王阳明全集：上 [M]. 吴光，钱明，董平，等编校. 上海：上海古籍出版社，1992：6.
② 王守仁. 王阳明全集：上 [M]. 吴光，钱明，董平，等编校. 上海：上海古籍出版社，1992：91.
③ 王守仁. 王阳明全集：上 [M]. 吴光，钱明，董平，等编校. 上海：上海古籍出版社，1992：92.
④ 王守仁. 王阳明全集：上 [M]. 吴光，钱明，董平，等编校. 上海：上海古籍出版社，1992：111.
⑤ 贾庆军，张雨舟. 王阳明良知宇宙观下的"知行合一"论 [J]. 宁波大学学报（教育科学版），2017（4）：35-36.

意识世界中的一切，如各种思想、观念、欲望、情感等，都是人心良知之行。康德所谓的感性、知性、理性等，也都属于心之意。近期有学者开始关注心之意中的知行合一。①

我们还可以找到第五种知行合一，即天理良知未发时的知行合一。在天理良知中，人之良知是核心，即头脑。万物的虚灵根苗则为躯干。这也是一种知行合一。这五个层面的知行合一组成一个有机整体。②

在这五种知行合一中，第二、三种是阳明论述的重点。第二种是人与万物的合一，第三种为人与自身的合一。在这里，人心之知为核心。知来自良知，先天与万物一体，所以它先天就知晓万物和自身的自然本然知识，但这些知识需要发用后的人与万物共同开发出来。③

说到知识，阳明所谓的知识可分为本然之知和见闻之知：本然之知是根本上、整体性的知识，如整体大道、秩序、道德等，即中国古人最擅长的道学；见闻之知是具体的、细节的知识，接近于现今的自然科学知识。④ 见闻这一部分是古人比较忽略的。古人志向过于高远，总是直接去体悟大道、大学，其理论（本体）和实践（工夫）都是指道的体悟和实践，最终出现了道学泛滥而科学滞后的结果。不过古人也并不完全否认见闻之知，只是使其归于道学的统领。

近来有学者将儒家知行思想和西方近代知行思想（实用主义）进行了比较，认为儒学注重存在的理性向度和精神向度，并由此突出情境的道德内涵，实用主义的关注点更多地指向存在的感性、经验性之维，与之相涉的情境，则首先被赋予生活和生存的内容。由此，儒家的知行也主要是理性和精神向度的，这种精神的追求导致了其知行倾向于价值或道德判断（是非之辨）；实用主义的知行则是感性、经验向度的，其关注的是行为的有效性。判断一种行为的好坏标准不再是是非真假，而

---

① 吴震. 作为良知伦理学的"知行合一"论：以"一念动处便是知亦便是行"为中心[J]. 学术月刊, 2018（5）：14-24.

② 贾庆军, 张雨舟. 王阳明良知宇宙观下的"知行合一"论[J]. 宁波大学学报（教育科学版），2017（4）：36.

③ 贾庆军, 张雨舟. 王阳明良知宇宙观下的"知行合一"论[J]. 宁波大学学报（教育科学版），2017（4）：36.

④ 王守仁. 王阳明全集：上[M]. 吴光, 钱明, 董平, 等编校. 上海：上海古籍出版社, 1992：71.

是其能否有效解决具体的问题。①

这种区分看上去有一定道理,但仍有限于西方概念范畴之嫌。精神、价值、道德是一维,感性、经验、事实是另一维,这种区分在西方是可以理解的,但对于儒学就不好说了。如前所述,儒家对知的区分更恰当的表达是"整体性知识(本然之知)"和"具体器物之知(见闻之知)"。对整体性知识的强调导致儒家士人对大道知识的坚守,看上去像西方的精神、价值或道德知识。但儒家的整体性知识和具体器物知识并不像西方的精神和感性是截然分开的。它们同属于一个整体,在这个整体中,一个为本,一个为末,本末相互依存。只是作为精英的君子士人喜欢务本,所谓"本立而道生"(《论语·学而》)。不仅精神的和感性的区分不适用于解释儒家这种本和末、本体和工夫、整体和具体的区分,超验和经验、应然和实然的区分也不适合它。在儒家这里,精神和感性、超验和经验、应然和实然都是圆融于一体的。以此来看,所谓的实用主义不关注精神而只关注感性和经验之说,是有问题的。按照儒家的一体观点,实用主义的经验和感性倾向是在它先将世界整体体悟为经验和感性这一定性之后才产生的。从这一意义上说,所有的学说、思想和知识都是某种整体性认知和具体认知的结合,所谓的知识上的区别只是因为对整体性知识定性的不同产生的。儒家看世界强调的是整体秩序和条理,由此产生了对整体大道的追求;实用主义看世界首先看到的是具体的事物和经验,由此产生了对具体事物知识的追求。所以,儒家和实用主义的区别不是简单的精神和经验之别。从根本上说,它们都是某种精神(整体认知)和经验(具体事物)相结合的产物,不同之处在于其整体认知或整体感悟的差别:一个将整体体悟为大道,一个将整体体悟为具体事物。实用主义并不是不要价值判断,而是它使用了不同的价值判断。如果说儒家以道为价值标准,实用主义则以事为价值标准。

在阳明的知识谱系中,也是道学优先的。考虑到阳明之知所追求的完整性,也不排除关于天地万物的具体知识,因此,知行合一之旨是适用于所有知识类型的。用现代标准来看,第二、三种知行合一就可理解为:人与万物的知行合一的结果是各种自然和社会科学知识的产生与实践;人与自身身体的知行合一就是各种人文知识的产生和实践。第二、三种知行合一是整个知行合一体系的关键,它连接与贯通

---

① 杨国荣. 儒学与实用主义:内在哲学旨趣及其多样展开[J]. 学术月刊, 2018 (3): 33-41.

着先天和后天，决定着先天良知能否发用、实现。

可以说，阳明整个思想体系就是一系列的知行合一。阳明用知行合一来表述自己的学说，可谓是画龙点睛。只有分清楚它的各个层面后，我们才能更清晰地理解其"知行合一"之旨。

二、"知行合一"的"二天"说

这是从"知行合一"产生的过程来看的。所谓的"二天"，就是先天和后天，知行合一贯穿其中。

阳明曾有诗云："不离日用常行内，直造先天未画前。"① 他又说："良知不由见闻而有，而见闻莫非良知之用。"② 这里都区分了良知的先天和后天，而先天和后天在阳明这里即"未发"和"已发"。阳明说："未发之中，即良知也，无前后内外，而浑然一体者也。……未发在已发之中，而已发之中未尝别有未发者在，已发在未发之中，而未发之中未尝别有已发者存。"③ 在阳明这里，未发和已发、先天和后天并不是两种不同的存在，而是一种存在的不同阶段，或者说是良知本体的不同存在阶段。良知本体未发之时，就像一颗种子（太虚），已发之后，种子化为大树，即为宇宙整体。太虚和宇宙本是一个，未发和已发也本是一个。未发在先，未发中万物一体，没有先后内外之分；已发在后，而已发中万物也是一个整体，无先后之分。

正是因为先天后天、未发已发的合一，才成就了知行合一。未发为体、为知，已发为用、为行。未发、已发为一，体用、知行也为一。而未发太虚中一切为一，也成就了心物一体、万物一体。心外无物、性外无物、万物一体、知行合一等，都是阳明先天后天一体之旨的变相表达。后人喜欢用"知行合一"之旨来概括阳明良知学说，只是偏好而已。但"知行合一"之旨只有在知晓阳明先天后天的"二天"说的基础上，才能得到恰当的理解。前述的五层知行合一，也都基于"二天"说。

---

① 王守仁. 王阳明全集：上 [M]. 吴光, 钱明, 董平, 等编校. 上海：上海古籍出版社, 1992：791.
② 王守仁. 王阳明全集：上 [M]. 吴光, 钱明, 董平, 等编校. 上海：上海古籍出版社, 1992：71.
③ 王守仁. 王阳明全集：上 [M]. 吴光, 钱明, 董平, 等编校. 上海：上海古籍出版社, 1992：64-65.

第八章　良知宇宙的形成与良知宇宙下的知行合一

根据"二天"说，虽然先天和后天是一个存在，但发生是有先后的，根据发生过程，前述五层知行合一可以分为如下三类：第一类是先天知行合一，即前述五层知行合一中的第五种——天理良知未发中的知行合一，其余的知行合一都是在此基础上展开的。第二类是先天与后天结合的知行合一，即前述第一种知行合一——未发和已发的合一。第三类是后天的知行合一，即前述第二、三、四种知行合一。这些都是在已发状态中产生的知行合一。

要注意的是，阳明先天后天一体学说，迄今仍然是一种有价值的宇宙论和认识论。先天良知太虚的万物一体（"日、月、风、雷、山、川、民、物，凡有貌象形色，皆在太虚无形中发用流行"①），为后天的认知提供了基础。无论精神还是物质，无论人还是物，皆来自太虚。这种先天一体为精神能够认识物质提供了前提。所谓的精神和物质的区分在太虚这里就不是问题了，万物的区别只是灵明程度的区别，作为最为灵明的人，其天职就是去认知万物、成就万物。

如此，心物一体、万物一体的先天一体认识论就克服了西方认识论中的二元分裂现象，如贝克莱、康德的不可知论。两者都囿于精神意识和物质的区分，认为精神永远不可通达于物质本身，精神意识只能认知精神意识中的存在，也即被感知的存在（现象或表象）。贝克莱的不可知论水到渠成，康德也保留了"物自体"，但两人都没有思考，感知和现象又如何产生呢？若精神和物质没有一个共在的平台，精神又如何会感知到物质呢？这就是后来的费希特、谢林、黑格尔等对康德不满的地方，他们想到一个先天统一的整体，即"绝对自我"、"绝对同一"和"绝对理念"。②这就接近了阳明的太虚。

唯物主义则通过物质产生精神的方式来解决二元分裂的矛盾，问题是，物质如何会生出这个更灵明、更高级的存在呢？这就是所谓唯心论者不赞同用物质来解释世界本源的原因。其实，现代唯物主义所谓的"物质"宇宙基本上是一个形而上的预设，"物质"是一个上帝式的存在，这一普遍而不可见的"物质"以未知的方式创造了宇宙中形形色色具体的物质。这一上帝般的普遍"物质"是最大的预设，也就是说，"物质"本身就是道一样的存在，它要想成为世界本源，必须将灵明性

---

① 王守仁. 王阳明全集：上 [M]. 吴光，钱明，董平，等编校. 上海：上海古籍出版社，1992：106.
② 邓晓芒，赵林. 西方哲学史 [M]. 北京：高等教育出版社，2014：231-260.

的存在（如精神）作为物质中最高级的部分接受，而不是将精神仅仅作为狭义物质的衍生物。

康德、黑格尔、费希特、谢林、阳明等显然思考得更为深远。如前所述，作为宇宙本源的存在一定是虚灵的存在，而这更接近于精神，但又高于精神，是精神和物质的共同本源。这就往往被误解为唯心主义，阳明也不免于此。

虽然说是从精神灵明开始来探讨宇宙本源，但费希特、黑格尔等设计出"否定"这一环节来解释灵明本源的无中生有或绝对精神制造物质世界的过程，仍有诸多问题。王阳明认为良知太虚从未发到已发是一个自然的化生过程，而良知太虚也是一个自然本然的存在，这对于我们认识世界仍具有启发意义。施特劳斯、海德格尔等突破二元论，从自然本然的角度来理解本源，就不仅仅是巧合了。

因此，阳明的"知行合一"中蕴含的先天后天一体论，对我们探索宇宙和认知的本源仍具启发性。纵观古今中外哲学，但凡思考深刻的思想家，都会走到先天认知这一境地。科学则一直局限于后天之物，若科学想要获得不断的发展，必须要借助先天的体悟。

三、"知行合一"的"两型"说

从"知行合一"产生的方式来看，又可分为"化生型知行合一"和"头脑躯干型知行合一"两种。

"化生型知行合一"是灵明之"知"整体化生成"行"，也就是"体"完全化为"用"。阳明曾描述过这种化生模式，他说："夫良知一也，以其妙用而言谓之神，以其流行而言谓之气，以其凝聚而言谓之精，安可以形象方所求哉？真阴之精，即真阳之气之母；真阳之气，即真阴之精之父。""良知是造化的精灵，这些精灵，生天生地，成鬼成帝，皆从此出，真是与物无对。"[①] 可以看出，良知是以化生的方式生天地万物的。他还说："知之真切笃实处，即是行；行之明觉精察处，即是知。"[②] 这里的知和行就是整体性转换或化生的。

"头脑躯干型知行合一"是一个整体的存在，分为枢纽和头脑性的"知"和相

[①] 王守仁. 王阳明全集：上 [M]. 吴光，钱明，董平，等编校. 上海：上海古籍出版社，1992：62，104.

[②] 王守仁. 王阳明全集：上 [M]. 吴光，钱明，董平，等编校. 上海：上海古籍出版社，1992：42.

第八章 良知宇宙的形成与良知宇宙下的知行合一

对不怎么灵明的躯体性的"行"。其中"知"导引和支撑着"行",也就是"体"指导着"用",但"知"和"行"本属于一个整体。阳明经常用根和枝叶的关系来比喻,如他说:"学者果能忠恕上用功,岂不是一贯?一如树之根本,贯如树之枝叶,未种根,何枝叶之可得?体用一源,体未立,用安从生?"① 这里所说的根就是"知",枝叶就是"行",两者是头脑和躯干的关系。但两者又同出一源,属于一个整体。阳明说的发用中气和主宰的关系,也是指这种知行合一,他说:"天地气机,元无一息之停;然有个主宰,故不先不后,不急不缓,虽千变万化而主宰常定;人得此而生。若无主宰,便只是这气奔放,如何不忙?"② 这里主宰是"知",气就是"行",两者属于一个整体,但"知"为头脑。

这里的"知"或"体"并不是一种实体性的存在,其更像一种灵明,只有在"行"或"用"中才显现出来,如阳明说:"目无体,以万物之色为体。耳无体,以万物之声为体。鼻无体,以万物之臭为体。口无体,以万物之味为体。心无体,以天地万物感应之是非为体。"③ 这里的耳、鼻、口、心都是人身上的器官,它们都具有某种灵性的知能,是一种头脑性的存在。但它们并不是孤立隔绝的存在,更不是抽象的实体。它们只有在与声音、气味、味道、万物相遇相合时才显现自己的存在,而这些器官的灵性知能又来自良知天理。"汝若为着耳目口鼻四肢,要非礼勿视听言动时,岂是汝之耳目口鼻四肢自能勿视听言动,须由汝心。这视听言动皆是汝心:汝心之视,发窍于目;汝心之听,发窍于耳;汝心之言,发窍于口;汝心之动,发窍于四肢。若无汝心,便无耳目口鼻。所谓汝心,亦不专是那一团血肉。若是那一团血肉,如今已死的人,那一团血肉还在,缘何不能视听言动?所谓汝心,却是那能视听言动的,这个便是性,便是天理。有这个性才能生。这性之生理便谓之仁。这性之生理,发在目便会视,发在耳便会听,发在口便会言,发在四肢便会动,都只是那天理发生,以其主宰一身,故谓之心。这心之本体,原只是个大理,原无非礼,这个便是汝之真己。这个真己是躯壳的主宰。若无真己,便无躯壳,真是有之即生,无之即死。"④ 这又是另一层面的头脑和躯干了。这里的耳目口鼻四肢属于生

---

① 王守仁. 王阳明全集:上 [M]. 吴光,钱明,董平,等编校. 上海:上海古籍出版社,1992:32.
② 王守仁. 王阳明全集:上 [M]. 吴光,钱明,董平,等编校. 上海:上海古籍出版社,1992:30.
③ 王守仁. 王阳明全集:上 [M]. 吴光,钱明,董平,等编校. 上海:上海古籍出版社,1992:108.
④ 王守仁. 王阳明全集:上 [M]. 吴光,钱明,董平,等编校. 上海:上海古籍出版社,1992:36.

理器官意义上的存在，包括器官之心也是如此。但这些躯干性的存在必须有本体之心即良知天理这一头脑的灌注，才能生成和发挥其知能。

阳明有时会同时谈到"化生型知行合一"和"头脑躯干型知行合一"，如他说："知行原是两个字说一个工夫，这一个工夫需着此两个字，方说得完全无弊病。若头脑处见得分明，见得原是一个头脑，则虽把知行分作两个说，毕竟将来做那一个工夫，则始或未便融会，终所谓百虑而一致矣。"① 这一个工夫从最大处说，就是宇宙整体生成和展开的过程。这个过程是一个良知天理从先天到后天的化生过程，良知先天未发时为"知"，后天已发为"行"，这里的"知"和"行"指的就是一个工夫或过程的不同阶段，所以它们实际上是一个东西，"原是一个头脑"，这一个头脑即良知天理。"知"是良知天理之未发，"行"为良知天理之已发，"行"是"知"之化生，"知""行"为一，此即"化生型知行合一"。

在已发世界中，"知"和"行"又表现为"头脑躯干型知行合一"。已发世界中的"知"主要指灵明之存在，如人、人心、人心之知等；"行"则是指万物、身体等躯干性的存在。在这里，"知"是头脑性存在，"行"是躯干型存在，这两者又同来自大头脑——良知天理，它们都是这一大头脑的体现。在这一意义上，"知""行"看似两个部分，其实构成了一个整体。所以说，阳明上述这段话可以包含这两型知行合一。

那么，前述的五层知行合一分别属于什么类型呢？

属于"化生型知行合一"的是第一种，即天理良知的未发（知）和已发（行）的合一。这是无形太虚化生成有形宇宙的过程。灵明太虚可看成一个整体天理良知，良知化生为有形宇宙，有形宇宙即为整体之"行"。但此"知""行"本是一个存在。这可说是最大范围的"知行合一"。

第二、三、五种知行合一都属于"头脑躯干型知行合一"。

第二种知行合一即人与万物的合一。此时人是万物之灵、天地之心，属于"知"；而万物则是躯干，属于"行"。此知行合一展现的是宇宙间最大的一个头脑或心脏（人类）与身体（天地万物）的合一。此"知"和"行"看似分离，其实构成了一个不可分割的整体。对这种知行合一最经典的描述是山中观花。阳明说：

---

① 王守仁. 王阳明全集：上 [M]. 吴光, 钱明, 董平, 等编校. 上海：上海古籍出版社，1992：209.

第八章　良知宇宙的形成与良知宇宙下的知行合一

"你未看此花时，此花与汝心同归于寂。你来看此花时，则此花颜色一时明白起来，便知此花不在你的心外。"① 学者们要么将这一段描述为与贝克莱的"存在即被感知"类似的主观唯心论，要么将其视为主体赋予客体意义的经典表达方式。这两种都预设了主体和客体、心和物、精神和物质的分离。如前所述，贝克莱的"存在被感知"是将物隔绝在了意识之外，意识只能认知意识中的感知，而不可能达于物本身。对他来说，意识和物质是完全不同的存在，不可通约。因此他的认识就只能封存在意识之中。人们所认识的存在只能是意识感知中的存在。②

阳明显然不同。在阳明这里，万物一体、心物一体，精神和物质来自同一本源——太虚。因此，精神是能认识物质的，且物质只能让灵明的精神来感应和成就。精神的载体就是心。心先天与物一体，是最灵明的存在。心已然涵摄所有事物的奥秘，但心与物的奥秘都要经历一个成长和显发的过程。这就是人和天地万物必须要一起切磨成长的原因。人作为万物的头脑，必须要和万物这一身体相遇切磨，才能开出其所蕴含的知能；而万物也必须要待人这一头脑来揭示其秘密，以使其成为完善的自己。人和万物就是一个头脑和身体的关系，它们是互相成就、共同成长的。人与花的相遇只是一例，只有这一相遇，头脑和身体才真正活在了一起，它们才作为一个完整的整体，共同具有了价值和意义。

人与物的关系也包括人与他人的关系，人只有在与他人的相遇相处中，才能将人心蕴含的道德伦理知识开发和实践出来，如阳明所说："知是心之本体，心自然会知。见父自然知孝，见兄自然知弟，见孺子入井自然知恻隐，此便是良知，不假外求。"③ 人心良知与他人的相遇才能成就儒家孝悌天道的生发和实践。

第三种是人心与身体的合一。这是典型的"头脑躯干型知行合一"。人心先天具有良知，可将天理通过身体各个部分来付诸实践。阳明说："耳目口鼻四肢，身也，非心安能视听言动？心欲视听言动，无耳目口鼻四肢亦不能，故无心则无身，无身则无心。但指其充塞处言之谓之身，指其主宰处言之谓之心。"④ 这里说的就是心身的关系，头脑和躯干缺一不可：心提供的是神明之能，是身体活力和机能的源

---

① 王守仁. 王阳明全集：上 [M]. 吴光，钱明，董平，等编校. 上海：上海古籍出版社，1992：108.
② 邓晓芒，赵林. 西方哲学史 [M]. 北京：高等教育出版社，2014：169-171.
③ 王守仁. 王阳明全集：上 [M]. 吴光，钱明，董平，等编校. 上海：上海古籍出版社，1992：6.
④ 王守仁. 王阳明全集：上 [M]. 吴光，钱明，董平，等编校. 上海：上海古籍出版社，1992：90-91.

泉；而身则提供有形的物质性的载体，两者相合才构成一个完整而健康的人。

第五种知行合一也是"头脑躯干型知行合一"。这是在先天太虚中的一种合一，也是天地万物未发中的状态。所以，这里的合一与已发之后的合一是一致的。已发之后人与万物是"头脑躯干型知行合一"，那么在未发时也是如此。

第四种兼具"化生型知行合一"，和"头脑躯干型知行合一"。首先是心体良知与心之意的合一。在已发状态中，心之良知已然不可见，其整体化生成为心之意。在这个意义上，意即是"行"。心之良知与心之意的合一就是化生型的。其次，在意中知觉和意念等的合一则是"头脑躯干型知行合一"。意中的意念和情感都要以知觉为头脑。

区分了这两种知行合一的生成类型后，阳明关于知行合一的各种论述会更容易理解。

可以看出，在阳明的论述中，关于"头脑躯干型知行合一"的论述是比较多的，有些学者因此强调阳明是一个实学家或重视行动的思想家，这可能并非阳明本意。如上所述，在"头脑躯干型知行合一"中，阳明是将"知""行"视为一个整体的不可分割的组成部分的。在这个整体中，"知"是整体的灵魂和头脑所在，没有"知"，整体就会迷失方向，支离破碎；"行"则是"知"所呈现的载体，没有"行"的"知"就是一个悬空的虚无，世界就不会存在和展开。因此，"知"和"行"是不可分割、互相依存的，在这个意义上，两者是并重的。若非要分出先后的话，对于强调头脑和先天本源的阳明来说，"知"就具有优先性了。阳明用"良知"作为其学说的核心，也能看出其对"知"的强调。灵明之"知"更接近本体或本源之存在。

以上从三个角度对阳明的"知行合一"进行了探讨：从良知宇宙整体来看，阳明的"知行合一"可分为五个层面；从其生成的过程来看，这五个层面可以分为两个过程，或称为"二天"说：先天知行合一与后天知行合一；从"知行合一"产生的方式来看，又可分为"化生型知行合一"和"头脑躯干型知行合一"。

只有进行了多角度和多层面的分析之后，我们才能更深入和全面地理解阳明"知行合一"之旨。这三个角度其实是在一个前提下呈现的，即阳明的良知宇宙及其生化发展过程。只要明了这一前提，阳明心学的诸多宗旨就会迎刃而解。除了"知行合一"，其他宗旨如"天人合一""万物一体""心外无物""心外无理"等也是在这一前提下得以成立的。其本质是一样的，我们甚至可以说，其他宗旨都是"知行合一"的变相表达。所以，一句"良知"或"知行合一"就可以概括阳明思想的全部。

阳明的良知学说或"知行合一"思想代表着中国传统宇宙观和认识论的顶峰，也是他对世界文化的独特贡献，对当今的我们仍有诸多的启示和教益。

第九章

良知宇宙下的大人万物一体之学与四句教

第一节 大人万物一体之学

对阳明心学或良知学的研究很多,但很少有学者注意到阳明的大人思想。① 他的"大人"也是万物一体之人。阳明后期专门阐发万物一体思想,明确了其良知学或心学的宇宙论基础。② 本书从四个层面来展示阳明大人之学,即大人之志、大人之旨、大小之辨、大人的陷阱等,在此基础上评价其大人之学。

一、大人之志

王阳明从小就立志做大人。这里的大人包括圣人和英雄。他的偶像很明显:文乃历代圣贤,武则东汉名将马援。

阳明十一岁时,曾经问私塾的老师说:"何为第一等事?"老师回答说:"惟读书登第耳。"阳明对此有所怀疑,直言:"登第恐未为第一等事,或读书学圣贤耳。"③ 如此大的胸襟和豪气,让私塾先生惊诧不已。

十五岁时,他随父亲出游居庸关,"慨然有经略四方之志"④。不久他做了一个梦,梦见自己去拜谒伏波将军马援的祀庙,醒来后赋诗一首:"卷甲归来马伏波,早年兵法鬓毛皤。云埋铜柱雷轰折,六字题文尚不磨。"⑤

这文武之志伴随了他一生。

在他三十四岁时,开始提倡身心之学,并有慕名而来的求学者。阳明对这些门

---

① 更多学者是从《大学问》来研究阳明的大人之学和良知之学。蒋国保. 论《大学问》乃王阳明哲学纲要[J]. 教育文化论坛, 2015 (1): 2-8; 张连良, 陈琦. 从《大学问》看王阳明"致良知"思想的逻辑结构[J]. 社会科学战线, 2014 (6): 25-32; 彭国翔. 论儒家"万物一体"的生态观: 重读《大学问》[J]. 河北学刊, 2013 (2): 35-38; 朱雪芳.《大学问》:"以天地万物为一体"[J]. 中国哲学史, 2005 (2): 86-91; 林可济. 朱熹的《格物补传》和王阳明的《大学问》: 围绕《大学》版本的两派分歧[J]. 福建论坛(人文社会科学版), 2016 (3): 43-47; 张昭炜. 阳明学发展的困境及出路[M]. 中国社会科学出版社, 2017: 312-321. 这些论述有一定揭示,但对其机理未能深入阐释,对其评价更是阙如。
② 陈来. 王阳明的万物一体思想[J]. 中共宁波市委党校学报, 2019 (2).
③ 王守仁. 王阳明全集: 下[M]. 吴光, 钱明, 董平, 等编校. 上海: 上海古籍出版社, 1992: 1221.
④ 王守仁. 王阳明全集: 下[M]. 吴光, 钱明, 董平, 等编校. 上海: 上海古籍出版社, 1992: 1222.
⑤ 王守仁. 王阳明全集: 下[M]. 吴光, 钱明, 董平, 等编校. 上海: 上海古籍出版社, 1992: 1222.

第九章 良知宇宙下的大人万物一体之学与四句教

人说，为学必"先立必为圣人之志"①。可见，阳明自儿时的圣人志向不仅没变，反而愈加坚笃。也是在这一年，阳明与湛若水一见定交，"共以倡明圣学为事"②。

终其一生，阳明无时无刻不在强调立圣人之志。如他对弟子们说："你真有圣人之志，良知上更无不尽。"③"诸公在此，务要立个必为圣人之心，时时刻刻，须是一棒一条痕，一掴一掌血，方能听吾说话句句得力。若茫茫荡荡度日，譬如一块死肉，打也不知得痛痒，恐终不济事。回家只寻得旧时伎俩而已，岂不惜哉！"④

在给友人的信中也是经常提立志，如他说："坚其必为圣人之志，勿为时议所摇。"⑤"夫学者既立有必为圣人之志，只消就自己良知明觉处朴实头致了去，自然循循日有所至。"⑥"大抵近世学者，只是无有必为圣人之志。"⑦"非诚有求为圣人之志而从事于惟精惟一之学者，莫能得其受病之源而发其神奸之所由伏也。"⑧"夫苟有必为圣人之志，然后能加为己谨独之功。"⑨

对自己的亲属，阳明更是专门写成立志说，勉励其弟立圣人之志，他说："夫学，莫先于立志。志之不立，犹不种其根而徒事培拥灌溉，劳苦无成矣。世之所以因循苟且，随俗习非，而卒归于污下者，凡以志之弗立也。故程子曰：'有求为圣人之志，然后可与共学。'"⑩

可以看到，对阳明来说，立大人之志是成为大人的开始，而大人就是终点。放到阳明良知学说里，立大人之志是良知的觉醒，其终点是良知之澄明。所以，立志与良知就形成了一个循环，立志需要良知的澄明和觉醒，而良知则需要立志来成就和完善。这也是阳明先天与后天、未发和已发辩证统一逻辑的产物。先天已在后天中，未发也在已发中。良知已在立志中，但是潜在的。良知需要立志等环节一步步

---

① 王守仁. 王阳明全集：下 [M]. 吴光，钱明，董平，等编校. 上海：上海古籍出版社，1992：1226.
② 王守仁. 王阳明全集：下 [M]. 吴光，钱明，董平，等编校. 上海：上海古籍出版社，1992：1226.
③ 王守仁. 王阳明全集：上 [M]. 吴光，钱明，董平，等编校. 上海：上海古籍出版社，1992：104.
④ 王守仁. 王阳明全集：上 [M]. 吴光，钱明，董平，等编校. 上海：上海古籍出版社，1992：123.
⑤ 王守仁. 王阳明全集：上 [M]. 吴光，钱明，董平，等编校. 上海：上海古籍出版社，1992：192.
⑥ 王守仁. 王阳明全集：上 [M]. 吴光，钱明，董平，等编校. 上海：上海古籍出版社，1992：196.
⑦ 王守仁. 王阳明全集：上 [M]. 吴光，钱明，董平，等编校. 上海：上海古籍出版社，1992：199.
⑧ 王守仁. 王阳明全集：上 [M]. 吴光，钱明，董平，等编校. 上海：上海古籍出版社，1992：206.
⑨ 王守仁. 王阳明全集：下 [M]. 吴光，钱明，董平，等编校. 上海：上海古籍出版社，1992：1024.
⑩ 王守仁. 王阳明全集：上 [M]. 吴光，钱明，董平，等编校. 上海：上海古籍出版社，1992：259.

展开来实现自身。

正是在这种坚定的大人或圣人志向的指引下,阳明才一步步取得了辉煌的成就。良知之学的形成也是从立志开始的。

二、大人之旨及其高明所在

那么,大人或圣人又该具有什么内涵呢?

(一) 大人者,以天地万物为一体者也

关于大人之旨,在《亲民堂记》《大学问》中阳明曾经详细交代过,这两篇对大人之旨的论述基本一样。他说:"大人者,以天地万物为一体也。夫然后能以天地万物为一体。"① "大人者,以天地万物为一体者也。其视天下犹一家,中国犹一人焉。"② 能够与天地万物融为一体的就是大人。那么,何为万物一体?又如何实现万物一体呢?

阳明说:"人者,天地之心也;民者,对己之称也;曰民焉,则三才之道举矣。"③

在阳明看来,宇宙是一个有机整体。在这个整体中,有形天地为身,人为其心,身心一体。关于万物一体之说,阳明曾用"气"来阐释,他说:"人的良知,就是草木瓦石的良知。若草木瓦石无人的良知,不可以为草木瓦石矣。岂惟草木瓦石为然?天地无人的良知,亦不可为天地矣。盖天地万物与人原是一体,其发窍之最精处,是人心一点灵明。风、雨、露、雷、日、月、星、辰、禽、兽、草、木、山、川、土、石,与人原只一体。故五谷禽兽之类,皆可以养人;药石之类,皆可以疗疾:只为同此一气,故能相通耳。"④ 在这里,大人之心就是良知,稍后笔者会论及。阳明在此说得更为明白,万物一体的前提是天地万物与人"同此一气","一气"是就良知天理发用处而言的。⑤ 在发用后的整体一气中,人心良知是最灵明之所在,因此其是天地万物之心,而万物是与此心相应的身体样的存在,"人的良知,

---

① 王守仁. 王阳明全集:上 [M]. 吴光,钱明,董平,等编校. 上海:上海古籍出版社,1992:252.
② 王守仁. 王阳明全集:下 [M]. 吴光,钱明,董平,等编校. 上海:上海古籍出版社,1992:968.
③ 王守仁. 王阳明全集:上 [M]. 吴光,钱明,董平,等编校. 上海:上海古籍出版社,1992:251.
④ 王守仁. 王阳明全集:上 [M]. 吴光,钱明,董平,等编校. 上海:上海古籍出版社,1992:107.
⑤ 王守仁. 王阳明全集:上 [M]. 吴光,钱明,董平,等编校. 上海:上海古籍出版社,1992:62.

就是草木瓦石的良知。若草木瓦石无人的良知，不可以为草木瓦石矣"。因为草木瓦石自身不够灵明，其自身之心就无法真正履行心的职能，它们只能通过最灵明的人心来揭示和展现自身。所以，草木瓦石这一个身体若没有人心的存在，将不会完善地展现自身和成就自身，"不可以为草木瓦石矣"。例如，天地万物的自然科学知识（见闻之知）和道德知识（本然之知）只有在人心的揭示下才显现出来，人通过这些知识才能使万物各尽其能、各就其位。天地万物与人心的关系皆如此。所以说，人的良知不在，天地之心就不在，天地也就不成其为天地。

要注意的是，阳明虽然用"气"来解释万物一体，但他并不是气一元论者，而是理一元论者。他说：

夫良知一也，以其妙用而言谓之神，以其流行而言谓之气，以其凝聚而言谓之精，安可以形象方所求哉？①

良知是造化的精灵，这些精灵，生天生地，成鬼成帝，皆从此出，真是与物无对。②

对阳明来说，能作为本源的只能是一个先天灵明的存在，而不是一个后天形气的存在。气只能作为次一级的本源。所以，良知天理这种灵明存在才是宇宙本源。良知就是心之本体，而良知的本体又是天理。因此，心学是良知学，也是天理学。③万物一体论就是天理一元论。

到这里我们就清楚了，这一身心合一的万物一体同时也是天人合一。当然，这个"人"指的是人类整体，也就是"民"。单个的人都属于"人"或"民"，只是有时为了区分我和他人才在"对己"的意义上说他人是民，同理，自己对别人来说也是"民"。说"民"就包含了所有人，而"民"又是天地之心，尽了此心就尽了天地之身，所以，一个"民"字涵盖了天、地、人三才之道。

（二）万物一体的关键在于明明德

如何尽人或民之道呢？阳明接着说：

是故亲吾之父以及人之父，而天下之父子莫不亲矣；亲吾之兄以及人之兄，而天下之兄弟莫不亲矣。君臣也，夫妇也，朋友也，推而至于鸟兽草木也，而皆有以

---

① 王守仁. 王阳明全集：上 [M]. 吴光，钱明，董平，等编校. 上海：上海古籍出版社，1992：62.
② 王守仁. 王阳明全集：上 [M]. 吴光，钱明，董平，等编校. 上海：上海古籍出版社，1992：104.
③ 贾庆军. 王阳明天学初探：以四句教为中心的考察 [M] 北京：中国社会科学出版社，2018：135.

亲之，无非求尽吾心焉以自明其明德也。是之谓明明德于天下，是之谓家齐国治天下平。①

人之道或民之道就是儒家的父子、兄弟、君臣、夫妇、朋友五伦。将此五伦推至于天下万物，则天下皆亲，和谐太平。那么，如何知晓这五伦呢？这就要尽心，明明德。

如此，我们就明了了阳明的学问：要尽天地万物，就要尽天地之心（人之道）；要尽天地之心，必须尽人之心。人心尽则天地宇宙皆尽。在阳明看来，宇宙中各层各类存在的关键就是其灵魂之所在，也即心。抓住各层事物的关窍之心，各层事物的治理问题莫不迎刃而解。最终阳明之学被称为"心学"，就不是偶然的了。

尽人之道，就是尽人之心。人心要做的就是明明德。根据上下文，"明德"肯定是属于五伦这样的存在，而明明德就是将此明德显明并践行。自身明了并践行此明德，则身修家齐；将此明德显明践行于天下，则国治天下平。

(三) 两种假明明德

何为明明德？真假怎辨？阳明列举了两种假明明德，他说：

昔之人固有欲明其明德矣，然或失之虚罔空寂，而无有乎家国天下之施者，是不知明明德之在于亲民，而二氏之流是矣；

固有欲亲其民者矣，然或失之知谋权术，而无有乎仁爱恻怛之诚者，是不知亲民之所以明其明德，而五伯功利之徒是矣。

是皆不知止于至善之过也。是故至善也者，明德亲民之极则也。②

第一种假明明德是佛老两家的养空寂之心。可表现在两个方面：一是修心不修身，心身分离。空懂一番高明的道理，却从不践行。二是避世独修、与世隔绝，与家国天下无涉。阳明说，其不知明明德要亲民。还有一点，按照阳明的观点，这个心并不是一蹴而就的，它是和天地万物一起萌芽和生长的。③ 虽然阳明也提到这种可能性，即天赋极高之人可以一下子顿悟良知一切奥秘，但这种可能性是微乎其微

---

① 王守仁. 王阳明全集：上 [M]. 吴光，钱明，董平，等编校. 上海：上海古籍出版社，1992：251.
② 王守仁. 王阳明全集：上 [M]. 吴光，钱明，董平，等编校. 上海：上海古籍出版社，1992：251.
③ 王守仁. 王阳明全集：上 [M]. 吴光，钱明，董平，等编校. 上海：上海古籍出版社，1992：14.

的。① 因为如果有这样的人的话，这些人已经与天地一般了。良知的先天完满及其蕴藏于人心，并不等于说其后天是一蹴而就、瞬间完满的。良知完满是潜在的，只有在和天地万物一起展开的过程中（也即亲民）才会逐渐完善自身。所以，空寂心或一个刹那间完整的心都不是阳明所推崇的。

第二种假明明德是带着狡诈之心去亲民。没有仁爱坦诚之心的，不是明德。

所以，不知亲民与亲而不明都是假明明德，只有仁爱亲民才是完善的，才能到达至善。至善即含纳亲民明德之大成，是"明德亲民之极则也"。

（四）真正的明明德是良知的展开，也即知行合一

那么，真正的明德或至善是什么呢？就是良知。阳明说："天命之性，粹然至善。其灵昭不昧者，皆其至善之发见，是皆明德之本体，而所谓良知者也。"② 这一句交代了天命、至善、明德、良知的关系。天命也即天理、天道，在万物则为其性，此性是至善的，由此推理，天理、天道也是至善的。这显示了传统中国特有的思维，即存在和价值（德）是一体的。我们也可以说，至善就是天理、天道或性。此至善天理是灵昭不昧的，它会自然显现在人心，它的显现就是良知，而此良知是明德之本体。换句话说，明德是良知的显现。

如此，这几种存在的关系就清楚了。天命、良知、明德都是至善，或者说至善乃天命、良知、明德的本然状态。但它们之间又是体用关系：天命乃良知之体，良知乃天命之发用；良知又为明德之体，明德为良知之发用。起桥梁作用的就是良知，良知贯通了天理和具体伦理。后来阳明干脆称良知就是天理③，良知成了其学说的根基和核心。所以，明明德就是天理或良知的展开。

在阳明体用合一的逻辑中，这三者又可以是一物，所以阳明说天理即明德④、良知即天理，到后来则用良知统一代表了。

既然至善乃天理、良知、明德的本然状态，那么至善是一种什么状态呢？阳明说：

---

① 王守仁. 王阳明全集：下 [M]. 吴光，钱明，董平，等编校. 上海：上海古籍出版社，1992：1306-1307.

② 王守仁. 王阳明全集：上 [M]. 吴光，钱明，董平，等编校. 上海：上海古籍出版社，1992：251.

③ 王守仁. 王阳明全集：上 [M]. 吴光，钱明，董平，等编校. 上海：上海古籍出版社，1992：45.

④ 王守仁. 王阳明全集：上 [M]. 吴光，钱明，董平，等编校. 上海：上海古籍出版社，1992：6.

至善之发见，是而是焉，非而非焉，固吾心天然自有之则，而不容有所拟议加损于其间也。有所拟议加损于其间，则是私意小智，而非至善之谓矣。①

至善是从其发用状态显示出来的。这个状态就是让是如其所是、非如其所非。看来至善并不是不分善恶，而是善恶自然分明。如此，至善就是是非之自然状态，而至善之发用就是良知。所以良知本来就是知是知非的。知是知非（知善知恶）的良知乃人心"天然自有之则"，也就是说良知天然是至善的。

这样一来，良知和天命或天理就融为一体了。良知与天理一样，是先天自然至善的存在。任何人为对其进行加损的行为都是私意小智，会破坏至善良知或天理。而天理之至善包含了天地万物（包括人）的是非准则，良知也会如此。于是阳明和朱子就在这里分道扬镳了。

朱子和阳明都承认天理之存在，但朱子认为天理在万物当中，人心则具有认识天理的能力，需要去万物中体悟认识天理。而阳明认为，天理就在人心之中，不必外求。现在看来，阳明似乎领略到了天人合一、万物一体、人乃天地之心的真义，这一整体是先天就存在的。朱子显然是在天人两分的前提下再求合一的。在阳明眼中，类似朱子心外求理的行为都是人欲。他说：

人惟不知至善之在吾心，而用其私智以求之于外，是以昧其是非之则，至于横鹜决裂，人欲肆而天理亡，明德亲民之学大乱于天下。②

没有真正从天人合一、万物一体的前提下来看人心及其良知，就陷入了人欲的境地，自然也就无法理解明德亲民的真义了。

不知至善天理先天就在人心，徒劳地奔波于万物当中，难免被物所扰，欲望滋生，至善天理终被埋没。

所以，只有明了了至善天理先天就存在于人心，然后在亲民的过程中将其逐渐显明践行出来，才是大人之学、圣人之道。如阳明所说：

故止至善之于明德亲民也，犹之规矩之于方圆也，尺度之于长短也，权衡之于轻重也。明德亲民而不止于至善，亡其则矣。夫是之谓大人之学。③

---

① 王守仁. 王阳明全集：上 [M]. 吴光, 钱明, 董平, 等编校. 上海：上海古籍出版社，1992：251.
② 王守仁. 王阳明全集：上 [M]. 吴光, 钱明, 董平, 等编校. 上海：上海古籍出版社，1992：251.
③ 王守仁. 王阳明全集：上 [M]. 吴光, 钱明, 董平, 等编校. 上海：上海古籍出版社，1992：251-252.

明德亲民从先天至善开始，到最后完全践行至善，而这先天至善就是万物一体之仁。体悟到万物一体的先天自然至善，并在后天中将其逐渐展开和践行开来，才是大人之学。在这里，至善、明德、亲民形成一个逐渐展开的过程。如前所述，至善与明德是体用关系，明德与亲民又是体用关系。这两层的体用又可归为一层，即至善与明德亲民的体用关系。所以，阳明说至善与明德亲民是规矩和方圆、尺度与长短、权衡与轻重的关系，这个关系就是体用关系，体用关系展开的过程也就是明明德的过程。大人之学就是明明德，也就是良知的展开。

联系阳明对两种假明明德的批判，真正的明明德或良知的展开，也就是阳明所说的另一个宗旨：知行合一。良知必然是接触万物的行之知，也必须是善之知，这也是知行合一必须要具备的两种内涵。

所以，大人之学、万物一体之学，就是明明德，就是良知的展开，也就是知行合一。

（五）大人之学、良知、四句教三者的关系

明眼人可能一眼就看出，这是阳明用自己的理论体系对《大学》总纲进行的全新的阐释。《大学》的宗旨就是"明明德""亲民""止于至善"，阳明以自己的宇宙论将这三个宗旨融为一体。至善乃宇宙整体的本然状态，即是非非之自然本然状态。至善之发见就是人心之良知，此良知是明德之本体。明明德就是将良知自然本然状态昭示显现于天下，而亲民则是此自然本然状态的实际展开和关键之处。民乃人之集合，是万物之心，心体良知首先要在民中显现、展开和实践，民安、民治则天地皆治，《大学》所说的修齐治平就实现了。

阳明学说的关窍在其万物一体之至善，即良知本体，其良知学说也就是万物一体至善学说。至善良知本体昭示和实践的关键又在人心，阳明强调心的作用就可以理解了，其学说被称为"心学"也很自然。我们要知晓的是，人心之根仍在天，即宇宙整体（天理）。阳明四句教第一句交代的也是这个自然至善的万物整体，所谓"无善无恶心之体"。无善无恶即自然至善，心之体就是良知，也是天命之性，阳明说"良知即是天理"。第三句"知善知恶是良知"对应的是"明明德"，第四句"为善去恶是格物"指的就是"亲民"。第一句与第三句是体用关系，第三句和第四句也是体用关系，这种关系模式与"至善""明明德""亲民"之间的关系模式是一致的。

阳明的四句教与《大学》宗旨如此契合，是因为阳明的良知学说是在《大学》宗旨和条目基础上进行的提炼和提升。《大学》所欠缺的是对恶的阐释，所以阳明四句教第二句"有善有恶意之动"是对它的补充，其他三句与《大学》三宗旨是完全一致的。①

阳明用良知学说或心学对《大学》所做的阐释无疑是非常深刻而独到的，大人之学的奥秘到了阳明这里才得到如此全面、系统和精深的揭示。挖掘良知或心这一关窍，将古人天人合一、万物一体的思想发挥阐释到极致，确实是阳明对中国乃至世界文化的一大贡献。阳明曾自信地说，良知之学乃"彻上彻下"的学问②，敢不信哉！

（六）大人之学的实质及大人的具体品质

如上所述，大人之学就是良知之学。大人是具有和践行良知的人。良知要实现的就是万物一体之仁，具体内涵包含"明明德，亲民，止于至善"之旨。这个过程是知行合一的过程，也是致良知。从这里我们可以看出，阳明所有学说都是贯通的。

近年发现的阳明《语录》对这种大人万物一体思想有更精微、更系统的表述。阳明说：

道无形体，万象皆其形体；道无显晦，人所见有显晦。以形体而言，天地一物也；以显晦而言，人心其机也。所谓心即理也者，以其充实氤氲而言谓之气，以其脉络分明而言谓之理，以其流行赋畀而言谓之命，以其禀受一定而言谓之性，以其物无不由而言谓之道，以其妙用不测而言谓之神，以其凝聚而言谓之精，以其主宰而言谓之心，以其无妄而言谓之诚，以其无所倚着而言谓之中，以其无物可加而言谓之极，以其屈伸消息往来而言谓之易，其实则一而已。

今夫茫茫堪舆，苍然隤然，其气之最粗者欤！稍精则为日月、星宿、风雨、山川，又稍精则为雷电、鬼怪、草木、花卉，又精而为鸟兽、鱼鳖、昆虫之属，至精而为人，至灵至明而为心。故无万象则无天地，无吾心则无万象矣。故万象者，吾心之所为也；天地者，万象之所为也；天地万象，吾心之糟粕也。要其极致，乃见天地无心，而人为之心。心失其正，则吾亦万象而已；心得其正，乃谓

---

① 贾庆军. 王阳明天学初探：以四句教为中心的考察 [M]. 北京：中国社会科学出版社，2018：104-110.

② 王守仁. 王阳明全集：下 [M]. 吴光，钱明，董平，等编校. 上海：上海古籍出版社，1992：1306.

第九章 良知宇宙下的大人万物一体之学与四句教

之人。此所以为天地立心,为生民立命,惟在于吾心。此可见心外无理,心外无物。所谓心者,非今一团血肉之具也,乃指其至灵至明,能作能知者也,此所谓"良知"也。然而无声无臭,无方无体,此所谓"道心惟微"也。以此验之,则天地日月,四时鬼神,莫非一体之实理,不待有所彼此比拟者。古人之言合德合明、如天如神、至善至诚者,皆自下学而言,犹有二也。若其本体,惟吾而已,更何处有天地万象?此大人之学,所以与天地万物一体也。一物有外,便是吾心未尽处,不足谓之学。①

道即天理或天道,乃宇宙本源。道有形之形体则是气。气中万物有粗精之别,而最精者是人心。天地宇宙是一个有机整体,人心乃天地之心,万物乃其躯体,而灵明之心就是良知、明德。良知或明德是最能承载天理或天道之所,而天理或天道本身即是至善,所以,良知或明德也先天是至善的。至善之天理和良知也即"无善无恶心之体"。此自然至善之体天然知善知恶,知是知非,即"知善知恶是良知"。这里的善恶是非不仅包括所谓的本然之知(道德知识),也包括见闻之知。也就是说,"能作能知"的良知知晓天地间所有事物的知识。但良知的"能作能知"(知行合一)是先天的和潜在的,它有一个生发成长的过程,这个过程需要良知与万物一起来完成。良知需要在与万物的相遇和切磨中激发展现出对万物的所有知识,这些知识的获得有助于对万物的安排和照料。这个过程就是亲民、格物的过程,是明明德、致良知的过程,也是知行合一、成己成物的过程,即"为善去恶是格物"。

可见,在这个天理一元万物一体的体系中,关键所在就是良知。良知打开的方式决定了天地万物的存在方式;良知若消亡,天地也将消亡。所谓的大人就是体悟并践行良知中蕴含的万物一体真谛的人。如此,人才成其为人,"心得其正,乃谓之人",才是为天地立心,为生民立命,使万物各安其所的大人。

要注意的是,说到知识,良知的能知是包括本然之知和见闻之知的。本然之知是根本上的知识,如整体大道、秩序、道德等,即中国古人最擅长的道学;见闻之知是具体的、细节的知识,接近于现今的自然科学知识,是古人比较忽略的。古人志向过于高远,总是直接去体悟大道、大学,其理论(本体)和实践(工夫)都是指道的体悟和实践,出现了道学泛滥而科学滞后的结果。但古人也并不完全否认见

---

① 束景南,查明昊.王阳明全集补编[M].上海:上海古籍出版社,2016:282-283.

闻之知，只是使其归于道学的统领。在阳明的知识谱系中，也是道学优先的。考虑到良知的完整性，它是不排除关于天地万物的具体知识的。所以，良知本身是不排斥现代科学知识的，未来对良知这一层面的开发将会使其更加完善。①

那么，大人和大人之心具体要具有什么品质呢？如前所述，我们可归纳出良知的五种品质：①聪明睿智（智慧聪敏、洞悉毫微）；②宽裕温柔、发强刚毅（刚柔相济）；③齐庄中正、文理密察（庄重正直、细密周知）；④溥博渊泉而时出之（广大无垠、生机勃勃）；⑤无富贵之可慕，无贫贱之可忧，无得丧之可欣戚，无爱憎之可取舍（宠辱不惊、无欲则刚、自然自足）。②

再简洁一点可归为这四种：聪明睿智，刚柔并济，生机无限，宠辱不惊。这些品质是《中庸》提出来的，但在阳明良知大人学说中，显得更加系统和明晰。

（七）大人之高明所在

良知大人在思想史上有何优点或高明之处呢？就在于其中的天理万物一体思想。

首先是大人万物一体思想在本体论上的优点。在阳明这里，万物一体并不是想象的，而是宇宙生成论或本体论上的。万物的本体就是天理，天理动而成气，气又化生为万物。在此理气一元论中，成就了万物一体。在万物一体中，只有灵明和粗疏、本和末、头脑和身体的程度区分，没有西方哲学中的主体和客体、物质和精神的本质区分。那么，万物一体的一元论就克服了西方二元对立思维的局限，突破了主体和客体、精神和物质、人类和自然等范畴的对立，实现了物我、人己、内外的统一。在万物一体中，人是最灵明的存在。最能体悟并践行万物一体思想的人就是良知大人。相对于西方思想中分裂的人，良知大人是完整的。他在成为完整的人的同时也使整个宇宙成为一个整体：人与自然是一个和谐的有机整体。这既保证了人及其灵明良知的核心地位，也防止了人类中心主义倾向。西方唯心主义无法圆满解释物质的存在，唯物主义则不能圆满解决低级物质如何产生高级精神的难题，而阳明理气合一、万物一体思想有助于解决这些难题。这是万物一体思想在本体论上的优势。③

---

① 贾庆军. 王阳明"知行合一"之"五层"、"二天"、"两型"说 [J]. 中共宁波市委党校学报，2018（6）：54.

② 王守仁. 王阳明全集：上 [M]. 吴光，钱明，董平，等编校. 上海：上海古籍出版社，1992：211.

③ 贾庆军. 王阳明天学初探：以四句教为中心的考察 [M]. 北京：中国社会科学出版社，2018：47-59.

其次是大人万物一体的思想在认识论上的优势。阳明的万物一体本体论为其认识论奠定了基础。万物一体是一个先后天统一的整体。在先天中，也即在天理中，万物（包括人）是潜在完善的。由于属于一个整体，人又是这一整体中的灵明所在，所以，人具有的良知是先天知是知非、无所不知的。人心良知既含纳万物整体性知识（本然之知），也包含了万物具体的知识（见闻之知）。这些知识是潜在的，只有在后天和万物一起展开的过程中才能将这些知识开发拓展出来（格物致知）。西方的唯心论无法解决精神和物质统一的问题，唯物论无法解决低级物质产生高级精神的问题，而阳明灵明天理的万物一体思想可以较好地解决这些问题。不仅如此，万物一体、先后天统一认识论还能避免唯心主义的主观任意倾向和唯物主义的僵化物质决定论倾向。①

最后是大人万物一体思想在道德论上的优势。阳明所说的善恶与寻常主观道德善恶理论有本质区别。阳明所说的善恶是天地万物（包括人）的一种本然自然状态。在这一自然本然状态中，包含着所有存在物的所有层面，既包括自然界的，也包括人类的；既包括人的理性层面的，也包括情感、欲望、意志等层面的。这是一种从整体上来进行判别的善恶观，而一般的善恶观却是在自然界和人类社会区分的基础上产生的。人又将理性和本能（情感、欲望、意志等）进行区分，将某一部分视为善的，其他部分视为恶的，这样产生的善恶观其实是一种主客体二元对立善恶观。它不从万物的自然本然状态出发，而是从主观的喜好出发来定义善恶。主客观对立产生的善恶道德就具有了一种随意性，而阳明的善恶道德观超越了主客体对立，直指善恶的本源。西方从古至今的善恶观总是处于一种二元对立逻辑中：神与人的对立；人与自然界的对立；人自身理性与非理性的对立。西方的善恶选择就在非此即彼的选项中不断变换，不曾从整体考虑过。尼采试图超越这种两分，以权力意志将理性和非理性统一起来，但其仍难以避免顽固的人类中心主义倾向。② 人人之善或仁是一种更根本和整体的善或仁。

综上可知，阳明的大人之学就是良知之学。良知学说与《大学》有着密切的关系。阳明借鉴佛老思想形成了自己的宇宙论体系之后，最多的就是借助《大学》这

---

① 贾庆军. 王阳明"知行合一"之"五层"、"二天"、"两型"说［J］. 中共宁波市委党校学报，2018（6）：53-57.

② 贾庆军. 王阳明与尼采善恶观之比较［J］. 浙江社会科学，2017（11）：105-107.

一文本来阐释良知心学。他借助《大学》中的三纲（明德、亲民、止至善）详细地阐释了良知的出处（至善天理）、性质（灵明）、状态（万物一体）及其发用流行（亲民）等整个体用合一体系。他又从《大学》中得出了其良知心学的最后结晶：四句教。可以说，大学就是良知之学，而大学就是大人（圣人）之学。阳明所说的大人就是体悟并践行良知之人。大人所具有的具体品德可概括为：聪明睿智、刚柔并济、生机无限、宠辱不惊。大人之学在本体论、认识论和道德论上有高明之处。大人是一个完美至善的存在。

三、大小之辨

（一）王阳明的大小之辨

有大人就有小人，阳明如何看待大小之别呢？阳明在《重修山阴县学记》《大学问》中有详细论述。他说：

圣人之求尽其心也，以天地万物为一体也。吾之父子亲矣，而天下有未亲者焉，吾心未尽也……故圣人之学不出乎尽心。……盖圣人之学，无人己，无内外，一天地万物以为心。①

大人者，以天地万物为一体者也，其视天下犹一家，中国犹一人焉。若夫间形骸而分尔我者，小人矣。大人之能以天地万物为一体也，非意之也，其心之仁本若是，其与天地万物而为一也……

是故见孺子之入井，而必有怵惕恻隐之心焉，是其仁之与孺子而为一体也；孺子犹同类者也，见鸟兽之哀鸣觳觫，而必有不忍之心焉，是其仁之与鸟兽而为一体也；鸟兽犹有知觉者也，见草木之摧折而必有悯恤之心焉，是其仁之与草木而为一体也；草木犹有生意者也，见瓦石之毁坏而必有顾惜之心焉，是其仁之与瓦石而为一体也；是其一体之仁也，虽小人之心亦必有之。是乃根于天命之性，而自然灵昭不昧者也，是故谓之"明德"。

小人之心既已分隔隘陋矣……及其动于欲，蔽于私，而利害相攻，忿怒相激，则将戕物圮类，无所不为，其甚至有骨肉相残者，而一体之仁亡矣。是故苟无私欲之蔽，则虽小人之心，而其一体之仁犹大人也；一有私欲之蔽，则虽大人之心，而

---

① 王守仁. 王阳明全集：上 [M]. 吴光，钱明，董平，等编校. 上海：上海古籍出版社，1992：257.

第九章 良知宇宙下的大人万物一体之学与四句教

其分隔隘陋犹小人矣。①

通过上文可以看出，大人或圣人的核心特征是以天地万物为一体，由此生发出对万物的仁心。在仁心感召下，大人表现出无人无我、无己无物（心外无物）、无内无外（心外无理）的至高境界。在此境界中，人们顺自然天命而行，无私无欲，无为而又无所不为。在一体之仁中，中国犹如一家，万物乃有机整体。人人各安其分，各得其宜，万物各依其序，太平和乐。

在人人皆有一体之仁心的意义上，人人皆是大人或圣人，所以阳明对学生于中说"尔胸中原是圣人"②，也同意学生王汝止所说的"见满街人都是圣人"③的说法。

为了展现对万物的仁心，阳明从高到低列举了人对各种事物（人、动物、植物、无机物）的不忍之心。他用人类对万物的不忍之心表明，万物先天就是一体的，只有如此，人类才会对其产生仁心。如果没有这个共同一体的平台，仁心是很难发动的。这恐怕是后天人类证明万物先天一体的最佳明证了。

在前述的《语录》中，阳明对万物一体的宇宙描述得更精微。他说：

道无形体，万象皆其形体……以形体而言，天地一物也……以其充实氤氲而言谓之气……

今夫茫茫堪舆，苍然赜然，其气之最粗者欤！稍精则为日月、星宿、风雨、山川，又稍精则为雷电、鬼怪、草木、花卉，又精而为鸟兽、鱼鳖、昆虫之属，至精而为人，至灵至明而为心。④

可以看到，万物来自天理或天道。在天道所化之气中，万物的区别只是粗精或灵明程度之别（图9-1）。

与此相对，小人表现出的是人我之别、内外之别、心物之别、万物分别，在这些分别的基础上，表现出占有、争竞的欲望。在小人眼中，分别的人和物都成了占有和竞争的对象。人成为物欲和其他一切欲望的奴隶，功名利禄之心汹涌澎湃。人人"利害相攻，忿怒相激，则将戕物纪类，无所不为"，一体之仁消失殆尽。小人

---

① 王守仁. 王阳明全集：下 [M]. 吴光，钱明，董平，等编校. 上海：上海古籍出版社，1992：968.
② 王守仁. 王阳明全集：上 [M]. 吴光，钱明，董平，等编校. 上海：上海古籍出版社，1992：93.
③ 王守仁. 王阳明全集：上 [M]. 吴光，钱明，董平，等编校. 上海：上海古籍出版社，1992：116.
④ 束景南，查明昊. 王阳明全集补编 [M]. 上海：上海古籍出版社，2016：282-283.

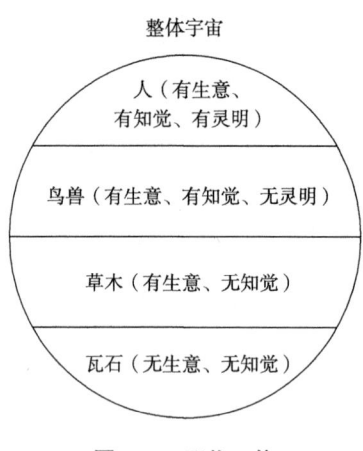

图9-1 万物一体

的世界注定要相互残杀、分崩离析。

可以看出，阳明的大小之辨，也是君子小人之辨、义利之辨与天理人欲之辨。在这一点上，阳明继承了儒家历来的观点，只是他阐释得更加深刻了。

在阳明的著述中，这种大小之辨随处可见，如他在"拔本塞源"说中写道：

夫圣人之心，以天地万物为一体，其视天下之人，无外内远近，凡有血气，皆其昆弟赤子之亲，莫不欲安全而教养之，以遂其万物一体之念。……当是之时，天下之人熙熙皞皞，皆相视如一家之亲。……盖其心学纯明，而有以全其万物一体之仁。故其精神流贯，志气通达，而无有乎人己之分、物我之间。……此圣人之学所以至易至简，易知易从，学易能而才易成者，正以大端惟在复心体之同然，而知识技能非所与论也。

……圣人之学日远日晦，而功利之习愈趋愈下。……盖至于今，功利之毒沦浃于人之心髓，而习以成性也，几千年矣。相矜以知，相轧以势，相争以利，相高以技能，相取以声誉。①

这里的无人己、内外、物我之分的圣人就是大人，执着于功利私欲的则是沉迷于人己、物我之分的小人。所以，良知之学就是大人之学，而大小之辨也就是天理人欲之辨。钱德洪为阳明所作的年谱明确提到了这一点，他说：

---

① 王守仁. 王阳明全集：上 [M]. 吴光，钱明，董平，等编校. 上海：上海古籍出版社，1992：53-56.

第九章　良知宇宙下的大人万物一体之学与四句教

先生自南都以来，凡示学者，皆令存天理去人欲以为本。有问所谓，则令自求之，未尝指天理为何如也。……今经变后，始有良知之说。①

可以看出，天理就是良知。遵循自然天理的是大人，而违背天理的是小人。

在"天泉证道"时，阳明也谈到区分人己内外的就是小人，他说：

我今将行，正要你们来讲破此意。二君之见正好相资为用，不可各执一边。我这里接人原有此二种。利根之人直从本源上悟入。人心本体原是明莹无滞的，原是个未发之中。利根之人一悟本体，即是功夫，人己内外，一齐俱透了。其次不免有习心在，本体受蔽，故且教在意念上实落为善去恶。功夫熟后，渣滓去得尽时，本体亦明尽了。汝中之见，是我这里接利根人的；德洪之见，是我这里为其次立法的。二君相取为用，则中人上下皆可引入于道。若各执一边，眼前便有失人，便于道体各有未尽。②

阳明将自己的良知心学归纳为"四句教"。这四句中包含两种通达良知本体的路径：王畿所理解的从本体直接悟透的路径和钱德洪所理解的从功夫逐渐悟入本体的路径。王畿的路径适合利根之人，钱德洪的路径适合中下之人，即"其次"之人。这两种路径相结合，所有人就都可以通达良知。良知本体的境界就是无人己内外的万物一体境界。这样，心学、良知学、万物一体之学在这里就完全打通了。区分人己、内外的就不是良知心学。区分人己内外的是自私自利的小人，而良知成就万物一体的大人。

在阳明看来，大人小人之辨也是人与禽兽之辨。他说，遵循天理是正常的人或君子，而违背天理就是禽兽。"只为世上人都把生身命子看得来太重，不问当死不当死，定要宛转委曲保全，以此把天理却丢了。忍心害理，何者不为？若违了天理，便与禽兽无异，便偷生在世上百千年，也不过做了千百年的禽兽。学者要于此等处看得明白。比干、龙逄只为他看得分明，所以能成就他的仁。"③ 人与禽兽的区别就是能否遵循天理。不遵循天理，就如禽兽一样只重视自己生命的保全。天理则不仅仅是保全生命，而且考虑整体的生生不息。人若只考虑一己生存，则违背天理，而沦于和禽兽一样的境界。

---

① 王守仁. 王阳明全集：下 [M]. 吴光，钱明，董平，等编校. 上海：上海古籍出版社，1992：1279.
② 王守仁. 王阳明全集：上 [M]. 吴光，钱明，董平，等编校. 上海：上海古籍出版社，2011：133.
③ 王守仁. 王阳明全集：上 [M]. 吴光，钱明，董平，等编校. 上海：上海古籍出版社，2011：117.

在《书林司训卷》中，阳明也说："昔王道之大行也，分田制禄，四民皆有定制。壮者修其孝弟忠信，老者衣帛食肉，不负戴于道路，死徒无出乡，出入相友，疾病相扶持，乌有耄耋之年而犹走衣食于道路者乎！周衰而王迹熄，民始有无恒产者。然其时圣学尚明，士虽贫困，犹有固穷之节；里间族党，犹知有相恤之义。逮其后世，功利之说日浸以盛，不复知有明德亲民之实。士皆巧文博词以饰诈，相规以伪，相轧以利，外冠裳而内禽兽，而犹或自以为从事于圣贤之学。如是而欲挽而复之三代，呜呼其难哉！吾为此惧，揭知行合一之说，订致知格物之谬，思有以正人心，息邪说，以求明先圣之学，庶几君子闻大道之要，小人蒙至治之泽。"① 这里所说的王道也即天理大道，在此天理下，整个世界和睦有序。而功利之说兴起后，整体大道废弃，代之而起的是私欲泛滥，人人为自身的保全和利益争斗，如此就又滑入了禽兽的境界，人也成了"外冠裳而内禽兽"的怪物。

在《谕泰和杨茂》中，阳明说得更清楚。"大凡人只是此心。此心若能存天理，是个圣贤的心；口虽不能言，耳虽不能听，也是个不能言不能听的圣贤。心若不存天理，是个禽兽的心；口虽能言，耳虽能听，也只是个能言能听的禽兽。"② 心存天理是圣贤，若不存则是禽兽。

在《祭国子助教薛尚哲文》中，阳明说的也是此理。"呜呼！良知之学不明于天下，几百年矣。世之学者，蔽于见闻习染，莫知天理之在吾心，而无假于外也。皆舍近求远，舍易求难，纷纭交骛，以私智相高，客气相竞，日陷于禽兽夷狄而不知。"③

不赞同此整体和睦的天理者，都有可能将人导入禽兽境界，杨、墨、佛、老学说皆有此倾向。"孟子辟杨、墨至于'无父，无君'。二子亦当时之贤者，使与孟子并世而生，未必不以之为贤。墨子'兼爱'，行仁而过耳；杨子'为我'，行义而过耳。此其为说，亦岂灭理乱常之甚，而足以眩天下哉？而其流之弊，孟子至比于禽兽夷狄，所谓'以学术杀天下后世'也。今世学术之弊，其谓之学仁而过者乎？谓之学义而过者乎？抑谓之学不仁不义而过者乎？吾不知其于洪水猛兽何如也！孟子

---

① 王守仁. 王阳明全集：上 [M]. 吴光，钱明，董平，等编校. 上海：上海古籍出版社，2011：313-314.
② 王守仁. 王阳明全集：中 [M]. 吴光，钱明，董平，等编校. 上海：上海古籍出版社，2011：1013.
③ 王守仁. 王阳明全集：中 [M]. 吴光，钱明，董平，等编校. 上海：上海古籍出版社，2011：1056.

第九章 良知宇宙下的大人万物一体之学与四句教

云：'予岂好辨哉？予不得已也！'杨、墨之道塞天下，孟子之时，天下之尊信杨、墨，当不下于今日之崇尚朱说，而孟子独以一人呶呶于其间，噫，可哀矣！韩氏云：'佛、老之害甚于杨、墨。'韩愈之贤不及孟子，孟子不能救之于未坏之先，而韩愈乃欲全之于已坏之后，其亦不量其力，且见其身之危，莫之救以死也矣！呜呼！若某者其尤不量其力，果见其身之危，莫之救以死也矣。夫众方嘻嘻之中，而独出涕嗟，若举世恬然以趋，而独疾首蹙额以为忧，此其非病狂丧心，殆必诚有大苦者隐于其中，而非天下之至仁，其孰能察之？"① 不仅杨朱的"为我"会使人陷于禽兽之境，就是另一个极端的"兼爱"，也违背天理，同样使人沦为禽兽。如此，不合天理的杨、墨、佛、老学说就都是禽兽之学。

那么为何人与禽兽会有别呢？这是传统独特的万物一体学说决定的。答案就在如下两段对话中：

朱本思问："人有虚灵，方有良知。若草木瓦石之类，亦有良知否？"先生曰："人的良知，就是草木瓦石的良知。若草木瓦石无人的良知，不可以为草木瓦石矣。岂惟草木瓦石为然，天地无人的良知，亦不可为天地矣。盖天地万物与人原是一体，其发窍之最精处，是人心一点灵明。风、雨、露、雷、日、月、星、辰、禽、兽、草、木、山、川、土、石，与人原只一体。故五谷禽兽之类，皆可以养人；药石之类，皆可以疗疾：只为同此一气，故能相通耳。"

问："大人与物同体，如何《大学》又说个厚薄？"先生曰："惟是道理，自有厚薄。比如身是一体，把手足捍头目，岂是偏要薄手足，其道理合如此。禽兽与草木同是爱的，把草木去养禽兽，又忍得？人与禽兽同是爱的，宰禽兽以养亲，与供祭祀，燕宾客，心又忍得？至亲与路人同是爱的，如箪食豆羹，得则生，不得则死，不能两全，宁救至亲，不救路人，心又忍得？这是道理合该如此。及至吾身与至亲，更不得分别彼此厚薄。盖以仁民爱物，皆从此出；此处可忍，更无所不忍矣。《大学》所谓厚薄，是良知上自然的条理，不可逾越，此便谓之义；顺这个条理，便谓之礼；知此条理，便谓之智；终始是这条理，便谓之信。"②

人和万物是同属于一气的，所以人与万物同体，但是，这个整体里是有粗精、

---

① 王守仁. 王阳明全集：上 [M]. 吴光，钱明，董平，等编校. 上海：上海古籍出版社，2011：87-88.
② 王守仁. 王阳明全集：上 [M]. 吴光，钱明，董平，等编校. 上海：上海古籍出版社，2011：122-123.

厚薄、远近之分的。人是万物中最灵明的存在，也只有他能够存有和领悟万物一体的天理。作为宇宙的核心，人不仅能理解人这个物种的知识，也能理解万物的知识，因此只有人能将宇宙打理得井井有条。万物离开人，将不会真正了解自己和成就自己，即"人的良知，就是草木瓦石的良知。若草木瓦石无人的良知，不可以为草木瓦石矣。岂惟草木瓦石为然，天地无人的良知，亦不可为天地矣"。相对来说不那么灵明的禽兽、草木，则不能领悟此理，因此其只能局限在一己的本能里。于是人与禽兽之分就很明显了。人能考虑到万物整体，而禽兽只是维持自己的生存。能够使这个整体生生不息的就只有人，而不是禽兽。只具本能私心的禽兽来管理会导致天下大乱。儒家和阳明将人欲和禽兽等同起来，是有一定道理的。

所以，人与禽兽之别，本质就是整体之思与一己之思的区别。

阳明的大小之辨同传统的天理人欲、人与禽兽之辨是一脉相承的。从阳明对小人的定义中我们可以看到，最为强调人我、物我、内外之分的西方思想基本上都是小人思想。

（二）王阳明大小之辨产生的变化——与孔孟大小之辨比较

虽然阳明的大小之辨是对历史上大小之辨的继承，但其大小之辨还是有了变化。孔孟时期的君子小人之辨是稍微缓和与宽容的，而到了宋明理学时期的天理人欲之辨就很尖锐和苛刻了。

1. 孔孟的大小之辨

孔子谈到了很多的君子小人之辨，如"君子喻于义，小人喻于利"（《论语·里仁》），"君子坦荡荡，小人长戚戚"（《论语·述而》），"君子和而不同，小人同而不和"（《论语·子路》），"君子上达，小人下达"（《论语·宪问》），"汝为君子儒，无为小人儒"（《论语·雍也》）等。

但在孔子这里，君子和小人并不是势同水火的存在，他们是一个社会的不同组成部分。在这样的社会中，君子是道的追求者和贯彻者，他们是属于统治阶层的，负责管理和教化。小人则是术的从事者，他们不能进入管理阶层，只能为具体的事业奔波，是被君子管理和引导的阶层。如在《论语·子路》中有这么一段：

樊迟请学稼，子曰："吾不如老农。"请学为圃，曰："吾不如老圃。"樊迟出，子曰："小人哉，樊须也。上好礼，则民莫敢不敬；上好义，则民莫敢不服；上好信，则民莫敢不用情。夫如是，则四方之民，襁负其子而至矣。焉用稼？"

第九章 良知宇宙下的大人万物一体之学与四句教

可见,被孔子称为小人的,是从事各种具体技能(术)的人,也即普遍的民众。这些小人并不是非要被改造为君子,而是尽可能让他们在君子的管理下各尽其能、各司其职。因此,君子是学道之人,而不是要学各种具体的技能,作为管理者,只要把握好礼、义、信等根本之道,自然就会把小人或小民治理好了。由此,孔子批评樊迟学稼就可以理解了。孔子的另一句"君子不器"(《论语·为政》)说的也是类似的意思:君子不做具体技术性的工作,但并不反对小人从事之。

"子为政,焉用杀。子欲善,而民善矣。君子之德风,小人之德草,草上之风,必偃"(《论语·颜渊》),"君子学道则爱人,小人学道则易使也"(《论语·阳货》),"君子不可小知,而可大受也。小人不可大受,而可小知也"(《论语·卫灵公》)等,这些说的也是这个道理,小人就是小民,他们和君子只是分工不同,两者共同组成了一个完整的社会。君子不强求小人学道,因为大小之区分正好满足了儒家所定义的天道,即贵贱尊卑等级秩序。小人是等级中的卑贱部分,他们是天道中不可或缺的部分。孔子对小人的存在是承认的,不会强求其成为君子或者从肉体上消灭。但对孔子来说,小人学道更好,因为这使他们更容易被管理,"小人学道则易使也"。孔子教化的目的,一方面是培养君子精英,使其进入统治阶层,另一方面是要使小人更容易被管理。

那么,既然孔子对小人这么宽容,为何又要诛杀少正卯呢?通过孔子的大小之辨,我们就容易理解这一行为。在孔子眼中,少正卯祸乱的不是术,而是道。孔子对术层面的小人宽宏大量,是因为小人本身无足轻重,掀不起大的波澜,也影响不了道的存在。但是,道层面的动乱则是非同小可的,它会动摇统治的根基。少正卯的言行表明其已经不仅仅是小人了,而是小人的另类领袖,"居处足以聚徒成群,言谈足以饰邪营众,强足以反是独立,此小人之桀雄也,不可不诛也"(《荀子·宥坐》)。可见,诛杀少正卯,是为了争夺对小人的统治权,是为了道统的纯粹。君子之道,一君而二民(《易经·系辞》),这里的民也就是小人。小人只能有一个领袖或统治者,这才符合君子之道。而和君子争夺对小人的领导权,就不是简单的小人了,而是异端。对于道层面的异端,必须清除之。可见,对于道层面的领导权和话语权之争,孔子是毫不妥协的,这反映了孔子对自身之道的自信甚至自负。

在孟子这里,大人或君子也是仁义之人,如孟子所言,"居恶在?仁是也。路恶在?义是也。居仁由义,大人之事备矣"(《孟子·尽心上》),"君子所性,仁义礼智根于心，其生色也，睟然见于面，盎于背，施于四体，四体不言而喻"（《孟子·尽心上》）。

孟子的大小之辨和孔子相似，大人小人并不是截然对立的存在，而是组成一个完整社会的不同部分。孟子说："然则治天下独可耕且为与？有大人之事，有小人之事。且一人之身，而百工之所为备。如必自为而后用之，是率天下而路也。故曰：或劳心，或劳力。劳心者治人，劳力者治于人。治于人者食人，治人者食于人。天下之通义也。"（《孟子·滕文公上》）在这里，大人就是劳心之人，即思考道之人；小人就是劳力之人，即从事各种具体技艺之人。劳心之大人是统治者，而劳力之小人则是被统治者，因为心乃身（力）之主。

在《孟子·告子上》中，孟子也表达了如上思想：

体有贵贱，有小大。无以小害大，无以贱害贵。养其小者为小人，养其大者为大人。……公都子问曰："均是人也，或为大人，或为小人，何也？"孟子曰："从其大体为大人，从其小体为小人。"曰："均是人也，或从其大体，或从其小体，何也？"曰："耳目之官不思而蔽于物，物交物，则引之而已矣。心之官则思，思则得之，不思则不得也。此天之所与我者，先立乎其大者，则其小者弗能夺也。此为大人而已矣。"

这里说得也很明白，大人和小人在社会中，就像一个身体不同部分的贵贱差别一样。大人是用心来思考问题的人，而小人是以心之外的其他器官来感知的；但大小都是一个整体的人该有的组成部分，就如人有心和身体一样。用心之大人是用身之小人的主宰。

一般情况下，孟子是赞同大人小人共同存在的。只有在极端情况下，即当两者不得不舍去一方时，才会有舍小保大、舍生（身）取义（心，精神）之举，如孟子所说："生，亦我所欲也，义，亦我所欲也，二者不可得兼，舍生而取义者也。"（《孟子·告子上》）

对孔孟来说，大人小人都是一个社会的组成部分，其中一个是统治者，另一个是被统治者。小人是民的代称，是这个社会的必要组成部分。小人的存在满足了传统社会等级贵贱秩序的要求，是相对卑贱的。在孔孟的大小等级社会里，道是垄断在统治阶层手里的。小人主要是术的修习者和实践者，他不必去学道。只要小人没有进入道层面争夺领导权，孔孟对其是宽宏大量的。在孔孟这里，道术是可以分离

第九章　良知宇宙下的大人万物一体之学与四句教

并存的，其中道要占据主导地位。这种分离使小人的存在获得了某种合理性。

2. 王阳明大小之辨的变化

到了宋明理学时期，大人小人之辨变为天理人欲之辨，小人成为被消灭的对象。

宋明理学家不满于道术分裂带来的社会上和道德上的混乱。摆在他们面前的只有两种选择：要么全是道（君子、大人），要么全是术（小人）。对于喜欢稳定秩序的前现代人来说，前者是不二之选。于是，精英们开始致力于道学的统一和纯化，在吸取了佛老两家高明的辩证法之后，宋明理学家将孔孟儒家学说发展为一种系统的天道或天理学说。这一系统化的结果是道术或道器分离局面的结束。

宋明理学家在体用合一、道事合一、理气合一、未发已发合一、万物一体等逻辑和思想方面做出了卓越的贡献。① 正是在这种高明的逻辑和思想下，万物皆融入道中。天道或天理具有了宇宙论和本体论的特征，天地万物皆由天理而生。于是，合乎天道或天理之人就是君子或大人，而不合天道之人则是小人。不合天道或天理在这时被称为"人欲"。所谓的人欲，并不是指人的欲望，而是指人为造作的不合天道或天理的欲望，也即欲望的过与不及。合乎天道的人的欲望属于天理。天理自然至善，人欲则恶。于是"存天理，灭人欲"宗旨的提出也就水到渠成了。

如此，大小之辨就产生了变化。大人的范围扩大了，被孔孟所贬低的从事各种技艺的小人有可能会成为合乎天理的大人。在道一统天下的前提下，道就不再局限于孔孟所说的君子统治阶层，而是遍及所有人、所有物。这就使人人成圣在逻辑上成为可能，阳明对"见满街人都是圣人"这一提法的赞同，就是这一逻辑的顶峰。黄宗羲的"工商皆本"思想也是在这道统中才成立。

不仅大人的范围扩大，小人的范围也同时扩大了。不论哪个阶层、哪种职业，只要不符合天理就是小人。阳明在"拔本塞源论"中所列举的各种人欲表现遍布各个阶层、各种职业，他尤其关注在求道、求知领域的人欲，这个看上去高大上的领域反而成了人欲的重灾区。这在孔孟思想中很少见到。

那么，天理学说体现出了一个优势，即公平化倾向。天理的宇宙论、本体论倾向使其超出了世俗各个阶层，无形中造成了对特权阶层的限制和对平民阶层的提升。与此同时，天理学说也更严厉和苛刻了。

---

① 方东美. 中国哲学精神及其发展：下 [M]. 孙智燊, 译. 北京：中华书局, 2012：404-420.

天理天道的宇宙化、本体化导致道德要求的提高。万物一体的天理学说必然会将人的道德提升到天地宇宙的层面，这意味着境界的无限提升。阳明所谓的大人要做到无人己、物我、内外之分的至高境界，是作为宇宙本源的天理才会具有的品性。这种天人合一是一种终极的目标，或者是一种终极的现实，而阳明等人却把它当作日常随时随地都要参照的标准，这对于永远走在路上的人来说无疑是巨大的压力。

天人合一、万物一体的境界是如此完美、高远和诱人，以至于儒生们爱不释手，心向往之，连统治者也是追捧有加。天理学说或者理学成了宋明时期的统治纲领。按照天理的标准衡量，几乎所有的人都是小人，而且小人是要被当作人欲来批判、否定并进行惩罚的。理学不是以孔孟的宽宏对待小人的，这必然会导致道德上的严苛和专制。

程朱理学道德专制的特点是用外在的礼义规范来约束人，因为他们认为天理是存在于万物中的。人从万物中找到这个理，并以此理来管理之。① 而阳明的逻辑更融通，他已经打通了心物之间的隔膜，走向了心外无物、心外无理的更高境界，因此，道德天理就在人心中，而不在心外。阳明的道德更倾向于一种内在的自觉的道德，比程朱外在的道德约束更上一层楼。这种来自良知的道德更加狂放不羁，连程朱所固守的僵化道德规范也在阳明批判之列。阳明在"拔本塞源论"中批判的小人，就包含了程朱这种将心、理析分为二的人。因此，阳明的道德激情更加气势磅礴。

当道术分离时，孔孟对术是宽容的。随着天道推进到所有层面，整个社会渐渐没有了宽容精神。戴震说理学是以理杀人，鲁迅抨击礼教吃人，这都是宋明理学导致的结果。鲁迅所抨击的礼教不是孔孟时期相对宽容的礼教，而是理学、道学泛滥时期的道德专制礼教，尤其是程朱理学的礼制。

综上所述，阳明的大小之辨提升并拓宽了大人的内涵，对小人的态度由孔孟时期的宽容走向了否定，而且大人的高明境界更容易导致道德专制。

阳明心学的神奇之处在于，它既是宋明理学的顶峰，也是理学的终结。换句话说，物极必反，道统的极致导致道统的消亡。阳明的天理人欲、大小之辨潜在地会

---

① 贾庆军. 王阳明天学初探：以四句教为中心的考察 [M]. 北京：中国社会科学出版社，2018：147, 148.

第九章 良知宇宙下的大人万物一体之学与四句教

导致天理和大人的消亡。阳明的理（性）气合一、道事合一、本末合一、体用合一、未发已发合一、本体工夫合一、万物一体的逻辑和思想已经达到炉火纯青的地步。当阳明说"气即是性""功夫不离本体，本体原无内外""无心俱是实，有心俱是幻"时，体用、本末、道事、理（性）气、本体工夫等已经圆融为一，不分彼此。由此类推，未发是天理（性），已发中的一切都可看成气（情或人欲）。已发未发合一，气即性，人欲即天理。虽然阳明仍强调理、性的优先地位，但其逻辑本身会潜在地助长人欲即天理的倾向。①

王阳明之后，其弟子王艮所建立的泰州学派就是朝着这一方向努力的。从王艮的"百姓日用即道"到李贽的"穿衣吃饭即人伦物理""人必有私而后其心乃见""童心说"等，都为人欲的合理化打开了大门。即使是批判泰州学派的刘宗周、黄宗羲，也放弃了天理一元论，开始以气作为万物本源。在此基础上，黄宗羲提出了"工商皆本""工夫所致即是本体"的思想，而陈确更提出了"人欲恰好处即天理也"的主张。王船山则明确说"天理即在人欲之中"②，天理都要由人欲来决定了。

如果我们将人欲即天理、天理即在人欲中的逻辑用于大小之辨，就可推出"小即是大""大即在小中"。于是大小之辨在这种高明的逻辑下突破了其界限，实现了大小之间的平等和转换。这真是令人匪夷所思：最为严格的大小之辨在造就前所未有的道德专制的同时，也在导致道德的消亡。

阳明心学确实走到了传统的极限，它是儒家思想的集大成者，但同时也蕴含了突破儒家藩篱的可能。与王阳明亦师亦友的黄绾当时觉察到了阳明这一倾向，他批评阳明心学的理由之一就是，阳明的大人万物一体学说破坏了传统儒家爱有差等的观点，从而滑向了墨子平等"兼爱"的异端思想。③ 不过，这反而说明，阳明心学是最具开放性的儒家学说。

阳明的良知大人已经达至最高的宇宙天地境界，其中可以含纳天地间所有的思想，难怪阳明会说："圣人与天地民物同体，儒、佛、老、庄皆吾之用，是之谓大

---

① 贾庆军. 王阳明天学初探：以四句教为中心的考察［M］. 北京：中国社会科学出版社，2018：73.
② 贾庆军. 王阳明天学初探：以四句教为中心的考察［M］. 北京：中国社会科学出版社，2018：148-149.
③ 张宏敏. 黄绾道学思想研究［M］. 北京：中国社会科学出版社，2017：239-240.

道。二氏自私其身，是之谓小道。"① 这里的大道就是大人之道。对阳明来说，此道可含纳所有学说，而儒家只是其中一种。如果儒家固守一己之见而不走向天地大道，那么就和佛、老一样，是自私小道，这是保守的儒家士人黄绾所不能接受的，他认为这种将儒家和佛老并列的观点是"多放肆而无拘检"②。清朝统治者反感阳明心学而选择程朱理学作为统治工具，也是因为看到了阳明心学这一突破传统的倾向。程朱理学的逻辑没有阳明心学这么圆融和极致，正好适合建立一种以外在的道德规范来进行统治的专制制度。绝大多数像黄绾这样的保守传统儒士对此也是没有异议的。清代程朱理学的复兴水到渠成，这就是戴震和鲁迅所批判的礼（理）教专制。

四、大人（良知）的局限

看完阳明的大人思想及大小之辨，我们的第一感觉就是莫名兴奋，有一种成贤成圣的冲动，毕竟至善完满的境界是人人都渴望的。大人之说给了我们无限的自信，坚定了我们不断上升、不断完满的决心。可以说，阳明的良知学说或大人学说为我们提供了一个无比超拔的终极目标，并描绘了它的可能性。

但在兴奋之余，我们是否会想一想，如此高明和超拔的境界，能否在现实中顺利实现呢？当我们静下心来思考的时候，就会发现，在看似高明而完善的良知学说中，有其局限性。

首先是良知政治的局限。可以看到，中国历史上的每个王朝几乎都在鼓励大家做君子、做大人或圣贤，都极尽道德宣扬表彰之事。但最终每个王朝都免不了灭亡的命运。原因为何？因为良知政治本身具有不可克服的局限。而这一局限恰恰是因为它太完美、太高明。

这是前现代政治都有的问题，即片面地追求善，或者把人性定义为善。这是从人的终极状态出发来进行政治设计的。既然是终极状态，肯定是绝大多数人穷尽一生所要追求的目标。这也意味着绝大多数人在日常生活中将是恶的存在。而恶在善的体系中是不被承认的，所以，绝对大多数人就要被教化和训诫向善，他们也就成了被统治者。而承担教化和训诫大众责任的，就是以圣王为代表的少数精英。他们

---

① 王守仁. 王阳明全集：下 [M]. 吴光，钱明，董平，等编校. 上海：上海古籍出版社，2011：1301.
② 张宏敏. 黄绾道学思想研究 [M]. 北京：中国社会科学出版社，2017：243.

第九章　良知宇宙下的大人万物一体之学与四句教

被认为达到并拥有了善的知识。如此，就建立起了自上而下的等级统治秩序。以阳明为代表的儒家是这种秩序的典型代表，其所说的善或良知的境界越高，其秩序的等级性就越明显。

按说，根据善的等级来对整个社会进行安排，是很完美的方案。如果它能顺利实现，将是人类莫大的福音。就如同柏拉图在《理想国》和《政治家》中所说：真正的圣贤会利用他们的聪明才智，将国家管理得井井有条。他们最为看重的就是公平和正义。而最高的公平和正义就是，圣贤根据人们的自然本性使其各得其所，使世间万物都按照其自然本性成其所是。这些圣贤就是哲人王。由哲学家统治的国家是最好的、最正义的。①

柏拉图所说的自然正义和王阳明所说的良知天理是很相似的，其哲人王也类似于阳明所说的圣王。在这些能够洞察事物自然本性的圣王或哲人王的统治下，万物都会各得其所、成其所是。这样的统治就会是最好的。王阳明自己的治理实践也验证了这一圣哲精英统治的效果。②

但其优越性也是其局限性所在，即其对圣王的道德和能力要求也最高，而能达到这种要求的圣王是可遇而不可求的。

遇到真正的圣王，他会依据法律和法规进行统治，他不仅不会破坏法治，还会完善和提升法治的效果。但遇到不真正具备洞察天理人性能力的统治者，其不受法制约束的权力不仅不会带来好的效果，还会败坏法律和法治，导致社会秩序动荡。所以柏拉图会说，尊重法律的、守法的君主制或哲人王是最好的，其次是贵族制，最差的是民主制；而不尊重法律的统治中，君主制是最差的，它会沦为僭主暴政。③

不仅如此，柏拉图和王阳明的自然正义或天理的不平等特征更能加剧圣王或哲人王统治的不稳定性。

如前所述，柏拉图认为提倡自由和平等的民主制是最差的，所以他的理想国和王阳明的良知天理宇宙一样，是一个等级世界。柏拉图的理想国是以智慧来划分等

---

① 柏拉图. 柏拉图全集：第二卷[M]. 王晓朝, 译. 北京：人民出版社, 2003：461-545；柏拉图. 柏拉图全集：第三卷[M]. 王晓朝, 译. 北京：人民出版社, 2003：144-145, 154-155.
② 贾庆军. 王阳明管理思想探析[J]. 武陵学刊, 2020 (1)：90-96.
③ 柏拉图. 柏拉图全集：第三卷[M]. 王晓朝, 译. 北京：人民出版社, 2003：159-160.

级的，对柏拉图来说，智慧也就是德性。而柏拉图所说的智慧主要是科学知识。①所以，柏拉图的哲人王是具有开放特征的，因为科学知识是一个无尽探索的过程。如此，就使柏拉图对自然正义的答案不那么自信了，因为存在这种可能：如果智慧保持开放性的话，智慧发展到最后会发现自然正义是错误的，甚至怀疑智慧本身。于是，在《理想国》的最后，柏拉图将对智慧和正义的坚守诉诸于对诸神的信仰。②也就是说，柏拉图将他所探索的自然正义最后归结为一种信仰。如此，自然正义的科学性就大打折扣了。而且，对于哲学家和大众能够和谐相处，柏拉图也是怀疑的，他认为，追求终极智慧的哲学家不愿意与不喜欢智慧和真理的大众为伍，而大众也不希望哲学家来指责他们世俗的爱欲。③ 所以，柏拉图对于理想国的建立是比较悲观的。

王阳明也追求智慧，但他的智慧是有固定答案的，这就是良知天理。这个良知天理宇宙也是有等级的。王阳明批判具有平等性质的杨朱之"为我"思想和墨子之"兼爱"思想。他最后将等级血缘家庭作为其天理宇宙的核心基础。整个国家甚至天下都是建立在家庭等级模式上的。这就是儒家所提倡的差等之爱。④ 在这个基础上形成的是等级法律和等级统治秩序。这样的法律维护的主要是等级特权。而统治者的道德、知识和技能就是对此天理的认知和体悟。其体悟水平的高低决定了其等级。与柏拉图的悲观不同，阳明对建立良知等级宇宙是满怀信心的。他认为可以将百姓都变成能够认知并践行天理之人，"圣人为人人可到""满街人是圣人"。⑤ 这就为天理的实现提供了保证。

等级天理和等级法律是高明的，它可以根据人们的差异使其各得其所。但是，在现实中操作起来却很困难。因为阳明的等级天理主要体现出来的是德性，而靠道德来进行权力和资源分配是很难操作的。道德贤能的标准和选拔是很难定的，而能操作的恰恰是在道德之外。⑥ 科举考试可以筛选人们的德性知识，但很难保证德性

---

① 柏拉图. 柏拉图全集：第三卷 [M]. 王晓朝, 译. 北京：人民出版社, 2003：154-157.
② 柏拉图. 柏拉图全集：第二卷 [M]. 王晓朝, 译. 北京：人民出版社, 2003：640-648.
③ 柏拉图. 柏拉图全集：第二卷 [M]. 王晓朝, 译. 北京：人民出版社, 2003：489-491.
④ 王守仁. 王阳明全集：上 [M]. 上海：上海古籍出版社, 2011：122-123.
⑤ 王守仁. 王阳明全集：上 [M]. 上海：上海古籍出版社, 2011：132, 136.
⑥ 白彤东, 汪晖, 沙培德, 等. 中国历史语境中的"贤能政治" [J]. 东方学刊, 2019 (2).

第九章 良知宇宙下的大人万物一体之学与四句教

本身。而阳明的等级天理和法律的运转主要依靠人的德性。如果德配其位，等级法律及其维护的等级特权可能是最好的统治方式。如果德不配位，等级法律和等级特权可能比一般的法律更加助长腐败。

而在现实中，德不配位的情况是更容易出现的，随着王朝的发展，这种情况会越来越严重。王阳明对方寿卿的告诫，显现出的正是德不配位的权贵们对公正执法的妨碍和破坏之现实。① 所以我们就会看到，如阳明这样能够德配其位的人才越来越少，王朝则越来越腐败。

此外，由于圣王治理中权力的产生和运作都是自上而下的，因此对于权力的滥用就缺乏刚性的机制来制约。② 在这个体系中，层级越高权力越大，直到帝王的绝对权力。而绝对的权力对法制和公正来说是把双刃剑。它既可以缔造最大的公正，也可以制造最大的不公。这个绝对的权力可以缔造出世界上最严密、最完美的法律体系，但如果绝对权力本身不受约束，那么整个法律体系也会顷刻瓦解。即使有王阳明这样卓绝的思想家和践行者，也终难挽救明王朝衰败的结局。其原因就在于，在位的帝王不仅没有坚守和成就法律，反而不断肆意妄为、破坏法制。学者们在考虑儒家统治时都不得不面对这一困扰，即如何在给予贤能圣王绝对权力时又能有效的监督和制约它。③

所以，即使阳明的良知是真正的天理或道德，其优越性和局限性也是并存的。我们在继承其优越性时，对其局限性要有较为清晰的认识。

况且，阳明的良知至善是否是真正的善，也是值得商榷的。

阳明良知的最高境界就是"无善无恶"，也即"自然至善"。此自然至善的具体表现就是万物一体仁。这也可说是儒家之善的最高境界了。不过，虽然说是万物一体、天下一家，但这个一体、一家之中，爱是有差等的，所谓"亲亲仁民爱物"，是有先后次序的。如前所述，阳明也欣然接受此差等之爱。这样一来，儒家的善就带有集体自私的色彩。个体自私是小人，是恶的表现；但为家庭、集体的利益或私

---

① 王守仁. 王阳明全集：中 [M]. 上海：上海古籍出版社，2011：1166.
② 余治平. 儒家圣王治理传统：政教合一、官师一体：董仲舒对古代中国"弥漫性宗教"建构之贡献 [J]. 江海学刊，2019 (5)：57-64.
③ 贝淡宁. 贤能政治 [M]. 吴万伟，译. 北京：中信出版社，2016：前言 XXXVI, 97-135；黄玉顺. 通往极权之路：贝淡宁"贤能政治"批判 [J]. 文史哲，2017 (5)：5-19.

而奋斗则是君子，是善的体现。而所谓的"公"，也就可能是为集体谋私。在现实生活中往往更是如此。这样，笼罩在儒家伦理上的道德、仁慈、贤能的光环就会逐渐褪去，集体尤其是其代表大家长显露出来的自私与个体自私也会一般无二。难怪道家会称儒家士人为伪君子，这不是空穴来风。

既然为集体谋私就是善，那么谦谦君子肯定会逐渐淘汰出局，因为最能谋私的恰恰是那些善于使用计谋和拥有实力之人。所谓的王制必然会向霸制转化，儒家思想也会被法家思想所取代。既然都是谋私，那么就将这个私发展到极致。法家中央集权国家对儒家宗族分封制的取代，就是以国家之大私取代宗族、诸侯国的自私。所以，西周的分封到东周的诸侯争霸再到秦的一统天下，是儒家善的政治发展的必然。孔子苦于当时的礼崩乐坏而呼吁重建礼制，其实似乎是在开历史的倒车。诸侯争霸、中央集权制国家的出现，恰是礼制发展的自然结果。

从善治开始，最终走向强力统治，肯定会让人大跌眼镜。但这就是儒家定义的善之逻辑结果。其善治的两个典型特征使其走上了这条路，这两个特征是：否定个体之私，肯定集体；强调等级秩序，反对平等。既然定下了反对个体自私的调子，最终胜出的必然是法家集权国家。儒家担心个体自私会带来混乱，所以倡导建立以家庭、宗族、国家等多元共同体为基础的等级集体统治。如果各个共同体的自私权是平等的，那么其就有可能建立契约之下的公平竞争，整个社会也是自然淘汰，会保持稳定和长久。而偏偏儒、法皆不主张平等权。这一平等权不是平均主义的削平，而是同等的生存权、发展权。如此的平等权必然会产生真正的契约法制。而追求不平等的儒法两家则使各共同体的平等对话成为不可能，剩下的只能是弱肉强食、胜者为王。不平等的生存权就使所有层面的共同体都有了生存危机感，它们都被迫追求生存的特权。这种等级特权踩踏的结果，必然是各个共同体都疯狂地想要拥有最高等级的特权，以获得最终的安全感和踩踏其他等级的绝对自由。这样的结果就是小共同体逐渐被消灭，形成法家所设想的以家族的形式体现出来的最大共同体——国家，这是家国同构的极致，也是儒家家庭集体伦理发展的必然。

法家继承了儒家反对自私的主张，而且其反自私的力度更强了。它以皇帝一家之大私压制了其他所有层面的自私。皇帝之私天下就是儒家强调等级、反对平等的自然结果。反对平等，就必然要出现一个帝王式的存在。这个帝王不可能是选举产生的，因为在人性善学说中，民众是被教育的对象，根本没资格去选举。能够让人

第九章 良知宇宙下的大人万物一体之学与四句教

们放弃家庭、宗族的自私的，肯定不是仁慈的道德说教，而是实力。所以，这个私天下之帝王一定是在自私共同体的混战中胜出的人。

有人说法家是承认自私的，也承认人人平等，这显然是误解。法家帝王是利用自私来完成自己的大私，然后就将与自己大私相冲突的各种自私都消灭或管控起来。

而法家帝王胜出后，也并不马上淘汰儒家学说，因为儒家对个体自私的否定和对等级君主统治的拥护，使其可成为很好的意识形态工具。更重要的是，儒家会给法家强力统治披上道德的外衣。而儒家对家庭的坚守就被法家修改为对国家的忠诚。像舜那样抛弃天下背着犯罪的父亲出走海滨的儒家圣王，一去不复返了。

在儒家的幌子下，法家靠实力进行的社会分配暂时获得了安定。若统治者真正能够按照人们的实力等级进行公平的分配，也是没有太大问题的。但是，如同《理想国》一样，这种公平是很难的，他需要统治者超绝的聪明才智，能够洞察所有人的能力水平和影响人的各种社会因素。这也需要法家帝王绝对的公正无私。但这显然是不可能的，每一个获得权力的帝王，无论其日后实力是否匹配、是否能够公正无私，都想长久地拥有统治权。每个帝王最大的私心就是，在自己取得权力后，就将法家实力逻辑废除，自己永葆权力。

虽然帝王都想废除实力逻辑，并不代表实力的逻辑对其不再起作用，当统治者的实力不济时，他仍有可能被取而代之。法家帝王也都想维持自己的实力，这包括其聪明才智和力量，这是其统治的真正基础。力量的保持问题好处理，但聪明才智却是可遇而不可求的。而且，随着权力的膨胀和对权力的迷恋，统治者的才智还会受到损害；自上而下的权力运作不仅自我修复能力较弱，也会助长逆淘汰。每个王朝的发展规律都惊人的相似，即统治集团的实力是逐渐削弱的。如此，自认为实力超过统治者的挑战者就会登上舞台。而每一次的权力转换，都免不了血流成河，因为在一个自上而下建立的统治体系中，没有哪个掌权者是愿意自动让位的。东汉末年大动乱后，所剩人口不到东汉强盛时的七分之一；明末动乱导致三千七百万人口的死亡，不足原来的三分之一。① 而每次动乱，整个王朝的人都会卷入其中。阳明所平复的宸濠之乱就是一个典型的例子，这时谁做皇帝不是什么德不德、善不善的

---

① 金观涛，刘青峰. 兴盛与危机：论中国社会超稳定结构 [M]. 香港：中文大学出版社，1992：183-184.

问题，而是实力的问题。

　　这种结果和等级善治逻辑有密切关系。它对自私的否定和对等级的强调最终导致了家天下的强力统制。但等级善治完美而高明的设想始终吸引着古代的人们，他们实在想不出还有什么更好的统治。于是二十四朝的历史就是不断重演的历史。如阳明这样能悟透并运用良知的天才，也依然无法阻止王朝覆灭的命运。

　　这是我们需要注意的良知及其善治存在的局限性。儒家等级集体道德的政治实践结果是如此，而真正的普遍的爱和善的道德实践也是如此，如佛、道、耶等。因为从人的终点之善来设计的政治制度，不可避免会陷入这一循环。

　　良知还有其他局限，如良知革命和运动的局限性、良知自由不是现代意义上的自由等，笔者在别处曾有分析，不再赘述。①

　　我们现在对良知学说的思考也是对其完善和发展。随着良知本体在现代展开和完善，对这些局限的思考和修复，也将是良知学说不可或缺的部分。对此，相信阳明先生是不会有异议的。

　　经过分析，我们再来看阳明的大人思想及大小之辨，就更现实和清楚了。阳明所说的大人是潜在的和最终意义上的目标。此目标高明至极，不仅要使整个人类社会发展成为一个和谐稳定的整体，还包括了自然界。这种万物一体比西方的大同社会（康德、黑格尔等）更高一筹，因为后者只谋求人类社会的大同。正因为其境界如此之高，要达到此境就非常困难，而在到达此目标之前，我们不免都是小人。

　　所以，更现实的是根据小人的特点设计一套制度。仅有小人的世界是不可能存在的，如阳明所言，小人的世界终不免分崩离析。因此，小人世界只是个起点，在小人社会和制度之外，必须用大人之学不断提升每个人的良知修养，如此才会使小人世界保持下去，至少不会向更堕落的境地滑落。

　　在阳明大小之辨中存在着逻辑悖论，大小是可以转换的。这使大小之辨更具灵活性和包容性。此外，良知大人也不排斥现代科学知识，对这一领域的开发将会使良知更加完善。良知不仅可以开发科学知识，还能使科学知识更完整、更完善。

---

① 贾庆军，陈振杰. 王阳明"大人"思想及四个陷阱［J］. 宁波大学学报（人文科学版），2019（3）：1-10.

第九章　良知宇宙下的大人万物一体之学与四句教

阳明的大人思想及大小之辨对我们依然具有启发意义，其思想的高远，使其在任何时代都会光彩熠熠。

循着阳明的思路，我们可以总结出一种人生道路：立大人之志，从小处着手，不断突破自我，终至无我（万物一体仁）。

第二节　良知宇宙下的四句教

阳明良知心学的结晶是"四句教"：

无善无恶心之体，

有善有恶意之动，

知善知恶是良知，

为善去恶是格物。

如前所述，良知学是建立在天理良知这一宇宙论基础上的，所以，对四句教的理解也要从宇宙论着手。阳明的宇宙论与现代宇宙论不同，它是宇宙论（或存有论）和价值论的统一。宇宙本体是天理良知。

最能阐释四句教的是阳明这段话，他说：

道无形体，万象皆其形体；道无显晦，人所见有显晦。以形体而言，天地一物也；以显晦而言，人心其机也。所谓心即理也者，以其充实氤氲而言谓之气，以其脉络分明而言谓之理，以其流行赋畀而言谓之命，以其禀受一定而言谓之性，以其物无不由而言谓之道，以其妙用不测而言谓之神，以其凝聚而言谓之精，以其主宰而言谓之心，以其无妄而言谓之诚，以其无所倚著而言谓之中，以其无物可加而言谓之极，以其屈伸消息往来而言谓之易，其实则一而已。

今夫茫茫堪舆，苍然陨然，其气之最粗者欤？稍精则为日月、星宿、风雨、山川，又稍精则为雷电、鬼怪、草木、花卉，又精而为鸟兽、鱼鳖、昆虫之属，至精而为人，至灵至明而为心。故无万象则无天地，无吾心则无万象矣。故万象者，吾心之所为也；天地者，万象之所为也；天地万象，吾心之糟粕也。要其极致，乃见天地无心，而人为之心。心失其正，则吾亦万象而已；心得其正，乃谓之人。此所以为天地立心，为生民立命，惟在于吾心。此可见心外无理，心外无物。所谓心者，非今一团血肉之具也，乃指其至灵至明、能作能知者也，此所谓"良知"也。然而无声无臭,无方无体,此所谓"道心惟微"也。以此验之,则天地日月,四时鬼神,莫非一体之实理,不待有所彼此比拟者。古人之言合德合明、如天如神、至善至诚者,皆自下学而言,犹有二也。若其本体,惟吾而已,更何处有天地万象?此大人之学,所以与天地万物一体也。一物有外,便是吾心未尽处,不足谓之学。①

天理良知就是道,也即太虚,是宇宙本源,是一个灵体。虚灵不昧,自然本然,动静皆定,它不是物质或精神的,而是这两者的源泉。天理良知自然本然状态是无所谓善也无所谓恶的,也即至善,其妙用为神、流行为气、凝聚为精。在仅此一次的创世行为中,太虚流行而化为天地万物。在这已发状态中,人成为天地之心,而人之心又是人身上最灵明处。作为已发万物中的最灵明部分,人心就是那个已经化生为天地万物的良知天理的凝聚处。就人之心体的极致状态来说,最能体现太虚天理无善无恶的特征,即"无善无恶心之体"。

作为已发之心体,为意;作为已发之天理,则为气。有形质之意或气由于方所所累,不能维持在太虚中自然本然的流动状态,会有过和不及,就有了善恶之分,即"有善有恶意之动"或"有善有恶气之动"。

自然本然状态的过和不及,形成了恶。恶的形成,会伤害自然流行的至善状态,进而有可能导致万物相伤、天地不存。然而天理如晴空日照,虽偶有阴云,但终不能遮蔽日光。天理不灭,则人心亦不会灭。灵明之心即使陷溺于已发物欲中,也会感应到未发之至善状态,此即为心体之良知。因此,在天理良知的贯通下,心之良知自然能够区分善恶。这里的善恶是非不仅包括所谓的本然之知(道德知识),也包括见闻之知,也即"能作能知"的良知知晓天地间所有事物的知识。此即"知善知恶是良知"。

但良知的"能作能知"(知行合一)是先天的和潜在的,它有一个生发成长的过程,这个过程需要良知与万物一起来完成。良知需要在与万物的相遇和切磨中激发展现出对万物的所有知识,这些知识的获得有助于对万物的安排和照料。在这个过程中,良知不断得到开发,而开发的结果就是万物之本然知识与见闻知识的不断显现,良知依据这些不断呈现出来的知识使万物各归其位、各得其所、各成其命。因此,格物的过程是良知与万物一起成长完善的过程。这个过程是亲民、格物的过

---

① 束景南,查明昊. 王阳明全集补编 [M]. 上海:上海古籍出版社,2016:282-283.

程，是明明德、致良知的过程，是知行合一、成己成物的过程，也即"为善去恶是格物"。

可以说，四句教是一个自上而下的完整过程。这一过程蕴含了自然良知创世、良知为形质事物所陷溺和良知在形质世界重建自身的自然整体过程。阳明将四句教定为其学说宗旨，并非虚言。短短四句可谓道尽了整个天地宇宙的奥秘。

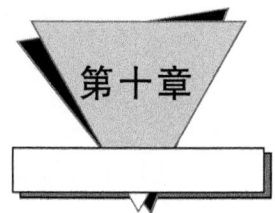

第十章

良知思想的实践

从天人两分到良知宇宙：王阳明天人思想的历史演变与实践

第一节 处置思田事件

对思田事件的处理，体现了阳明不战而屈人之兵的谋略。这是在战场上进行周密的"校量计画"的体现，也是良知的最高境界。

当阳明率数万狼达土汉官兵与近万叛军相持数月之后，经过周密的考察和详细的分析、讨论，阳明认为罢兵招抚比开战更合宜。在《奏报田州思恩平复疏》中，阳明列举了开战的十患和罢兵招抚的十善，"夫进兵行剿之患既如彼，罢兵行抚之善复如此……今日之抚，利害较然，事在必行，断无可疑者矣"[1]。最后，在阳明的军威和合理的招抚政策下，叛军投降。阳明为这次不战而屈人之兵感到欢欣，"皆皇上至孝达顺之德，感格上下，神武不杀之威，震慑鬼神，风行于朝堂之上，而草偃于百蛮之表，是以班师不待七旬，而顽夷即尔来格，不折一矢，不戮一卒，而全活数万生灵，是所谓'绥之斯来，动之斯和'者也"[2]。用兵的最高境界即"神武不杀"，这和阳明诠释的《孙子兵法》的不战思想是一致的。

另外一个例子是对"瑶贼"的安抚。在对八寨"瑶贼"进行征剿之后，还有部分流寇流窜在外，当地官员要求留兵驻剿，阳明却提出要以招抚为主，他说：

始观论议，似亦区画经久之图；徐考成功，终亦支吾目前之计。盖用兵之法，伐谋为先；处夷之道，攻心为上；今各瑶征剿之后，有司即宜诚心抚恤，以安其心；若不服其心，而徒欲久留湖兵，多调狼卒，凭借兵力以威劫把持，谓为可久之计，则亦末矣。殊不知远来客兵，怨愤不肯为用，一也。供馈之需，稍不满意，求索謷謷，将无抵极，二也。就居民间，骚扰浊乱，易生仇隙，三也。困顿日久，资财耗竭，适以自弊，四也。欲借此以卫民，而反为民增一苦；欲借此防贼，而反为吾招一寇；各官之意，岂不虞各贼乘间突出，故欲振扬兵威，以苟幸目前之无事，抑亦不睹其害矣。前岁湖兵之调，既已大拂其情，乃今复欲留之，其可行乎？

夫刑赏之用当，而后善有所劝，恶有所惩；劝惩之道明，而后政得其安。今稔恶各瑶，举兵征剿，刑既加于有罪矣；然破败奔窜之余，即欲招抚，彼亦未必能信。

---

[1] 王守仁. 王阳明全集：上 [M]. 吴光，钱明，董平，等编校. 上海：上海古籍出版社，2011：526.
[2] 王守仁. 王阳明全集：上 [M]. 吴光，钱明，董平，等编校. 上海：上海古籍出版社，2011：529.

第十章 良知思想的实践

必须先从其傍良善各巢,加厚抚恤,使为善者益知所劝,而不肯与之相连相比,则党恶自孤,而其势自定。使良善各巢传道引谕,使各贼咸有回心向化之机,然后吾之招抚可得而行,而凡绥怀御制之道,可以次而举矣。

夫柔远人而抚戎狄,谓之柔与抚者,岂专恃兵甲之盛,威力之强而已乎?古之人能以天地万物为一体,故能通天下之志。凡举大事,必须其情而使之,因其势而导之,乘其机而动之,及其时而兴之;是以为之但见其易,而成之不见其难,此天下之民所以阴受其庇,而莫知其功之所自也。今皆反之,岂所见若是其相远乎?亦由无忠诚恻怛之心以爱其民;不肯身任地方利害为久远之图;凡所施为,不本于精神心术,而惟事补辏掇拾,支吾粉饰于其外,以苟幸吾身之无事,此盖今时之通弊也。①

在参考了众多议论之后,阳明认为自己的思考是更成熟和合宜的,那就是"用兵之法,伐谋为先;处夷之道,攻心为上"。接着阳明列举了驻兵的四种危害,结论是驻兵不仅不能卫民,反而是害民,"欲借此以卫民,而反为民增一苦"。

接下来阳明详细解释了招抚的理论基础和具体步骤。招抚的前提或理论基础是赏罚得当、善恶得所,"夫刑赏之用当,而后善有所劝,恶有所惩"。无论是军事行为还是政治行为,皆以此为据。也就是说,要确保自身行为的正义性。只有这种惩恶扬善之道昌明之后,所有政事才能安定,"劝惩之道明,而后政得其安"。对"瑶贼"的征剿,已经显示了惩恶的正当性,确立了政府的权威。对阳明来说,惩恶的目的已经达到,"今稔恶各瑶,举兵征剿,刑既加于有罪矣",综合考虑,再用兵则是过当了。所以,接下来能行的最好办法是招抚,让其改过从善。招抚本身就是从善的起点。

经过周密思考分析,阳明认为招抚条件暂时不成熟,没有刚厮杀完就马上和好的,"然破败奔窜之余,即欲招抚,彼亦未必能信"。所以要慢慢来,先对良善的村寨进行抚恤扶持,奖掖良善会增加人们向善的动力和信心,也会增大他们弃恶的决心和勇气。这些良善村寨会越来越排斥和厌恶流寇,流寇终将无所依靠,孤立无援,日渐困顿。这时再让良善村寨向流寇做宣传工作,引导他们回心向善,招抚事宜自

---

① 王守仁. 王阳明全集:中 [M]. 吴光,钱明,董平,等编校. 上海:上海古籍出版社,2011:720-721.

然水到渠成。阳明缜密的思考和对人情的洞察令人不得不佩服,如此校量计画,自然会达到不战而屈人之兵的效果。

最后,阳明阐述能够实现如此"校量计画"的理论方法。核心就是学习古人以天地万物为一体的思想和道德境界,如此才能通天地万物之情志。在此基础上,就能够准确地掌握万事万物的情、势、机、时,达到自然而成的效果,"是以为之但见其易,而成之不见其难,此天下之民所以阴受其庇,而莫知其功之所自也"。做不到这些,就是因为"无忠诚恻怛之心以爱其民""不肯身任地方利害为久远之图",做事"不本于精神心术,而惟事补缀掇拾,支吾粉饰于其外,以苟幸吾身之无事"。一句话,做不到以天地万物为一体,就只剩下私心泛滥,自然是错讹百出。在这里,阳明已经谈到了良知思想的核心宗旨。良知是以天地万物为一体之知。

对阳明来说,军事的最高境界是不战而屈人之兵,也只有在不得已的情况下,圣人才会使用它,"圣人不得已而用之者也"。在《平茶寮碑》中,阳明有言:"兵惟凶器,不得已而后用。"① 在《祭永顺宝靖土兵文》中,阳明也说:"古者不得已而后用兵,先王不忍一夫不获其所,况忍群驱无辜之赤子而填之于沟壑?且兵之为患,非独锋镝死伤之酷而已也。所过之地,皆为荆棘;所住之处,遂成涂炭。民之毒苦,伤心惨目,可尽言乎?"②

湛若水在《阳明先生墓志铭》中赞阳明在思田的用兵曰:"武文兼资,仁义并行,神武不杀,是称天兵。"③ 这无疑是良知学说在军事上的一次上佳实践。

第二节　良知思想在教育上的实践

良知思想也体现在王阳明的教育思想上,其教育思想是一个完整的体系,组成部分如下:第一,关于教育的重要性。第二,教育的方法和路径,其中又包括:①为学的基本条件(为学四要);②为学的两条路径:直透本体和下学上达;③下学上达的学习方法:为学务本、循序渐进、知行合一。第三,教育的目的,即做良知大人。

---

① 王守仁. 王阳明全集:中 [M]. 吴光,钱明,董平,等编校. 上海:上海古籍出版社,2011:1044.
② 王守仁. 王阳明全集:中 [M]. 吴光,钱明,董平,等编校. 上海:上海古籍出版社,2011:1062.
③ 王守仁. 王阳明全集:下 [M]. 吴光,钱明,董平,等编校. 上海:上海古籍出版社,2011:1543.

第十章 良知思想的实践

关于王阳明的教育思想，学界有过一些探讨。有的谈到王阳明的几种教育方法，包括立志为圣、学贵自得、启发诱导、循序渐进、因材施教、教学相长、着实躬行等。① 有的谈到王阳明的德育思想。② 这些文章要么就其部分教育方法进行阐述，要么就其良知思想来谈道德教育，很少有文章系统地讨论阳明的教育思想体系。有的即使谈到阳明的教育体系，也只是从良知的角度来谈。③ 笔者试图从更完整的角度来看阳明的教育思想体系。

在阳明和弟子的谈话以及一些书信中，阳明多次谈到关于学习和教育的内容。我们从中可以构建出阳明的教育思想体系，其内容大致可分为三类：教育的重要性；教育的方法和途径；教育的目的。

一、教育的重要性：天下大治，教化为本

在《牌行南宁府延师讲礼》中，阳明说："照得安上治民，莫善于礼，冠婚丧祭诸仪，固宜家谕而户晓者，今皆废而不讲，欲求风俗之美，其可得乎？况兹边方远郡，土夷错杂，顽梗成风，有司徒事刑驱势迫，是谓以火济火，何益于治？若教之以礼，庶几所谓小人学道则易使矣。……为此牌仰南宁府官吏即便馆谷陈生于学舍，于各学诸生之中，选取有志习礼及年少质美者，相与讲解演习。自此诸生得于观感兴起，砥砺切磋，修之于其家，而被于里巷，达于乡村，则边徼之地，自此遂化为邹鲁之乡，亦不难矣。诸生讲习已有成效，该府仍要从厚措置，礼币以申酬谢。仍备由差人送至广西提督学校官以次送发各府州县，一体演习。其于风教，要亦不为无补。"④

对阳明来说，安上治民，即天下大治，最好的莫过于以礼来治，而礼又必须通过教化来实现，可以让学生们都到学社学习。先让其中对学礼有兴趣的进行修习，其他学生会在其感染下都参加进来。如此，礼就被每个学生带到自己家中，一家修

---

① 王路平. 王阳明的教育方法刍议 [J]. 浙江学刊，1995（4）：94-97.
② 朱汉民. 论王阳明的德育思想 [J]. 湖南大学学报（社会科学版），1995（2）：52-61；龚妮丽. 论王阳明德育思想及其当代意义 [J]. 贵阳学院学报（社会科学版），2014（5）：21-27.
③ 廖小波，霍敏. 论王阳明教育思想体系 [J]. 重庆师范大学学报（哲学社会版），2013（2）：79-82.
④ 王守仁. 王阳明全集：上 [M]. 吴光，钱明，董平，等编校. 上海：上海古籍出版社，1992：638-639.

礼，泽被整个里巷，然后通达于整个乡村，由此延伸，整个边陲之地都会被教化为邹鲁之乡。礼治教育的重要性可见一斑。

阳明对教育的重要性如此了解，以至于他走到哪里，就在哪里建校办学。被贬龙场，在龙场伐木建龙岗书院；平南赣盗贼后，建立社学（《颁行社学教条》）；平定思田之乱后，建立学校以变易夷俗，以华夏礼治教化边陲（《牌行灵山县延师设教》《牌行委官季本设教南宁》）。

阳明为书院、讲会写的记大多成了经典文献，如《稽山书院尊经阁记》《重修山阴县学记》《万松书院记》《重修浙江贡院记》《惜阴说》等。在《万松书院记》中，阳明写道："惟我皇明，自国都至于郡邑咸建庙学，群士之秀，专官列职而教育之。其于学校之制，可谓详且备矣。而名区胜地，往往复有书院之设，何哉？所以匡翼夫学校之不逮也。……人伦明于上，小民亲于下，家齐国治而天下平矣。是故明伦之外无学矣。……虽今之仕进，必由此而施之，而后天悉于行义达道。斯固国家建学之初意。"①可见，明代对教育十分重视。学校的建制是非常完备的，不仅有政府建立的各种学校，地方还建立各种书院。建立学校书院的初衷就是将人伦礼义传给人们，以实现"家齐国治而天下平"的目标。

二、教育的方法和路径

（一）为学的基本条件：为学四要

在《教条示龙场诸生》中，阳明提出为学的四个基本教条或条件，即立志、勤学、改过、责善。

1. 立志：志不立，无事可成

阳明说，志不立，将一事无成。立志成圣贤，则可成圣贤。不立志，就像无舵之舟，无衔之马，茫然不知所踪。即使不立大的志向，至少可以立志为善，即成为君子，而不是作恶的小人。②为善去恶并不那么容易，需要坚强之志的支持，"夫恶念者，习气也；善念者，本性也；本性为习气所汩者，由于志之不立也。故凡学者

---

① 王守仁. 王阳明全集：上 [M]. 吴光，钱明，董平，等编校. 上海：上海古籍出版社，1992：252-254.

② 王守仁. 王阳明全集：下 [M]. 吴光，钱明，董平，等编校. 上海：上海古籍出版社，1992：974.

第十章　良知思想的实践

为习所移,气所胜,则惟务痛惩其志"①。可见立志之重要。

对阳明来说,立圣人之志是成为圣人的开始,而圣人就是其终点。放到阳明良知学说里,立圣人之志就是良知的觉醒,其终点是良知之澄明,也即圣人的养成。远大的理想正是从立大志开始的。

2. 勤学:勤确谦抑,笃志力行

阳明说的"勤"包含了勤、确、谦、抑四方面内容。"勤"是"笃志力行,勤学好问";"确"是"忠信乐易,表里一致";"谦"是"称人之善,而咎己之失,从人之长,而明己之短";"抑"则是"谦默自持,无能自处,不求上人"。②

我们看到,要真正做到勤学好问,必须要有"确""谦""抑"的工夫和修养,也就是要有踏实实在、虚怀若谷、以人为先的态度。若做不到这些,那么必然会走向反面,即"虚而为盈,无而为有,讳己之不能,忌人之有善,自矜自是,大言欺人"③,最后也就谈不上勤学好问了。

而"确""谦""抑"的核心精神是"谦"。只有谦虚,才能成就勤学。关于谦虚好学的学习态度,阳明在《书正宪扇》中也提到过,他说,现今人们所有的毛病,很大程度上是因为"傲",即骄傲、傲慢。傲慢使人所有的事情都做不好,"傲"通往罪人之路。只有除去"傲"这一病根,变得谦虚起来,事情才能做好,学习才能进步。④ 可见谦虚是多么重要。

3. 改过:有错必改,改则从善

阳明说,改过是谦虚好学的结果,改过必然先承认有过,承认则意味着勇气和谦虚。在过错面前,人人几乎是平等的,因为所有人都会犯错。阳明说,人"不贵于无过,而贵于能改过"。然而,在改过时,要注意一种扭曲的对待错误的行为,即对所犯过错过于愧疚,以至于失去了改正的勇气,不认为自己还能成为正常人,以致沉溺其中无法自拔。阳明认为,哪怕是寇盗,一旦改过,依然可以成为君子,

---

① 王守仁. 王阳明全集:下 [M]. 吴光,钱明,董平,等编校. 上海:上海古籍出版社,1992:983.

② 王守仁. 王阳明全集:下 [M]. 吴光,钱明,董平,等编校. 上海:上海古籍出版社,1992:974-975.

③ 王守仁. 王阳明全集:下 [M]. 吴光,钱明,董平,等编校. 上海:上海古籍出版社,1992:974-975.

④ 王守仁. 王阳明全集:上 [M]. 吴光,钱明,董平,等编校. 上海:上海古籍出版社,1992:280.

不必觉得低人一等。① 可以说，阳明的改过观有助于展现人的自信和平等。

4. 责善：游学师友，教学相长

这是在讲如何在朋友之间和师生之间建立良好的学习关系。阳明认为，朋友间正常的关系是责善，即互相监督和要求向善。但在指出对方的缺点时一定要讲究方法，善于提出忠告。忠告要委婉地道出，让对方感受到你的关爱和诚意，这样对方才会接受并改正。若是过于直接和恶劣地指责对方的错误，使其无地自容，反而会激发对方的羞愤之心，虽然想听从但却难以接受，以至于在错误的道路上越走越远。所以，凡是揭发人的缺点和隐私的，都不是责善，而是一种病态的正直癖。虽然我们不能做这样的人，但这样的人指出我们的过失时，我们依然要虚心接受，这样的人也是我们的老师。②

良好的师生关系也是如此，学生也可以指出老师的过失。只要指出时坦率而不冒犯，委婉而不至于过于隐晦就可以了。如此，才能教学相长，共同进步。

阳明写信给亲友说，良友和良师越多越好。"非得良友时时警发砥砺，则其平日之所志向，鲜有不潜移默夺，驰然日就于颓靡者。"③ "昔人云：'脱去凡近，以游高明。'此言良足以警，小子识之！"④

(二) 为学的两条路径：直透本体和下学上达

《年谱》记录了阳明和王畿、钱德洪的最后一次论学，即"天泉证道"，其中讨论了学问的宗旨和修行方法。

阳明的学问宗旨，就是其著名的"四句教"：无善无恶心之体，有善有恶意之动，知善知恶是良知，为善去恶是格物。其中的核心是良知，"无善无恶心之体"说的就是良知本体，此良知也是天理。所以良知是所有学问的缘起和最后的皈依。

通达良知的方法和路径有两种：一种是天生禀赋超常之人，其心体可直接透达良知整体，将良知天理完全开发出来。这样，他就不用接触万物而自然拥有万物的所有知识，且可以直接在万物中贯彻和践行天理，即"一悟本体，即见功夫，物我

---

① 王守仁. 王阳明全集：下 [M]. 吴光, 钱明, 董平, 等编校. 上海：上海古籍出版社, 1992: 975.

② 王守仁. 王阳明全集：下 [M]. 吴光, 钱明, 董平, 等编校. 上海：上海古籍出版社, 1992: 975-976.

③ 王守仁. 王阳明全集：上 [M]. 吴光, 钱明, 董平, 等编校. 上海：上海古籍出版社, 1992: 219.

④ 王守仁. 王阳明全集：下 [M]. 吴光, 钱明, 董平, 等编校. 上海：上海古籍出版社, 1992: 987.

内外,一齐尽透"。另一种是禀赋正常之人,其心体陷溺于有形万物,无法一时领悟和开发出整体良知。这样的人的良知开发就要有个循序渐进的过程,他们对万事万物的知识必须要在和万物的切磨中才能逐渐被激发和展现出来。这就是阳明常说的事上磨炼的工夫。

这两种路径就是王畿和钱德洪所走的不同路径。对王畿这种悟性极高的人来说,能够直接透悟未发之中,即直接通达本体良知,进而可在已发世界中随时贯彻良知。然而,这样的上根之人少之又少,连颜回、程明道这样的圣徒都不敢说能直接透达本体、体用、内外一齐尽透,何况是一般人呢?因此阳明告诫王畿,直接在本体上或未发之中用功,难之又难,一定要慎重,不可轻传,"汝中见得此意,只好默默自修,不可执以接人"。极少数聪明利根之人,若能直通未发之中的话,最好是自己默修,不要随便"执以接人",恐怕中下之人不得要领,将未发之中或本体弄成一个悬空抽象之本体,最终是体用、内外、心物分离,只养得个虚寂,这可能是心学最大的弊病。"只去悬空想个本体,一切事为,俱不着实。此病痛不是小小,不可不早说破。"① 所以,绝大多数人适合钱德洪的循序渐进、事上磨炼的学问路径。

(三) 下学上达的学习方法:为学务本,循序渐进,知行合一

对阳明来说,为学首先要务本。这个根本就是良知,"吾教人致良知,在格物上用功,却是有根本的学问。日长进一日,愈久愈觉精明。世儒教人事事物物上去寻讨,却是无根本的学问。方其壮时,虽暂能外面修饰,不见有过,老则精神衰迈,终须放倒。譬如无根之树,移栽水边,虽暂时鲜好,终久要憔悴"②。

此良知先天存在于人心。良知本知是知非、无所不知,但是以潜在的形式存在的,需要一步步自然开发伸展出来,开发良知要循序渐进。"为学须有本原,须从本原用力,渐渐盈科而进……婴儿在母腹时,只是纯气,有何知识?出胎后方始能啼,既而后能笑,又既而能识认其父母兄弟,又既而后能立能行、能持能负,卒乃天下事无不可能。皆是精气日足,则筋力日强,聪明日开,不是出胎日便讲求推寻得来。故须有个本原。圣人到位天地,育万物,也只从喜怒哀乐未发之中上养来。后儒不明格物之说,见圣人无不知无不能,便欲于初下手时讲求得尽,岂有此理?""立志用功,如种

---

① 王守仁. 王阳明全集: 下 [M]. 吴光,钱明,董平,等编校. 上海: 上海古籍出版社,1992: 1306-1307.

② 王守仁. 王阳明全集: 上 [M]. 吴光,钱明,董平,等编校. 上海: 上海古籍出版社,1992: 99-100.

树然。方其根芽,犹未有干;及其有干,尚未有枝;枝而后叶,叶而后花实。初种根时,只管栽培灌溉,勿作枝想,勿作叶想,勿作花想,勿作实想。悬想何益!但不忘栽培之功,怕没有枝叶花实?"① 为学之本原,便是天理良知。人们随时都要保持心灵的自然无为状态,不断将潜在的自然之知、能开发显现出来,由自身而及天地万物,就是良知不断发用流行的过程。至于人们能够逐渐认识到自身和世界的奥秘,以及现今的各种知识,包括科学知识,也都因这先天之万物一体及万物一体之核心——心体之良知所赐,否则,人们是不可能认知万物的。随着宇宙的发用和心体良知潜能的逐渐展开,宇宙的奥秘终将会被全部揭示出来。人类与整个世界就在这种自然发用中生成和发展,而良知生发的这个过程也就是知行合一的过程。

最能体现阳明知行合一之旨的是这段经典的"观花之论":"你未看此花时,此花与汝心同归于寂。你来看此花时,则此花颜色一时明白起来,便知此花不在你的心外。"② 人与花的关系就是良知与物的关系。良知是万物的头脑,物为躯干,本为一个整体,若没有头脑,自然也就没有躯干,所以,花离开我的灵明自然也不存在,我的灵明没有花时也不会涌现。人心良知先天就具有万事万物的一切知识(包括花),只是这一知识是潜在的,需要在两者的相遇切磨中才能开发出来。良知没有遇到万事万物(包括花)时,良知不会成长,花的知识也不会被发掘;只有两者相遇,才会一起绽放成长,"一时明白起来"。良知与花这一相遇切磨的过程就是知行合一、成己成物的过程:人对花的认知逐渐显现,人的良知得到成长;同时人也利用开发出来的知识将花打理得井井有条。

关于循序渐进和知行合一,阳明在《训蒙大意示教读刘伯颂等》《教约》中也有阐发。

《训蒙大意示教读刘伯颂等》的第一段说的是知行合一之旨。对阳明来说,古人的人伦之教是知行合一的结果,是为真知;而今人的记诵词章之学则是停留在抽象、空洞、教条的知识阶段,是为虚学。阳明强调,学习一定要在行中才能成为真知。歌诗、习礼、讽诵等都是在行动和实践中进行的学习,这才是知行合一的学习方法。今人早已忘却这种学习方法,更不懂其真义了。

---

① 王守仁. 王阳明全集:上 [M]. 吴光, 钱明, 董平, 等编校. 上海:上海古籍出版社, 1992: 14.

② 王守仁. 王阳明全集:上 [M]. 吴光, 钱明, 董平, 等编校. 上海:上海古籍出版社, 1992: 108.

第十章 良知思想的实践

　　第二段说的是在知行合一前提下进行循序渐进、因势利导的教育方法。阳明认为，歌诗、习礼、讽诵等教育方法并不是随意提出的，它们是符合儿童发展的心理和性情的。歌诗顺应儿童活泼好动、嬉戏好玩的天性，不但宣发他们生动的情志，也可以宣泄其压抑结滞的情绪。以这样春风化雨的方式来引导春天般烂漫的儿童，比用强制手段摧残和规训更适宜。习礼不仅将儿童放荡无拘的情志导向中正端庄之姿态，在这个过程中还会动荡其血脉，坚固其筋骨，有益其身心发展。而讽诵不仅能增长知识，反复吟诵还可增加对知识的深入理解，同时也和歌诗一样能宣泄情志。

　　这些可看作是顺情、导情、养情的基本方法，以此循序渐进、因势利导，能逐渐使儿童从顽劣走上平和、从放纵走向端庄，成为遵礼向善的君子。

　　最后是继续批判今人分知行为两段、不循序渐进的糟糕做法，其结果是败坏学生的学习兴趣和热情。在阳明看来，知行合一与循序渐进才是童蒙"养正之功"①。

　　如果说《训蒙大意示教读刘伯颂等》主要是从理论上阐发，即侧重于知，那么《教约》则是前者知行合一、循序渐进理论方法的具体化、实践化，即侧重于行。《教约》详细描述和规定了歌诗、习礼、讽诵的具体做法。

　　在每日开始三项教育之前，先要检查学生在家践行学业的情况。"每日清晨，诸生参揖毕，教读以次。遍询诸生：在家所以爱亲敬长之心，得无懈忽，未能真切否？温凊定省之仪，得无亏缺，未能实践否？往来街衢，步趋礼节，得无放荡，未能谨饰否？一应言行心术，得无欺妄非僻，未能忠信笃敬否？诸童子务要各以实对，有则改之，无则加勉。教读复随时就事，曲加诲谕开发。然后各退就席肄业。"②

　　然后是继续今日的三项学习活动：

　　"凡歌《诗》，须要整容定气，清朗其声音，均审其节调；毋躁而急，毋荡而嚣，毋馁而慑。久则精神宣畅，心气和平矣。每学量童生多寡，分为四班，每日轮一班歌《诗》；其余皆就席，敛容肃听。每五日则总四班递歌于本学。每朔望，集各学会歌于书院。"③

　　"凡习礼，须要澄心肃虑，审其仪节，度其容止；毋忽而惰，毋沮而怍，毋径而野；从容而不失之迂缓，修谨而不失之拘局。久则体貌习熟，德性坚定矣。童生

---

① 王守仁. 王阳明全集：上 [M]. 吴光，钱明，董平，等编校. 上海：上海古籍出版社，1992：87-88.
② 王守仁. 王阳明全集：上 [M]. 吴光，钱明，董平，等编校. 上海：上海古籍出版社，1992：88-89.
③ 王守仁. 王阳明全集：上 [M]. 吴光，钱明，董平，等编校. 上海：上海古籍出版社，1992：89.

班次,皆如歌诗。每间一日,则轮一班习礼。其余皆就席,敛容肃观。习礼之日,免其课仿。每十日则总四班递习于本学。每朔望,则集各学会习于书院。"①

"讽诵之际,务令专心一志,口诵心惟,字字句句,绸绎反覆,抑扬其音节,宽虚其心意。久则义礼浃洽,聪明日开矣。"②

最后是对这三者的总结。"每日工夫,先考德,次背书诵书,次习礼,或作课仿,次复诵书讲书,次歌《诗》。凡习礼歌《诗》之数,皆所以常存童子之心,使其乐习不倦,而无暇及于邪僻。教者知此,则知所施矣。虽然,此其大略也;神而明之,则存乎其人。"③

可见,《教约》所遵循的精神与《训蒙大意示教读刘伯颂等》是完全一致的,体现了阳明思考的严谨和完整。

阳明下学上达的学习方法是一个完整的体系。它先从务本的意识开始,然后通过循序渐进、知行合一的方法逐渐将本开发显现出来。这可说是一个良知本体自我实现的完整过程,也是阳明教育思想中最大的亮点所在。④

三、教育的目的

那么教育的目的或目标是什么呢?阳明说过,是立志做圣人、致良知。在阳明后期思想中,他集中用《大学》来阐释自己的思想。《大学》即大人之学,"大人"成为阳明最终的目标。这个大人也就是圣人或致良知之人。⑤

"大人"具体的内涵又是什么呢?阳明说:"大人者,以天地万物为一体者也。其视天下犹一家,中国犹一人焉。"⑥ 那么,如何实现万物一体呢?他说:"明明德者,立其天地万物一体之体也。亲民者,达其天地万物一体之用也。故明明德必在于亲民,而亲民乃所以明其明德也。是故亲吾之父,以及人之父,以及天下人之父,而后吾之仁实与吾之父、人之父与天下人之父而为一体矣;实与之为一体,而后孝

---

① 王守仁. 王阳明全集:上 [M]. 吴光,钱明,董平,等编校. 上海:上海古籍出版社,1992:89.
② 王守仁. 王阳明全集:上 [M]. 吴光,钱明,董平,等编校. 上海:上海古籍出版社,1992:89.
③ 王守仁. 王阳明全集:上 [M]. 吴光,钱明,董平,等编校. 上海:上海古籍出版社,1992:89.
④ 朱汉民. 论王阳明的德育思想 [J]. 湖南大学学报(社会科学版),1995 (2):52.
⑤ 贾庆军. 王阳明"大人"思想及四个陷阱 [J]. 宁波大学学报(人文科学版),2019 (3):1-2.
⑥ 王守仁. 王阳明全集:下 [M]. 吴光,钱明,董平,等编校. 上海:上海古籍出版社,1992:968.

第十章 良知思想的实践

之明德始明矣！亲吾之兄，以及人之兄，以及天下人之兄，而后吾之仁实与吾之兄、人之兄与天下人之兄而为一体矣；实与之为一体，而后弟之明德始明矣！君臣也，夫妇也，朋友也，以至于山川鬼神鸟兽草木也，莫不实有以亲之，以达吾一体之仁，然后吾之明德始无不明，而真能以天地万物为一体矣。夫是之谓明明德于天下，是之谓家齐国治而天下平，是之谓尽性。"① 大人要通过明明德、亲民来实现万物一体。明明德、亲民就是将儒家的五伦（父子、兄弟、君臣、夫妇、朋友）显明并实践于天下，那么就会天下一家、万世太平。

大人的具体品质就是前文所说的五种：①聪明睿智（智慧聪敏、洞悉毫微）；②宽裕温柔，发强刚毅（刚柔相济）；③齐庄中正，文理密察（庄重正直、细密周知）；④溥博渊泉而时出之（广大无垠、生机勃勃）；⑤无富贵之可慕，无贫贱之可忧，无得丧之可欣戚，无爱憎之可取舍（宠辱不惊、无欲则刚、自然自足）。②

阳明教育的目标，是成为一个践行儒家五伦并将其推广至天下的大人，实现传统社会的理想，即"家齐国治天下平"。大人具有的具体品质是聪明睿智、刚柔并济、生机无限、宠辱不惊等。

通过前面的考察可以看到，阳明的教育思想是成体系的，他对教育的重要性的阐述对今天的我们依然有启发意义。教育方法的基本原则，是立志、勤学、改过、责善；关于两种不同教育路径的辨析令我们眼界大开；关于下学上达的系统学习方法（为学务本、循序渐进、知行合一）将中国传统教育思想推向了顶峰，是阳明在教育思想中最大的贡献；他的"大人"教育目的依然可以为我们提供借鉴。

总之，阳明的教育思想在现今依然具有很大的借鉴价值，在这方面的研究和探索是必要的。

---

① 王守仁. 王阳明全集：下 [M]. 吴光，钱明，董平，等编校. 上海：上海古籍出版社，1992：968-969.

② 王守仁. 王阳明全集：上 [M]. 吴光，钱明，董平，等编校. 上海：上海古籍出版社，1992：221.

参考文献

[1] 蔡仁厚. 王阳明哲学 [M]. 北京：九州出版社，2013.

[2] 陈来. 有无之境：王阳明哲学的精神 [M]. 北京：生活·读书·新知三联书店，2009.

[3] 邓晓芒，赵林. 西方哲学史 [M]. 北京：高等教育出版社，2014.

[4] 董平. 王阳明的生活世界 [M]. 北京：中国人民大学出版社，2009.

[5] 方东美. 原始儒家道家哲学 [M]. 北京：中华书局，2012.

[6] 冈田武彦.《孙子兵法》新解：王阳明兵学智慧的源头 [M]. 钱明，译. 重庆：重庆出版社，2017.

[7] 沟口雄三. 李卓吾·两种阳明学 [M]. 孙军悦，李晓东，译. 北京：生活·读书·新知三联书店，2014.

[8] 海德格尔. 存在与时间 [M]. 陈嘉映，王庆节，译. 熊伟，校. 北京：生活·读书·新知三联书店，1999.

[9] 贾庆军. 冲突抑或融合：明清之际西学东渐与浙江学人 [M]. 北京：海洋出版社，2009.

[10] 贾庆军. 王阳明天学初探：以四句教为中心的考察 [M]. 北京：中国社会科学出版社，2018.

[11] 金观涛，刘青峰. 兴盛与危机：论中国社会超稳定结构 [M]. 香港：香港中文大学出版社，1992.

[12] 卢森堡. 用非暴力沟通化解冲突 [M]. 于娟娟，李迪，译. 北京：华夏出版社，2015.

[13] 牟宗三. 从陆象山到刘蕺山 [M]. 上海：上海古籍出版社，2001.

[14] 木心. 1989-1994 文学回忆录：上下册 [M]. 桂林：广西师范大学出版社，2013.

[15] 胡适. 胡适文集（2）[M]. 欧阳哲生，编. 北京：北京大学出版社，

1998.

[16] 钱明. 阳明学的形成与发展 [M]. 南京：江苏古籍出版社，2002.

[17] 秦晖. 传统十论：本土社会的制度、文化及其变革 [M]. 上海：复旦大学出版社，2003.

[18] 秦家懿. 王阳明 [M]. 台北：东大图书公司，1987.

[19] 舍勒. 价值的颠覆 [M]. 罗悌伦，等，译. 北京：生活·读书·新知三联书店，1997.

[20] 黄宗羲. 黄宗羲全集：第八、九册 [M]. 沈善洪，吴光，编. 杭州：浙江古籍出版社，2005.

[21] 施特劳斯，克罗波西. 政治哲学史 [M]. 李天然，译. 石家庄：河北人民出版社，1998.

[22] 束景南，查明昊. 王阳明全集补编 [M]. 上海：上海古籍出版社，2016.

[23] 王守仁. 王阳明全集 [M]. 吴光，钱明，董平，等，编校. 上海：上海古籍出版社，1992.

[24] 刘宗周. 刘宗周全集 [M]. 吴光，编. 杭州：浙江古籍出版社，2007.

[25] 吴光. 阳明学综论 [M]. 北京：中国人民大学出版社，2009.

[26] 杨国荣. 心学之思：王阳明哲学的阐释 [M]. 北京：生活·读书·新知三联书店，2015.

[27] 张宏敏. 黄绾道学思想研究 [M]. 北京：中国社会科学出版社，2017.

[28] 张昭炜. 阳明学发展的困境及出路 [M]. 北京：中国社会科学出版社，2017.

[29] 朱晓鹏. 王阳明与道家道教 [M]. 北京：中国人民大学出版社，2009.

[30] 陈来. 王阳明的万物一体思想 [J]. 中共宁波市委党校学报，2019（2）.

[31] 陈立胜. 王阳明"心外无物"论：《传习录》"岩中花树"章新解 [J]. 中原文化研究，2015（1）.

[32] 丁涛，钟少异. 试论王阳明军事思想的学术价值与影响 [J]. 贵州文史丛刊，2018（1）.

[33] 龚妮丽. 论王阳明德育思想及其当代意义 [J]. 贵阳学院学报（社会科学版），2014（5）.

[34] 何静. 论王阳明的良知说对道家智慧的融摄 [J]. 孔子研究, 2005 (4).

[35] 贾庆军. 王阳明"大人"思想及四个陷阱 [J]. 宁波大学学报 (人文科学版), 2019 (3).

[36] 贾庆军. 王阳明"知行合一"之"五层""二天""两型"说 [J]. 中共宁波市委党校学报, 2018 (6).

[37] 贾庆军. 王阳明与尼采善恶观之比较 [J]. 浙江社会科学, 2017 (11).

[38] 李明德. 王阳明的破山中贼与破心中贼 [J]. 孔子研究, 1995 (3).

[39] 廖小波, 霍敏. 论王阳明教育思想体系 [J]. 重庆师范大学学报 (哲学社会版), 2013 (2).

[40] 彭传华. 王阳明南赣乡约乡治思想探析 [J]. 哲学与文化, 2018 (4).

[41] 彭国翔. 论儒家"万物一体"的生态观：重读《大学问》 [J]. 河北学刊, 2013 (2).

[42] 彭鹏.《山东乡试录》非出于王阳明之手辨 [J]. 孔子研究, 2015 (4).

[43] 钱明. 王阳明《历朝武机捷录》辨析：兼与永富青地先生商榷 [J]. 浙江社会科学, 2003 (5).

[44] 钱明. 王阳明兵学著作考述 [J]. 江西师范大学学报 (哲学社会科学版), 2019 (2).

[45] 钱明. 王阳明的兵学术及武备策 [J]. 浙江学刊, 2019 (1).

[46] 任文利. 王阳明史论佚文《四皓论》考 [J]. 湖南科技学院学报, 2007 (3).

[47] 司马黛兰. 王阳明研究在西方 [J]. 倪超, 译. 袁瑾, 校. 杭州师范大学学报 (社会科学版), 2019 (4).

[48] 王丽霞. 以心性之学而行事功之业：王阳明"用心"与"用兵"思想初探 [J]. 现代哲学, 2013 (6).

[49] 王路平. 王阳明的教育方法刍议 [J]. 浙江学刊, 1995 (4).

[50] 吴震. 作为良知伦理学的"知行合一"论：以"一念动处便是知亦便是行"为中心 [J]. 学术月刊, 2018 (5).

[51] 徐俊嵩. 王阳明军事实践中的人本思想探析 [J]. 安徽广播电视大学学报, 2011 (4).

[52] 阎盛国.《孙子兵法》对王阳明兵学思想的影响 [J]. 史学月刊, 2009 (9).

[53] 杨国荣. 儒学与实用主义：内在哲学旨趣及其多样展开 [J]. 学术月刊, 2018（3）.

[54] 杨正显. 王阳明佚诗文辑释：附徐爱、钱德洪佚诗文辑录 [J]. 中国文哲研究通讯, 2011, 21（4）.

[55] 张连良, 陈琦. 从《大学问》看王阳明"致良知"思想的逻辑结构 [J]. 社会科学战线, 2014（6）.

[56] 张卫红. 以良知开物成务：阳明学者以心性贯通事功的道德实践与工夫障难论析 [J]. 道德与文明, 2015（5）.

[57] 赵志浩. "仁"与"孝"的矛盾与超越 [J]. 河北青年干部管理学院学报, 2019（1）.

[58] 周建华. 成雄与成圣：王阳明巡抚南赣汀漳业绩另说 [J]. 江西社会科学, 2003（6）.

[59] 朱汉民. 论王阳明的德育思想 [J]. 湖南大学学报（社会科学版）, 1995（2）.

[60] 朱雪芳.《大学问》："以天地万物为一体" [J]. 中国哲学史, 2005（2）.

[61] 左志德. 王阳明人才观及其价值解读 [J]. 湖南师范大学社会科学学报, 2013（5）.

后　记

　　十年前到丽江，印象最为深刻的是在玉龙雪山脚下观看实景演出《印象丽江·天上人间》，故事内容大致为：一对相爱而不能在一起的青年男女为爱而殉情。红色的舞台好似充满生命激情的人间，背后高耸入云的雪山像一尘不染、清丽脱俗的天堂。从下望上去，舞台的最高处与雪山仿佛连接在一起，这似乎是天人相接、相融的地方。"殉情"这一幕就是在这天人相接处上演的，在凄美的音乐声中，两个年轻人与亲人一次次地告别，然后同骑白马，走入雪山，走向死亡，也走向永恒。

　　鲜衣怒马，本象征着生命的巅峰时刻，然而生命却在这一刻走向了寂灭。在这寂灭的背后所隐含的，是对绝对自由和幸福的向往。为了自由，主人公不惜燃烧自己的生命，突破天人的界限，将自己的有限变成了无限和永恒。戏中悲剧性的决绝的一跃，给我们的心灵带来长久的震撼。这种天人境界正是东方文化的特色，对绝对和高远境界的追求意识，可以说已经融入人们的血液。中国传统文化中的儒释道，都是这种文化的具体体现。如果说纳西族人的天人境界是一种本能和无意识的追求，那么儒释道则是有意识地寻求天人合一。

　　王阳明是天人合一思想的集大成者，本书是对这种天人境界的深入剖析。笔者在探讨其正面的价值和意义时，也揭示了潜藏的隐患。如书中所述，当所有人的绝对意志碰撞在一起时，必然会产生悲剧：阻挠这对年轻人结婚的人，就是在使用绝对意志。所以，对于一个喜爱高妙的民族来说，在一些超常的领域，天人境界是其优势所在，如在艺术和战争领域。王阳明在军事活动中如鱼得水、百战不殆，就是天人思想的奇效。但在日常生活中，绝对意志带来的却有可能是苦难。

　　本书是浙江省社科规划重点课题"王阳明天人思想的历史演变及其历史实践研究（17NDJC015Z）"的最终成果。在课题的研究过程中，张伟教授给予了很大的帮助，在此深表感谢。

　　在写作期间，妻子马晓霞承担了繁琐的家务和照顾小孩的重任，在此深深感谢她的付出。本书的部分观点还受到宁波大学跨学科沙龙的启发，尤其感谢友人冯革群、潘家云、王军等的宝贵意见。

最后，还要感谢老同学孟岩岭，他深厚的专业素养和热忱促成了本书的出版。对于为此书耗费了心力的胡兰编辑、封面设计师徐道会等，笔者也致以深深的谢意。

贾庆军
2020 年 6 月于宁大花园